As Vendas Subordinadas e Agrupadas como Estratégias de Projeção de Poder de Mercado

As Vendas Subordinadas e Agrupadas como Estratégias de Projeção de Poder de Mercado

2013

Nuno Calaim Lourenço
Mestre em Direito

Área de Especialização: Ciências Jurídico-Empresariais

Dissertação Orientada pelo
Professor Doutor Luís Domingos Silva Morais

AS VENDAS SUBORDINADAS E AGRUPADAS
COMO ESTRATÉGIAS DE PROJEÇÃO
DE PODER DE MERCADO
AUTOR
Nuno Calaim Lourenço
EDITOR
EDIÇÕES ALMEDINA, S.A.
Rua Fernandes Tomás, nºs 76-80
3000-167 Coimbra
Tel.: 239 851 904 · Fax: 239 851 901
www.almedina.net · editora@almedina.net
DESIGN DE CAPA
FBA.
PRÉ-IMPRESSÃO
EDIÇÕES ALMEDINA, SA
IMPRESSÃO E ACABAMENTO
DPS – DIGITAL PRINTING SERVICES, LDA
Fevereiro, 2013
DEPÓSITO LEGAL
355317/13

Apesar do cuidado e rigor colocados na elaboração da presente obra, devem os diplomas legais dela constantes ser sempre objeto de confirmação com as publicações oficiais.
Toda a reprodução desta obra, por fotocópia ou outro qualquer processo, sem prévia autorização escrita do Editor, é ilícita e passível de procedimento judicial contra o infrator.

 GRUPOALMEDINA

BIBLIOTECA NACIONAL DE PORTUGAL – CATALOGAÇÃO NA PUBLICAÇÃO
LOURENÇO, Nuno Calaim
As vendas subordinadas e agrupadas
como estratégias de projeção de poder
do mercado. – (Monografias)
ISBN 978-972-40-5062-1

CDU   347
       346

Esta dissertação é dedicada ao amor e à memória da minha avó, Ludovina Calaim

NOTA PRÉVIA

A presente obra corresponde, com algumas correções de gralhas, à dissertação de mestrado científico apresentada na Faculdade de Direito da Universidade de Lisboa, em Julho de 2011. Esta dissertação foi discutida e aprovada com a nota de 18 valores (*Summa Cum Laude*), a 19 de Julho de 2012. O júri que apreciou esta prova era presidido pelo Prof. Doutor Pedro Pais de Vasconcelos e integrava o Prof. Doutor Luís Morais (Orientador), o Prof. Doutor Renato Gonçalves (Arguente) e o Prof. Doutor Eduardo Santos Júnior. A todos volto a dirigir os meus sinceros agradecimentos, em especial ao Prof. Doutor Luís Morais por se ter disponibilizado à orientação deste projeto.

Gostaria de deixar também uma especial menção de agradecimento ao Prof. Doutor João Espírito Santo Noronha e ao Prof. Doutor Manuel Januário da Costa Gomes pelo seu inestimável e insistente apoio e pela imprescindível contribuição oferecida no sentido de assegurar a publicação da presente obra.

Por fim, o meu expressivo agradecimento à Autoridade Portuguesa da Concorrência por acreditar na mais-valia científica deste estudo, por aceitar apoiá-lo e, assim, fazer reunir as condições necessárias à sua publicação.

Bruxelas, 29 de Janeiro de 2013.

RESUMO

O presente trabalho versa sobre a temática das vendas subordinadas e agrupadas como mecanismos de projeção de poder de mercado no direito comunitário da concorrência. Embora ubíquas, de carácter absolutamente endémico, dirigidas, amiúde, à consecução de objetivos pró-concorrenciais, estas práticas podem suscitar preocupações regulatórias, *inter alia*, quando sejam implementadas com objetivos estratégicos de exclusão a curto ou a longo prazo e surtam, portanto, um efeito adverso à concorrência e ao bem-estar social e económico dos consumidores. O estudo pretende reavaliar deste potencial de exclusão à luz do regime da proibição do abuso de posição dominante contido no artigo 102º do TFUE, da literatura jurídica e económica relevante e da prática decisória norte-americana e comunitária. Procura-se oferecer um contributo em três áreas distintas de análise: i) na formulação de um novo teste de separabilidade de produtos; ii) no esboço de uma nova metodologia de análise *ex post* às práticas de subordinação e agrupamento, orientada por um princípio de efeitos no mercado e iii) no aprofundamento dos critérios substantivos sugeridos pela Comissão relativos à apreciação dos efeitos de alavancagem da subordinação e do agrupamento no contexto *ex ante* do controlo das operações de concentração.

ABSTRACT

This book focuses on tying and bundling as a leveraging device in the context of European competition law. Although of endemic and ubiquitous nature, frequently employed for the attainment of pro-competitive objectives, these practices may still raise regulatory concerns, *inter alia*, when they are implemented with the strategic aim of causing the exclusion of competitors, and therefore, when they produce an adverse effect on competition and on consumer welfare. The aim of this work is to reconsider the concept of abusive tying and bundling in light of the legal regime set forth in article 102º of the TFEU; the legal and economic literature and the judicial interpretation by the European and U.S. courts and antitrust agencies. The book proposes to offer a relevant contribution in three distinct areas of analysis: i) it discusses and recommends the adoption of a new separateness test; ii) it suggests a 3 step structured effects-based test for the *ex post* assessment of tying and bundling; iii) it provides for an in-depth analysis of the criteria set forth by the Commission in its non horizontal merger guidelines for the *ex ante* assessment of tying and bundling leveraging effects.

MODO DE CITAÇÃO DA BIBLIOGRAFIA

Apenas na primeira referência bibliográfica se fará menção a todos os elementos que corretamente identificam a obra. Nas referências seguintes, a citação far-se-á apenas pela identificação do autor e pela abreviatura *"op. cit."*. A exceção a esta regra verificar-se-á quando se faça referência a duas ou mais obras do mesmo autor. Neste caso, a citação de qualquer das obras do autor será feita pela indicação de todos os elementos de identificação das mesmas.

MODO DE CITAÇÃO DA JURISPRUDÊNCIA NORTE-AMERICANA

A jurisprudência norte-americana será citada de acordo com as regras de citação uniformes constantes do Bluebook, editado pelos redatores da Columbia Law Review, Harvard Law Review, University of Pennsylvania Law Review e Yale Law Journal. Assim, os acórdãos do Supremo Tribunal de Justiça publicados nos United States Reports (U.S.) são citados da seguinte forma: "x U.S. y (ano)", referindo-se x ao volume da coletânea e y à página do acórdão. Os acórdãos mais recentes daquele Tribunal são citados da mesma forma, fazendo referência à coletânea Supreme Court Report (S.Ct.). Os acórdãos dos tribunais federais de segunda instância, correspondentes aos onze círculos federais e ao círculo de Washington, D.C., são citados da mesma forma por referência às respectivas coletâneas, o Federal Reporter (F.) e o Federal Reporter, Second Series (F.2d) e Third Series (F.3d).

ABREVIATURAS MAIS UTILIZADAS

al.	alínea
art.	artigo
cap.	capítulo
CECA	Comunidade Europeia do Aço e do Carvão
CEE	Comunidade Económica Europeia
cf.	conferir
cit.	citado
CMMLP	Custo Marginal Médio a Longo Prazo
DG COMP	Direção Geral da Concorrência (U.E.)
DOJ	Department of Justice (EUA)
DRM	Digital Rights Management
FTC	Federal Trade Commission (EUA)
n.º	número
p.	página/ponto
pp.	páginas
RCC	Regulamento do Controlo de Concentrações (Reg. n.º 139/2004)
R&D	Research and Development
s/l	sem local
SLC	Substantial Lessening of Competition
ss.	seguintes
SSNIP	Small but Significant and Non-Transitory Price Increase
TFUE	Tratado sobre o Funcionamento da União Europeia
TJ	Tribunal de Justiça
TPI	Tribunal de Primeira Instância
UE	União Europeia
vol.	volume
WMP	Windows Media Player

ABREVIATURAS MAIS UTILIZADAS

al.	alínea
art.	artigo
cap.	capítulo
CECA	Comunidade Europeia do Aço e do Carvão
CEE	Comunidade Económica Europeia
cfr.	conferir
cit.	citado
CMMLP	Custo Marginal Médio a Longo Prazo
DL-COMP	Direcção Geral da Concorrência (UE)
DOJ	Department of Justice (EUA)
DRM	Digital Rights Management
FTC	Federal Trade Commission (EUA)
n.º	número
p.	página/ponto
pp.	páginas
RCC	Regulamento do Controlo de Concentrações (Reg. n.º 139/2004)
R&D	Research and Development
s/	sem base
SLC	Substantial Lessening of Competition
ss.	seguintes
SSNIP	Small but Significant and Non-Transitory Price Increase
T-UE	Tratado sobre o Funcionamento da União Europeia
TJ	Tribunal de Justiça
TPI	Tribunal de Primeira Instância
UE	União Europeia
vol.	volume
WMP	Windows Media Player

Introdução

A Comissão Europeia tem prosseguido, desde os finais dos anos 90, uma estratégia de profunda revisão dos seus métodos de interpretação e aplicação do direito comunitário da concorrência. Esta revisão tem passado, designadamente, pelo repúdio de uma postura mais formalista, assente, tradicionalmente, numa apreciação vinculada à natureza e forma das diferentes práticas submetidas ao seu escrutínio, e pela subsequente adoção de um critério de intervenção orientado segundo princípios de ordem económica, no jargão inglês, a chamada *"effects-based approach"*.

Esta nova abordagem, dita "mais económica", acabou por inspirar e propiciar importantes reformas legislativas ao nível daquele direito, mormente a consagração, no contexto do artigo 101º nº 3 do Tratado sobre o Funcionamento da União Europeia (TFUE), dos novos regulamentos de isenção por bloco[1] e a modernização do regulamento relativo ao controlo das concentrações entre empresas (RCC)[2]. A nova metodologia é patente, outrossim, nos textos das Orientações interpretativas para apreciação de concentrações horizontais e não horizontais[3].

---

[1] Veja-se, a título de exemplo, o Regulamento (CE) nº 2790/1999 da Comissão, de 22 de Dezembro de 1999, relativo à aplicação do nº 3 do artigo 81º do Tratado CE a determinadas categorias de acordos verticais e práticas concertadas, J.O. L336/21; o Regulamento (CE) nº 2658/2000 da Comissão, de 29 de Novembro de 2000, relativo à aplicação do nº 3 do artigo 81º do Tratado a certas categorias de acordos de especialização, J.O. L304/3; o Regulamento (CE) nº 2659/2000 da Comissão, de 29 de Novembro de 2000, relativo à aplicação do nº 3 do artigo 81º do Tratado a certas categorias de acordos de investigação e desenvolvimento, J.O. L304/7. Leia-se o comunicado de imprensa da Comissão IP/00/1376, de 29 de Dezembro de 2000, sobre a influência desta nova abordagem económica nos trabalhos de reforma destes instrumentos.

[2] Regulamento nº 139/2004, do Conselho, de 20 de Janeiro de 2004, J.O. L24/1.

[3] As primeiras publicadas no J.O. C31/5, de 5 de Fevereiro de 2004 e as segundas no J.O. C265/6, de 10 de Outubro de 2008.

A aplicação do artigo 102º do TFUE tem, por seu turno, e em flagrante contraste, despertado escasso interesse regulatório e refletido, em menor escala, a influência da teoria económica. A jurisprudência dos tribunais comunitários relativa ao abuso de posição dominante foi sendo, com efeito, criticada como de excessivamente legalista e intervencionista, assente numa dogmática de matriz essencialmente jurídica fundada sobre um conjunto de pressupostos e conceitos económicos desatualizados, característicos do pensamento dominante à altura da redação do Tratado de Roma[4]. Vários foram os autores/comentadores que se manifestaram em prol de uma nova abordagem que enfatizasse os efeitos económicos, atuais ou potenciais, das práticas alegadamente abusivas adotadas por empresas em posição de domínio[5]. Uma das preocupações centrais prendia-se com a constatação de que uma abordagem baseada em critérios formais determinava, amiúde, decisões em que os efeitos negativos eram precipitadamente assumidos e as razões de eficiência económica reiteradamente subvalorizadas, destarte levando à gradual perda de incentivo dos agentes económicos, particularmente daqueles em posição considerada dominante, para fazer lançar o investimento adequado no mercado e concorrer de forma competitiva. A doutrina versada sobre a prática decisória comunitária sugeria, doutro passo, que, da aplicação daquele dispositivo legal, aparentava resultar uma tendencial priorização da tutela dos interesses dos concorrentes das empresas dominantes, em detrimento último do bem-estar dos consumidores. É, pois, neste contexto, que a Direção Geral da Concorrência (DG COMP) ganha uma progressiva consciência da necessidade de rever a sua posição oficial com relação ao referido normativo[6]. Esta consciência, já sob a forma de intento, ganha particular expressão numa intervenção oral por parte da então Comissária para a concorrência, Neelie Kroes, no âmbito do processo de consulta pública que precedeu a reforma do artigo 102º do TFUE, onde observa que *"the exercise of market power must be assessed essentially on the basis of its effects in the market (...). This is consistent with the way we apply Europe's rules on collusive behaviour, laid down in Article 81 of the EC Treaty, as well as other instruments of European competition law. (...) we simply want to develop and explain theories of harm on the basis of a*

---

[4] Cf. BRIAN SHER, "The Last of the Steam Powered Trains – Modernizing Article 82", *European Competition Law Review*, vol. 25, nº 5, Sweet & Maxwell, 2004, p. 243 e ss..
[5] Cf., *e.g.*, JOHN VICKERS, "Abuse of Market Power" *in Economic Journal*, vol. 115, nº 504, University of Oxford, Junho 2005, pp. F244 a F261; The Competition Law Forum's Article 82 Review Group, "The Reform of Article 82: Recommendations on Key Policy Objectives", *European Competition Journal*, vol. 1, nº 1, Hart Publishing, Março 2005, pp. 179 a 183.
[6] Cf. PHILIP LOWE, "DG Competition's Review of the Policy on Abuse of Dominance" *in Hawk B. (eds.), International Antitrust Law & Policy, Fordham Corporate Law Institute*, Juris Publishing, New York, 2004, p. 163 e ss..

sound economic assessment for the most frequent types of abusive behaviour to make it easier to understand our policy, not only as stated in policy papers but also in individual decisions based on Article 82"[7]. Significa isto, em termos sucintos, que cada caso passa a ser apreciado e decidido em função dos efeitos pró e anticoncorrenciais gerados pela conduta comercial do agente económico dominante, na lógica da metodologia de análise a que a doutrina económica anglo-saxónica denomina de *rule of reason*.

O debate público é iniciado em Dezembro de 2005, com a publicação, pela Comissão, de um documento intitulado "Relatório para a Discussão dos Serviços da Direcção-Geral da Concorrência" (*DG Competition Discussion Paper*). Trata-se de um documento que contém propostas concretas sobre o tratamento de determinados abusos de exclusão, numa lógica de modernização e aproximação à ciência económica. A introdução de critérios económicos aperfeiçoa a metodologia de análise deste tipo de abuso e fornece orientação relativa às condições sob as quais o comportamento de uma empresa dominante poderá, afinal, pôr em causa a dinâmica do processo concorrencial e a defesa do bem-estar social e económico. É, pois, e *a priori*, uma forma de proporcionar maior objetividade, transparência e previsibilidade à aplicação deste direito. O debate lançado viu-se, entretanto, influenciado por alguns arestos do Tribunal de Primeira Instância (TPI)[8] e do Tribunal de Justiça (TJ), que mais adiante exploraremos. Importa destacar a decisão contra a *France Télécom*, concernente a uma prática de preços predatórios[9]; a decisão contra a *Deutsche Telekom*, num caso de esmagamento de margem[10] e o acórdão do TJ que confirma a decisão da Comissão relativa aos descontos de lealdade oferecidos pela *British Airways*[11]. Com especial interesse ao tema que nos ocupa, o acórdão do TPI em *GE/Honeywell*[12] que versou, *inter alia*, sobre um potencial quadro de vendas agrupadas e a confirmação da decisão da Comissão no caso *Microsoft*, envolvendo uma situação

---

[7] Cf. NEELIE KROES, "Preliminary Thoughts on Policy Review of Article 82", discurso nº 05/537, de 23 de Setembro de 2005, Nova Iorque, disponível em http://europa.eu/rapid/pressReleasesAction.do?reference=SPEECH/05/537&format=HTML&aged=0&language=EN&guiLanguage=en.

[8] Que, na sequência do Tratado de Lisboa, se passou a designar por Tribunal Geral da União Europeia. Cf. artigo 2, nº 2 do Tratado. O nosso estudo utilizará a designação anterior (TPI) sempre que se refira à jurisprudência do tribunal que preceda a entrada em vigor deste Tratado.

[9] Acórdão do Tribunal de Primeira Instância (Quinta Secção Alargada) de 30.1.2007, Processo T-340/03, *France Télécom c. Comissão*, Colect. 2007, p. II 107.

[10] Acórdão do Tribunal de Primeira Instância (Quinta Secção Alargada) de 10.4.2008, Processo T-271/03, *Deutsche Telekom AG c. Comissão*, Colect. 2008, p. II.

[11] Acórdão do Tribunal de Justiça (Terceira Secção) de 15.3.2007, Proc. C-95/04 P, *British Airways c. Comissão*, Colect. 2007, p. I 2331.

[12] Acórdão do Tribunal de Primeira Instância (Segunda Secção Alargada) de 14.12.2005, no Proc. T-210/01, *General Electric c. Comissão*, Colect. 2005, p. II-5575.

de recusa de fornecimento e de subordinação[13]. A reforma do artigo 102º do TFUE é formalmente dada por concluída em Dezembro de 2008, com a publicação das *Orientações sobre as prioridades da Comissão na aplicação do artigo 82º do Tratado CE a comportamentos de exclusão abusivos por parte de empresas em posição dominante*[14]. Estas Orientações assentam no mesmo conjunto de proposições já enunciadas no Relatório de 2005, procurando, todavia, acomodar algumas das vozes críticas que se fizeram ecoar no decurso do processo de discussão pública. Pese embora a reforma do normativo ter terminado, várias questões relativas à sua interpretação e aplicação permanecem em aberto. É patente a circunstância de a Comissão ter optado por uma reforma mitigada, algo cautelosa, que embora tenha lançado novidades a nível de ideias, conceitos e metodologias, quer ainda buscar uma coerência de soluções com a jurisprudência dos tribunais comunitários e abstém-se de extremar a tomada de posições. Esta solução de compromisso, entre o tradicionalmente consolidado e a novidade, parece tornar a implementação da reforma numa tarefa complexa de alcançar.

Uma das principais áreas de atuação da Comissão, neste domínio, que se viu afetada pelo processo de reforma foi a das vendas subordinadas *(Tying)* e agrupadas *(Bundling)*. As práticas de *tying* e *bundling* implicam, em termos gerais, a venda combinada de produtos e/ou serviços distintos. A sua consagração legal como práticas potencialmente abusivas consta da al. d) do segundo parágrafo do artigo 102º do TFUE[15]. Uma abordagem baseada nos efeitos económicos destas práticas pressupõe, em primeiro lugar, que, da teoria e literatura económica, se possam decantar determinadas fórmulas e critérios legais que orientem a intervenção regulatória e a atuação comercial dos agentes de mercado. A literatura económica tende a ser algo ambígua e bifacetada no que respeita ao impacto das vendas subordinadas e agrupadas na estrutura e funcionamento dos mercados e, bem assim, no bem-estar social e económico dos consumidores[16]. Defende-se, por um lado, que se tratam de práticas universalizadas e ubíquas, amplamente estabelecidas, com um potencial benéfico para consumi-

---

[13] Acórdão do Tribunal de Primeira Instância (Grande Secção) de 17.9.2007, Processo T-201/04, *Microsoft c. Comissão*, Colect. 2007, p. II 3601.
[14] Comunicação da Comissão Europeia, formalmente publicada como C (2009) 864 final, Bruxelas, 9.2.2009.
[15] Que classifica como abusiva a prática de *"Subordinar a celebração de contratos à aceitação, por parte dos outros contraentes, de prestações suplementares que, pela sua natureza ou de acordo com os usos comerciais, não têm ligação com o objeto desses contratos"*.
[16] Nas palavras de Whinston, *"While the analysis vindicates the leverage hypothesis on a positive level, its normative implications are less clear. Even in the simple models considered here, which ignore a number of other possible motivations for the [tying] practice, the impact of this exclusion on welfare is uncertain."*. Cf. Michael D. Whinston, "Tying, Foreclosure and Exclusion" in *The American Economic Review*, vol. 80, n. 4, September 1990, pp. 837 a 859.

dores e fornecedores[17]. Alerta-se, por outro, e como adiante veremos, que a sua utilização pode prosseguir objetivos de exclusão.

Os exemplos são numerosos, esparsos intemporalmente pelas diversas áreas da vida económica. Na realidade, estas práticas moldam as opções diárias de qualquer consumidor. Considerem-se os seguintes exemplos: os sapatos são vendidos aos pares; os automóveis com pneus e rádios; os restaurantes ditos de *fast food* agregam a venda de comida à venda de bebidas; os hotéis vendem em pacote a estadia e o respetivo pequeno-almoço. De uma certa forma, e como Robert H. Bork faz notar, *"Every person who sells anything imposes a tying arrangement. This is true because every product or service could be broken down into smaller components capable of being sold separately, and every seller refuses at some point to break the product down any further (...)"*[18]. De acordo com a literatura económica dominante, estas práticas podem reduzir os custos de produção e distribuição. Estão também na base da redução dos custos de transação e informação, normalmente suportados pelos consumidores, proporcionando-lhes com uma maior variedade e conveniência. As práticas de *tying* e *bundling* podem, todavia, ser empregues de forma estratégica e interferir negativamente na dinâmica do processo concorrencial. Este quadro é tanto mais provável quanto mais expressivo for o poder de mercado detido pela empresa subordinante e a prática implementada conduzir à exclusão dos seus concorrentes. Um dos maiores, mais antigos e persistentes receios, que acabou, inclusivamente, por alicerçar e propulsionar a doutrina tradicional do *"leveraging"*, é o de que estas práticas prossigam uma finalidade de extensão ou projeção do poder de mercado de monopólio detido num mercado principal a um outro que lhe seja adjacente[19]. O cerne da preocupação, nesta hipótese, é a possibilidade de a empresa dominante lograr induzir um acréscimo de vendas no mercado conexo, ou fazer reduzir ou excluir, nesse mercado, as vendas dos seus concorrentes, de forma a conseguir monopolizá-lo e dele extrair lucros supracompetitivos.

A conexão de mercados pode resultar da sua articulação vertical, como o mercado de produção e o mercado de distribuição de um determinado produto, ou da sua relação horizontal, designadamente, da complementaridade dos produtos ou serviços em causa. Um dos mais paradigmáticos e recentes exemplos de alavancagem horizontal é oferecido no processo *Microsoft*, a que

---

[17] Para uma acérrima defesa das mais-valias associadas a estas práticas ver CHRISTIAN AHLBORN, DAVID S. EVANS e A. JORGE PADILLA, "The antitrust economics of tying: a farewell to *per se* illegality" in *The Antitrust Bulletin*, vol. XLIX, Federal Legal Publications, s/l, 2004, pp. 287 a 341.
[18] ROBERT H. BORK, *The Antitrust Paradox – A Policy at War with Itself*, Free Press, New York, 1978, pp. 378, 379.
[19] Ver, *inter alia*, LOUIS KAPLOW, "Extension of Monopoly Power Through Leverage" in *Columbia Law Review*, vol. 85, n.3, 1985, pp. 515-556.

já fizemos referência, no qual a Comissão concluiu que, ao acoplar o WMP ao sistema operativo *Windows*, a *Microsoft* procurou implementar uma estratégia de efeito alavanca que lhe permitisse projetar o poder de mercado detido no sistema operativo, a fim de obter uma vantagem concorrencial ilícita no mercado dos leitores multimédia.

Os trabalhos de alguns economistas mais proeminentes, associados à escola de Chicago, como Posner[20] ou Bork[21], vêm colocar em causa, no decurso dos anos 70 e 80, as asserções teóricas pugnadas pelos defensores da doutrina do *leveraging*, sugerindo que a subordinação não seria apta a servir a finalidade de extensão do poder de mercado e, por conseguinte, da extração de lucros supracompetitivos do mercado adjacente não dominado, porquanto, segundo o seu modelo, em cada mercado existiria um lucro de monopólio único, não suscetível de ser amplificado através da conexão de mercados (teorema do lucro de monopólio único). Na linha deste argumento, o consumidor teria sempre a opção de adquirir o produto subordinado de um outro fornecedor a um preço competitivo. Devido à natureza concorrencial do mercado do produto subordinado, que se presume neste modelo, o consumidor só estaria disposto a efetuar a compra conjunta de ambos os produtos quando o preço total por eles cobrado não excedesse a soma aritmética do preço de monopólio do produto subordinante e do preço concorrencial do produto subordinado. E porque o monopolista não logra aumentar o seu lucro de monopólio por intermédio da subordinação, defende a Escola de Chicago que o recurso a esta prática visa, essencialmente, alcançar eficiências de ordem económica, *maxime* através da implementação de esquemas de discriminação de preços[22].

As contribuições teóricas dos economistas pós-Chicago, já no decurso dos anos 90, fizeram relativizar as proposições daquela Escola, demonstrando que a sua validade era condicionada à improvável verificação cumulativa de um conjunto de pressupostos de mercado, em particular a natureza concorrencial do mercado do produto subordinado e a venda dos produtos ser processada em proporções fixas. Estas contribuições relançam a teoria do efeito alavanca (*leveraging*), desta feita, todavia, sustendo-se que a subordinação poderá simultaneamente servir propósitos estratégicos anticoncorrenciais e de eficiência económica.

---

[20] Cf. RICHARD A. POSNER, *Antitrust Law – An Economic Perspective*, 1ª ed., Chicago University Press, Chicago, 1976, p. 173.
[21] ROBERT H. BORK, *The Antitrust Paradox – A Policy at War with Itself*, Free Press, New York, 1978, pp. 372 e ss..
[22] A subordinação justificada por razões de eficiência económica e como forma de implementar a discriminação de preços era já sugerida, em 1957, por Bowman em WARD BOWMAN, "Tying Arrangements and the Leverage Problem", *Yale Law Journal*, vol 67, nº 1, 1957, p. 23.

INTRODUÇÃO

Posto isto, colocam-se imperiosamente as seguintes questões: em que circunstâncias será exequível a projeção ou extensão do poder mercado? Quando e por que forma poderá a venda subordinada ou agrupada gerar efeitos anticoncorrenciais? Quais as razões de eficiência económica que podem ser alegadas pelas partes interessadas como circunstâncias justificativas? Como contrabalançar analiticamente o efeito pró-concorrencial imediato derivado, *inter alia*, da redução de preços, e o risco de projeção do poder de mercado a longo prazo? Que critério de apreciação poderá ser gizado com base na literatura económica?

Uma abordagem baseada nos efeitos económicos destas práticas pressupõe, em segundo lugar, a adoção de critérios formais que permitam delimitar e identificar as situações de venda combinada de dois ou mais componentes *individuais distintos*, de modo a poder destrinçá-las das situações de venda de produtos integrados, em que se considera a existência de apenas um produto. O conceito de *leveraging* parte do pressuposto de que existe um segundo mercado (o mercado do produto subordinado), distinto do primeiro, para o qual se transfere o poder de mercado detido. A subordinação e o agrupamento só ocorrem quando o agente económico condicione a venda de um produto à compra de outro distinto, ou se recuse mesmo a vender qualquer um dos produtos, subordinante ou subordinado, em separado[23]. Pese embora a sua aparente simplicidade conceptual, a questão de fazer identificar as circunstâncias em que se possa considerar uma venda como sendo conjunta, *i.e.* composta por dois ou mais produtos individuais que se classifiquem como de *distintos*, tem-se revelado de extrema complexidade, quando analisada em maior detalhe. Esta problemática tem sido ainda mais enfatizada pela ocasional criatividade de alguns agentes económicos em fazer, por vezes, caracterizar dois produtos tidos *a priori* e tradicionalmente como distintos, agora como meras partes integrantes de um mais complexo e abrangente produto único: *e.g.* as máquinas de fotocópias e o papel como parte de um serviço completo de cópia; o filme A e o filme B como partes de um programa único de exibições; os serviços de cirurgia e de anestesia como elementos integrantes de uma intervenção completa; a maquinaria e o serviço de manutenção como partes de uma máquina em condições de funcionalidade.

A Comissão e os tribunais comunitários têm gizado e aplicado um conjunto de testes por forma a dar resposta à questão da separabilidade dos produtos, *e.g.* o critério da procura do consumidor; da inter substituibilidade ou o critério das práticas de mercado. Grande parte da dificuldade sentida parece-nos advir,

---

[23] Ou, alternativamente, se faça cobrar por um preço mais elevado quando a venda não inclua o produto subordinado.

essencialmente, da circunstância de se pretender tratar a questão por recurso a uma única teoria ou teste unificado. Colocam-se, portanto, as seguintes questões: serão os testes adotados pela Comissão os mais aptos a identificar o carácter distinto de dois ou mais produtos? Quais as suas vantagens e desvantagens? Qual o tipo de teste mais apropriado a responder à questão sobre se dois ou mais produtos são distintos? Quais os fatores que, no contexto de uma abordagem de índole mais económica, deverão ser considerados?

Uma terceira e última questão que se suscita no quadro da já *supra* referida *effects based approach*, é a de saber se a problemática da transferência de poder mercado entre dois ou mais mercados conexos deverá ser objeto de uma regulação *ex ante* ou *ex post*. O recurso ao poder de mercado da empresa dominante para obter uma vantagem concorrencial ilícita num mercado conexo é, como vimos, expressamente previsto como abusivo pela al. d) do segundo parágrafo do artigo 102º do TFUE. Esta disposição normativa é aplicada após a consumação dos factos *i.e. ex post*. Sem embargo, a Comissão e os tribunais comunitários têm tido, em paralelo, a oportunidade de se pronunciarem *ex ante* sobre os potenciais efeitos das vendas subordinadas e agrupadas, no âmbito do controlo de operações de concentração. O exemplo mais paradigmático será, talvez, o do processo *GE/Honeywell*, no decurso do qual a Comissão proferiu uma decisão, assaz polémica, assente na sobreposição horizontal da atividade das partes e nos alegados efeitos anticoncorrenciais de conglomerado[24]. No que concerne, em específico, aos efeitos de conglomerado, a concentração permitiria, entre outros aspetos, a oferta de pacotes de equipamento aos fabricantes de aviões ou às companhias aéreas, juntando os motores da *GE* aos equipamentos fornecidos pela *Honeywell*, em condições que não poderiam ser igualadas pelos seus concorrentes. A Comissão receou que o agrupamento surtisse um pronunciado efeito de distorção na concorrência dos mercados afetados.

Com especial interesse ao assunto que nos ocupa são, como se deixa antever, as concentrações com efeitos de conglomerado. Este tipo de concentração é definido por exclusão, ou seja uma operação que não gera nem efeitos de natureza horizontal nem vertical. Contrariamente às concentrações horizontais e verticais, que despertam preocupações regulatórias relacionadas, essencialmente, com a criação de estruturas prejudiciais[25], o escrutínio das concentra-

---

[24] Processo nº COMP/M.220 – *GE/Honeywell*, J.O. L48/1, 2004.

[25] As concentrações horizontais reduzem o número efetivo de empresas ativas no mercado. A concentração da indústria poderá traduzir uma redução nos níveis de produção e o subsequente aumento de preços. O risco da formação de cartéis está também associado a este tipo de operação. As concentrações verticais, por seu turno, podem levar a que a nova entidade recuse aos seus concorrentes o acesso a matérias-primas indispensáveis à sua atividade (*input foreclosure*), ou os prive de aceder a uma base de clientes suficiente, reduzindo a sua capacidade e incentivo para

ções conglomerais visa apurar, principalmente, da possibilidade de uma futura *conduta* anticoncorrencial. Note-se que se tratam, normalmente, de concentrações entre empresas que desenvolvem atividades em mercados estreitamente relacionados, podendo, portanto, *"proporcionar à entidade resultante da concentração a capacidade e o incentivo para utilizar, através de um efeito de alavanca [leveraging], a sua posição forte num determinado mercado para reforçar a sua posição noutro mercado, através de vendas subordinadas ou agrupadas ou de outras práticas de exclusão"*[26].

Ora, se assim é, importa então que nos questionemos sobre se os efeitos decorrentes da alavancagem que estas práticas proporcionam poderão ser apreciados à luz do critério substantivo do entrave significativo à concorrência efetiva, acolhido pelo regulamento relativo ao controlo de concentrações entre empresas (RCC)[27]. Se se concluir que sim, cumprirá, então, determinar, no confronto, se é preferível uma abordagem regulatória *ex ante* ou *ex post*, para tanto explorando e contrapondo as vantagens e desvantagens de uma e outra. Interessará, por outro lado, determinar as circunstâncias em que as vendas subordinadas e agrupadas poderão traduzir um entrave significativo à concorrência efetiva, devendo, por conseguinte, a operação ser declarada incompatível com o mercado comum.

Delimitação do tema
O nosso estudo enquadrará as práticas de venda subordinada e agrupada como mecanismos de extensão ou projeção de poder de mercado, numa lógica de *exclusão* a curto e longo prazo. Pretende-se reconsiderar o potencial abusivo destas práticas à luz da literatura económica relevante, da lei comunitária e bem assim da jurisprudência dos tribunais comunitários. A partir desta reconsideração esperamos poder estar em condições de arquitetar um novo critério substantivo de apreciação, orientado por um princípio de efeitos no mercado, e bem assim tomar posição sobre a questão anteriormente lançada de saber se, efetivamente, existem argumentos válidos para se suster e patrocinar uma abordagem regulatória *ex ante*.

A inclusão, no nosso estudo, de um capítulo dedicado à lei norte-americana e à sua interpretação pelos tribunais daquele país explica-se pela circunstância

---

concorrer (*customer foreclosure*). Esta situação poderá surtir os mesmos efeitos ao nível da produção e dos preços. Cf. RICHARD WHISH, *Competition Law*, 6th edition, Oxford University Press, Oxford, 2008, pp. 859 a 867.
[26] Cf. Orientações para a apreciação das concentrações não horizontais nos termos do Regulamento do Conselho relativo ao controlo das concentrações de empresas, J.O. C 265/6, de 18.10.2008, para. 93.
[27] Cf. nºs 2 e 3 do art. 2º do Regulamento (CE) nº 139/2004 do Conselho, de 20.1.2004, J.O. L24/1 de 29.1.2004.

de se tratar de um sistema legal com longa história e tradição no enquadramento e tratamento jus-concorrencial destas práticas. O *Sherman Act* data de 1890 e o *Clayton Act* de 1914. Pese embora os diferentes critérios de apreciação, as questões suscitadas numa e noutra jurisdição são de uma similitude considerável. Não estranhará, portanto, que a experiência norte-americana, traduzida no conjunto das suas soluções legais e prática jurisprudencial, ofereça uma contribuição única no tratamento das questões de que ora nos ocupamos.

Sendo o tema abordado numa lógica de exclusão, o estudo circunscrever-se-á à problemática da transferência de poder de mercado, traduzida na coerção da liberdade de escolha do consumidor, na criação do risco de encerramento de oportunidades de venda para os agentes económicos que atuam nos mercados conexos e na subsequente probabilidade de exclusão. Dispensar-nos-emos, assim, de dissertar sobre alguns importantes aspetos que embora relacionados com o tema eleito, acabam por enquadrar problemáticas específicas. Tal é o caso da legalidade do preço da venda do pacote na hipótese de *bundling*. Em particular, no caso de *bundling* misto, os produtos são disponibilizados separadamente mas, quando adquiridos em pacote, são vendidos a um preço inferior à soma dos respetivos preços individuais. O preço cobrado pelo conjunto dos produtos agregados poderá ser tão baixo que suscite questões de compatibilidade com a lei europeia da concorrência, mormente no quadro das práticas de preços predatórios e esmagamento de margens. Questões relacionadas com o preço do *bundle* (*bundle discounts*) extravasam, portanto, o escopo deste trabalho.

O percurso
A parte I deste trabalho dá introdução ao tema proposto e debruça-se sobre os aspetos gerais da subordinação e do agrupamento. O seu capítulo I individualizará um primeiro ponto dedicado à categorização dos diferentes tipos de vendas combinadas que se abordarão no decurso do trabalho. Os seguintes pontos exploram os aspetos económicos mais pertinentes identificados pela literatura especializada. A teoria económica demonstra que a subordinação e o agrupamento surtem frequentemente importantes benefícios pró-concorrenciais, mas que, em circunstâncias específicas, podem também ser utilizadas como forma de prosseguir intentos estratégicos anticoncorrenciais. O consenso gerado entre economistas é, pois, o de que se impõe uma apreciação detalhada e comparativa de ambos os efeitos pró e anticoncorrenciais (*balancing test*) como preliminar de qualquer juízo valorativo sobre estas práticas. O capítulo explorará as diferentes contribuições oferecidas pelas escolas de pensamento económico que marcaram os últimos 50 anos, com especial enfoque pela doutrina de Chicago e pelos modelos teóricos dos anos 90.

O capítulo II versa, em específico, sobre a teoria da alavancagem. Veremos em que condições o artigo 102º do TFUE e a § 2 do *Sherman Act* se aplicam às práticas de projeção de poder de mercado, na dinâmica de um contexto multi--mercado. A § 2 do *Sherman Act* determina que *"every person who shall monopolize, or attempt to monopolize, or combine or conspire with any other person or persons, to monopolize any part of the trade or commerce among several States, or with foreign nations, shall be deemed guilty of a felony"*. O estudo demonstrará que o modelo norte-americano revolve com maior acuidade em torno da situação da empresa dominante no segundo mercado adjacente. A violação da Secção 2ª do *Sherman Act* pressupõe uma de duas coisas: ou que a empresa em causa seja já dominante no mercado adjacente, ou que haja uma forte probabilidade de que se venha a tornar dominante nesse mercado. Este exigente *"threshold"* inibe, frequentemente, que a política de combate às estratégias de alavancagem se processe no quadro normativo desta Secção. No contexto do direito *antitrust* comunitário, nem a prática decisória da Comissão, nem a jurisprudência comunitária, exigem, atualmente, que a posição dominante, o abuso e o benefício ocorram no mesmo mercado. Quando tal suceda exige-se, apenas, que exista uma especial "ligação" entre a posição dominante e o comportamento, mesmo que este se verifique num mercado adjacente não dominado. Veremos que o artigo 102º do TFUE rege, excecionalmente, as situações de domínio no mercado A, abuso no mercado B e efeitos verificados em B, desde que o mercado B seja um mercado conexo e existam elementos de ligação substanciais entre os dois mercados considerados. Dos diferentes cenários multi-mercado que se abordam, constataremos que apenas dois relevam para efeitos da teoria de *leveraging*: a) o comportamento abusivo produz efeitos num segundo mercado; b) o abuso cometido num segundo mercado produz efeitos no mercado dominado.

A parte II do trabalho compreende dois capítulos dedicados ao tema da regulação *ex post* das práticas de subordinação e agrupamento, o primeiro, capítulo III, concernente à abordagem norte-americana, e o segundo, capítulo IV, à abordagem comunitária. No epicentro do regime norte-americano está a § 1 do *Sherman Act* que estipula que *"every contract, combination in the form of trust or otherwise, or conspiracy, in restraint of trade or commerce among several states, or with foreign nations, is declared to be illegal"*. O capítulo III oferecerá uma perspetiva histórica da orientação jurisprudencial norte-americana sobre a temática proposta, procurando assinalar dois aspetos fundamentais: i) a gradual erosão do critério de proibição *per se*; ii) a aproximação a uma metodologia de análise baseada na *rule of reason*, particularmente a partir dos acórdãos *Microsoft*. Esta metodologia sugere que os efeitos pró e anticoncorrenciais que decorrem destas práticas sejam analiticamente contrabalançados (*balancing test*) com base numa investigação factual detalhada. Na enunciação clássica dos critérios de análise da proibição de vendas subordinadas e agrupadas, são quatro os requisitos que devem estar preenchidos para que estas práticas infrinjam a Secção 1ª do *Sherman Act* e 3ª do *Clayton Act*: em primeiro lugar, o produto subordinante e o produto subordinado devem ser produtos distintos; em segundo lugar, a empresa em causa deve dispor de poder de mercado no que respeita ao produto subordinante; em terceiro lugar, deverá existir um elemento de coação, no sentido de não ser deixada liberdade de escolha ao consumidor quanto à aquisição isolada do produto subordinante; por último, a conduta de vinculação deve levar a uma exclusão de um volume substancial do comércio no mercado do produto subordinado. O nosso estudo fará uma abordagem detalhada e crítica a cada um destes requisitos, substanciada pela jurisprudência e pela doutrina relevantes.

O capítulo IV seguirá uma lógica de exposição semelhante ao do capítulo precedente. No domínio da regulação *ex post* comunitária abordaremos, essencialmente, o regime do artigo 102º do TFUE. Cientes do escopo limitado deste estudo, não poderemos, porém, deixar de aflorar também o regime do artigo 101º do TFUE, ainda que de forma perfunctória, atentas as similitudes em alguns aspectos de análise e o facto de este preceito ter já sofrido um significativo processo de reforma que favorece uma *"effects-based approach"*, uma circunstância que oferece contributo no esboço de uma nova metodologia de análise das práticas de alavancagem. O capítulo IV propõe-se a fazer um levantamento da prática decisória comunitária relevante desde a década de 70 e analisá-la em função dos critérios económicos expendidos no capítulo I. Daremos especial enfoque à análise das decisões tomadas pela Comissão e pelos Tribunais em *Hilti, Tetra Pak II, Microsoft I e II*, por serem essas as que lançaram as bases do atual quadro analítico das práticas de alavancagem. O estudo dará conta que a Comissão tem, desde os finais dos anos 90, gradualmente repudiado a anterior abordagem formalista a favor de uma metodologia de análise assente nos efeitos das práticas nos mercados afetados. Esta tendência é inequívoca, pelo menos, a partir do acórdão do TPI no caso *Microsoft I*. O capítulo IV procura oferecer um contributo significativo em duas áreas específicas: i) na reformulação do critério de aferição da separabilidade dos produtos, pela sugestão de um novo teste multi-factor; ii) na proposta de uma nova metodologia de análise das práticas de subordinação e agrupamento. Encerraremos a parte II com uma análise crítica das novas Orientações da Comissão sobre a aplicação do artigo 102º do TFUE a comportamentos de exclusão por parte de empresas em posição de domínio[28].

---

[28] Comunicação da Comissão – Orientação sobre as prioridades da Comissão na aplicação do artigo 82º do Tratado CE a comportamentos de exclusão abusivos por parte de empresas em posição dominante, J.O. C 45/7 de 24.2.2009.

INTRODUÇÃO

A parte III do nosso trabalho incidirá sobre a regulação *ex ante* das práticas de subordinação e agrupamento no contexto dos regimes norte-americano e comunitário do controlo de operações de concentração. Nos EUA, o regime substantivo do controlo de concentrações está contido na §7 do *Clayton Act*, aprovado pelo Congresso em 1914. As concentrações são proibidas quando o seu efeito seja o de *"maybe be substantially to lessen competition, or tend to create a monopoly"*. Veremos que, pelo menos desde a década de 80, a preocupação jus--concorrencial suscitada pelas operações de concentração conglomeral perdeu significativamente a expressão que tinha tido no período precedente, das décadas de 60 e 70, ao abrigo das teorias do *"entrenchement"*. O DOJ e a FTC consideram, atualmente, que os mecanismos de controlo *ex post* garantem uma tutela suficiente e adequada. No quadro do direito comunitário releva atualmente o Regulamento 139/2004[29]. As concentrações são declaradas incompatíveis com o mercado comum quando *"entravem significativamente uma concorrência efetiva, no mercado comum ou numa parte substancial deste, em particular em resultado da criação ou do reforço de uma posição dominante"*[30]. Por contraste ao que sucede no direito norte-americano, existe uma atual tendência comunitária no sentido de se privilegiar a abordagem *ex ante*. Para além de tomarmos posição crítica quanto a este aspeto, procuraremos dar um contributo assinalável ao nível do desenvolvimento e aprofundamento da metodologia de análise aos efeitos de *leveraging* que é já proposta pela Comissão nas suas Orientações para a apreciação de concentrações não horizontais[31].

---

[29] Regulamento (CE) nº139/2004 do Conselho, de 20 de Janeiro de 2004, relativo ao controlo das concentrações de empresas, J.O. L 133, de 30.4.2004.
[30] Cf. *Ibidem*, artigo 2º nº 3.
[31] Orientações para a apreciação das concentrações não horizontais, J.O. C 265/6 de 18.10.2008.

Parte I
Aspetos Gerais sobre as Vendas Subordinadas e Agrupadas

Parte I

Capítulo I
A teoria económica do *tying* e *bundling*

1. Introdução

Uma das preocupações centrais ao direito da concorrência é a de que uma ou mais empresas possam, por recurso a expedientes anticoncorrenciais como, por exemplo, a redução estratégica do volume de produção, o aumento de preços, a diminuição dos níveis de qualidade dos produtos, a supressão da inovação ou da liberdade de escolha dos consumidores, adotar uma política de mercado que, em última instância, se tenha como lesiva do bem-estar dos consumidores. É importante observar que o direito da concorrência não é uma ciência exata. Pese embora o consenso encontrado em torno de alguns princípios fundamentais, a aplicação deste ramo do direito não se compadece com o recurso a modelos e regras de decisão codificadas, suscetíveis de uma aplicação precisa. A sua aproximação à ciência económica, que resulta, essencialmente, da natureza económica da realidade que pretende regular, exige que os intérpretes e aplicadores deste direito compreendam os conceitos económicos envolvidos e a característica da sua plasticidade.

A importância de se fazer articular estas duas ciências sociais, a jurídica e a económica, foi especialmente enfatizada, no contexto da política europeia da concorrência, a partir do final da década de 90.

O presente capítulo procurará, em primeira linha, categorizar conceptualmente as diferentes práticas que se pretende examinar no decurso deste estudo. Prosseguiremos, então, com a identificação dos diferentes móbiles que podem justificar, de uma perspetiva económica, a sua adoção. Veremos em que circunstâncias as estratégias de *tying* e *bundling* podem surtir efeitos pró e anticoncorrenciais. Exploraremos, para tanto, as diferentes teorias gizadas pela doutrina económica nas últimas décadas, com o objetivo último de decantar, mais adiante, os princípios e os critérios base que possam instruir uma nova metodologia de análise da subordinação e agrupamento.

2. Noções
2.1 Venda subordinada

A subordinação ou *tying* encontra atualmente uma definição nas Orientações sobre as prioridades da Comissão na aplicação do artigo 102º do TFUE aos comportamentos abusivos de exclusão: *"A subordinação diz respeito a situações em que os clientes que compram um produto (produto subordinante) são obrigados igualmente a comprar um outro produto da empresa dominante (produto subordinado)"*[32]. Neste caso, o consumidor pode obter junto da empresa dominante o produto subordinado, sem que seja obrigado a adquirir também o produto subordinante. A oferta disponibilizada ao consumidor cingir-se-á ao produto subordinado, vendido em separado, ou ao pacote formado por ambos os produtos subordinante e subordinado. A venda, em separado, do produto subordinante não será, portanto, uma opção.

A subordinação pode respeitar a bens e/ou serviços e ser implementada de forma diversa. A prática mais recorrente é a da subordinação por via contratual (*contractual tying*): ao cliente é imposta, no contrato que titula a compra do produto subordinante, a obrigação de também adquirir o produto subordinado[33]; mas pode resultar, outrossim, da circunstância de o vendedor desencorajar economicamente a compra do produto subordinado a um outro fornecedor (subordinação *de facto*). Isto acontecerá, designadamente, quando o vendedor adote uma política de oferta de bónus, descontos, ou de qualquer outra vantagem comercial que induza a preferência pelo seu produto. Uma forma especial de subordinação é a chamada subordinação técnica que ocorre quando os produtos se encontram de tal forma integrados tecnologicamente um no outro que se torna fisicamente impossível ao consumidor proceder à sua separação. Esta impossibilidade poderá também resultar de a

---

[32] Comunicação da Comissão – Orientação sobre as prioridades da Comissão na aplicação do artigo 82º do Tratado CE a comportamentos de exclusão abusivos por parte de empresas em posição dominante, J.O. C 45/7 de 24.2.2009, para. 48.

[33] O caso *Hilti* oferece um bom exemplo de *tying* contratual. Esta empresa, em posição dominante no mercado de pistolas de pregos, foi condenada por, entre outras práticas, ter subordinado a venda de pregos compatíveis com as suas pistolas à aquisição das suas fitas de cartuchos. Ver Acórdão do Tribunal de Justiça de 2.3.1994, Processo C-53/92 P, *Hilti c. Comissão*, Colect. 1994, p. I 667. Ver ainda o caso *Tetra Pak II*, Acórdão do Tribunal de Primeira Instância (Segunda Secção) de 6.10.1994, no Processo T-83/91, Colect. 1994, p. II-755. Uma das práticas imputadas à *Tetra Pak* foi a da subordinação contratual da venda de máquinas de enchimento à compra exclusiva de cartões.

separação ser extremamente dispendiosa ou tecnicamente inviável. O processo *Microsoft* oferece um claro exemplo desta prática. Como *supra* observámos, a *Microsoft* é condenada pelo Tribunal de Primeira Instância, *inter alia*, por integrar tecnicamente o WMP no seu sistema operativo *Windows*. Relevou, em especial, o facto de o WMP ser pré-instalado nos computadores que vinham já de fábrica licenciados com o sistema *Windows*[34] [35]. A última variante de subordinação, a que se designa de subordinação dinâmica, ocorre quando o vendedor exige que, com a compra de um determinado produto, o comprador adquira, também, todas as unidades de que necessite de um segundo produto[36], que normalmente é complementar ao primeiro e de natureza consumível. A venda será, nesta hipótese, configurada diferentemente porquanto os produtos são adquiridos em proporções variáveis, ou seja, o produto B não é vendido em quantidade fixa, e o número de unidades alienadas deste produto poderá variar de cliente para cliente. Pode ilustrar-se este subtipo com a situação do vendedor de máquinas de café que imponha ao comprador a obrigação de adquirir as respetivas cápsulas de café.

2.2 Venda agrupada pura

O agrupamento ou *bundling*[37], em termos genéricos, respeita à forma como os produtos são colocados à disposição do consumidor, *i.e.* em pacote (*bundle*). A prática de *bundling* puro ocorre quando nenhum dos componentes que integram o pacote são vendidos em separado. O consumidor que queira comprar o produto A terá de comprar igualmente o produto B, ou vice-versa. Ambos os componentes são vendidos conjuntamente e em proporções fixas, *e.g.* uma embalagem de champô com uma embalagem de condicionador; um par de luvas com um cachecol. Mencione-se, a título ilustrativo, o processo *Napier Brown//British Sugar*: a Comissão condenou a *British Sugar* por adotar uma prática que

---

[34] Acórdão do Tribunal de Primeira Instância (Grande Secção) de 17.9.2007, Processo T-201/04, *Microsoft c. Comissão*, Colect. 2007, p. II 3601.

[35] O caso *IBM* oferece outro exemplo de *tying* técnico. Em 1980 a Comissão iniciou um procedimento contra a *IBM* relativamente a determinadas práticas comerciais que envolviam os seus computadores *System 370*. A *IBM* detinha então uma posição dominante no fornecimento de dois componentes essenciais para os seus computadores: a unidade central de processamento (CPU) e o sistema operativo. A Comissão alegou, entre outros aspetos, que a integração dos *chips* de memória com o CPU, e a circunstância de se fazer condicionar as vendas dos computadores à aquisição de aplicações de *software*, tinha o efeito prático de compelir os consumidores a adquirirem estes *chips* e aplicações exclusivamente da *IBM*, quando, na realidade, os poderiam adquirir de um fornecedor alternativo. O caso não chegou, todavia, aos tribunais. IBM, 1984, J.O. L 118/24.

[36] Cf. Barry Nalebuff, "Bundling, Tying and Portfolio Effects", *DTI Economics Paper nº 1*, Part I, Yale University, 2003, p. 16.

[37] Também, por vezes, designada de agregação e venda em pacote.

consistia em recusar aos seus clientes a possibilidade de recolherem as suas encomendas diretamente da fábrica, forçando-os a aceitar, ao invés, os serviços de entrega do produtor[38]. Neste caso, nenhuma das prestações era oferecida em separado: o cliente apenas podia optar pelo pacote encomenda/transporte.

2.3 Venda agrupada mista

O termo *bundling* misto descreve a prática de oferecer ao consumidor a opção entre adquirir cada produto em separado ou como parte integrante de um pacote. Os produtos são, como se disse, disponibilizados em separado, porém, quando adquiridos em pacote, são vendidos a um preço inferior à soma dos respetivos preços individuais[39]. O elemento caracterizador desta variante é, essencialmente, e por contraposição ao *bundling* puro, a circunstância de, alternativamente, os produtos serem também oferecidos em separado. Sem prejuízo, e como bem nota Langer, a destrinça entre esta modalidade, por vezes também designada pela doutrina anglo-saxónica por *commercial tying*, e o *bundling* puro nem sempre é óbvia. Referimo-nos às situações em que em virtude do preço excessivo a que os produtos são colocados à venda em separado, o consumidor é coagido a adquiri-los invariavelmente em pacote[40].

Os exemplos desta prática são múltiplos: a oferta do *Microsoft Office* que congrega em si, entre outros, os programas de *Word* e *Excel* e os oferece a um preço inferior ao que resultaria da sua aquisição em separado; a venda de bilhete de transporte aéreo de ida e volta a um preço inferior ao que resultaria da compra, em separado, da ida e da volta; a possibilidade de se adquirir passes mensais de transportes rodoviários ou ferroviários; etc..

3. Razões que justificam o recurso ao *bundling* e *tying*

Uma leitura atenta da literatura económica relevante permite concluir que as práticas de *tying* e *bundling* determinam, amiúde, ganhos de eficiência económica[41], que podem ser utilizadas estrategicamente com propósitos anticon-

---

[38] Decisão da Comissão de 18 de Julho de 1988, Processo nº IV/30.178, *Napier Brown/British Sugar*, J.O. L 284/41, de 19.10.1988.
[39] Cf. ROBERT O'DONOGHUE, A. JORGE PADILLA, *The Law and Economics of Article 82 EC*, Hart Publishing, Oxford and Portland, Oregon, 2006, p. 478; BARRY NALEBUFF, "Bundling, Tying and Portfolio Effects", *DTI Economics Paper* nº 1, Part I, Yale University, 2003, p. 14.
[40] Ver JURIAN LANGER, *Tying and Bundling as a Leveraging Concern under EC Competition Law*, Kluwer Law International, The Netherlands, 2007, p. 5.
[41] Ver, *e.g.*, AARON DIRECTOR e EDWARD H. LEVI, "Law and the Future: Trade Regulation", *Northwestern University Law Review*, vol. 51, s/l, 1956, pp. 281 a 296; RICHARD A. POSNER, *Antitrust Law – An Economic Perspective*, 1ª ed., Chicago University Press, Chicago, 1976; ROBERT H. BORK, The *Antitrust Paradox – A Policy at War with Itself*, Free Press, New York, 1978, p. 378 e 379.

correnciais[42], e que são frequentemente implementadas como instrumento de uma política de discriminação de preços, à qual normalmente se reconhece uma certa ambiguidade quanto aos seus efeitos sobre o bem-estar geral[43]. O consenso gerado entre economistas é o de que se impõe uma análise factual detalhada das condições de mercado e da conduta dos agentes económicos, antes mesmo que se conclua que estas práticas são nocivas e que representam um desvalor aos interesses tutelados dos consumidores.

3.1 Razões de eficiência económica
3.1.1 Redução de custos

Os ganhos de eficiência económica, sob a forma de redução de custos, são geralmente atribuíveis à circunstância de se conseguirem alcançar determinadas economias de escopo, quer ao nível da produção quer do consumo. A subordinação e o agrupamento ganham, neste contexto, um papel de especial relevo. Segundo Salinger, as sinergias de custos são mais expressivas quando o valor atribuído pelos consumidores aos diferentes produtos que integram o *bundle* for positivamente correlacionado[44]. Se, quando vendidos em separado, a maioria dos consumidores adquire ambos os produtos A e B, e se, portanto, aquele valor for positivamente correlacionado, qualquer redução de custos que se anteveja alcançar através da sua venda combinada criará um estímulo na empresa dominante para que passe a disponibilizar A e B em pacote. Não é infrequente, quando sob escrutínio, que as empresas aleguem que as suas práticas de subordinação e agrupamento permitem reduções de custos ao nível da produção e distribuição. É importante reter que o argumento da existência de economias de escopo é necessário, mas não de todo suficiente para justificar objetivamente a adoção destas práticas. As mais-valias que normalmente se associam às economias de escopo podem, por vezes, ser realizadas sem que se recorra ao *tying* ou ao *bundling*. As circunstâncias em que se poderão aceitar estas razões de eficiência tendem, portanto, a ser escassas[45].

---

[42] Michael D. Whinston, "Tying, Foreclosure and Exclusion", *The American Economic Review*, vol. 80, n. 4, September 1990, pp. 837 a 859; Dennis W. Carlton & Michael Waldman, "The Strategic Use of Tying to Preserve and Create Market Power in Evolving Industries", *RAND Journal of Economics*, vol. 33, s/1, 2002, p. 194.
[43] George Stigler, "United States v. Loew's, Inc.: A Note on Block Booking", *Sup. Ct. Rev.*, 1963, p. 152.
[44] Michael A. Salinger, "A Graphical Analysis of Bundling", *The Journal of Business*, vol. 68, nº 1, Janeiro 1995, pp. 85-98.
[45] Neste sentido ver Kai-Uwe Kuhn, Robert Stillman & Cristina Caffarra, "Economic Theories of Bundling and Their Policy Implications in Abuse Cases: An Assessment in Light of the Microsoft Case", *Discussion Paper nº 4756*, Centre for Economic Policy Research, London, November 2004, disponível em www.cepr.org, p. 16.

A redução de custos pode ocorrer ao nível da produção/distribuição ou do consumo.

a) Redução de custos para o consumidor
A redução de custos resulta, neste caso, da circunstância de se alcançarem economias de escopo ao nível do consumo, significando isto que, perante um determinado quadro de mercado, torna-se mais vantajoso para o consumidor adquirir os produtos de que necessita apenas de um único fornecedor. Esta vantagem será tanto mais óbvia e prevalente quanto maior for o grau de complementaridade entre os produtos oferecidos pelo mesmo distribuidor. A prática de *tying* ou *bundling* justifica-se, neste caso, pela redução dos chamados *searching costs*; dos custos de transação e de informação (que são todos aqueles que excedam o custo direto suportado com a aquisição dos produtos em questão), e pela maior facilidade de utilização dos produtos. Esta redução é lograda porque se excluem da equação, em concreto, os custos associados à procura da combinação mais apropriada a satisfazer uma necessidade complexa (*searching costs*)[46] e os custos de contratação com empresas terceiras (*e.g.* custos relacionados com a elaboração de contratos e com a respetiva execução e fiscalização). A indústria informática ilustra um claro exemplo do que aqui se afirma: o facto de os discos rígidos serem vendidos já com *software* incorporado (*tying* técnico) permite evitar que os consumidores desperdicem tempo útil na procura de fontes alternativas de fornecimento de *software*. Mas para além do potencial de redução dos custos de procura, de transação e informação a que aludimos, importa que se realce também a maior comodidade e facilidade de utilização que resulta para o consumidor da oferta combinada[47]. Para Ahlborn, Evans e Padilla, a integração de *software* é um exemplo ilustrativo da realização de economias de escopo do lado do consumo na medida em que constitui "*a response to consumers who value the ease of use of bundle software*"[48]. Restará ao aplicador do direito questionar-se sobre se as estratégias de subordinação ou agrupamento são indispensáveis à realização do tipo de eficiências alegadas e se estas não podem, em alternativa, ser alcançadas por recurso a outros expedientes que se tenham como menos restritivos da concorrência. Sem prejuízo de uma análise fáctica das circunstâncias *in concreto*, e com respeito ao exemplo *supra* mencionado da indústria do *software*, o consenso que se tem gerado na doutrina especializada é o de que as economias de escopo podem ser logradas sem que se

---

[46] Cf. CHRISTIAN AHLBORN, DAVID S. EVANS & A. JORGE PADILLA, *op. cit.*, p. 320.
[47] Cf. DAVID S. EVANS, A. JORGE PADILLA, MICHELE POLO, "Tying in Platform Software: Reasons for a Rule of Reason Standard in European Competition Law", *World Competition*, 25 (4), Kluwer Law International, Netherlands, 2002, pp. 509 a 514.
[48] Cf. CHRISTIAN AHLBORN, DAVID S. EVANS & A. JORGE PADILLA, *op. cit.*, p. 320.

recorra à integração técnica dos produtos[49]. Kuhn sugere, por exemplo, que os consumidores possam beneficiar de vantagens análogas quando as empresas de *software* se limitem a fornecer as diferentes aplicações num disco exterior[50].

b) Redução de custos para o produtor/distribuidor
A literatura económica tem sustentado, com algum grau de unanimidade, que a subordinação e a venda em pacote são práticas comerciais que permitem reduzir os custos de produção e distribuição em função da criação de economias de escopo ao nível do *portfolio* da empresa[51]. A liberdade de escolha do consumidor e a aparente mais-valia que para este possa resultar em virtude de lhe ser disponibilizada uma oferta mais variada, traduzida ela num maior número de opções e configurações, incluindo a venda de todos os produtos ou serviços em separado, rivaliza com a circunstância de estas ofertas múltiplas poderem, por vezes, causar deseconomias de escopo. Como nota Nalebuff, "(...) *savings in administrative costs can make it cheaper to provide all customers an ABC package, compared to letting customers choose two out of three, AB, BC, CA. Less flexibility but standardization can mean more for all. This standardization ends up being a bundle offering*"[52]. Tenha-se presente o exemplo da venda de automóveis e dos respetivos auto-rádios. Os consumidores de um determinado modelo de automóvel terão entre si, certamente, uma preferência diferenciada pelo tipo e modelo de auto-rádio que pretendem ver instalado no seu veículo, todavia, e numa lógica de fazer reduzir os custos associados à instalação destes aparelhos, a opção mais eficiente, na ótica da produção, será a de instalar, aquando do processo de montagem dos automóveis, um determinado de número de diferentes tipos e modelos de auto-rádios e deixar o consumidor escolher, à altura da compra, de entre as várias opções ou configurações disponíveis. É certo que esta estratégia pode ser considerada ineficiente por alguns destes clientes porquanto se veem obrigados a substituir o auto-rádio após a aquisição do automóvel, porém, e em termos de fazer minimizar os custos agregados de insta-

---

[49] Ver, em maior detalhe, KAI-UWE KUHN, ROBERT STILLMAN & CRISTINA CAFFARRA, "Economic Theories of Bundling and Their Policy Implications in Abuse Cases: An Assessment in Light of the Microsoft Case", *Discussion Paper nº 4756*, Centre for Economic Policy Research, London, November 2004, disponível em www.cepr.org, pp. 16 e 17; JURIAN LANGER, *Tying and Bundling as a Leveraging Concern under EC Competition Law*, Kluwer Law International, The Netherlands, 2007, p. 8.
[50] *Ibidem*.
[51] Cf., *e.g.*, DAVID S. EVANS, MICHAEL SALINGER, "The Role of Cost in Determining When Firms Offer Bundles", Julho 2006, disponível em http://papers.ssrn.com/sol3/papers.cfm?abstract_id=555818; KAI-UWE KUHN, ROBERT STILLMAN & CRISTINA CAFFARRA, *op. cit.*, pp. 17 e ss..
[52] Cf. BARRY NALEBUFF, "Bundling, Tying and Portfolio Effects", *DTI Economics Paper nº 1*, Part I, Yale University, 2003, p. 31.

lação, esta opção é claramente mais barata e eficiente do que aquela de colocar os compradores na situação de terem de adquirir o veículo sem auto-rádio e fazê-los, num momento posterior, já após a entrega do automóvel, comprar o aparelho e montá-lo.

A indústria da informática oferece aqui outro exemplo pertinente: os custos de produção e *marketing* são reduzidos quando os diferentes programas de *software* disponibilizados pela empresa em separado passam a ser oferecidos de forma agregada num único CD. Da mesma forma, cremos, que um fabricante de sapatos reduzirá os seus custos de distribuição se vender os sapatos aos pares, que não o esquerdo e o direito em separado.

Ahlborn, Evans e Padilla alvitram que a adoção de práticas de subordinação e agrupamento pode permitir ao produtor reduzir o tamanho e a complexidade das suas unidades fabris, na medida em que este passe a utilizar as suas máquinas na produção simultânea e conjunta de dois ou mais produtos, que não de um só[53]. É importante salientar, sem embargo, e particularmente atento o facto de estas práticas se configurarem como estratégias de vendas, que os ganhos de eficiência alcançados ao nível da produção só devem relevar quando os consumidores tenham efetivamente interesse em adquirir os produtos/serviços conjuntamente, por ser essa a sua preferência. Com efeito, não se vê que por serem produzidos conjuntamente, os produtos tenham, necessariamente, de ser fornecidos ou vendidos também dessa forma. Porque o *bundling* e o *tying* são estratégias de vendas, os ganhos de eficiência atendíveis deverão, essencialmente, ser aqueles que se registem ao nível do consumo[54].

3.1.2 Controlo de qualidade

Quando os produtos em questão sejam de natureza complementar e o grau de informação dos consumidores escasso, o vendedor do produto subordinante pode sentir-se inclinado a exigir que os seus clientes utilizem este produto exclusivamente com o produto subordinado que é por si também comercializado, designadamente pelo receio da possibilidade de estes virem a adquirir de um terceiro fornecedor um substituto de qualidade inferior que comprometa o regular funcionamento do produto subordinante e, consequentemente, a reputação da sua marca comercial[55]. O incentivo é mais óbvio quando, por acrescento, estes fornecedores independentes logrem incrementar o seu volume de vendas e a respetiva quota de mercado às custas da reputação comercial da empresa subordinante (*free-riders*). O problema com que o vendedor tipicamente se

---

[53] Cf. Christian Ahlborn, David S. Evans & A. Jorge Padilla, *op. cit.*, p. 319.
[54] Cf. Kai-Uwe Kuhn, Robert Stillman & Cristina Caffarra, *op. cit.*, p. 17.
[55] Cf. Robert H. Bork, *op. cit.*, pp. 379 a 381.

depara nestes casos é que os utilizadores do pacote A-B não estão em condições de discernir se o mau funcionamento dos produtos resulta da inferior qualidade do produto A (produto subordinante) ou da qualidade do produto B (produto subordinado), distribuído pelo fornecedor independente. A estratégia de subordinação ou agrupamento permite, pois, afastar esta *"confusion externality"* i.e., a dúvida sobre a origem do mau funcionamento.

Uma alternativa menos restritiva da concorrência seria a de simplesmente informar ou alertar o comprador para a questão da qualidade, mas este pode, por vezes, acabar por ser vitimizado (quando ainda assim seja iludido quanto à questão da qualidade do produto B já depois de o ter utilizado em conjugação com o produto A), ou mesmo aproveitar-se (quando seja conivente com a utilização de um produto de inferior qualidade a preço reduzido) da potencial situação de "parasitismo" que se pode criar por parte de outros agentes económicos na cadeia de distribuição, em especial quando seja o vendedor do produto A, apenas, a suportar a maior parte dos custos associados à perda da reputação comercial da marca em questão. Dê-se, como exemplo, o caso do contrato de franquia (*franchising*). O franqueador de uma cadeia de *fast food* pode vender o produto subordinante aos franqueados, que detêm a propriedade dos respetivos restaurantes, na condição de que estes também lhe adquiram, numa base de exclusividade, o produto subordinado (*v.g.* hambúrgueres) de que necessitam. O franqueador poderá recear que mesmo estando os consumidores alertados para a questão da qualidade do produto, os franqueados se aproveitem (*free ride*) da reputação da marca para seguirem uma estratégia de redução de custos e angariação de nova clientela, optando pela venda de um produto mais barato, de qualidade inferior[56]. Se todos os franqueados adotarem esta mesma estratégia, o valor associado ao *franchising* diminuirá para todos eles, mas cada um pode ser levado a concluir que a sua conduta, considerada individualmente, terá pouco ou nenhum impacto negativo na reputação da marca franqueada[57]. Significa isto, no cômputo geral, que cada um dos franqueados poder-se-á sentir incentivado a preterir valores de qualidade quando confrontado com a oportunidade de fazer, a curto prazo, reduzir os custos e aumentar a rentabilidade da respetiva concessão. Os consumidores que sejam coniventes com esta estratégia por: i) lhes ser irrelevante a especial qualidade do produto B e, ii) por lhes ser alheio o custo associado à perda da reputação comercial da marca em

---

[56] Ver EDWARD M. IACOBUCCI, "Tying as Quality Control: A legal and Economic Analysis" *in The Journal of Legal Studies*, vol. 32 (2), University of Chicago, June 2003, pp. 435 a 464, pp. 438 e ss..
[57] Cf. BENJAMIN KLEIN e SAFT LESTER, "The Law and Economics of Franchise Tying Contracts" *in Journal of Law and Economics*, vol. 28, 1985, p. 345.

questão, contribuem de forma determinante na imposição desta externalidade à empresa subordinante.

Uma outra alternativa, também ela menos restritiva da concorrência, seria a de especificar o grau de qualidade a ser exigido ao produto que o consumidor utiliza como alternativa àquele subordinado. Esta opção confronta-se, no entanto, com duas fragilidades: a da dificuldade de concretizar o grau de qualidade exigível e a de monitorizar o respeito pelo padrão de qualidade definido. Areeda sugere ainda a hipótese de o utilizador se comprometer a adquirir o produto alternativo apenas de fornecedores cuja qualidade de produção e serviço seja reconhecida e aprovada pelo vendedor do produto subordinante[58][59]. A dificuldade radica, todavia, na circunstância de esta alternativa poder induzir o vendedor do produto subordinante a fazer-se cobrar excessivamente (de forma monopolista até) pelo serviço prestado de monitorização da qualidade do produto do fornecedor alternativo, e bem assim pelo licenciamento, a estes fornecedores, de patentes ou segredos comerciais que sejam pertinentes ao respetivo processo de produção.

3.1.3 A questão da dupla marginalização

A doutrina económica tem, por vezes, articulado a ideia de que as práticas de subordinação e venda agrupada podem ser utilizadas com o propósito de evitar a chamada dupla marginalização[60]. O fundamento teórico desta conceção assenta no modelo teórico de Cournot. Augustin Cournot demonstrou, em trabalho publicado em 1838[61], que uma empresa que monopolize simultaneamente dois mercados de produtos complementares cobra, pela venda dos dois, um preço inferior àquele que seria cobrado, no total, por duas empresas, cada uma com monopólio sobre cada um desses produtos complementares. Segundo o autor, ao agir de forma independente e desconcertada, cada uma dessas empresas acaba por fixar um preço excessivamente alto e, consequentemente, ineficiente. Isto é assim porquanto cada um destes monopolistas ignora a ex-

---

[58] Cf. PHILLIP E. AREEDA, *Antitrust Law, An Analysis of Antitrust Principles and Their Application*, vol. IX, Little, Brown and Company, s/l, 1991, p. 51.

[59] Utilizamos aqui a expressão "produto subordinante" por razões de facilidade de exposição e compreensão. O leitor deverá, todavia, estar esclarecido que nas hipóteses alternativas enunciadas não existe qualquer vínculo de subordinação, apenas métodos alternativos que garantam a qualidade dos produtos e seu funcionamento.

[60] Cf., *inter alia*, CHRISTIAN AHLBORN, DAVID S. EVANS & A. JORGE PADILLA, *op. cit.*, p. 321; BARRY NALEBUFF, "Bundling, Tying and Portfolio Effects", in *DTI Economics Paper nº 1*, Part I, Yale University, 2003, p. 37.

[61] AUGUSTIN COURNOT, *Recherches sur les principes mathématiques de la théorie des richesses*, Hachette, Paris, 1838.

ternalidade positiva que se verifica entre as vendas de cada produto, *i.e.* que uma redução do preço do produto complementar por si comercializado determinaria o aumento da procura pelo produto complementar do outro. Se estas empresas agissem, ao invés, de forma coordenada, então ambas reduziriam os seus preços, destarte aumentando o volume global de vendas e os respetivos níveis de rentabilidade. Note-se que, tratando-se de produtos complementares, os consumidores ou optam por comprar ambos ou nenhum. O valor individual de cada um destes produtos resulta da sua utilização conjunta com os demais que lhe sejam complementares. O efeito Cournot encontra eco na problemática da dupla marginalização, um fenómeno corrente no âmbito da articulação vertical dos mercados, e que ocorre em razão dos diferentes agentes da cadeia de distribuição estabelecerem, em separado, uma margem de lucro individual sobre o mesmo produto: o produtor determina a sua margem de lucro em função do preço marginal do produto, o distribuidor em função do preço que lhe é cobrado pelo produtor, e assim por diante. Este exercício tem por resultado uma suboptimização de toda a rede de fornecimento, um produto final substancialmente mais oneroso e uma quase certa diminuição do respetivo volume de vendas. Um monopolista verticalmente integrado, de seu turno, está em condições de internalizar este efeito e reduzir as margens de rentabilidade de forma a aumentar o seu lucro global final.

A aparente simplicidade deste argumento acabou por gerar um equívoco quanto às circunstâncias da aplicação da teoria[62]. Para alguns autores, *e.g.* Ahlborn, Evans e Padilla, as práticas de *tying* e *bundling* permitem, segundo a mesma lógica *supra* expendida, neutralizar as externalidades negativas e realizar os efeitos de Cournot[63], uma vez que os preços dos produtos são, neste caso, fixados concertadamente pela mesma empresa, tendo em conta a sua natureza complementar e a necessidade de maximizar o volume de vendas. Este entendimento tem sido criticado por uma outra fação da doutrina, cujo mérito é já reconhecido. Para Kuhn, o efeito de redução dos preços resulta, não da estratégia de vendas combinadas, mas antes da circunstância de todos os produtos serem vendidos pela mesma empresa, o que lhe permite internalizar a sua complementaridade[64]. A venda combinada não é, portanto, um requisito da realização dos efeitos Cournot: a redução de preços resulta exclusivamente da relação de complementaridade dos diferentes componentes. O estudo de

---

[62] Cf. BARRY NALEBUFF, "Bundling, Tying and Portfolio Effects", *DTI Economics Paper nº 1*, Part I, Yale University, 2003, p. 38.
[63] Cf. CHRISTIAN AHLBORN, DAVID S. EVANS & A. JORGE PADILLA, *op. cit.*, p. 322; ROBERT O'DONOGHUE, A. JORGE PADILLA, *The Law and Economics of Article 82 EC*, Hart Publishing, Oxford and Portland, Oregon, 2006, pp. 482 e 483.
[64] Cf. KAI-UWE KUHN, ROBERT STILLMAN & CRISTINA CAFFARRA, *op. cit.*, p. 20.

Nalebuff de 2001, sobre as implicações jus-concorrenciais do *bundling*, vai ainda mais longe, sugerindo que uma estratégia de agrupamento puro pode mesmo surtir o efeito inverso daquele antevisto por Ahlborn, Evans e Padilla, e determinar o aumento dos preços dos diferentes componentes individuais que integram o pacote, pelo menos quando os respetivos mercados sejam complementares[65]. Vejamos como. Num quadro de mercado em que os componentes não sejam disponibilizados em pacote, a concorrência ao nível dos preços verifica-se componente a componente, significando isto que cada cliente adquirirá o componente que lhe interessa, à empresa que por ele praticar o melhor preço. Quando este *status quo* se altera e o *bundle* passa a ser introduzido, sob a forma de agrupamento puro, por algumas das empresas ativas no mercado, a redução que se verifique no preço praticado por uma das empresas mono-produto, que ofereça apenas um dos componentes do pacote, fará com que os consumidores marginais deixem de adquirir o pacote às empresas multiproduto e passem a comprar os diferentes componentes que o integram às empresas que os vendam separadamente, numa base "*mix and match*". Este comportamento explica-se atento o facto de as empresas multiproduto não poderem, neste caso, garantir a substituição de apenas um dos componentes do pacote que oferecem. Quando tal suceda, e, portanto, a concorrência passe a opor o *bundle*[66] das empresas multiprodutos e as diferentes combinações que resultem da conjugação dos componentes produzidos individualmente por cada uma das empresas mono-produto, o incentivo destas últimas para continuar a concorrer com base no preço e, por conseguinte, reduzir o valor cobrado pelo respetivo componente é drasticamente menor. Repare-se que, para beneficiarem de uma eventual redução de preços proposta pelas empresas mono-produto, os consumidores com uma forte preferência por um ou mais componentes do pacote oferecido pelas empresas multiprodutos seriam forçados a prescindir destes produtos e optar por uma combinação menos desejada, um cenário que se antevê pouco provável. Na realidade, esta redução de preços teria pouco ou nenhuma expressão em termos de um aumento efetivo da quota de mercado destas empresas. Neste contexto, a única opção que se afigura economicamente racional para as empresas mono-produto é manter ou mesmo subir os respetivos preços com base numa estratégia de comportamento concertado. No primeiro dos cenários identificados, a concorrência era efetiva sem coordenação uma vez que se processava componente por componente. A introdução do pacote no mercado faz ressurgir o problema do comportamento coordenado.

---

[65] Ver BARRY NALEBUFF, "Competing Against Bundles" in Hammond P. e Myles G., *Incentives, Organization and Public Economics: Papers in Honour of James Mirrlees*, OUP, Oxford, 2001, p. 321.
[66] Utilizar-se-á indistintamente os termos "*bundle*" e "pacote".

De acordo com o modelo de Nalebuff, no caso dos produtos complementares, o efeito de incremento dos preços é tanto mais pronunciado quanto maior for o número de componentes que integre o pacote, ou seja, quando existir uma assimetria considerável entre o *portfolio* das empresas que vendem o pacote e o das empresas rivais mono-produto.

3.1.4 Discriminação de preços

A teoria da discriminação de preços foi introduzida na literatura *antitrust* norte-americana, em 1957, pelos estudos de Ward Bowman, um discípulo de Aaron Director, intimamente ligado ao pensamento da Escola de Chicago[67]. Na base da sua construção teórica está o argumento de que as práticas de subordinação e agrupamento podem proporcionar maiores lucros por fazerem reduzir a heterogeneidade entre o diferente valor atribuído à mesma combinação de produtos por consumidores com preços de reserva distintos. George Stigler desenvolve esta linha de raciocínio, já na década de 60, na análise que faz da venda de filmes em pacote às estações de televisão no decurso dos anos 40 e 50[68]. O autor cria um modelo teórico que se propõe a analisar os benefícios que decorrem para um monopolista multiproduto que adote uma estratégia de agrupamento de produtos independentes, no contexto mais frequente de um mercado onde as preferências pelos diferentes componentes do *bundle* oferecido sejam díspares. Repare-se que o valor atribuído ao pacote pelos diferentes consumidores pode ser similar, mas é comum que as preferências por cada componente individual que o compõem sejam divergentes. Ao fixar um preço único por pacote, o vendedor escusa-se à tarefa de ter de determinar o diferente valor que cada comprador atribui a cada um destes componentes. O vendedor pode ainda assim discriminar entre os diferentes compradores em termos do preço implícito que estes estão dispostos a pagar pelos componentes individuais do pacote *i.e.* em função dos segmentos da curva de procura onde se situam. Vejamos como. Suponha-se que o comprador 1 está disposto a pagar EUR8.000 pelo filme A e o comprador 2 EUR7.000; que pelo filme B o comprador 1 está disposto a pagar EUR2.500 e o comprador 2 EUR3.000. Na hipótese da venda de A e B em separado, o melhor preço que o vendedor pode obter por A é EUR7.000 e por B EUR2.500, sendo o lucro, portanto, de EUR9.500 por cliente e EUR19.000 no total. Mas considerem-se agora os valores que os compradores 1 e 2 estariam dispostos a pagar pelo pacote dos dois filmes: o comprador 1, EUR 10.500, e o comprador 2, EUR10.000. Ora, se o

---

[67] WARD BOWMAN, *op. cit.*, p. 23 e ss..
[68] GEORGE STIGLER, "United States v. Loew's, Inc.: A Note on Block Booking", *Sup. Ct. Rev.*, 1963, p. 152.

vendedor cobrasse EUR10.000 pelo pacote acabaria por receber um total de EUR20.000[69]. Fará, portanto, todo o sentido a opção pela venda em pacote.

A rentabilidade da estratégia de *bundling* será tanto mais alta quanto maior for número de produtos a integrarem o pacote. Isto deve-se ao facto de uma configuração mais alargada ter uma maior probabilidade de incluir produtos com uma diferente elasticidade de procura. A mais-valia económica prende-se, no modelo de Stigler, com o facto de o vendedor poder extrair um maior excedente dos compradores com um preço de reserva mais elevado, ou seja, aos que atribuem um maior valor a determinados produtos do *bundle*. Repare-se, porém, que, para tanto, o vendedor terá de possuir um conhecimento detalhado das preferências dos compradores de forma a embalar apenas os produtos que lhes possam interessar. No caso examinado dos filmes, em particular, não nos parece que a opção pela venda em pacote fosse a única forma de discriminar os preços: os proprietários dos filmes poderiam, por exemplo, fixá-los em função da dimensão da audiência de cada estação de televisão.

Sem embargo, a grande contribuição de Stigler foi a de demonstrar que uma empresa em posição de monopólio sobre dois ou mais produtos, produzidos de forma independente, pode incrementar o seu índice de rentabilidade quando opte por uma estratégia de *tying* ou *bundling*[70]. Uma das limitações deste modelo radica na circunstância da sua aplicabilidade se circunscrever ao monopolista multiproduto. Segundo Schmalensee, a empresa que detenha um monopólio apenas sobre um produto poderá sentir pouco ou nenhum incentivo em prosseguir uma estratégia de agrupamento puro[71]. O estudo deste autor demonstra que, em circunstâncias normais de mercado, este tipo de empresas optará quase sempre pela venda simples e em separado do produto que monopoliza. Tenha-se em consideração o seguinte cenário: um monopólio detido sobre o mercado do produto A e um mercado do produto B caracterizado por um estado de concorrência efetiva. Se fosse efetivamente rentável a este monopolista agrupar B a A, e porque A e B são produtos independentes, seríamos então forçados a concluir que A poderia ser agrupado a qualquer outro pro-

---

[69] Cf. RICHARD A. POSNER, "Vertical Restraints and Antitrust Policy" *in The University of Chicago Law Review*, vol. 72, nº 1, Chicago, 2005, p. 235.
[70] Estes créditos são extensíveis aos estudos de Adams e Yellen. A partir do modelo desenhado por Stigler, estes autores criam um quadro analítico que permite quantificar e avaliar objetivamente os benefícios colhidos pelo monopolista multiproduto (de produtos produzidos de forma independente) que prossegue numa de estratégia de *bundling*, num quadro de heterogeneidade de preferências por parte dos consumidores. Ver WILLIAM JAMES ADAMS, JANET YELLEN, "Commodity bundling and the burden of monopoly", *in Quarterly Journal of Economics*, 90, s/l, 1976, pp. 475 a 498.
[71] Cf. RICHARD SCHMALENSEE, "Commodity Bundling by Single-Product Monopolies", *Journal of Law and Economics*, vol. 25, No. 1, Abril, 1982, pp. 68 e 69.

duto que fosse produzido e vendido competitivamente. No cenário descrito, a única estratégia de vendas que poderá surtir alguma rentabilidade é a do *bundling* misto[72], particularmente quando o valor atribuído pelos consumidores aos diferentes componentes que integram o pacote estiver negativamente correlacionado. Isto acontece, designadamente, quando os consumidores que tenham um elevado preço de reserva por um dos componentes do pacote, atribuam pouco ou nenhum valor pelo outro. Neste contexto, a venda em pacote mista faz reduzir a heterogeneidade de preferências e permite à empresa extrair maior excedente dos consumidores.

Uma segunda crítica que se dirige ao modelo de Stigler relaciona-se com o facto de este descurar a hipótese de revenda[73]. A empresa que discrimina deve poder socorrer-se de determinados mecanismos que lhe permita evitar que os clientes que lhe adquiram o pacote, ou algum dos seus componentes, pelo preço mais baixo, o revendam àqueles que o adquirem normalmente ao preço mais elevado. É ainda de observar, numa nota final, que este modelo assenta na falsa premissa de que existem monopólios puros. A discriminação tenderá, naturalmente, a ser imperfeita porquanto os consumidores acabam por criar substitutos. Ao contrário do que sucede no esquema mais elementar do preço único para todos (*one-price-to-all*), em que os clientes com um baixo preço de reserva abandonam o mercado em virtude dos preços elevados que o vendedor lhes impõe, na hipótese de discriminação, e com o intento de a obviar, os clientes que mais valor atribuem aos produtos integrados no *bundle* acabam por desvirtuar aquilo que é a sua normal conduta de mercado e encontrar alternativas economicamente mais racionais[74].

Quando entre o produto subordinado e subordinante se estabeleça uma relação de proporções variáveis (*tying* dinâmico[75]), a subordinação pode servir o propósito de medir a intensidade do uso deste produto e determinar um valor

---

[72] Ver RICHARD SCHMALENSEE, "Commodity Bundling by Single-Product Monopolies", *Journal of Law and Economics*, vol. 25, No. 1, Abril, 1982, p. 69.

[73] Cf. RICHARD SCHMALENSEE, "Pricing of Product Bundles" *in Journal of Business* nº 57, s/l, 1982, pp. 211 e 212.

[74] Cf. BARRY NALEBUFF, "Bundling, Tying and Portfolio Effects", *in DTI Economics Paper nº 1*, Part I, Yale University, 2003, pp. 77 e 78. O autor dá o exemplo das estratégias de preço das companhias aéreas que fazem normalmente condicionar a concessão de descontos aos seus clientes comprarem o bilhete de passagem com uma semana de antecedência e pernoitarem o sábado no seu local de destino, ao passo que o típico passageiro de negócios, com menos flexibilidade horária, é obrigado a pagar o preço por inteiro. Em resposta a esta política, alguns passageiros de negócios passaram a prolongar as suas estadias por forma a incluir a noite de Sábado. Segundo o autor, esta circunstância pode resultar em perdas sociais que se cifram acima do valor dos ganhos incrementais resultantes do aumento de vendas de bilhetes aos passageiros de recreio.

[75] Ver *supra* ponto 2.1.

de acesso. A medição pode ser efetivada num quadro de subordinação contratual: o comprador é obrigado a adquirir em exclusivo do vendedor todas as unidades de que necessite de um dado produto que seja indispensável ao regular funcionamento do produto subordinante, *e.g.* um consumível. O vendedor de uma impressora pode, por exemplo, exigir que o comprador lhe adquira exclusivamente os cartuchos de tinta de que necessita. O preço da máquina é reduzido a um mínimo, a fim de incentivar a compra do aparelho, e o dos cartuchos fixado em alta, por forma a garantir ao vendedor um retorno que será variável em função da intensidade da utilização da máquina. A utilização é aferida em função do número de cartuchos de tinta que são gastos num determinado período. A venda destes cartuchos passa assim a servir como substituto de um instrumento de medição de uso que poderia, em alternativa, ser fisicamente incorporado na impressora. A venda combinada pode mesmo tornar-se a única opção viável quando a monitorização direta se figura demasiadamente dispendiosa.

Pese embora o elevado preço que o vendedor faz cobrar pelo produto subordinado, este expediente permite que os utilizadores que não necessitam de fazer um uso intensivo da impressora passem a poder ter acesso a esta tecnologia. O vendedor extrairá, em contrapartida, um excedente supranormal dos restantes utilizadores.

A literatura económica que se debruça sobre o tema da discriminação tende a considerar que o seu efeito sobre o bem-estar dos consumidores é ambíguo. Para que se possa avaliar corretamente deste impacto é necessário ter presente a destrinça entre o que aquela literatura normalmente apelida de discriminação de "segundo" e "terceiro grau"[76]. Na discriminação de "terceiro grau", os consumidores são segmentados em função da elasticidade da respetiva procura, sendo cobrado um preço distinto a cada segmento. Esta prática faz despontar um quadro de mercado bifacetado em que passam a existir, paralelamente, clientes a pagarem um valor superior àquele que resultaria da implementação de um sistema de preço único, e outros a pagarem menos. O impacto verificado ao nível da produção é neutro. Todavia, e porque os níveis de produção normalmente se mantêm inalterados, os custos que se associam à implementação

---

[76] *Vide*, com interesse, BENJAMIN KLEIN e JOHN SHEPARD WILEY JR., *"Competitive Price Discrimination as an Antitrust Justification for Intellectual Property Refusals to Deal" in* Antitrust Law Journal, vol. 70, nº 3, s/l, 2003, p. 599, 612 a 615. A discriminação de "primeiro grau" corresponde à situação de discriminação pura ou perfeita que é genericamente tida como inviável. Num cenário de discriminação perfeita o preço varia em função da elasticidade de cada potencial cliente por cada quantidade pretendida. Resulta que o vendedor nunca recusará o comprador que esteja disponível para liquidar, pelo menos, o custo marginal associado ao respetivo fornecimento. O nível de produção é sempre competitivo.

deste tipo de discriminação traduzem uma efetiva perda de eficiência na afetação de recursos. Estes são custos relacionados com a obtenção de informação sobre a elasticidade da procura dos consumidores; com a fixação de diferentes preços ou com a prevenção das situações de revenda por parte dos consumidores a quem é cobrado um preço inferior. Acresce que se o produto em questão for um ativo essencial à atividade comercial de duas ou mais empresas clientes, a discriminação de preços entre elas pode levar a uma distorção da concorrência nos mercados afetados.

Na discriminação de "segundo grau", ilustrada pelos casos de subordinação e agrupamento, é cobrado um único preço que variará em função da presumível elasticidade da procura. Este tipo discriminação acarreta ainda alguns custos de implementação, mas existe uma maior probabilidade de que os mesmos sejam compensados com um incremento nos níveis de produção[77]. A elasticidade da procura poderá estar correlacionada com o grau de utilização, mas não de forma absoluta. Os consumidores com maior intensidade de uso poderão, por exemplo, ter maior facilidade do que os restantes em encontrar substitutos para o produto monopolizado. O impacto desta segunda variante no bem-estar social e económico tende a ser ambíguo e pressupõe uma análise detalhada, numa lógica *case-by-case*[78]. Não nos parece, de todo, que se possa justificar a sua condenação *per se*. Em primeiro lugar, pela dificuldade dos tribunais em discernir entre as variações de preços meramente discriminatórias e aquelas que sejam ocasionadas em virtude da flutuação dos custos dos produtos. Em segundo lugar, e como referem Adams e Yellen, *"the deadweight losses associated with bundling might not exceed the corresponding loss associated with simple monopoly pricing (...). Prohibition of bundling without more might make society worse off."*[79]. Importa também notar que, no domínio dos direitos de propriedade intelectual, os efeitos da discriminação de segundo grau no bem-estar dos consumidores são geralmente positivos[80]. O caso analisado por Stigler, a respeito da locação e venda de filmes, é claramente um caso que se insere neste domínio. Fixar o preço dos produtos pelo valor do respetivo custo marginal pode ser impraticável se os custos fixos representarem uma fração considerável dos custos totais.

---

[77] RICHARD A. POSNER, "Vertical Restraints and Antitrust Policy" *in The University of Chicago Law Review*, vol. 72, nº 1, Chicago, 2005, p. 229 a 241, p. 236.

[78] Neste sentido ver DAVID S. EVANS, A. JORGE PADDILA, MICHAEL A. SALINGER, "A Pragmatic Approach to Identifying and Analysing Legitimate Tying Cases", *Global Competition Policy – Economic Issues and Impact*, capítulo 9, s/l, 2004, p. 305.

[79] Cf. William James Adams e JANET YELLEN, "Commodity bundling and the burden of monopoly", *in Quarterly Journal of Economics*, vol. 90, s/l, 1976, pp. 475 a 498, p. 495.

[80] RICHARD A. POSNER, "Vertical Restraints and Antitrust Policy" *in The University of Chicago Law Review*, vol. 72, nº 1, Chicago, 2005, p. 229 a 241, p. 236.

Nesta hipótese, o preço cobrado não chegará para cobrir o valor dos custos totais, a menos, claro, que os custos marginais disparem com o volume de produção. Nos mercados de *software* e produtos afins (mercados digitais), os custos marginais são habitualmente baixos, próximos de zero, enquanto os custos fixos, e, consequentemente, os custos totais, são substanciais. Nestes mercados, a discriminação de preços pode ser mais eficiente do que a aplicação de um preço uniformizado que exceda o custo marginal e que, tendencialmente, faça atrair uma entrada ineficiente. A aplicação de um preço pelo valor do custo marginal seria, doutro passo, desastrosa, uma vez que não cobriria o montante dos custos totais.

Parece-nos que o argumento central que se poderá aduzir em prol deste tipo de discriminação reside na circunstância de ela permitir ao vendedor fixar os seus preços a um valor que autorize a compra dos seus produtos por um maior número de consumidores, de tal forma que na ausência de discriminação alguns destes (os que tenham um preço de reserva diminuído) acabariam por ser excluídos do mercado. Repare-se que o nível do bem-estar social e económico aumenta na medida em que um maior número de consumidores passe a ter acesso a um determinado produto.

3.2 Motivações anticoncorrenciais

Pese embora da praxe mercantil, de carácter absolutamente endémico e generalizado, perfilhadas indistintamente por empresas com e sem poder de mercado, as práticas de subordinação e agrupamento continuam a despertar receios, ao nível das entidades reguladoras e tribunais, quanto ao seu potencial escopo de estratégia anticoncorrencial[81]. A teoria económica moderna prefigura, pelo menos em teoria, determinados modelos analíticos, bastante estilizados até, que parecem demonstrar uma probabilidade real de agressão aos interesses dos consumidores e da concorrência em geral. A teoria da projeção ou extensão de poder de mercado, mais conhecida no direito *antitrust* anglo-saxónico por teoria do *leveraging*, deu voz a uma das mais antigas e persistentes preocupações jus-concorrenciais, tendo, amiúde, e com especial incidência no direito norte-americano, justificado a intervenção regulatória.

Segundo a doutrina clássica da Escola de *leveraging*, a subordinação e o agrupamento são estratégias comerciais esboçadas a fazer estender ou projetar a um mercado conexo (o do produto subordinado) o poder que é detido

---

[81] Este estudo debruça-se, exclusivamente, sobre os efeitos anticoncorrenciais associados ao efeito de alavancagem (*leveraging*), deixando, portanto, excluído o tratamento de outras razões que, ainda de cariz ilícito, possam justificar a subordinação ou a venda em pacote, *v.g.* evasão a preços regulamentados, aproveitamento das deficiências de informação sobre preços, facilitação de atuação concertada.

no mercado dominado (o do produto subordinante), de tal forma que a empresa em questão passe a monopolizar ambos os mercados[82] e a poder, subsequentemente, também induzir ou excluir as vendas naquele segundo mercado. Esta Escola sustém o seu modelo teórico por exclusão, ou seja, pelo argumento de que não existe qualquer outra válida razão, que não a de natureza anticoncorrencial, que leve uma empresa a prosseguir este tipo de política comercial. Na opinião de Donald Turner, *"If in a described category of cases the tie-in serves no useful function, or if any useful functions can be fulfilled in a large majority of instances by less restrictive devices, it is a reasonable assumption that the purpose of the seller in using a tie-ins is to restrain competition in the tied product (...)"*[83]. Esta interpretação assenta na ideia de que a ilicitude destas práticas resulta da circunstância de fazerem diminuir a concorrência, dita *on the merits*, no mercado do produto subordinado[84].

As decisões empresariais, independentemente da forma de que se revistam, podem, em geral, ser agrupadas em duas categorias distintas: as que visam a maximização do lucro a curto prazo e as que prosseguem o mesmo objetivo, mas indiretamente e a longo prazo. A destrinça que aqui importa reter é a de que as decisões de maximização a curto prazo antecipam a futura conduta comercial dos concorrentes e dão-na como certa, não visando, portanto, influenciar as opções destes intervenientes. Ao invés, as decisões de maximização a longo prazo reconhecem que certas opções comerciais do presente podem, potencialmente, vir a influenciar o comportamento futuro dos concorrentes, *e.g.*, as suas decisões de investimento. Uma empresa optará, tipicamente, por não maximizar lucros a curto prazo quando a sua ambição for a de influenciar a futura interação e estrutura concorrencial do mercado. O efeito de alavancagem (*leveraging*) e a exclusão são dois típicos exemplos de fenómenos da vida comercial que surgem em razão do crescente reconhecimento, por parte das empresas, de que a estratégia eleita no presente impacta na competitividade futura do mercado. Tendo o nosso estudo por base o primeiro destes dois fenómenos (ainda que indissociável do segundo que, amiúde, lhe segue numa lógica de causa efeito), e sendo certo que o recurso ao poder de mercado detido no mercado principal pode também ele visar a obtenção, no mercado conexo, de uma vantagem a curto prazo, importa distinguir entre: a) *leveraging* a curto

---

[82] Cf. WARD BOWMAN, *op. cit.*, pp. 19 e 20. O autor utiliza o termo *leveraging* no sentido específico da criação de um segundo e novo monopólio no mercado adjacente.
[83] Cf. DONALD F. TURNER, "The Validity of Tying Arrangements Under the Antitrust Laws" in *Harvard Law Review*, Vol. 72, nº 1, Nov., 1958, pp. 50 a 75, p. 62.
[84] Ver KURT A. STRASSER, "An Antitrust Policy for Tying Arrangements" in *Emory Law Journal*, nº 34, Emory University School of Law, 1985, p. 253, 267.

prazo e, b) *leveraging* a longo prazo[85]. O primeiro tipo respeita a situações em que a empresa se socorre de determinada estratégia comercial, neste caso da subordinação ou do agrupamento, a fim de projetar imediatamente a posição detida no mercado A a um mercado adjacente B e assim poder, também de forma imediata, aumentar os preços do produto que vende neste mercado[86]. Mas mesmo nos casos em que o aumento de preços não se prefigure como uma decorrência imediata destas práticas, a subordinação e o agrupamento podem traduzir uma alavancagem cujos efeitos se concretizem a longo prazo. A conexão de mercados que resulta da sua implementação poderá criar barreiras à entrada no mercado adjacente e chegar mesmo a encerrá-lo. A intenção da empresa dominante será, nesta hipótese, uma de duas: i) estender ou projetar ao mercado adjacente B a posição dominante detida em A ou, indiretamente, ii) proteger a posição detida em A (*defensive leveraging*)[87].

3.2.1 *Leveraging* a curto prazo
3.2.1.1 Monopolização do mercado adjacente e extração de lucros supra-competitivos

As teorias associadas à Escola de *leveraging* monopolizaram, desde o final dos anos 50, as atenções da literatura económica norte-americana[88]. Mais do que isso, fizeram moldar, logo após o início do século XX, uma significativa parte da jurisprudência daquele país versada sobre a temática do *tying* e *bundling*[89]. Pode ler-se no aresto *Times-Picayune,* proferido pelo Supremo Tribunal, em 1953, "*by conditioning his sales of one commodity on the purchase of another, a seller coerces the abdication of buyers' independent judgment as to the tied product's merits and insulates it from the competitive stresses of the open market*"[90]. Imunizando o produto adjacente aos constrangimentos concorrenciais do respetivo mercado, a alavancagem permite ao vendedor subordinante criar um segundo monopólio no mercado

---

[85] Ver JURIAN LANGER, *op. cit.*, p. 18.

[86] O termo "*leveraging*" tem um carácter geral, compreendendo uma variedade de estratégias de que uma empresa se poderá socorrer por forma a efetivar a projeção da posição detida a um mercado conexo. A par da subordinação e das vendas em pacote, a empresa poderá também, a mero título de exemplo, encetar uma política de preços predatórios. Veja-se o acórdão do Tribunal de Primeira Instância em *Tetra Laval/Comissão*, de 25 de Outubro de 2002, T-5/02, Colect., p. II-4381, para. 156. Ver a este respeito GIORGIO MONTI, *EC Competition Law*, Cambridge University Press, Cambridge, 2007, p. 186.

[87] Ver ROBIN COOPER FELDMAN, "Defensive Leveraging in Antitrust", *Antitrust Georgetown Law Journal*, vol. 87, 1999, pp. 2079.

[88] Ver, *inter alia*, WARD BOWMAN, *op. cit.*, pp. 19 *et seq*..

[89] Cf. o acórdão do Supremo Tribunal de Justiça norte-americano, de 1912, no processo *Henry v. A. B. Dick*, 224 U.S. 1(1912).

[90] Cf. *Times-Picayune Publishing Co. v. United States*, 345 U.S. 594, 605 (1953).

adjacente B e passar a cobrar preços supracompetitivos em ambos os mercados A e B. É o receio pela criação deste segundo monopólio que dinamiza a maior parte da análise e da doutrina sobre o tema das vendas combinadas[91]. Em causa está a possibilidade de o monopolista poder extrair dos consumidores um excedente total que vá para além daquele que resultaria apenas da exploração do monopólio detido em A. A atenção regulatória dirige-se, pois, à possibilidade do aumento exponencial dos preços em B.

3.2.1.2 As objeções da Escola de Chicago

A contribuição inicial de Bowman[92], em 1957, e de outros seguidores da escola de pensamento de Chicago[93], numa fase mais tardia, foi a de demonstrar que em cada mercado existe um lucro de monopólio único que não pode ser ampliado através da conexão com um outro mercado, independentemente da relação que com este estabeleça *i.e.* sejam eles verticalmente adjacentes, complementares ou totalmente afastados (teorema do lucro de monopólio único). Defendia-se, portanto, que a subordinação e o agrupamento não poderiam ter o efeito útil de assegurar ao vendedor subordinante a extração de lucros de monopólio do segundo mercado conexo. Na opinião destes autores, a proibição destas práticas, bastante comum, pelo menos até à década de 80, era caracterizada pela ausência de qualquer fundamento de racionalidade económica que permitisse inferir do risco real para a concorrência. Tentemos ilustrar o que se diz. Imagine-se um monopolista de parafusos que pretende condicionar a venda deste produto à venda de porcas. Suponha-se que o custo de fabrico de cada um destes produtos é de 10 cêntimos e que a serem comercializados num mercado de concorrência efetiva o seu preço individual é fixado também na cifra de 10 cêntimos. Suponha-se, ainda, que o preço praticado por uma empresa em situação de monopólio em ambos os mercados de porcas e parafusos é de 40 cêntimos por cada conjunto combinado de porcas e parafusos. Na hipótese de coexistir um mercado monopolizado de parafusos e um mercado competitivo de porcas, o monopolista cobrará 30 cêntimos pelo parafuso quando 10 cêntimos for o preço competitivo cobrado no mercado por cada porca, assim perfazendo-se os 40 cêntimos por cada conjunto combinado de porca e parafuso. O monopolista de parafusos auferirá, neste caso, um lucro de 20 cêntimos por cada conjunto vendido. Note-se que a margem de lucro não aumenta na hipótese de o monopolista ligar a venda de parafusos à de porcas, isto porque

---

[91] Cf. Louis Kaplow, *op. cit*, p. 515.
[92] Cf. Ward Bowman, *op. cit.*, pp. 19 *et seq.*.
[93] Cf., *inter alia*, Robert H. Bork, *op. cit.*, pp. 372 e ss.; Richard A. Posner, *Antitrust Law – An Economic Perapective*, 1ª ed., Chicago University Press, Chicago, 1976, p. 173; Aaron Director, Edward H. Levi, *op. cit.*, p. 281.

o preço de monopólio seria de 40 cêntimos e os custos de 20 cêntimos, autorizando, pois, apenas um lucro 20 cêntimos por conjunto. Dir-se-á, aliás, que até conviria ao monopolista a entrada no mercado de um fabricante de porcas mais eficiente, capaz de reduzir o custo deste produto aos 5 cêntimos por unidade, pois nessa hipótese o monopolista poderia passar a cobrar 35 cêntimos por cada parafuso e auferir um lucro de 25 cêntimos por cada conjunto. Resulta, pois, que a única mais-valia que a empresa pode almejar alcançar ao prosseguir com uma estratégia de conexão será a da criação de uma eventual situação de monopólio sobre o pacote composto por porcas e parafusos, mas não a amplificação do seu retorno. Repare-se que ao cobrar um preço supracompetitivo por cada porca que integra o *bundle*, o monopolista está, na realidade, a aumentar o preço global do pacote e, consequentemente, a afastar a procura pelos seus parafusos e arriscar o monopólio aqui originalmente detido. A lógica é simples: a venda de produtos complementares em proporções fixas equivale à venda de um único produto.

 A crítica que se dirige à teoria do *leveraging* é sintetizada por Posner na seguinte passagem: "*a fatal weakness of the leverage theory is its inability to explain why a firm with a monopoly of one product would want to monopolize a complementary product as well. It may seem obvious that two monopolies are better than one, but since the products are used in conjunction with one another to produce the final product or service in which the consumer is interested (...) it is far from obvious. If the price of the tied product is higher than the purchaser would have had to pay on the open market, the difference will represent an increase in the price of the final product or service to him and so he will demand less of it and therefore buy less of the tying product*"[94].

 Se o monopolista não consegue aumentar o seu lucro de monopólio por recurso à subordinação ou à venda em pacote e se não existe uma finalidade restritiva óbvia[95], então a adoção destas práticas, alegam os autores da escola de Chicago, só pode ser justificada por razões de eficiência económica. Em particular, por possibilitar a discriminação de preços e poder assegurar a qualidade e funcionalidade dos produtos combinados.

3.2.1.3 A crítica à doutrina de Chicago

Pese embora a aparente simplicidade deste argumento, os modelos teóricos que sustêm a construção de Chicago assentam num conjunto de pressupostos, nem sempre os mais realistas ou de fácil verificação:

---

[94] Cf. RICHARD A. POSNER, *Antitrust Law*, 2ª ed., Chicago University Press, Chicago, 2001, pp. 198 e 199.
[95] Bork chega memo a afirmar que "*there is no viable theory of a means by which tying arrangements injure competition*". Ver ROBERT H. BORK, *op. cit.*, p. 372.

i) O primeiro pressuposto é o de que os produtos subordinante e subordinado sejam utilizados conjuntamente numa relação de proporção fixa. Não será esse, todavia, o caso em muitos outros cenários da *praxis* comercial, designadamente, e como *supra* observámos, na hipótese de *tying* dinâmico;

ii) O segundo pressuposto é o de que o produto subordinado seja comercializado num mercado que funcione numa lógica de concorrência perfeita[96], *i.e.* sem obstáculos à entrada, sem quaisquer custos fixos e com preços marginais que se mantenham constantes, não obstante a subordinação ou o agrupamento;

iii) O terceiro pressuposto é o de que o grau de poder detido no mercado do produto subordinante seja constante e os produtos não sejam parcialmente substituíveis um pelo outro[97];

iv) O quarto e último pressuposto é o de que os consumidores estejam perfeitamente informados sobre os custos do pacote A-B. Se os consumidores não estiverem em condições de poderem calcular o preço do pacote, correrão o risco de serem explorados.

A teoria económica moderna demonstra que a não verificação ou o afrouxamento de qualquer um destes pressupostos pode precipitar resultados menos benevolentes, num cenário em que o recurso por estas estratégias passe, ao invés, a ser justificado pela prossecução de um propósito ilícito anticoncorrencial[98]. Acresce que esta é uma doutrina assente num modelo intrinsecamente estático que não dá uma consideração adequada aos potenciais efeitos a longo prazo na estrutura do mercado[99]. Ao fazer fé num modelo como este, a análise desta Escola ignora questões dinâmicas essenciais como os obstáculos à entrada e a exclusão. O modelo desconsidera questões tão pertinentes como, por exemplo, os riscos associados a uma entrada inexperiente no mercado B ou a uma entrada simultânea nos mercados A e B.

Não obstante as suas limitações intrínsecas, a teoria da Escola de Chicago marcou uma viragem na forma como até então se pensava e interpretava a doutrina do *tying* e *bundling*. A sua maior contribuição foi, indubitavelmente, a de evidenciar a importância da consideração das razões de eficiência económica aquando do escrutínio regulatório destas práticas, fazendo frisar os ganhos obtidos em função da redução de custos, da discriminação de preços, e da salvaguarda da qualidade e fiabilidade dos produtos.

---

[96] Cf. LOUIS KAPLOW, *op. cit.*, p. 536.
[97] Ver EINER ELHAUGE e DAMIEN GERADIN, *Global Competition Law and Economics*, Hart Publishing, Oxford and Portland, Oregon, 2007, p. 498.
[98] Entre outros, ver CHRISTIAN AHLBORN, DAVID S. EVANS & A. JORGE PADILLA, *op. cit.*, pp. 324 e ss..
[99] Cf. CHRISTOPHER R. LESLIE, "Cutting Through Tying Theory with Occam's Razor: A simple Explanation of Tying Arrangements" *in Tulane Law Review*, vol. 78, nº 3, 2004, pp. 727 a 826, p. 745.

3.2.2 *Leveraging* a longo prazo

Nos anos 90, a literatura económica pós-Chicago formula e desenvolve um complexo conjunto de modelos teóricos visando uma compreensão aprofundada da dinâmica destas práticas. Um dos objetivos implicitamente traçados foi o de tentar apurar das suas implicações ao nível dos efeitos de exclusão quando a estrutura do mercado subordinado fosse de oligopólio, num contexto, portanto, de concorrência imperfeita. Estes modelos revitalizam a teoria de *leveraging* e demonstram que uma empresa monopolista no mercado subordinante pode ter o incentivo para prosseguir uma estratégia de subordinação ou de agrupamento quando a concorrência existente no mercado subordinado for imperfeita e a sua implementação produzir um de dois resultados: a) a exclusão dos potenciais e dos atuais concorrentes do mercado do produto subordinado ou, indiretamente, através da consecução deste primeiro objetivo, b) a proteção da posição detida no mercado do produto subordinante. Passemos, pois, em revista as principais teorias que se esboçaram em torno destes dois possíveis resultados.

3.2.2.1 Exclusão e criação de obstáculos à entrada no mercado subordinado

Whinston é o autor do primeiro estudo sobre os possíveis efeitos de exclusão e criação de obstáculos à entrada que se podem associar a estas práticas[100]. O seu trabalho evidencia que a alavancagem de uma posição de monopólio detida no mercado subordinante A para um mercado adjacente subordinado B pode ser rentável quando B estiver sujeito a economias de escala e a sua competitividade for, portanto, diminuída.

Suponha-se uma empresa que comercialize dois produtos, A e B, que detenha uma posição de monopólio no mercado de A, mas enfrente concorrência no mercado B, que é de estrutura oligopolista. Suponha-se, ainda, que a procura de A e B é independente, de tal forma que um incremento no volume de vendas de um dos produtos não tenha repercussões no preço cobrado pelo outro. Se o monopolista se decidir por uma estratégia de venda agrupada estará a alterar a dinâmica de concorrência existente no mercado B e a correr um risco de mercado excecional: quaisquer perdas sofridas nas vendas do produto B são também perdas ao nível das vendas do produto A, sobre o qual detém um monopólio. O incentivo do monopolista será, pois, o de reduzir significativamente os preços de B de forma a tornar a sua oferta competitiva. A estratégia seguida determina uma redução dos preços e da rentabilidade do produto B, mas o seu impacto ao nível dos concorrentes, atuais e potenciais, em B, que veem a sua

---

[100] Cf. MICHAEL D. WHINSTON, "Tying, Foreclosure and Exclusion" in *The American Economic Review*, Vol. 80, No. 4, s/l, September 1990, pp. 837-859.

margem de lucro ser reduzida, potencialmente ao ponto de causar a sua exclusão, tende a ser substancialmente mais gravoso. A estratégia de venda combinada, a preços especialmente reduzidos, permite ao monopolista, por um lado, capturar uma parcela das vendas dos seus concorrentes atuais, uma circunstância que, no quadro de um mercado sujeito a economias de escala, poderá significar o atrofiamento da sua capacidade competitiva e a sua eventual exclusão, e, por outro, privar a concorrência potencial de uma escala de rentabilidade mínima que justifique e incentive a sua entrada neste mercado.

À semelhança do que sucede com a generalidade dos modelos teóricos, a construção de Whinston depende da verificação de um conjunto relativamente exigente de pressupostos, nomeadamente da existência de poder de mercado a respeito do produto A (sem este poder a empresa não terá capacidade negocial para lograr impor aos seus clientes a venda combinada); de um pré-compromisso credível da empresa em seguir a estratégia de venda combinada e de que esta resulte no abandono dos concorrentes do mercado subordinado. Este pré-compromisso a que nos referimos significa que a empresa deverá ter capacidade, por um lado, para poder ameaçar credivelmente os seus clientes com uma recusa de fornecimento sempre que estes não se conformem com o *bundle* que lhes é imposto e, por outro, para demonstrar aos seus concorrentes, de forma também credível, que está disposta a prosseguir nesta estratégia até que ela conduza à sua efetiva exclusão, mesmo que lhe importe sacrifícios de ordem económica. Quando assim não suceda, e, portanto, quando não haja este pré-compromisso, qualquer tentativa, *a posteriori*, de fazer incrementar os preços no mercado subordinado acabará invariavelmente por resultar na reentrada, neste mercado, dos concorrentes previamente excluídos. Note-se que a assunção deste compromisso é, por vezes, complexa. Na realidade, o monopolista tenderá a negligenciar a estratégia de *tying* ou *bundling* sempre que se registem perdas de vendas ao nível do mercado subordinante. A doutrina tem dado como exemplo de um pré-compromisso credível a circunstância de o monopolista enveredar por uma estratégia de subordinação técnica, particularmente quando os custos de reversão sejam onerosos[101].

O efeito de alavancagem esboçado no modelo de Whinston depende, ainda, da relação existente entre a procura do produto A e do produto B. Como já aqui se teve oportunidade de referir, a propósito do teorema do lucro de monopólio único, o monopolista terá pouco ou nenhum incentivo em seguir uma estratégia de subordinação ou agrupamento quando os produtos A e B forem perfeitos complementos e vendidos em proporção fixa. Whinston identifica,

---

[101] Cf. MASSIMO MOTA, *Competition policy: theory and practice*, Cambridge University Press, Cambridge, 2004, p. 464.

todavia, duas situações em que o monopolista pode conseguir provocar a exclusão dos concorrentes num mercado complementar[102]: a) quando o produto monopolizado deixe de ser indispensável à utilização do outro componente e, b) quando a única alternativa ao produto subordinante for de inferior qualidade.

No final dos anos 90 Nalebuff apresenta uma variante do modelo de Whinston, desta feita, visando enquadrar decisões concernentes a produtos em relação de complementaridade perfeita[103]. O novo modelo argumenta que uma estratégia de venda combinada pode, mesmo neste quadro de perfeita complementaridade, ser prosseguida com fins estratégicos de incremento dos obstáculos à entrada no mercado B e de exclusão. No modelo deste autor, a venda subordinada ou agrupada torna a entrada no mercado do produto B mais problemática, não porque o monopolista esteja predisposto a concorrer agressivamente ao nível dos preços, mas porque priva os seus concorrentes de uma escala adequada.

Suponha-se uma empresa com poder de mercado nos complementos A e B. O monopolista vende A e B em *bundle* e o concorrente apenas B. O monopolista atrai aqueles clientes com um elevado valor de reserva pelo pacote A-B e cobra-lhes um preço proporcionalmente mais elevado. O concorrente, por contraste, vende apenas o produto B aos clientes que não valorizem A e cobra-lhes um preço proporcionalmente inferior. A cobrança de um valor reduzido por este produto acarreta ao concorrente uma diminuição do seu lucro total, uma circunstância que, a médio longo prazo, pode precipitar a sua exclusão do mercado do produto B por insuficiência de escala. O pressuposto da credibilidade a que nos referimos anteriormente é, neste caso, de pouca relevância: o preço de B e os lucros do monopolista serão sempre mais elevados com a venda combinada do que sem ela, mesmo quando a entrada no mercado não esteja excluída. Segundo Carbajo, De Meza e Seidman, o modelo de Nalebuff sugere a subordinação e o agrupamento como mecanismos de diferenciação de produtos entre empresas concorrentes e, assim, como estratégias direcionadas ao afrouxamento da concorrência ao nível de preços[104]. A limitação do modelo Nalebuff radica, essencialmente, no facto de se exigir uma posição de monopólio em ambos os mercados A e B, um quadro incomum na realidade da vida comercial.

---

[102] Cf. MICHAEL D. WHINSTON, *op. cit.*, pp. 30 a 41.
[103] Cf. BARRY NALEBUFF, "Bundling as an Entry Barrier" in *Quarterly Journal of Economic*, vol. 119, nº 1, s/l, Fevereiro 2004, p. 159 a 187.
[104] Cf. JOSÉ CARBAJO, DAVID DE MEZA & DANIEL SEIDMAN, "A Strategic Motivation for Commodity Bundling" in *Journal of Industrial Economics*, vol. 38, issue 3, s/l, 1990, pp. 283 a 298.

Em 1998, Choi introduz uma segunda variante ao modelo de Whinston[105]. O seu estudo, que toma por referência produtos independentes, propõe-se a analisar os efeitos da subordinação e do agrupamento nos incentivos para o investimento em projetos de investigação e desenvolvimento (R&D). O modelo demonstra que o agrupamento pode ser uma estratégia rentável pelos efeitos que provoca a longo prazo na inovação, mesmo quando os concorrentes rivais não abandonem o mercado[106]. A venda combinada é, de acordo com a proposta do autor, o expediente por excelência através do qual a empresa logra comprometer-se à realização de um investimento mais agressivo em R&D no mercado B. Tomando sempre por contexto a inovação, Choi identifica dois efeitos decorrentes das práticas de *tying* e *bundling* que se articulam numa lógica sequencial: a) o aumento do incentivo da empresa em investir em R&D no mercado do produto subordinado, por conseguir diluir o valor total dos seus custos por um maior número de unidades e, b) a apropriação do negócio dos seus concorrentes no mercado subordinado pela captação de um maior número de vendas que previamente lhes estavam alocadas. Este efeito de mercado acaba, por sua vez, por determinar, para estes concorrentes, a perda gradual de incentivo para manterem o seu investimento ao nível de R&D, o que, a médio longo prazo pode determinar a sua saída do mercado. Segundo o autor, *"The strategy of tying is a profitable one if the gains, via an increased share of dynamic rents in the tied good market, exceed the losses that result from intensified price competition in the market"*[107].

Num segundo estudo, Choi, agora com Stefanis, propõe-se a analisar os mesmos efeitos de inovação, mas agora num quadro de agrupamento entre dois ou mais produtos complementares[108]. A sua análise propõe a consideração do seguinte quadro de mercado: uma empresa com uma posição de monopólio nos mercados dos componentes A e B, enfrenta, em cada um deles, a possibilidade de entrada por um potencial concorrente. O ingrediente crucial deste modelo é a realização de um investimento inicial e arriscado em R&D por parte de cada um destes concorrentes. Segundo o modelo proposto, a entrada em qualquer um dos mercados dos componentes só se concretiza quando o concorrente (potencial) investe substancialmente em inovação e logra obter o controlo sobre uma tecnologia superior, distinta daquela do monopolista. Todavia, se o monopolista adotar uma política de agrupamento entre dois produtos complementares, a entrada do concorrente ficará ainda condicionada ao

---

[105] Cf. JAY PIL CHOI, "Tying and Innovation: a Dynamic Analysis of Tying Arrangements" *in The Economic Journal* nº 114, Blackwell Publishing, Oxford, 2004, pp. 83 a 101.
[106] Cf. JAY PIL CHOI, *op. cit.* p. 85.
[107] Cf. JAY PIL CHOI, *op. cit.* p. 83.
[108] Cf. JAY PIL CHOI e CHRISTODOULOS STEFANIS, "Tying, Investment and the Dynamic Leverage Theory", *RAND Journal of Economics*, vol. 32, nº 1, s/l, 2001 pp. 52 a 71.

sucesso de uma segunda entrada, paralela e simultânea à primeira, por parte de outro concorrente no mercado do segundo componente. O sucesso desta entrada pressupõe, à semelhança da primeira, que esta empresa tenha também sido bem sucedida no lançamento de uma nova tecnologia no mercado respetivo. Note-se que se apenas um dos concorrentes logra obter esta tecnologia, não haverá qualquer procura pelo seu produto porque A e B são complementos e estará excluída, atenta a estratégia de agrupamento puro prosseguida pelo monopolista, a possibilidade de os consumidores adquirirem o componente do concorrente em separado para o utilizarem numa base "*mix-and-match*" com o componente do monopolista[109]. Na realidade, afigura-se improvável que a estratégia de agrupamento do monopolista seja suplantada, na dinâmica concorrencial do mercado, pelos esforços de investimento em inovação empreendidos pelos produtores independentes de complementos. O agrupamento torna as perspetivas de retorno e de resgate do investimento mais incertas, fazendo com isso reduzir o apelo pelo prosseguimento de políticas de inovação e tecnologia. Uma vez marginalizados ou excluídos os concorrentes dos mercados dos componentes, o monopolista não terá, também ele, qualquer incentivo para investir em R&D. É esta perda cumulativa de interesse pelo investimento na inovação que prejudica, na ótica dos autores, o bem-estar dos consumidores[110].

A sustentabilidade do modelo depende da capacidade do monopolista para assumir um pré-compromisso de adoção de uma estratégia futura de venda combinada. A assunção deste pré-compromisso tem necessariamente que preceder os investimentos que os seus concorrentes planeiem realizar em R&D e a obtenção dos respetivos resultados: o agrupamento não proporcionará qualquer vantagem concorrencial ao monopolista uma vez que estes resultados sejam realizados, pois nessa altura os concorrentes encontrar-se-ão já em condições de penetrar nos mercados dos respetivos componentes e de aí se estabelecerem como entidades fornecedoras alternativas. A rentabilidade do monopolista só diminuirá quando as suas vendas deixem de ser estimuladas pela oferta de complementos que sejam baratos e/ou de superior qualidade. Parece-nos, pois, que o modelo proposto terá apenas relevância em casos de *tying* técnico, quando os custos associados a uma eventual reversão sejam considerados excessivos.

---

[109] Cf. Jay Pil Choi e Christodoulos Stefanis, *op. cit.*, p. 53.
[110] Os autores acrescentam que "*Tying is a profitable strategy when the incumbent's risk of being supplanted by low entry in both components dominates the benefits of entry in a single component. In this case, tying may reduce consumer and total economic welfare*". Cf. Jay Pil Choi e Christodoulos Stefanis, *op. cit.*, p. 53.

3.2.2.2 Proteção da posição detida no mercado subordinante

A subordinação e o agrupamento, como potenciais estratégias anticoncorrenciais que são, podem, quando implementadas por uma empresa dominante, comprometer a futura competitividade dos concorrentes no mercado subordinante. O estudo de Carlton e Waldman demonstra que a lógica em fazer alavancar a posição de monopólio de um mercado para outro, pelo recurso a estas práticas, poderá radicar, não propriamente no intuito de fazer incrementar os lucros no mercado conexo subordinado[111], mas antes no objetivo estratégico de criar obstáculos à entrada no mercado monopolizado subordinante[112]. Os autores propõem um modelo de dissuasão de entrada em que a subordinação e a consequente monopolização do mercado adjacente visam a proteção da posição detida no mercado do produto subordinante. No modelo Carlton-Waldman existem dois produtos: o produto primário (ou subordinante) e um produto complementar (produto subordinado). A utilização do produto primário é independente. O produto complementar, por sua vez, só pode ser utilizado em conjugação com o produto primário[113]. A teoria proposta assenta em duas premissas: a) na possibilidade de os complementos a determinados produtos atuais poderem vir a converter-se em produtos substitutos e concorrentes aos do monopolista; b) na ideia de que os concorrentes potenciais se recusarão a entrar no mercado do produto subordinado se tiverem de enfrentar o monopolista como o único fornecedor do bem complementar. A entrada destes concorrentes para o mercado subordinante traduz dois desvalores económicos para o monopolista: a) dissipa-lhe o lucro auferido neste mercado, uma vez que parte das vendas passarão a ser captadas por estes novos participantes, e b) reduz-lhe a rentabilidade no mercado do produto complementar porque a entrada dos concorrentes torna-lhe dispendiosa a opção por um aumento de preços no mercado subordinante. Ao reduzir a presença de complementos concorrentes no mercado B, o monopolista estará, portanto, a obviar à emergência de uma potencial ameaça concorrencial no mercado subordinante.

Vejamos então como é que se articula o modelo proposto. Suponha-se a existência de dois períodos temporais distintos. No primeiro período, ambos o monopolista e o produtor alternativo produzem um produto complementar cuja utilização requer o produto primário. No segundo período, as duas em-

---

[111] Assim se afastando dos modelos de Whinston e Nalebuff que dão especial enfoque à função de reforço do poder de mercado no mercado subordinado.
[112] Cf. DENIS W. CARLTON e MICHAEL WALDMAN, "The Strategic Use of Tying to Preserve and Create Market Power in Evolving Industries", *RAND Journal of Economics*, vol. 33, nº 2, s/l, 2002, pp. 194 a 220.
[113] Os autores citam, como exemplo, o caso do computador (bem primário) e da impressora (bem complementar).

presas produzem o produto complementar, todavia o produtor alternativo está já em condições de poder entrar no mercado primário. O modelo proposto demonstra que a estratégia de venda combinada pode, neste quadro, ser rentável para o monopolista, quando os custos de entrada nos mercados primário e complementar sejam elevados ou existam efeitos de rede em relação ao produto complementar. A implementação desta estratégia faz com que o produtor independente não consiga, no primeiro período, vender uma quantidade suficiente de unidades do produto complementar, constrangendo-lhe a escala mínima de rentabilidade e a probabilidade de se manter ativo no mercado complementar. Esta circunstância, de seu turno, pode fazer com que este produtor, já no segundo período, seja excluído deste mercado e não consiga entrar no mercado primário, destarte permitindo ao monopolista proteger a posição que aqui detém.

O incentivo para monopolizar o mercado do produto complementar poderá subsistir, mesmo quando não existam custos diretos associados à entrada no mercado primário e complementar, designadamente se este último for caracterizado pela existência de efeitos de rede (*network effects*). O modelo demonstra que a subordinação ou agrupamento do produto complementar ao produto primário monopolizado confere uma vantagem inestimável ao monopolista no processo de tornar aquele produto a referência ou o *standard* no respetivo mercado e, assim, a primeira escolha entre consumidores. Sem embargo, o incentivo, neste caso, para subordinar ou agrupar, continua a derivar, em essência, da circunstância de o monopolista ver ameaçada a posição que detém no mercado subordinante com o prospeto de uma nova entrada, caso contrário o certo seria que optasse por preservar um estado de concorrência efetiva no mercado complementar de forma a assegurar a adoção, pelos consumidores, do melhor *standard*, e dele então extrair uma maior rentabilidade por via de um aumento de preço do produto monopolizado.

Pese embora a sua aparente simplicidade conceptual, a validade do modelo Carlton e Waldman é balizada por um condicionalismo de mercado muito específico[114] . Exige-se, em primeiro lugar, que a entrada no mercado do produto subordinado seja extremamente dispendiosa. Em segundo lugar, o modelo não tem aplicação quando o mercado tenha procura apenas pelo produto subordinado. Uma terceira fragilidade que se lhe aponta prende-se com o facto de o seu impacto no bem-estar dos consumidores ser difuso. Se é certo, por um lado, que esta estratégia pode propiciar uma redução de preços, pelo menos para os clientes que adquiram o *bundle*, ter-se-á, por outro, que entrar

---

[114] Cf. CHRISTIAN AHLBORN, DAVID S. EVANS & A. JORGE PADILLA, *op. cit.*, p. 328.

em devida linha de conta com os efeitos negativos que se associam à criação de obstáculos à entrada nos mercados afetados.

3.2.3 A doutrina pós-Chicago favorece uma abordagem baseada na *rule of reason*. Conclusão

Os modelos teóricos pós-Chicago suscitam objeções substanciais à validade da asserção da Escola de Chicago de que as práticas de subordinação e venda em pacote devem, invariavelmente, ser consideradas como *per se* lícitas. Estes modelos não oferecem, todavia, qualquer suporte a uma proibição *per se*. É certo que estabelecem a possibilidade teórica da produção de efeitos anticoncorrenciais, mas nada mais. Não se conclui que estas práticas sejam, em geral, anticoncorrenciais, ou que tendam, na prática, a ser anticoncorrenciais. É importante salientar que a doutrina económica não questiona, atualmente, a proposição de que o *tying* ou *bundling* podem, em muitas circunstâncias, incluindo aquelas em que falha o teorema do lucro do monopólio único, promover o bem-estar do consumidor[115].

Cremos que a vasta maioria dos economistas concordará com a afirmação de que não existe, na literatura económica moderna, qualquer indicação no sentido de se considerar a subordinação e o agrupamento como estratégias comerciais intrinsecamente prejudiciais ao processo da concorrência e ao interesse tutelado dos consumidores. Pensamos ser também possível afiançar que existe atualmente um consenso entre estes profissionais no sentido de se exigir uma apreciação factual exaustiva e detalhada, antes mesmo de se concluir pela nocividade destas práticas. Se é certo que podem em determinadas situações apresentar esta característica, não menos correta é a afirmação de que tal só ocorrerá em contextos e em circunstâncias muito particulares e circunscritas. Uma vez que podem estar tanto na origem de ganhos de eficiência económica como da produção de efeitos anticoncorrenciais, julgamos que nenhum critério *per se* é conceptualmente apropriado à sua apreciação jus-concorrencial. A teoria económica parece dar aval à metodologia da *rule of reason*, pela qual se contrabalançam, à luz de uma determinada factualidade, os benefícios e os custos sociais e económicos que despontam destas estratégias. Teremos oportunidade de constatar, nas partes II e III deste estudo, que a jurisprudência comunitária mais recente sugere esta mesma abordagem.

---

[115] Neste sentido ver BARRY NALEBUFF, "Bundling, Tying and Portfolio Effects", *in DTI Economics Paper nº 1*, Part I, Yale University, 2003.

Capítulo II
A teoria da projeção do poder de mercado

1. Introdução

O sistema de controlo instituído pelo artigo 102º do TFUE enquadra a situação mais elementar em que a empresa detém poder de mercado num determinado mercado e utiliza-o com o desígnio de adotar uma conduta abusiva nesse mesmo mercado, mas também aquelas em que o comportamento abusivo se verifica num mercado adjacente, a montante ou jusante daquele que é dominado. Esta última prática consiste naquilo a que a doutrina anglo-saxónica usualmente denomina por *"leveraging"*. Este termo corresponde, pois, e como se observou no capítulo precedente, a uma estratégia de transferência de poder de mercado para um segundo e distinto mercado, conexo ao primeiro. O *"leveraging"*, ou extensão de poder mercado, pressupõe que a empresa dominante seja ativa em dois ou mais mercados inter-relacionados, *i.e.* um contexto multimercado. O presente capítulo pretende avaliar da forma como o artigo 102º do TFUE escrutina estas situações multimercado e oferece tutela aos efeitos de *leveraging*.

2. A relação entre a posição de domínio e a conduta abusiva

A aplicação do artigo 102º do TFUE pressupõe a existência de uma relação entre a posição dominante e o comportamento alegadamente abusivo[116]. Esta afirmação parece logo decorrer da definição do conceito de abuso deixada pela Comissão, em 1965, no seu Memorando sobre operações de concentração no

---

[116] Ver Acórdão do Tribunal de Justiça (Quinta Secção) de 14.11.1996, Proc. C-333/94P, *Tetra Pak v. Comissão*, Colect. 1996, p. I 5954, para. 27, onde se lê, na sua versão inglesa, *"the application of Article 86 presupposes a link between the dominant position and the alleged abusive conduct"*.

mercado comum: *"Il y a exploitation abusive d'une position dominante lorsque le détenteur de cette position utilise les possibilités qui en découlent pour obtenir des avantages qu'il n'obtiendrait pas en cas de concurrence praticable et suffisamment efficace"*. A jurisprudência do TJ parece avalizar esta leitura, em particular, no seu acórdão *Hoffmann-La Roche*, onde se pode ler que: *"o conceito de abuso é um conceito objetivo que se reporta ao comportamento de uma empresa em posição dominante que é de tal natureza que influencia a estrutura do mercado quando, em resultado da própria presença da empresa em questão, o grau de concorrência é enfraquecido e que, pelo recurso a meios diferentes daqueles em que assenta a concorrência normal em produtos ou serviços na base das transações entre operadores comerciais, tem por efeito impedir a manutenção do grau de concorrência ainda existente no mercado ou o desenvolvimento dessa concorrência"*[117]. Esta relação entre a posição dominante e o comportamento tido como censurável, porque abusivo dessa posição privilegiada de poder, está na origem da tese segundo a qual, entre os dois conceitos deverá existir um nexo de causalidade. Foi essa, aliás, a posição tomada pelo Advogado-Geral Roemer nas conclusões que apresentou no âmbito do processo *Continental Can*, onde refere que o artigo 102º do TFUE *"só se aplica se a potência económica é usada como meio e de forma repreensível"*[118]. Perante o elenco exemplificativo daquele dispositivo, colocava-se a questão de saber se uma determinada prática deveria ser considerada como abusiva porque a empresa dispunha de poder no mercado, como defendia aquele Advogado-Geral, ou, se era abusiva porque seguida por uma empresa em posição de domínio. Um dos argumentos suscitados então pela *Continental Can* foi o de que, mesmo na eventualidade do artigo 102º do TFUE se poder aplicar a operações de concentração, a empresa não tinha recorrido ao seu poder de mercado para concretizar a aquisição em causa. Na lógica da recorrente, tinha, portanto, ocorrido uma quebra na causalidade entre a posição detida no mercado e o comportamento alegadamente abusivo. Dizia a arguida que: "(...) *resulta do artigo 86º que a utilização da força económica conferida por uma posição dominante só se traduz numa exploração abusiva dessa posição se constituir um meio através do qual é realizado o abuso. Pelo contrário, as medidas estruturais das empresas, como o reforço de uma posição dominante através de uma concentração, não se incluem na noção de exploração abusiva dessa posição, na aceção do artigo 86º do Tratado"*[119]. Pese embora o argumento aduzido ter recebido o aval daquele Advogado-Geral, o Tribunal de Justiça preferiu a tese da Comissão, considerando ser possível abusar da posição de domínio, mesmo quando não se

---

[117] Cf. Acórdão do Tribunal de Justiça de 13.2.1979, Proc. 85/76, *Hoffmann-La Roche & Co. AG c. Comissão*, Colect. 1979-I, p. 217.
[118] Sublinhado nosso.
[119] Acórdão do Tribunal de Justiça de 21.2.1973, Proc. 6/72, *Europemballage Corporation e Continental Can Company Inc. c. Comissão*, Colect. 1073, p. 109, para. 19.

recorra ao poder de mercado detido de forma deliberada e direcionada. Consistiria abuso a simples ação de reforçar a posição de domínio já detida e de suprimir o grau de concorrência existente no mercado *"por virtude da eliminação de um dos principais concorrentes da recorrente, de tal forma que aí apenas passariam a subsistir empresas cujo comportamento fosse dependente daquela"*[120]. O argumento relativo ao nexo de causalidade é rejeitado. Este entendimento assenta, cremos, na característica da objetividade do conceito de abuso: um comportamento pode ser classificado como de abusivo independentemente da culpa ou das intenções subjetivas da empresa dominante. Esta abordagem é, de um ponto de vista teleológico, convincente. Repare-se que o escopo do artigo 102º do TFUE seria drasticamente reduzido se a Comissão apenas o pudesse aplicar a práticas que fossem atribuíveis ao exercício deliberado do poder de mercado da empresa dominante[121].

O acórdão *Hoffmann-LaRoche* e a opinião do Advogado-Geral Reischl oferecida no âmbito deste processo vieram, no final dos anos 70, consolidar esta posição. O Tribunal de Justiça esclarece que *"the interpretation suggested by the applicant that an abuse implies that the use of the economic power bestowed by a dominant position is the means whereby the abuse has been brought about cannot be accepted"*[122].

Pese embora o teor destes argumentos, a afirmação de que a causalidade é absolutamente irrelevante parece-nos excessiva[123]. É certo que uma parte significativa da jurisprudência comunitária desconsidera a causalidade em casos de abuso, todavia, aqui e ali, continuam a existir decisões e opiniões que parecem sugerir o oposto. Veja-se, por exemplo, o acórdão do Tribunal de Justiça no caso *Tetra Pak II*, onde, no parágrafo 27, se reconhece que a aplicação do artigo 102º do TFUE *"pressupõe a existência de uma relação entre a posição dominante e o comportamento alegadamente abusivo"*[124]. No caso *Irish Sugar*, o Tribunal de Primeira Instância (TPI) enfatizou, com relação ao possível abuso de posição dominante coletiva, que o abuso *"tem apenas que ser identificado como uma das manifestações da detenção dessa posição dominante coletiva"*[125]. A opinião do Advogado-

---

[120] Acórdão do Tribunal de Justiça de 21.2.1973, Proc. 6/72, *Europemballage Corporation e Continental Can Company Inc. c. Comissão*, Colect. 1073, p. 109, para. 26.
[121] Cf. também RICHARD WHISH, *Competition Law*, 6ª ed., Oxford University Press, Oxford, 2008, p. 201.
[122] Cf. Acórdão do Tribunal de Justiça de 13.2.1979, Proc. 85/76, *Hoffmann-La Roche & Co. AG c. Commissão*, Colect. 1979-I, p. 217, para. 91.
[123] Ver também ROBERT O'DONOGHUE, A. JORGE PADILLA, *op. cit.*, p. 216.
[124] Cf. Acórdão do Tribunal de Justiça (Quinta Secção), de 14.11.1996, Proc. C-333/94 P, *Tetra Pak International c. Comissão*, Colect. 1994, p. I 5954.
[125] Cf. Acórdão do Tribunal de Primeira Instância (Terceira Secção), de 7.10.1999, Proc. T-228/97, *Irish Sugar c. Comissão*, Colect. 1999, p. II 2969, para. 66.

-Geral Roemer oferecida no âmbito do processo *Continental Can*, é, como observámos, ainda mais perentória: *"with its expression 'abuse...of a dominant position within the Common Market' appears to hint that its application can be considered only if the position on the market is used as an instrument and is used in an objectionable manner; these criteria are therefore essential prerequisites of application of the Law"*[126]. Note-se, por outro lado, que seria absurdo responsabilizar uma empresa dominante pelos efeitos adversos produzidos na esfera de um concorrente quando estes não sejam causados por um comportamento que a ela se possa imputar. Estamos certos de que as regras substantivas e adjetivas processuais da vasta maioria dos ordenamentos nacionais não admitirá a procedência de uma ação sem que previamente o queixoso faça prova detalhada de que a conduta da empresa dominante tenha estado, efetivamente, na origem da lesão causada. O princípio da causalidade é também amplamente reconhecido pelos órgãos judiciais comunitários[127].

Segundo O'Donoghue e Paddila, que subscrevem a posição expendida, os comentários do Tribunal de Justiça no caso *Continental Can* devem ser interpretados no seu contexto próprio[128]. O acórdão visou suprir, à altura, uma lacuna que subsistia ao nível da regulamentação das operações de concentração no espaço europeu. As asserções do Tribunal no que respeita à questão da causalidade não deverão, portanto, e sem mais, serem transpostas para o domínio de outras práticas abusivas, tanto mais que atualmente já se encontra em vigor o Regulamento nº 139/2004[129]. Os autores chamam também a atenção para a peculiaridade da prática abusiva aí sob escrutínio, que envolvia o reforço de uma posição de domínio. Isto significava que não estava propriamente em questão a relação entre a posição de domínio *inicial* e a prática abusiva de a reforçar[130].

Quer se concorde ou não com as opiniões aqui versadas, e se opte ou prescinda pela tese da causalidade, parece-nos inequívoca, pelo menos, a afirmação de que a aplicação do artigo 102º do TFUE pressupõe, efetivamente, algum

---

[126] Cf. Opinião, para. 254.
[127] Veja-se o caso *National Carbonising*. A Comissão acabou por concluir não existir uma situação de esmagamento de margens. Os problemas da *National Carbonising* relacionavam-se com o facto de ter em carteira poucos contratos de longa duração para o fornecimento do produto em questão. Quando a procura diminuiu, a empresa ficou excessivamente dependente das suas vendas domésticas cujos valores eram limitados pelos preços de outros tipos de energia doméstica. As dificuldades da *National Carbonising* não tinham sido causadas ou potenciadas pelas ações da empresa dominante *Coal Board*, nem pelos seus contratos de longa duração, que eram legítimos. Ver *National Carbonising Company ltd. v. Commission*, Proc. 109/75R, Colect. 1193.
[128] Cf. ROBERT O'DONOGHUE, A. JORGE PADILLA, *op. cit.*, p. 217.
[129] Regulamento (CE) nº 139/2004 do Conselho, de 20 de Janeiro de 2004, relativo ao controlo das concentrações de empresas, J.O. L 133, de 30.4.2004.
[130] Cf. ROBERT O'DONOGHUE, A. JORGE PADILLA, *op. cit.*, p. 217.

tipo de relação entre a posição dominante, a conduta abusiva e os efeitos anticoncorrenciais. A tarefa que se impõe é a de apurar do tipo e grau de relação que se exige. Não parece suscitar grandes dúvidas que num cenário de mercado único, em que a posição dominante, o abuso e os respetivos efeitos sejam circunscritos a um único mercado relevante, a relação exigida pelo artigo 102º do TFUE esteja verificada. Mais complexa, porém, é a aplicação deste dispositivo legal num cenário multimercado.

3. Os modelos norte-americano e comunitário

É possível identificar dois modelos distintos no que respeita ao tipo e grau de relação que se exige entre a posição dominante e a conduta abusiva: a) o modelo norte-americano e b) o modelo comunitário.

a) O modelo norte-americano
O modelo norte-americano exige uma relação de proximidade substancial entre a posição de domínio e a conduta alegadamente ilícita. O modelo circunscreve o seu raio de ação às situações em que a empresa em posição de domínio é já também dominante no mercado conexo ou em vias de se tornar dominante neste mercado. A posição de domínio detida no mercado principal acaba por se tornar irrelevante à apreciação jus-concorrencial.

A expressão "projeção de poder de monopólio" ("*monopoly leveraging*") apresenta dois significados distintos em sede de aplicação da §2 do *Sherman Act*[131]. Em alguns contextos, ela é empregue como uma descrição da forma como a monopolização, na sua forma tentada ou consumada, é prosseguida pelo agente infrator. Quando assim interpretada, a expressão é, de um ponto vista jurídico, relativamente incontroversa, constituindo aquele comportamento uma violação à §2 daquele diploma. A controvérsia surge, todavia, quando a expressão é utilizada para significar o uso do poder de monopólio detido num determinado mercado de forma a obter uma mera vantagem concorrencial num mercado adjacente, que não a sua monopolização. A controvérsia advém do facto de parte da doutrina e da jurisprudência considerar que quando assim interpretado, o termo "*monopoly leveraging*" deve merecer uma valoração jus-concorrencial positiva, por traduzir uma realidade pró-competitiva, em conformidade com aquela Secção e com os objetivos de política concorrencial norte-americana[132].

---

[131] Nos termos desta secção, "*every person who shall monopolize, or attempt to monopolize, or combine or conspire with any other person or persons, to monopolize any part of the trade or commerce among several States, or with foreign nations, shall be deemed guilty of a felony*".
[132] Cf. JOSEPH KATTAN, "The decline of Monopoly Leveraging Doctrine", *Antitrust Law Journal*, 9, s/l, 1994, p.41, onde o autor refere que "*This is the new antitrust environment for monopoly leveraging,*

O conceito de *"monopoly leveraging"* está bem enraizado na história jurisprudencial norte-americana, pela interpretação que dele se foi fazendo ao abrigo da § 1ª do *Sherman Act* e da § 3ª do *Clayton Act*. De um ponto de vista histórico, os órgãos jurisdicionais norte-americanos abraçaram a ideia de que a projeção de poder de monopólio por intermédio da implementação de restrições verticais constitui uma ameaça ao processo concorrencial e ao bem-estar económico dos consumidores. A evolução da abordagem e do tratamento jus-concorrencial das práticas de subordinação e agrupamento ao abrigo da § 2 do *Sherman Act* reflete esta orientação.

O enquadramento da projeção de poder de monopólio como potencial violação da §2 do *Sherman Act* vai buscar as suas raízes ao aresto do Supremo Tribunal em *United States v. Griffith*[133], onde se lê que "(...) *the use of monopoly power, however lawfully acquired to foreclose competition, to gain a competitive advantage, or to destroy a competitor is unlawful*". Uma vez que se considera a projeção de poder de mercado como prática unilateral, a violação é apreciada ao abrigo da §2 do *Sherman Act* que, como vimos, proíbe a monopolização ou tentativa de monopolização. A aplicação desta disposição legal pressupõe a verificação cumulativa de duas condições: a) *"possession of monopoly power in the relevant market"* e b) *"the willful acquisition or maintenance of that power by the use of anti-competitive conduct "*[134]. A preocupação central revolve, portanto, em torno da possibilidade de o monopolista criar um segundo monopólio no mercado conexo e dele extrair um excedente supracompetitivo.

Curiosamente, um dos primeiros arestos a dispensar um tratamento mais exaustivo à problemática do *"leveraging"*, o do caso *Berkey Photo, Inc. v. Eastman Kodak Co.*, decidido pelo Tribunal do Segundo Círculo, constituiu uma exceção a este entendimento, desviando o foco da análise para a situação do primeiro mercado, que não para a ameaça da criação de poder de mercado no segundo[135]. A *Kodak*, que detinha uma posição dominante nos mercados de máquinas fotográficas e de películas, tinha alegadamente utilizado a posição aí detida a fim de obter uma vantagem nos mercados secundários de equipamentos de processamento e finalização de fotografia, reparação e manutenção.

---

and the only significant remaining question is just when the doctrine's passing from the antitrust scene will be declared official". Também com interesse ver o aresto *Alaska Airlines, Inc c. United Airlines, Inc.* do 9º Círculo, 1991, onde se lê *"The anticompetitive dangers that implicate the Sherman Act are not present when a monopolist has a lawful monopoly in one market and uses its power to gain a competitive advantage in the second market"*.

[133] Cf. *United States v. Griffith*, 334 U.S. 100 (1948).
[134] Cf. *United States v. Grinnell Corp.*, 384 U.S. 563 (1966), para. 570 e 571.
[135] Cf. *Berkey Photo, Inc. v. Eastman Kodak Co.*, 603 F. 2d 263 (1979).

A *Berkey* sentiu-se prejudicada, entre outros aspetos, pelo facto de a *Kodak* ser a única empresa a poder revelar as referidas películas. Atente-se, todavia, que a *Kodak* não era, nem estava perto de se tornar, monopolista no mercado secundário. O Tribunal viu-se, pois, confrontado com a questão de saber se, não obstante esta circunstância, a Secção 2ª do *Sherman Act* tinha sido violada. O Tribunal concluiu que aquele preceito seria infringido sempre que o poder de monopólio detido num mercado primário fosse empregue de forma a visar a obtenção de uma vantagem concorrencial num mercado adjacente situado a jusante ou montante do primeiro. O carácter revolucionário deste acórdão reside no facto de o Tribunal considerar esta conclusão válida, *"even if there had not been an attempt to monopolize the second market"*. Segundo a doutrina enunciada, o monopolista infringe aquela Secção mesmo quando o queixoso não faça prova da existência de poder de mercado no segundo mercado ou de uma *"dangerous probability"* de esse poder ser aí alcançado. O Tribunal deixa transparecer a sua opinião com grande perspicuidade numa nota de rodapé: *"We cannot accept kodak's arguments that, read literally, §2 prevents a plaintiff from recovering unless there was at least an attempt to monopolize the market in which it claims to have been injured. Since monopoly power itself is the target of §2, it is unreasonable to suggest that a firm that possesses such power in one market and uses it to damage competition in another does not 'monopolize' within the meaning of the statue"*. A polémica instalou-se na sequência deste aresto em razão da dificuldade em fazer conciliar esta nova doutrina com a letra da lei que, como vimos, exige a monopolização ou a tentativa de monopolização do segundo mercado, e não o simples abuso da posição dominante já detida no primeiro mercado.

Pouco tempo transcorrido sobre a data do aresto *Berkey Photo*, o mesmo Tribunal do Segundo Círculo teve a oportunidade, na decisão que proferiu em *Twin Laboratories v. Weider Health and Fitness*[136], de retratar algumas das opiniões expendidas na anterior jurisprudência, mas apenas as complicou. O queixoso nesse processo, fazendo fé na doutrina *Berkey Photo*, alegou estar a ser prejudicado pela recusa da ré em aceitar a publicidade dos seus produtos numa revista que era controlada por uma sua subsidiária. Estes produtos eram concorrentes dos produtos comercializados pela ré. O Tribunal, ciente da polémica gerada, procurou limitar a linha de raciocínio adoptada em *Berkey Photo*, alegando, em justificação da rejeição da queixa, que naquele aresto os factos trazidos à colação consubstanciavam especificamente uma prática de subordinação e que o comportamento dos autos em apreciação era de natureza distinta. O Tribunal parece ter pretendido, com este argumento, confinar a doutrina de *Berkey*

---

[136] *Twin Laboratories v. Weider Health and Fitness*, 900 F.2d 5 (1980).

Photo ao tipo de prática em questão, uma solução pouco ortodoxa, justificada, cremos, pela necessidade premente de se isolar e expurgar o equívoco anterior[137].

Como nota Langer, a doutrina *Berkey Photo* não mereceu grande aceitação fora do Tribunal do 2º Círculo[138]. O acórdão do Tribunal do 9º Círculo, no caso *Alaska Airlines*, é bastante ilustrativo do que se afirma[139]. Confrontado com a mesma questão, o Tribunal recusou-se a reconhecer a projeção do poder de mercado como uma violação autónoma da § 2 do *Sherman Act*. O caso teve na sua origem o preço excessivo que a *Alaska Airlines* era forçada a pagar pelo acesso a um sistema computorizado de reservas que era controlado pelas rés. Alegava-se que esse controlo constituía uma violação à doutrina da *essential facilities* e uma alavancagem ilícita de poder de mercado em infração à § 2 do *Sherman Act*. Na apreciação dos fundamentos da queixa, o Tribunal, parecendo querer, numa primeira análise, reconhecer a validade da doutrina da projeção do poder de monopólio, começa por afirmar que "*as traditionally interpreted, the Sherman Act punishes any individual or entity that uses 'predatory' means to attain a monopoly, or to perpetuate a monopoly after the competitive superiority that originally gave rise to the monopoly had faded*". O Tribunal nota, todavia, que "*the Sherman Act does not attack every monopoly*". Entende o Tribunal que caem fora da previsão daquela Secção as condutas comerciais dos "*efficient monopolists who will continue only so long as they sustain a level of efficiency or innovation such as their rivals cannot effectively compete*", e ainda as dos "*natural monopolists*", quando as características da procura e da oferta num dado mercado permitam apenas a subsistência de um único fornecedor[140].

O Tribunal passa, então, a abordar diretamente a questão da *monopoly leveraging doctrine*, sendo inequívoco na posição que adota: "*We now reject Berkey's monopoly leveraging doctrine as an independent theory of liability under §2. Even in the two-market situation, a plaintiff cannot establish a violation of §2 without proving that the defendant used its monopoly power in one market to obtain, or attempt to attain, a monopoly in the downstream, or leveraged market. We believe that Berkey Photo misapplied the elements of §2 by concluding that a firm violates §2 merely by obtaining a competitive advantage in the second market, even in the absence of an attempt to monopolize the leveraged market*"[141].

---

[137] Neste sentido ver também ROGER D. BLAIR & AMANDA K. ESQUIBEL, "Some remarks on monopoly leveraging" in The Antitrust Bulletin, 40, s/l, 1995, pp. 371-396, p. 380.
[138] Ver JURIAN LANGER, *op. cit.*, p. 46.
[139] *Alaska Airlines, Inc. v. United Airlines*, 948 F. 2d 536 (9th Cir. 1991).
[140] Cf. p. 547-48 do acórdão.
[141] Cf. p. 548 do acórdão.

No caso *Kodak*[142], o Supremo Tribunal pareceu querer reanimar a doutrina da alavancagem de poder de mercado. À alegação da ré de que a violação à Secção 2ª pressupunha a existência de poder de mercado em ambos os mercados principal e conexo, o Tribunal retorquiu que *"The Court has held many times that power gained through some natural and legal advantage such as a patent, copyright, or business acumen can give rise to liability if a seller exploits his dominant position in one market to expand his empire into the next"*[143]. Esta aparente condenação da extensão do poder de monopólio parecia sugerir a revalidação da doutrina que a reprime. Surpreendentemente, o Supremo Tribunal decide, volvido apenas um ano sobre esta decisão, e no caso *Spectrum Sports*[144], adotar uma orientação absolutamente inversa, clarificando afinal que o *Sherman Act "makes the conduct of a single firm unlawful only when it actually monopolizes or dangerously threatens to do so"*[145]. Este entendimento tão categórico fez gerar a dúvida sobre a interpretação que tinha anteriormente sido dada às palavras do Tribunal em *Kodak*, especialmente porque a decisão *Spectrum* teve o efeito de criar um sólido precedente na jurisprudência norte-americana que lhe seguiu. Em 2001, no caso *Virgin Airways v. British Airways*[146], o mesmo Tribunal que havia decidido em *Berkey Photo*, o do 2º Círculo, acaba por admitir o erro anterior: *"In Berkey Photo, Inc. v. Eastman Kodak Co., we stated it would also be a violation of §2 to use monopoly power in one market to gain a competitive advantage in another, even without an attempt to monopolize the second market. Since Berkey Photo, we have questioned this proposition. In Spectrum Sports, the Supreme Court stated that §2 of the Sherman Act 'makes the conduct of single firm unlawful only when it actually monopolizes or dangerously threatens to do so'. Such a requirement goes beyond 'gaining a competitive advantage' as set out in Berkey Photo"*[147]. O Supremo Tribunal volta a ter a oportunidade, no processo *Trinko*[148], de corroborar o entendimento seguido em *Spectrum Sports* e declinar aquele de *Berkey Photo*. Ao pronunciar-se sobre os fundamentos da queixa apresentada por *Law Offices of Curtis Trinko*, consubstanciada numa alegada violação da Secção 2ª por monopolização com base na recusa unilateral da *Verizon* em contratar com as empresas concorrentes que haviam, após a entrada em vigor do *Telecommunications Act* de 1996, logrado entrar no mercado das telecomunicações da área de Nova Iorque, e assim terminar com o monopólio exclusivo daquela empresa, o Supremo Tribunal deixou claro que *"The mere*

---

[142] *Eastman Kodak Co. v. Image Technical Services*, 504 US 451 (1992).
[143] Cf. p. 2089, nº 29.
[144] *Spectrum Sports v. McQuillan*, 506 US 447 (1993).
[145] Ver p. 891.
[146] *Virgin Airways Ltd. v. British Airways* PLC, US App. Lexis 16590 (2001).
[147] Cf. p. 14 do acórdão.
[148] *Verizon Communications Inc. v. Law Offices of Curtis V. Trinko*, 540 US 682 (2004).

possession of monopoly power, and the concomitant charging of monopoly prices, is not unlawful (...) unless it is accompanied by an element of anticompetitive conduct" e que o Tribunal do 2º Círculo tinha errado quanto à questão da alavancagem "*to the extent that (....) dispensed with a requirement that there be a 'dangerous probability of success' in monopolizing a second market*". Segundo o Tribunal, os esforços encetados pelo monopolista no sentido de estender o seu monopólio ao mercado adjacente teriam de resultar em algo mais do que uma simples vantagem obtida no mercado conexo. Seria necessária a prova de monopolização deste mercado, ou da probabilidade credível da sua monopolização.

O modelo norte-americano dá um especial enfoque ao segundo mercado adjacente. A alavancagem só configurará uma violação da §2 do *Sherman Act* quando a empresa em causa seja já dominante no mercado adjacente, ou haja uma forte probabilidade de que se venha a tornar dominante nesse mercado[149].

b) O modelo comunitário
Contrariamente ao que sucede com o modelo norte-americano, no que concerne à Secção 2ª do *Sherman Act*, o modelo comunitário não exige, como pressuposto da aplicação do artigo 102º do TFUE, e num contexto multimercado, a prova da existência de domínio sobre o mercado adjacente nem da intenção de o vir a dominar. De acordo com a jurisprudência comunitária, o elo de conexão entre o mercado dominado e o mercado afetado pela conduta abusiva deverá ser estreito[150]. Essa conexão será assim considerada quando houver uma forte probabilidade de que a conduta da empresa dominante surta efeitos anticoncorrenciais no mercado adjacente. O critério de apreciação jus-concorrencial revolve exclusivamente em torno do risco de a alavancagem ter o efeito de constranger substancialmente a concorrência e a estrutura competitiva deste mercado, sendo irrelevante que a empresa em questão aí não seja dominante. Este entendimento assenta no princípio, já de longa data entroncado no direito comunitário da concorrência, que impõe às empresas em posição dominante uma especial responsabilidade de não restringirem ou distorcerem o estado de concorrência pré-existente nos mercados em que operam[151]. Esta especial responsabilidade implica que determinadas condutas comerciais sejam por vezes qualificadas como de abusivas apenas porque seguidas por empresas em situação de domínio. A empresa dominante deverá, por conseguinte, abster-se de

---

[149] Cf. SCOTT M. KAREFF, "Tetra Pak International Sa v. Commission (Tetra Pak II): The European Approach to Monopoly Leveraging" *in Law and Policy in International Business*, vol. 28, p. 550.
[150] Cf. Acórdão do Tribunal de Justiça (Quinta Secção) de 14.11.1996, Proc. C-333/94P, *Tetra Pak v. Comissão*, Colect. 1996, p. I 5954, para. 28.
[151] Cf. Acórdão do Tribunal de Justiça de 9.11.1983, Proc. 322/81, *NV Nederlandsche Banden-Industrie-Michelin c. Comissão* [*Michelin I*], Colect. 1983, p. 3461, para 57.

prosseguir com uma conduta que se tenha por imprópria quando considerada em face do grau do seu domínio.

Resulta do exposto que, quando comparado ao modelo norte-americano, o modelo comunitário afigura-se mais oneroso e limitativo da liberdade de ação das empresas dominantes. Isto é assim porquanto o abuso poderá ocorrer ainda que a empresa dominante não domine, nem busque dominar, o mercado adjacente. Basta para tanto que o grau de concorrência efetiva aqui registado seja por esta de alguma forma restringido ou distorcido.

4. Domínio, abuso e respetivos efeitos no cenário multimercado

A jurisprudência comunitária não exige que o objeto do comportamento abusivo coincida com o mercado dominado. Isto decorre, de resto, e desde logo, da letra do segundo parágrafo do artigo 102º do TFUE que qualifica como abusivas práticas que têm efeito num mercado situado a jusante ou a montante (al. c)) ou que estabelecem um nexo entre mercados distintos (al. d)). O próprio conceito de *leveraging* ou de alavancagem de poder de mercado pressupõe, como se disse, a existência de um segundo mercado para o qual esse poder possa ser alavancado. Uma empresa pode, em certas circunstâncias, deter uma posição de domínio no mercado A e infringir aquele dispositivo pela conduta que prossegue no mercado B. Poderá fazê-lo, como vimos, para alcançar uma vantagem competitiva neste mercado ou para salvaguardar a posição detida em A.

Em termos abstratos, podem prefigurar-se cinco cenários distintos: 1) domínio no mercado A, abuso no mercado A e efeitos no mercado A; 2) domínio no mercado A, abuso no mercado A e efeitos no mercado B, onde a empresa não é dominante; 3) domínio no mercado A, abuso no mercado B, onde a empresa não é dominante, e efeitos no mercado A; 4) domínio no mercado A, abuso no mercado conexo B e efeitos verificados em B; 5) domínio no mercado A, abuso no mercado não conexo B e efeitos em B.

Os primeiros casos a serem submetidos à apreciação dos tribunais comunitários envolveram, na sua maioria, empresas dominantes cujas práticas abusivas cometidas no mercado dominado visavam, fundamentalmente, a obtenção de vantagens concorrenciais em mercados conexos, situados a jusante ou montante do primeiro (cenário 2). O primeiro acórdão do Tribunal de Justiça que explora este cenário é o caso *Commercial Solvents*[152]. Em causa estava uma decisão da Comissão que condenou uma empresa por abuso de posição dominante numa situação envolvendo dois mercados conexos, estando um situado a mon-

---

[152] Acórdão do Tribunal de Justiça de 6.3.1974, Procs. Apensos 6 e 7/73, ICI e *Commercial Solvents c. Commissão*, Colect. 1974, p. 119.

tante do outro[153]. A *Commercial Solvents* (CSC) detinha o monopólio da produção de aminobutanol, um produto utilizado na produção de etambutol que é um composto químico utilizado no tratamento clínico da tuberculose. Após a decisão da CSC de entrar também no mercado do etambutol, o aminobutanol deixou de estar disponível no espaço geográfico do mercado comum. A CSC teria cessado os seus fornecimentos a produtores independentes de etambutol com ação neste espaço. A empresa foi condenada, em específico, por ter abusado da sua posição dominante no mercado da matéria-prima ao recusar--se a fornecê-la a um cliente habitual que concorria consigo no mercado derivado, a Zoja. Esta decisão é confirmada pelo Tribunal de Justiça, não obstante os efeitos anticoncorrenciais resultantes da recusa abusiva se terem produzido no mercado derivado do etambutol. A atenção do Tribunal é dirigida ao risco de exclusão do concorrente no mercado secundário. Lê-se no aresto que: "(...) *dispondo uma empresa de uma posição dominante quanto à procura de matérias-primas e, por esse facto, estando em condições de controlar o abastecimento dos fabricantes de produtos derivados, não pode, apenas por ter decidido iniciar ela mesma a produção de tais derivados (em concorrência com os seus anteriores clientes), adotar um comportamento suscetível de eliminar a concorrência, o que, no caso sub judice, corresponde a eliminar um dos principais produtores de etambutol no mercado comum. Sendo tal comportamento contrário aos objetivos enunciados na alínea f) do artigo 3º do Tratado e detalhadamente desenvolvidos nos artigos 85º e 86º, conclui-se que o detentor de uma posição dominante no mercado das matérias-primas que com o fim de as reservar para a sua própria produção de derivados, recusa o seu fornecimento a um cliente que também é produtor desses derivados, com o risco de eliminar qualquer concorrência da parte desse cliente, explora a sua posição dominante de forma abusiva, na aceção do artigo 86º"*.

O acórdão *Télémarketing* (ou CBEM)[154] ilustra um segundo caso em que os efeitos da conduta abusiva se verificam num segundo mercado adjacente. Em causa estava a recusa da estação de televisão CLT em vender tempo de antena a uma empresa de "televendas", a CBEM, cujas atividades concorriam com as de *telemarketing* daquela empresa, a menos que o número de telefone publicitado nos seus anúncios para os clientes residentes na Bélgica fosse o de uma subsidiária da CLT. Jones e Sufrin sugerem que o abuso em causa pode ser interpretado, neste caso, como uma recusa em contratar ou como uma venda subordinada[155]. De uma forma ou de outra, a intenção da CLT era a de fazer excluir as

---

[153] Decisão da Comissão Europeia, de 14.12.1972, *Zoja/CSC – ICI*, J.O. L299, de 31.12.1972, p. 51.
[154] Cf. Acórdão do Tribunal de Justiça de 3.10.1985, proc. 311/84, *Centre Belge d'Etudes du Marché--Télémarketing c. Compagnie Luxembourgeoise de Télédiffusion SA e Information Publicité Benelux SA*, Colect. 1985, p. 3261.
[155] Ver ALISON JONES E BRENDA SUFRIN, *EC Competition Law*, 3ª ed., Oxford University Press, Oxford, 2008, p. 438.

empresas que concorressem com a sua subsidiária no mercado *downstream* de televendas. Repare-se que a posição da CLT é aqui equiparada à da *Commercial Solvens*: ela controla um serviço indispensável às atividades de outra empresa num mercado distinto. Fá-lo, utilizando a posição dominante no mercado da publicidade televisiva belga, para reservar para si a atividade de televendas. O Tribunal de Justiça conclui, portanto, que "(...) *an abuse within the meaning of Article 86 is committed where, without any objective necessity, an undertaking holding a dominant position on a particular market reserves to itself or to an undertaking belonging to the same group an ancillary activity which might be carried out by another undertaking as part of its activities on a neighbouring but separate market, with the possibility of eliminating all competition from such undertaking*"[156].

Em ambos os casos aflorados, os abusos são cometidos no mercado dominado e os efeitos anticoncorrenciais produzidos em mercados secundários. As empresas visaram, por intermédio do comportamento abusivo, reservar exclusivamente para si a exploração de uma atividade conexa num mercado por si não dominado.

A intenção da *BPB Industries* foi, doutro passo, a de adotar um comportamento abusivo no mercado secundário de maneira a conseguir proteger a posição de domínio detida no mercado principal[157]. Este caso leva-nos a considerar o terceiro cenário *supra* enunciado: o abuso praticado num segundo mercado não dominado produz efeitos no mercado principal dominado. A Comissão definiu dois mercados: o primeiro, o mercado de placas de estuque e, o segundo, o mercado de estuque de construção. Estes mercados são considerados horizontalmente conexos. A *British Gypsum*, uma subsidiária da *BPB Industries*, era dominante no mercado de fornecimento de placas de estuque na Grã-Bretanha, concedendo usualmente descontos de lealdade aos revendedores de materiais de construção que concordassem em comprar placas de estuque exclusivamente a esta empresa. No que respeita ao mercado de estuque de construção, no qual não era dominante, a empresa seguia uma política de favorecimento aos clientes que não negociassem com placas de estuque importadas, designadamente através da concessão de prioridade nas encomendas para fornecimento de estuque de construção. Nos parágrafos 95 e 96 do acórdão o Tribunal frisa que "*tratando-se de comportamentos de uma empresa em posição dominante num mercado em que, por esse simples facto, a estrutura concorrencial já está enfraquecida, qualquer restrição suplementar desta estrutura concorrencial é suscetível de constituir uma exploração abusiva da posição dominante assim adquirida*", de onde resulta

---

[156] Ver acórdão *Télémarketing*, para. 27.
[157] Cf. Acórdão do Tribunal de Primeira Instância de 29.10.1980, *BPB Industries e British Gypsum c. Comissão*, processo T-65/89, Colect. 1993, p. II-389.

que *"a exclusão dos concorrentes pretendida pela BG, graças à prioridade concedida às encomendas de estuque apresentadas por clientes que não comercializavam placas de estuque importadas (...) constitui uma exploração abusiva, na aceção do artigo 86º do Tratado, da sua posição dominante no mercado de fornecimento de placas de estuque"*. Este caso retrata, portanto, uma prática de *leveraging* defensivo: a conduta adotada no mercado de estuque de construção visa exclusivamente a proteção da posição detida no mercado de fornecimento de placas de estuque. Este caso permite concluir que a disciplina do artigo 102º do TFUE é extensível a qualquer conduta abusiva que produza efeitos no mercado dominado, ainda que seja implementada num segundo mercado adjacente. Julgamos que esta conclusão deve ser interpretada como uma decorrência da doutrina sustentada no acórdão *Hoffmann-La Roche* segundo a qual a noção de "abuso" deverá ser edificada como um conceito objetivo[158].

Considerem-se agora o quarto e o quinto cenários. A questão que se coloca é a de saber se a doutrina do abuso se estende também aos casos em que o comportamento abusivo e os respetivos efeitos se verifiquem em mercados não dominados. O Advogado-Geral Colomer, com quem o Tribunal de Justiça acabaria por concordar, considerou, no âmbito do processo *Tetra Pak II*[159], que esta doutrina é aplicável ao cenário quarto, mas não ao quinto. É importante reter a factualidade destes autos por forma a melhor compreender o desígnio do Tribunal em firmar uma linha divisória entre estas duas categorias. A *Tetra Pak* produz embalagens de cartão e máquinas de enchimento para alimentos líquidos. Consoante o tipo de alimentos em causa são utilizadas embalagens e máquinas distintas. Temos, por um lado, os produtos que exigem um acondicionamento asséptico e, por outro, os produtos de consumo rápido que se bastam com um processo de embalagem não asséptico. O grupo *Tetra Pak* é especializado nos equipamentos para acondicionamento em embalagens de cartão, atuando nos sectores asséptico e não asséptico. À data da decisão da Comissão, a *Tetra Pak* detinha entre 90% e 95% do mercado de equipamentos e embalagens de cartão no mercado asséptico, e entre 50% a 55% no mercado não asséptico. Deve salientar-se a estranheza pelo facto de a *Tetra Pak* não ter sido declarada dominante no mercado de equipamentos e embalagens de cartão no mercado não asséptico. Tenha-se presente que a decisão da Comissão é proferida apenas três semanas decorridas sobre o acórdão AKZO[160], no qual, como se sabe, se

---

[158] Ver também Jurian Langer, *op. cit.*, p. 57.
[159] Ver Acórdão do Tribunal de Justiça (Quinta Secção) de 14.11.1996, Proc. C-333/94P, *Tetra Pak v. Comissão*, Colect. 1996, p. I 5954.
[160] *Vide* Decisão da Comissão Europeia de 24.7.1991, IV/31.043, *Tetra Pak II*, J.O. L 72, de 18.3.1992, p. 1.

estabelece uma presunção de domínio, ainda que ilidível, para empresas com uma quota de mercado superior a 50%[161].

Além dos compromissos de exclusividade, a *Tetra Pak* foi também condenada por abusar da sua posição dominante nos mercados assépticos através da subordinação de vendas de cartões à aquisição de máquinas de enchimento e de uma prática de preços predatórios implementada no Reino Unido. É importante salientar que estes dois últimos abusos foram ambos cometidos nos mercados não assépticos com a intenção de reforçar a posição aí detida. No entender do Tribunal de Justiça, só circunstâncias especiais poderiam justificar a aplicação do artigo 102º do TFUE a um *"comportamento verificado no mercado conexo, não dominado, e que produz efeitos nesse mesmo mercado"*[162]. Essas circunstâncias prenderam-se, designadamente, no caso dos autos, com: i) a existência de uma ligação estreita entre os mercados asséptico e não asséptico: o facto de as diferentes matérias-primas em causa serem utilizadas para o acondicionamento dos mesmos produtos líquidos de base revelou que os clientes da *Tetra Pak* num sector eram também potenciais clientes no outro[163]. As estatísticas demonstraram que, pelo menos em 1987, cerca de 35% dos clientes da *Tetra Pak* compravam simultaneamente sistemas assépticos e não assépticos. A este respeito, é também pertinente observar que a *Tetra Pak* tinha presença em todos os mercados de produto identificados; ii) a sua posição *quasi* monopolista no mercado asséptico; iii) a sua proeminência no mercado não asséptico e iv) a circunstância de a *Tetra Pak* deter 78% da totalidade do mercado de acondicionamento em embalagens de cartão tanto assépticas como não assépticas, ou seja, uma quota sete vezes maior do que a do seu concorrente mais próximo[164].

Estas circunstâncias especiais foram reputadas pelo Tribunal suficientes para estabelecer a necessária relação entre a posição dominante e a conduta abusiva. O acórdão *Tetra Pak II* vai, portanto, um pouco mais além da jurisprudência anterior. O facto de o Tribunal fazer menção, no parágrafo 25 do acórdão, aos casos *Commercial Solvents* e *Télémarketing* parece querer sugerir que a sua preocupação está focalizada no risco de exclusão da concorrência no mercado não dominado.

A doutrina do acórdão *Tetra Pak II* não autorizará a aplicação do artigo 102º do TFUE, por exemplo, à conduta de uma empresa dominante no mercado de telecomunicações móveis que decida entrar no mercado de pastas dentífricas e aí adotar uma prática de preços predatórios que seja sustentada pelos ele-

---

[161] Ver Acórdão do Tribunal de Justiça (Quinta Secção) de 3.7.1991, *AKZO Chemie BV c. Comissão*, Proc. C-62/86, Colect. 1991, p. I-3359, para. 60.
[162] Ver Proc. C-333/94 P, *Tetra Pak II*, para. 27.
[163] Cf. para. 29 do acórdão.
[164] Cf. para. 31 do acórdão.

vados lucros auferidos no mercado dominado das telecomunicações (5º cenário). Esta limitação não nos parece, todavia, inteiramente lógica. É certo que na maioria dos casos a empresa dominante procurará alavancar o seu poder de mercado a um mercado conexo que lhe seja próximo, por ser essa a forma comercialmente mais vantajosa de estender a posição detida no mercado principal. Um fabricante de um produto tecnologicamente complexo procurará, por exemplo, estender a sua posição ao mercado conexo da manutenção e reparação desse tipo de produto[165]; um vendedor de um bem que requeira transporte especializado pode optar por vendê-lo na condição de que a entrega seja contratualmente assegurada por si, assim reforçando a sua posição no mercado da distribuição[166]. Nem sempre, porém, será esse o caso. Uma empresa que detenha uma posição de domínio sobre uma vasta gama de produtos diferenciados poderá fixar preços predatórios num determinado mercado que pretenda dominar e recuperar das perdas incorridas num outro que domine e que não lhe seja conexo. Similarmente, o acórdão parece fazer precluir o potencial efeito de alavancagem numa situação em que uma empresa dominante num determinado mercado geográfico procure projetar a posição aí detida a um outro mercado geográfico. Isto é assim, pese embora a existência de inúmeros exemplos desta prática ao nível da jurisprudência estado-unidense. No processo *Griffith*, por exemplo, condenou-se a conduta de uma empresa com atividade no sector cinematográfico, detentora do único cinema em determinadas cidades norte-americanas, por se fazer valer desta sua posição privilegiada e constranger os distribuidores de filmes a conceder-lhe datas mais favoráveis para a exibição de películas nas cidades onde enfrentava concorrência[167]. Não discernimos, *a priori*, qualquer razão que impeça a aplicação do artigo 102º do TFUE aos comportamentos *supra* descritos, incluindo aqueles que visem a conquista de novos mercados geográficos, tanto mais que os seus potenciais efeitos anticoncorrenciais não divergirão em substância daqueles que possam resultar da adoção de outras estratégias de *leveraging* que se compreendam nos limites impostos pela doutrina do acórdão *Tetra Pak II*.

O Advogado-Geral Colomer sugere que não seria desejável estender a doutrina do abuso aos casos em que não exista qualquer relação entre a posição de domínio e o abuso. Nas suas palavras: "*An absolute disjuncture of a dominant position and the abuse, to such an extent that they may occur on completely different and separate markets, is not acceptable. Such an approach would mean that an undertaking holding a dominant position on any one market would be unable to compete under condi-*

---

[165] Ver o caso *Eastman Kodak Co. v. Image Technical Services*, 504 US 451 (1992).
[166] Ver o caso *Napier Brown c. British Sugar*, J.O. L de 19.10.1988.
[167] Vide *US v. Griffith*, 334 U.S. 100 (1948).

tions of equality with other undertakings on other markets, because the commercial practices required to penetrate those other markets would in most cases constitute an abuse of its dominant position. Nor, moreover, does a dominant position on one market necessarily place the undertaking which holds it in a better position than other undertakings to act on other markets (...). It is therefore unreasonable that the latter should have to bear the special responsibility imposed by article 86 when it participates in markets completely separate from the dominated market"[168].

O cenário a que o Advogado-Geral se reporta será, portanto, aquele em que a posição de domínio e a conduta abusiva se verificam em mercados distintos e não conexos. Passando a ilustrar o que aquele Advogado-Geral pretende sugerir: suponha-se um mercado B onde se encontram em concorrência a empresa 1 e a empresa 2, a primeira dominante no mercado A e a segunda com uma quota de mercado significativa, ainda que não em posição de domínio, em diversos outros mercados. Na perspetiva de Colomer seria comparativamente injusto, neste contexto, privar a empresa 1 das vantagens que pode extrair da posição detida em A e autorizar a empresa 2 a socorrer-se das mais-valias financeiras auferidas nos outros mercados por si explorados por forma a financiar, por exemplo, uma campanha de redução de preços no mercado B. A aplicação das normas da concorrência à empresa 1 faria com que esta se visse privada da possibilidade de concorrer, em condições de igualdade, com a empresa 2, destarte contribuindo para a degradação do processo e do equilíbrio concorrencial. Este argumento não é, contudo, particularmente persuasivo. A empresa que tenha previamente explorado uma posição de domínio e que assim disponha de uma superior capacidade financeira para investir num novo mercado não estará certamente na mesma posição do que os restantes concorrentes que também aí passem a exercer atividade. Pode argumentar-se que em vez de limitar a iniciativa da empresa dominante para entrar no novo mercado, as normas da concorrência deveriam antes proibir a prossecução de políticas de carácter exploratório no mercado dominado, designadamente a de cobrança de preços excessivos.

A extensão da doutrina do abuso operada pelo acórdão *Tetra Pak II* parece lógica quando interpretada à luz da definição objetiva do conceito de abuso[169]. A posição quase monopolista que aí se reconhece à *Tetra Pak* faz impender sobre si a especial responsabilidade de não impedir a manutenção ou o desenvolvimento do grau de concorrência ainda existente nos mercados onde a sua presença se faz sentir.

---

[168] Ver Opinião do Advogado-Geral Colomer no Proc. *Tetra Pak II*, para. 42.
[169] Cf. Acórdão do Tribunal de Justiça de 13.2.1979, Proc. 85/76, *Hoffmann-La Roche & Co. AG c. Comissão*, Colect. 1979-I, p. 217, para. 91.

Pese embora a inestimável contribuição desta decisão no aprofundamento da análise da teoria do *leveraging*, na sua dinâmica multimercado, cremos que serão raras as ocasiões em que a sua doutrina tenha efetiva aplicabilidade. Note-se que o elo de conexão entre a posição de domínio e a conduta abusiva é estabelecido, nestes autos, pela coincidência de um conjunto muito específico de fatores: i) pela circunstância de o abuso ter ocorrido num mercado conexo, não dominado; ii) pela proximidade entre os dois mercados identificados; iii) pelo facto de a *Tetra Pak* ser ativa em ambos os mercados; iv) pela posição de quase monopólio detida no mercado asséptico e a proeminência no mercado não asséptico; v) pelo facto de os seus clientes serem também ativos nos dois mercados. Esta coincidência será, na prática, de difícil verificação[170].

A abordagem do Tribunal de Justiça no processo *Tetra Pak II* voltou a ser ensaiada na decisão da Comissão a respeito do diferendo que opôs a *British Airways* e a *Virgin Atlantic*[171]. Em causa estava o pagamento de comissões pela *British Airways* às agências de viagens que promovessem e vendessem os seus títulos de transporte. Foi alegado pela *Virgin* que este comportamento exercia uma influência decisiva na priorização das vendas de títulos de transporte desta empresa, em detrimento das vendas e da política de expansão comercial da queixosa. A Comissão identificou dois mercados: o mercado do transporte aéreo e o mercado dos serviços das agências de viagens aéreas. Em vez de tentar provar o domínio da *British Airways* sobre as rotas aéreas em que operava, a Comissão optou por estabelecer o seu domínio no mercado de serviços das agências de viagens aéreas no Reino Unido, que considerou conexo ao primeiro. No entender da Comissão, que subscreveu por inteiro as alegações de facto e de direito da queixosa, a *British Airways* teria abusado da posição dominante detida neste mercado com o propósito de obter vantagens anticoncorrenciais no mercado do transporte aéreo[172]. O Tribunal de Primeira Instância confirma, em sede de recurso, a decisão da Comissão. Fundamenta o acórdão considerando existir *"um elo de conexão indiscutível entre, por um lado, os serviços de agências de viagens aéreas fornecidos às companhias aéreas pelos agentes estabelecidos no Reino Unido e, por outro, os serviços de transporte aéreo garantidos por essas companhias nos mercados britânicos do transporte aéreo constituídos pelas linhas aéreas com partida e destino nos aeroportos do Reino Unido"*[173]. Essa ligação entre os dois mercados resultava, na

---

[170] Cf. NICHOLAS LEVY, "Tetra Pak II: Stretching the Limits of Article 86?", *European Competition Law Review* (1995), vol. 16, n. 2, p. 109.
[171] Decisão da Comissão Europeia, de 14.7.1999, IV/D-2/34.780 – *Virgin/British Airways*, J.O. L 30, de 4.2.2000, p. 1.
[172] Ver para. 96 a 111 da Decisão.
[173] Cf. Acórdão do Tribunal de Primeira Instância (Primeira Secção) de 17.12.2003, *British Airways c. Comissão*, proc. T-219/99, Colect. 2003, p. II-5917, para. 132.

opinião do Tribunal, da conjugação dos seguintes fatores: i) as agências de viagens aéreas assegurarem uma função de retalhista de vital importância para as companhias aéreas[174]; ii) 85% dos títulos de transporte serem vendidos através de agências de viagens[175]; iii) a recusa das agência de viagens em assegurar a promoção dos voos ser suscetível de afetar a rentabilidade das companhias aéreas[176]. No entender do Tribunal, a Comissão tinha reconhecido corretamente *"o elo de conexão exigido pelo artigo 82º CE, entre o mercado britânico dos serviços de agências de viagens que as companhias aéreas adquirem às agências de viagens e os mercados britânicos do transporte aéreo"*[177].

Poderá parecer, em primeira análise, que a decisão tomada neste processo não mais traduz do que a simples aplicação do princípio básico deixado pelo Tribunal de Justiça no caso *Commercial Solvents*. A realidade é, porém, outra. Retenha-se, em primeiro lugar, que o litígio emerge de um quadro de intensa rivalidade entre concorrentes no sector do transporte aéreo. A *British Airways* é considerada dominante num mercado que é algo artificial. Acresce que os efeitos da conduta abusiva são identificados num segundo mercado, o do transporte aéreo, onde a posição de proeminência que a empresa detém está, efetivamente, na origem do domínio detido no primeiro mercado. Ainda assim dir-se-á que nos parece equivocada, neste caso, a aplicação da doutrina de *Tetra Pak II*.

5. Conclusões

O capítulo II da parte I deste estudo visou retratar a teoria da projeção do poder de mercado, na sua dinâmica multimercado, sob a lupa da §2 do *Sherman Act* e do artigo 102º do TFUE. O ponto 4 testemunha a evolução da doutrina do abuso no plano do direito comunitário da concorrência. Propusemo-nos demonstrar que nem a prática decisória da Comissão, nem a jurisprudência comunitária, exigem que a posição dominante, o abuso e o benefício ocorram no mesmo mercado. É hoje consensualmente aceite que o artigo 102º do TFUE pode ser infringido quando a empresa recorra da sua posição de domínio no mercado A a fim de auferir de uma vantagem concorrencial no mercado conexo B. Dos diferentes cenários multimercado abordados, apenas dois relevam para efeitos da teoria de *leveraging*: a) o comportamento abusivo produz efeitos num segundo mercado; b) o abuso cometido num segundo mercado produz efeitos no mercado dominado.

---

[174] Ver para. 129 do acórdão.
[175] Ver para. 131 do acórdão.
[176] Ver para. 131 do acórdão.
[177] Ver para. 135 do acórdão.

Parte II
Regulação *Ex Post*

Capítulo III
A subordinação e o agrupamento no direito *antitrust* norte-americano

1. Introdução

A subordinação ou *tying* foi definida pelo Supremo Tribunal norte-americano, no acórdão proferido em *Northern Pacific Railways Co. v. United States*, como *"an agreement by a party to sell one product but only on the condition that the buyer also purchases a different product, or at least agrees that he will not purchase that product from any other supplier"*[178]. Segundo o Tribunal, as preocupações jus-concorrenciais que suscitam estas práticas radicam na circunstância de negarem aos concorrentes *"free access to the market for the tied product, not because the party imposing the tying requirements has a better product or a lower price but because of his power or leverage in another market. At the same time buyers are forced to forego their free choice between competing products"*[179]. O critério judicial de apreciação da subordinação e das vendas agregadas nem sempre foi o mesmo. É possível identificar, pelo menos, três diferentes abordagens. A primeira corresponde, cronologicamente, ao período inicial da proibição *per se*: a jurisprudência reflete, neste período, uma forte hostilidade por estas práticas, por considerá-las fundamentalmente contrárias aos interesses dos consumidores. No seu acórdão *Standard Oil*, o Supremo Tribunal é perentório ao afirmar que *"tying agreements serve hardly any purpose beyond the suppression of competition"*[180]. A segunda abordagem é já moldada pela

---

[178] Cf. *Northern Pacific Railways Co. v. United States*, 356 US 1 (1958), para. 5.
[179] Cf. *Northern Pacific Railways Co. v. United States*, 356 US 1 (1958), para. 6.
[180] Cf. *Standard Oil Co. v. United States*, 337 US 293 (1949), para. 305.

influência da Escola de Chicago. O acórdão *Jefferson Parish* assinala a emergência de uma nova metodologia de análise que consiste numa versão abreviada da *rule of reason*[181]. O critério de apreciação às práticas de subordinação e agrupamento passa a pressupor uma análise articulada do poder de mercado e das potenciais circunstâncias justificativas. Finalmente, a terceira abordagem, introduzida pelo acórdão *Microsoft III*, consagra a adoção plena da metodologia *rule of reason*[182].

O capítulo terceiro do nosso estudo adota uma perspetiva histórica da orientação jurisprudencial norte-americana sobre a temática proposta, procurando chamar a atenção para a razão de ser de alguns elementos da disciplina da subordinação e do agrupamento.

2. O quadro legal

As práticas de subordinação e venda em pacote, como potenciais *"foreclosure retraints"* que são, encontram-se sujeitas à disciplina legal de três diferentes complexos normativos: às §1 e §2 do *Sherman Act*[183], à §3 do *Clayton Act*[184] e à §5 do *Federal Trade Commission Act*[185]. A Secção 3ª do *Clayton Act* é considerada o preceito angular do direito *antitrust* norte-americano no que respeita à regulação destas práticas. Aí se proíbem determinado tipo de vendas ou locações que sejam realizadas na condição de o comprador ou o locatário se absterem de contratar com os concorrentes do vendedor ou locador. Esta disposição só é aplicável, todavia, quando esteja em causa a venda subordinada ou agregada de determinados bens corpóreos, *e.g.* mercadoria, maquinaria, provisões para abastecimento, etc.. É condição da sua aplicação que ambos os produtos subordinante e subordinado consistam em *"goods, wares, merchandise machinery, supplies, and other commodities"*. Esta circunscrição faz com que fiquem excluídas ao seu campo de aplicação uma panóplia substancial de possíveis práticas

---

[181] Cf. *Jefferson Parish Hospital Dist. No. 2 et al. v. Hyde*, 466 U.S. 2 (1984).

[182] Cf. *United States v. Microsoft Corp.*, 253 F.3d 34 (D.C. Cir. 2001).

[183] Nos termos da Secção 1ª do *Sherman Act*: *"every contract, combination in the form of trust or otherwise, or conspiracy, in restraint of trade or commerce among several states, or with foreign nations, is declared to be illegal"*. A Secção 2ª deste diploma prescreve, por sua vez, que é ilícito *"to monopolize, or attempt to monopolize, or combine or conspire with any other persons to monopolize any part of the trade or commerce among several states"*.

[184] A Secção 3ª do *Clayton Act* determina que *"It shall be unlawful for any person engaged in commerce, in the course of such commerce, to lease or sell goods, wares, merchandise, machinery, supplies, and other commodities, whether patented or unpatented, on the condition that the lessee or purchaser shall not use the goods of a competitor of the lessor or seller, where the effect of such condition may be a substantially lessen competition or tend to create a monopoly"*.

[185] Segundo a Secção 5ª do FTC *"Unfair methods of competition in commerce, and unfair or deceptive acts or practices in commerce, are declared unlawful"*.

anticoncorrenciais, designadamente as que envolvam a subordinação de imóveis ou de intangíveis como os serviços, crédito, licenciamento, *trademarks* ou *franchise*. O *Sherman Act*, por seu turno, tem um campo de aplicação mais universal, compreendendo práticas que envolvam bens corpóreos, mas também serviços e outros intangíveis. Esta circunstância determina que seja este o diploma legal a que as autoridades mais frequentemente recorram no escrutínio deste tipo de práticas. Note-se que na vasta maioria dos casos a subordinação será contratual pelo que facilmente enquadrável no conceito de *"restraint of trade"* constante da Secção 1ª do *Sherman Act*. Como vimos no capítulo precedente, a aplicação da Secção 2ª deste diploma pode ser também pertinente, ainda que menos frequentemente, atento os elevados *"thresholds"* cuja prova se exige para o acolhimento e procedência da queixa[186], quando a empresa em questão se socorra do *tying* ou *bundling* como forma de monopolizar ou tentar monopolizar um segundo mercado[187].

A linguagem empregue na redação da Secção 3ª do *Clayton Act*, a par da sua história legislativa, sugere que o preceito foi esboçado de forma a fazer-se consagrar um critério de valoração legal mais oneroso do que aquele constante da Secção primeira do *Sherman Act*[188]. Os termos *"may be to"* e *"tend to"* aparentam sugerir, com efeito, o preenchimento da previsão do normativo numa fase cronologicamente anterior à da produção dos efeitos anticoncorrenciais. O Supremo Tribunal pareceu aderir a esta tese no seu acórdão *Times-Picayune*, de 1953[189]. Segundo o argumento aí expendido, impunha-se que o âmbito de aplicação da Secção 3ª do *Clayton Act* fosse mais amplo do que aquele da Secção 1ª do *Sherman Act*, pois só assim se descortinaria um espaço útil para a aplicação daquela Secção. O *Clayton Act* seria aplicado a qualquer acordo cujo efeito fosse o de *"substantially lessen competition"*, e o *Sherman Act* àqueles que se considerassem já *"in restraint of trade"*. No que respeita aos últimos, o queixoso deveria estar em condições de fazer a prova cumulativa: i) de o vendedor deter poder de mercado no mercado do produto subordinante, e, ii) de a subordinação em causa afetar substancialmente a concorrência no mercado do produto subordinado. Na lógica do Tribunal, o *Clayton Act* seria aplicável quando o queixoso lograsse apenas fazer prova de um dos dois pressupostos. O carácter mais one-

---

[186] a) *"Possession of monopoly power in the relevant market"* e b) *"the willful acquisition or maintenance of that power by the use of anti-competitive conduct"*. Cf. *United States v. Grinnell Corp.*, 384 U.S. 563 (1966), para. 570 e 571.
[187] Assim sucedeu no caso *United States v. United Shoe Machines Co.*, 110 F. Supp. 295 (1953).
[188] Ver Lawrence A. Sullivan e Warren S. Grimes, *The Law of Antitrust, An Integrated Handbook*, 2th Edition, Thomson West, s/l, 2006, p. 419 e Victor Kramer, "The Supreme Court and Tying Arrangements: Antitrust as History", *Minnesota Law Review*, vol. 69 nº 5, s/l, 1985, p. 1013.
[189] Ver *Times-Picayune v. United States*, 345 U.S. 594 (1953), para. 608 *et seq.*.

roso daquela Secção 3ª decorreria, portanto, do facto de a aplicação do seu regime não depender de um exercício probatório tão exigente e assim poder reger sobre um maior leque de práticas potencialmente ilícitas. Esta doutrina chegou a ser pontualmente seguida por outros tribunais, todavia é hoje dado assente não existir qualquer divergência de critérios. No acórdão *Grappone v. Subaru of New England*, o Tribunal do 1º Círculo refere expressamente que o mesmo teste se aplica *"regardless of whether a plaintiff charges a violation of Sherman Act §1 or Clayton Act §3"*[190].

A §5 do *FTC Act* autoriza a *Federal Trade Commission* a aplicar os princípios constantes das Secções 1ª do *Sherman Act* e 3ª do *Clayton Act* a situações em que não se logre a prova dos pressupostos exigidos por esses diplomas[191]. O Supremo Tribunal tem dado aval a esta abordagem mais permissiva. No acórdão *Brown Shoe*, o Tribunal confirmou a decisão condenatória da FTC, rejeitando o argumento da recorrente sobre a obrigação de prova dos efeitos anticoncorrenciais produzidos[192]. Discutia-se, nesse caso, a política de favorecimento da *Brown* a empresas suas franqueadas que cingissem as respetivas encomendas ao *portfolio* de sapatos disponibilizado pela franqueadora. O Tribunal notou que a Comissão está legitimada a atuar preventivamente contra restrições de comércio ainda incipientes, como métodos de concorrência desleal, mesmo quando estas não violem a letra das Secções 1ª do *Sherman Act* e 3ª do *Clayton Act*, ou de qualquer outra norma *antitrust*[193].

3. Jurisprudência: da proibição *per se* à *rule of reason*

O critério judicial de apreciação das práticas de *tying* e *bundling* tem sido objeto de profunda revisão nos últimos trinta anos. O vigor inicial da proibição *per se* tem vindo a ser diluído na jurisprudência mais recente, na qual se deteta uma maior influência da teoria económica. Em 2006, no processo *Illinois Tools Works v. Independent Ink, Inc., v. Independent Ink, Inc.*, o Supremo Tribunal admite que *"over the years, this Court's strong disapproval of tying arrangements has substantially diminished"*[194]. Pese embora a subordinação e o agrupamento sejam ainda, por vezes, consoante as condições de mercado e a forma como sejam empregue *in concreto*, consideradas *per se* ilícitas, a prática jurisprudencial tem vindo gradualmente a reconhecer o seu potencial benéfico. Esta tendência tem sido concre-

---

[190] *Grappone v. Subaru of New England*, 858 F.2d 792 (1º Cir. 1988), para. 794.
[191] Ver PETER C. WARD, *Federal Trade Commission: Law, Practice and Procedure*, Law Journal Seminars-Press, Nova Iorque, 1986, §8.03, 8-34.
[192] *FTC v. Brown Shoe Co.*, 384 U.S. 316 (1966).
[193] *FTC v. Brown Shoe Co.*, 384 U.S. 316 (1966), para. 322.
[194] Cf. *Illinois Tools Works v. Independent Ink, Inc., v. Independent Ink, Inc.*, 126 S. Ct. 1281 (2006).

tizada, pelo menos de forma mais patente, a partir do acórdão *Microsoft III*, com a adoção, pelos tribunais, de uma *effects based approach*.

3.1 A génese da proibição *per se*

O enquadramento jus-concorrencial das práticas de subordinação e agrupamento foi substancialmente influenciado, nas primeiras décadas de aplicação do *Sherman Act*, pelo conceito de extensão abusiva do âmbito da patente, ou *patent misuse*[195]. Os primeiros casos a serem discutidos em juízo testemunharam, na sua vasta maioria, as insistentes tentativas de titulares de direitos de patente em fazer subordinar a venda dos seus produtos patenteados a outros bens ou serviços não patenteados.

O problema da subordinação foi pela primeira vez submetido à apreciação do Supremo Tribunal em 1912, no âmbito do processo *Henry v. Dick*[196]. Estava em discussão, entre outros aspetos, a venda condicionada de uma máquina patenteada de duplicação de estênceis à aquisição, pelo comprador, dos respetivos consumíveis produzidos pelo vendedor, designadamente do papel e tinta. A leitura do acórdão sugere que o Tribunal é forçado, contra vontade, a decidir-se pela legitimidade da prática *sub judice*. Numa especial nota que deixa sobre a inadequação e insuficiência da lei norte-americana na tutela deste tipo de prática, o Tribunal esclarece que *"If it be that the ingenuity of patentees in devising ways in which to reap benefits of their discoveries requires to be restrained, Congress alone has the power to determine what the restraint shall be imposed. As the law stands it contains none, and the duty which rests upon this very court is to expound the law as it is written"*[197].

O efeito perverso que o acórdão surtiu na praxis de mercado fez despoletar um processo de reforma legislativa que veio a culminar na promulgação, em 1914, do *Clayton Act*. Entre outros aspetos, o diploma visava oferecer tutela às situações de *leveraging*. O Congresso norte-americano considerava então as práticas de *tying* "*one of the greatest agencies and instrumentalists of monopoly ever devised by the brain of man. It completely shuts out competitors, not only from trade in which they are already engaged, but from the opportunities to build up trade in any community where these great and powerful combinations are operating under this system and practice*"[198].

---

[195] Cf. MIGUEL MOURA E SILVA, *O Abuso de Posição Dominante na Nova Economia*, Almedina, Coimbra, 2010, p. 261. O próprio Supremo Tribunal nota, em *Jefferson Parish Hospital District No. 2 v. Hyde*, 466 US 2 (1984), para. 9, que *"the roots of the per se rule against bundling date to patent suits"*.
[196] *Henry v. A.B. Dick Co.*, 224 U.S. 1 (1912).
[197] Ver para 35 do acórdão.
[198] H.R. Rep. No. 627, 63 d Congress, 2d Session 13 (1914), pp. 12 e 13.

O acórdão *Motion Picture Patents*, proferido em 1917, já, portanto, em data posterior à da entrada em vigor do *Clayton Act*, inverte radicalmente a anterior orientação do Supremo Tribunal[199]. Neste caso, a queixosa era titular de uma patente sobre um projetor de filmes. A venda deste equipamento era feita na condição de o adquirente apenas utilizar películas que fossem produzidas de acordo com um processo que havia sido patenteado pela arguida, mas cujo direito tinha já caducado. A queixa, por infração de patente, surge na sequência de a adquirente violar a condição imposta e projetar outros tipos de películas. O Tribunal rejeitou em substância a alegação de infração. Na sua lógica, o seu titular *"should not be permitted by legal devices to impose an unjust charge upon the public in return for the use of it"*. Ao argumento de que os consumidores beneficiavam desta prática por o projetor ser disponibilizado a um preço reduzido, perto do de custo, lucrando o vendedor apenas com a venda do material consumível necessário à operação daquele equipamento, o Tribunal responde que essa estratégia *"is the clearest possible condemnation of the practice adopted, for it proves that under color of its patent the owner intends to and does derive its profit, not from the invention on which the law gives it a monopoly but from the unpatented supplies with which it is used and which are wholly without the scope of the patent monopoly, thus in effect extending the power to the owner of the patent to fix the price to the public of the unpatented supplies as effectively as he may fix the price on the patented machine"*. Segundo o Tribunal, a prática em apreço visava, na prática, a extensão ilícita da proteção conferida pela patente aos filmes projetados. É curioso salientar que apesar de a considerar como *"a most persuasive expression of the public policy in out country with respect to the question"*, o Tribunal optou por não aplicar a este caso a disciplina legal do *Clayton Act*. A fundamentação da decisão assentou, em substância, no argumento de que os consumíveis vendidos com o projetor não estavam a coberto da patente titulada.

A doutrina desta decisão é confirmada mais tarde, em 1931, no acórdão *Carbice*,[200] e em 1938, no acórdão *Leitch*[201]. No primeiro condenou-se a prática de se condicionar o uso de contentores patenteados à aquisição de gelo seco. No segundo, a circunstância de a ré fazer depender o uso dos seus produtos patenteados da compra da sua emulsão não patenteada. O Tribunal recorda, neste acórdão, que as decisões em *Motion Picture Patents* e *Carbice* *"condemn every use of a patent as a means of obtaining a limited monopoly of unpatented material"*. O enfoque regulatório é, pois, dirigido à possibilidade da extensão de poder de mercado e à subsequente criação do segundo monopólio no mercado adjacente.

---

[199] *Motion Picture Patents Co. v. Universal Film Manufacturing Co.*, 243 U.S. 502 (1917).
[200] *Carbice Corp. v. American Patents Dev. Corp.*, 283 U.S. 27, 33 (1931).
[201] *Leitch Mfg. Co. v. Barber Co.*, 302 U.S. 458, 463 (1938).

3.2 A jurisprudência no período inicial de vigência do *Clayton Act*

É pertinente a esta altura individualizar este período da história jurisprudencial do *tying* e *bundling* por nele se assistir a uma aparente inversão de critérios de decisão. O Supremo Tribunal adota o que parece ser uma metodologia de apreciação baseada na *rule of reason*. O caso *United Shoe*[202] foi um dos primeiros a ser julgado sob a égide do *Clayton Act* e dá um primeiro sinal de abertura, ainda que breve, à consideração dessa metodologia. O acórdão discutiu as condições contratuais impostas pela *United Shoe* na locação das suas máquinas de fabrico de calçado. O contrato não proibia expressamente o locatário de combinar a utilização das máquinas da *United Shoe* com outras disponibilizadas pelos seus concorrentes, mas era esse o efeito que resultava da articulação das diferentes cláusulas que o integravam. O contrato continha cláusulas que impunham ao locatário, por exemplo, a obrigação de utilizar a máquina locada apenas em sapatos nos quais tivessem sido já realizadas outras operações com o apoio das máquinas da *United Shoe*. Após dissertar sobre a posição dominante da *United Shoe* nos mercados destas máquinas, o Tribunal nota, em jeito de conclusão, que *"such restrictive and tying agreements must necessarily lessen competition and tend to monopoly is, we believe, equally apparent"*[203]. A circunstância de empregar o termo *"such"* parece sugerir, como salienta Langer, que nem toda a subordinação será considerada de ilícita pelo Tribunal[204].

O caso *IBM*, decidido sob a tutela da Secção 3ª do *Clayton Act*, é também sintomático da aproximação à lógica da *rule of reason*[205]. *A IBM* era acusada de subordinar a locação das suas máquinas à compra de cartões perfurados. O Tribunal inferiu o poder de mercado da empresa, a respeito do produto subordinante, em razão da dimensão reduzida do seu único concorrente e do volume de vendas anual[206]. Considerando que os 3 milhões de dólares faturados anualmente satisfaziam o requisito do volume substancial de comércio afetado, o Tribunal acabou por concluir que a prática *sub judice* surtia o efeito previsto por aquela Secção 3ª de *"substantially lessen competition"*. Em sua defesa, a *IBM* alegou que a prática era por si imposta por forma a fazer-se garantir o correto funcionamento das máquinas locadas e, assim, a reputação e bom nome da empresa, o que, no seu entender, só ocorreria se os clientes utilizassem apenas cartões fornecidos pela *IBM*. O Tribunal refutou este argumento, salientando

---

[202] *United Shoe Machinery Corp. v. United States*, 258 US 451 (1922).
[203] Cf. para. 457 do acórdão.
[204] Cf. Jurian Langer, *op. cit.*, p. 70.
[205] *International Business Machines Corp. v. U.S.*, 298 U.S. 131 (1936).
[206] Pode ler-se no ponto 136 do acórdão: *"the appellant makes and sells 3,000,000,000 cards annually, 81 per cent of the total, indicating that the sales by the Remington Rand Company, its only competitor, representing the remaining 19 per cent, are approximately 600,000,000"*.

existirem outros expedientes menos restritivos da concorrência a que a *IBM* poderia ter recorrido a fim de obter o mesmo resultado, designadamente pela adoção de uma campanha de informação dos clientes relativamente ao grau de qualidade mínimo exigido aos cartões, ou mesmo fazendo condicionar a locação das máquinas à utilização de cartões que cumprissem com aquela qualidade especificada. A este argumento, o Tribunal acrescentou o facto de a prova apreciada indicar que a qualidade dos cartões produzidos por outras empresas concorrentes era compatível e não afetaria adversamente o regular funcionamento daquelas máquinas.

Pese embora o Tribunal não ter enunciado nestes primeiros arestos qualquer critério ou fórmula legal de apreciação (*legal standard*), a circunstância de ter exigido cumulativamente a prova de poder de mercado; a apreciação dos efeitos anticoncorrenciais e a discussão de eventuais justificações objetivas, sugere a adoção de uma metodologia de apreciação semelhante à da *rule of reason*[207]. Esta metodologia abreviada pressupõe que o Tribunal avalie: 1) o poder de mercado detido pela ré no mercado do produto subordinante; 3) os efeitos produzidos no mercado do produto subordinado (*e.g.* se os consumidores são forçados a pagar um preço de monopólio neste mercado); 3) a existência de alternativas menos restritivas da concorrência[208].

3.3 O desenvolvimento da abordagem *per se*

O acórdão *International Salt*, muito criticado pelos autores da Escola de Chicago, assinala uma reversão drástica da orientação jurisprudencial do Supremo Tribunal[209]. A hostilidade inicialmente manifestada pelas práticas de *tying* e *bundling* em *Motion Picture Patents, Carbice* ou *Leitch* ganha nova expressão e faz precipitar a adoção de um critério geral de apreciação baseado na lógica da proibição *per se*. A continuidade de soluções é comprometida. A queixa é trazida, ao abrigo das Secções 1ª do *Sherman Act* e 3ª do *Clayton Act*, contra um fabricante de máquinas patenteadas, utilizadas para injetar sal em conservas de carne. O titular da patente é acusado de subordinar a locação das máquinas, uma designada "*Lixator*" e a outra "*Saltomat*", à compra em exclusivo das pastilhas de sal a usar com as máquinas. O Tribunal considerou que a *International Salt* detinha poder de monopólio no mercado do produto subordinante pela simples razão de as máquinas serem patenteadas[210]. No mercado do produto

---

[207] Neste sentido ver Keith N. Hylton, *Antitrust Law, Economic Theory & Common Law Evolution*, Cambridge University Press, Cambridge, 2003, p. 286.
[208] Cf. ERNEST GELLHORN, *Antitrust Law and Economics*, 3ª ed., St. Paul Minnesota: West Publishing, s/l, 1986, pp. 316 e 317.
[209] *International Salt. Co. v. United States*, 332 U.S. 392 (1947).
[210] O Tribunal não fez qualquer análise às quotas de mercado.

subordinado, a empresa era o maior produtor de sal para usos industriais nos Estados Unidos, representando as suas vendas, em 1944, um valor aproximado de meio milhão de dólares. O acórdão declara que, não conferindo a patente sobre as máquinas qualquer direito de restringir o comércio interestadual de sal, as cláusulas em questão constituíam restrições de comércio. A condenação assenta em três aspetos distintos: i) no facto de a empresa deter uma posição de monopólio no mercado subordinante. Esta é uma conclusão assaz intrigante na medida em que foi dado como provado nos autos a existência de outros fabricantes de máquinas com as mesmas finalidades, pelo que não seria, em princípio, correto inferir-se da patente a existência de monopólio; ii) na circunstância de o volume de comércio afetado no mercado do produto subordinado não ser insubstancial e iii) a prática demonstrar uma tendência para a monopolização. Nas palavras do Tribunal *"The volume of business affected by these contracts cannot be said to be insignificant or insubstantial, and the tendency of the arrangement to accomplishment of monopoly seems obvious. Under the law, agreements are forbidden which 'tend to create monopoly', and it is immaterial that the tendency is a creeping one, rather than one that proceeds at full gallop; nor does the law await arrival at the goal before condemning the direction of the movement"*[211]. A insuficiência da fundamentação aduzida é patente. Para além de se inferir incorretamente do poder de mercado a respeito do produto subordinado, o Tribunal não delimita o mercado relevante do produto subordinado (eventualmente o mercado do sal para usos industriais); não refere a dimensão da quota de mercado do produto subordinado alegadamente já excluída pelas cláusulas de subordinação, nem oferece qualquer explicação credível de como a empresa poderia vir a aumentá-la por intermédio das práticas condenadas[212].

A *International Salt* replicou, em sua defesa, que uma vez que os contratos de locação determinavam que os serviços de manutenção e reparação fossem fornecidos exclusivamente por esta empresa, que seria então legítimo exigir dos locatários a observância das especificações de uso das máquinas que impunham a utilização do sal da *International Salt*. Segundo a empresa, o seu sal tinha um grau de pureza superior ao sal produzido pelos seus concorrentes e, assim, uma menor probabilidade de danificar as máquinas. Discutia-se, portanto, o direito à salvaguarda do bom funcionamento destes aparelhos. À semelhança do que tinha já sucedido no acórdão *IBM*, o Tribunal retorque que a *International Salt* dispunha de outras alternativas menos restritivas da concorrência para a salvaguarda deste direito e que *"it is not pleaded, nor it is argued, that the machine is allergic to salt of equal quality produced by anyone except International. If others can-*

---

[211] Ver para. 396 do acórdão.
[212] Para uma crítica acutilante deste acórdão ver BORK, *op. cit.*, p. 365.

not produce salt equal to reasonable specifications for machine use, its one thing; but it is admitted that, at times, at least, competitors do offer such a product"[213].

O acórdão, cuja narrativa se desenvolve à revelia de uma análise detalhada aos efeitos de mercado, cria uma proibição *per se* das práticas de subordinação e vai mesmo ao ponto de equipará-la à proibição *per se* da fixação de preços: *"not only is price-fixing unreasonable, per se (...) but also is unreasonable per se to foreclose competitors from any substantial market (...). The volume of business affected by these contracts cannot be said to be insignificant"* [214] [215].

A linguagem *per se* volta a ser empregue no acórdão *Standard Oil*[216]. Pese embora não retratar um caso típico de *tying*, o Tribunal não deixa de manifestar o seu desagrado por esta prática, afirmando que *"tying agreements serve hardly any purpose beyond the supression of competition"*[217].

O critério *per se* é desenvolvido com algum pormenor, em 1958, no acórdão do Supremo Tribunal em *Northern Pacific Railways*[218]. O teste que se enuncia neste acórdão reflete uma tentativa do Tribunal em fazer identificar as práticas de subordinação e agrupamento com uma maior probabilidade de produzirem distorções na concorrência, com o objetivo declarado de obviar à necessidade de se impor invariavelmente aos órgãos judiciais uma análise morosa e complexa aos mercados relevantes envolvidos e assim evitar o desperdício desnecessário dos recursos dos tribunais[219]. Nos termos da abordagem proposta, a procedência de uma queixa por *tying* ou *bundling* passa a ficar na exclusiva dependência da prova que se faça: i) do poder de mercado detido no mercado do produto subordinante; ii) do volume não insubstancial de comércio afetado no mercado do produto subordinado. Não interessa, quando preenchidas estas duas condições, que a subordinação não produza efeitos anticoncorrenciais ou que seja até pró-competitiva: estabelece-se uma presunção de dano concorrencial. Isto significa que deixa de ser exigido do queixoso a prova de que a prática

---

[213] Ver para. 397 e 398 do acórdão.

[214] Ver para. 396 do acórdão.

[215] A habitual desconsideração dos tribunais, neste período, pelos potenciais efeitos anticoncorrenciais decorrentes destas práticas é salientada por SULLIVAN, que oferece uma interpretação: *"the hostility to tying embodied in the Act and reflected in the cases may have more to do with notions of appropriate competitive behaviour/conceptions about fair opportunity or access and the polar concepts of coercion and free choice, than it has to do with the efficiency or allocation consequences of competitive structure and process"*. Cf. LAWRENCE ANTHONY SULLIVAN, *Handbook of the Law of Antitrust*, West Publishing Co., St. Paul, 1977, p. 445.

[216] *Standard Oil Co. v. United States*, 337 US 293 (1949).

[217] Ver para. 305 do acórdão.

[218] *Northern Pacific Railways Co. v. United States*, 356 US 1 (1958).

[219] Ver JOSEPH P. BAUER E WILLIAM H. PAGE, *Kintner Federal Antitrust Law*, vol. II, Practices Prohibited by the Sherman Act, Anderson Publishing Co., Cincinnati, 2002, p. 268.

em apreço produz efetivamente efeitos anticoncorrenciais no mercado do produto subordinado.

A *Northern Pacific Railways* era a proprietária de vários milhões de hectares de terreno em alguns Estados e territórios do noroeste norte-americano. Estes terrenos eram, na sua maioria, adjacentes às linhas de ferrovia de propriedade daquela empresa. Os contratos de venda e arrendamento destes imóveis incluíam uma cláusula de "rota preferencial" que obrigava os adquirentes e/ou arrendatários a utilizarem os serviços de transporte fornecidos por esta empresa, sempre que por estes a *Northern Pacific Railways* cobrasse tarifas iguais ou inferiores às dos seus concorrentes.

O Supremo Tribunal delineia o teste *per se*: "*Among the practices which the courts have heretofore deemed to be unlawful in and of themselves are (...) tying arrangements (...). Indeed tying arrangements serve hardly purpose beyond the suppression of competition (...). They are unreasonable in and of themselves whenever a party has sufficient economic power with respect to the tying product to appreciably restrain free competition in the market for the tied product and a not insubstantial amount of interstate commerce is affected*"[220].

Para o Tribunal, o poder substancial de mercado desta empresa resultava patente, por um lado, do facto de os terrenos estarem "*strategically located in checkerboard fashion amid private holdings and within economic distance of transportation facilities*" e, por outro, da própria capacidade negocial da empresa para conseguir impor aos seus clientes este tipo de condição[221].

O Tribunal justifica a sua hostilidade para com a subordinação com base em dois aspetos inter-relacionados. Por um lado, no que concerne aos efeitos sobre o mercado do produto subordinado, o Tribunal salienta que a subordinação "*deny competitors free access to the market for the tied product, not because the party imposing the tying requirement has a better product or a lower price, but because of his power or leverage in another market*"[222]. Por outro, o elemento de coerção do consumidor. O Tribunal deixa uma nota de especial desagrado quanto à circunstância de a prática de subordinação comprometer a livre escolha do consumidor com relação aos produtos das empresas concorrentes[223].

3.4 O caso *Jerrold* e o argumento da salvaguarda da reputação comercial

O argumento da defesa da reputação comercial ("*goodwill justification*") é alegado com alguma frequência nos casos que chegam à apreciação das instâncias

---

[220] Cf. para. 5 e 6 do acórdão.
[221] Cf. para. 8 e 9 do acórdão.
[222] Cf. para. 5 e 6 do acórdão.
[223] Cf. para. 6 do acórdão.

judiciais. O Supremo Tribunal rejeitou-o nos acórdãos *IBM* e *International Salt*, e muitos foram os tribunais hierarquicamente inferiores que o seguiram nessa esteira. O acórdão *Jerrolds*, do Tribunal de Círculo, assinala uma nova viragem da orientação jurisprudencial[224].

A *Jerrold* era uma empresa com atividade no sector dos aparelhos de transmissão e receção de sinal de radiotelevisão. A empresa tinha por prática condicionar a venda dos seus sistemas de antena ao compromisso, assumido contratualmente pelos seus clientes, de que a sua instalação, manutenção e reparação fosse assegurada em exclusivo pelos seus serviços. A maioria dos seus contratos previa a proibição da montagem de qualquer equipamento adicional sem a sua prévia autorização. Os contratos impunham também a obrigação da utilização exclusiva dos produtos da marca *Jerrold* sempre que houvesse necessidade de amplificar a capacidade do sistema adquirido. A empresa *Jerrold* era, entre 1950 e 1954, a líder de vendas no mercado de sistemas de antena para televisão. O governo federal entendia que as restrições comerciais impostas por esta empresa infringiam o disposto nas Secções 1ª do *Sherman Act* e 3ª do *Clayton Act*.

Para o Tribunal, a circunstância de a *Jerrold* ser dominante no mercado do produto subordinante seria bastante para que, ao abrigo da doutrina *Northern Pacific*, se considerasse a sua estratégia *per se* ilícita. As suas conclusões foram, todavia, temperadas por aquilo a que o Tribunal chamou de *"unique circumstances"* e que o fizeram reapreciar da razoabilidade da justificação *"goodwill"* apresentada por esta empresa. O aresto começa por notar que as restrições tinham sido inicialmente impostas pela empresa, aquando do arranque da sua atividade comercial, numa altura em que o mercado de sistemas de antena era ainda incipiente e não tinha merecido a aceitação do público. Uma vez que eram elevados os custos iniciais associados à criação e desenvolvimento de um novo sistema de antena, as restrições aplicadas afiguravam-se, na sua opinião, como expedientes necessários a minimizar o risco de falha técnica do produto e assegurar o pagamento pela sua instalação[225]. Se é certo que a *Jerrold* poderia ter, alternativamente, optado por informar os seus clientes da necessidade de se fazer cumprir com as normas técnicas de boa utilização do produto, a prova dos autos tinha demonstrado que, na realidade, poucos o faziam, preferindo amiúde agir à revelia das instruções daquela empresa e optar por soluções mais económicas, mormente pela aquisição de componentes substitutos de inferior qualidade. A probabilidade de agressão à reputação comercial da *Jerrold* era, portanto, bastante credível, particularmente porque a falha técnica do produto

---

[224] *United States v. Jerrolds Electronics Corp.*, 365 U.S. 567 (1961).
[225] Nos termos do contrato da *Jerrold*, este pagamento era condicionado à boa operabilidade do sistema.

poderia fazer alastrar, junto dos consumidores, uma alergia injustificada à nova tecnologia. O Tribunal conclui que as práticas de subordinação eram, por esta razão de proteção da *goodwill*, razoáveis na sua incipiência, mas que a sua licitude seria temporalmente balizada por este período inicial de imaturidade do mercado.

O governo federal tinha alegado que, por envolver uma combinação de produtos distintos, a venda do sistema de antena completo violava as Secções 1ª do *Clayton Act* e do *Sherman Act*. A *Jerrold* alegou não se tratar de uma combinação, mas sim de um único produto. O Tribunal discordou, fazendo fé nos seguintes indícios: i) no facto de existirem outras empresas no mercado a venderem apenas partes daquele sistema; ii) o número e tipo de componentes incorporados nos sistemas da *Jerrold* variarem consideravelmente de sistema para sistema; iii) a circunstância de a *Jerrold* discriminar e cobrar individualmente por cada componente do sistema; iv) a *Jerrold* autorizar que a substituição da cablagem e da antena fosse assegurada por outras empresas, utilizando os seus próprios produtos.

Seria incorreto afirmar-se que o Tribunal aplicou, no seu acórdão, a metodologia da *rule of reason*. Sabemos que a análise feita sob esta metodologia implica que se parta de uma presunção de razoabilidade das práticas em questão e que seja sobre o queixoso que recaia o ónus da prova em contrário. Ora, o que o Tribunal aqui fez foi aplicar esta metodologia de forma inversa, ou seja, partiu-se, à semelhança do que sucedeu, aliás, no caso *Northern Pacific Railways*, de uma presunção de não razoabilidade, e impôs-se à ré o ónus da prova de razoabilidade[226]. Note-se que esta é uma metodologia que acaba por suscitar à *Jerrolds* o mesmo grau de dificuldade do que aquele que resulta da aplicação singela do critério de proibição *per se*. Resulta, todavia, uma vantagem que faz toda a diferença: a aplicação da *rule of reason*, ainda que de forma invertida, autoriza o Tribunal a considerar possíveis justificações objetivas que se relacionem, *inter alia*, com ganhos de eficiência económica. Cremos que ao consagrar uma exceção ao tratamento *per se*, este acórdão criou um precedente que acabou por se generalizar a todos casos de subordinação justificada por razões de entrada em atividade numa nova indústria.

3.5 A tensão entre os argumentos da *rule of reason* e a proibição *per se*

É nas décadas de 70 e 80, e já sob a influência mais notória da doutrina de Chicago, que o Supremo Tribunal mitiga a sua hostilidade pelas práticas de *tying* e *bundling*, e propõe um novo critério a que a doutrina atual apelida, geralmente, de *modified per se test*. A nova orientação, cuja inspiração remonta às conclusões

---

[226] Ver neste sentido, KEITH N. HYLTON, *op. cit*, p. 294.

vertidas em *Jerrold*, é propulsionada pela tensão que se tinha gerado pela coexistência de um teste assente numa proibição *per se* e de um conjunto abstrato de justificações objetivas a que os tribunais começaram gradualmente a atender. O Supremo Tribunal passa, nas suas decisões, a enfatizar a importância de uma análise detalhada à factualidade e às circunstâncias envolventes do caso, e ao poder de mercado da empresa subordinante. Um dos primeiros acórdãos a assinalar a nova tendência é aquele proferido em *United States Steel Corp. v. Fortner Enterprises II*[227]. A *U.S. Steel* tinha sido acusada pelo governo federal de condicionar a oferta de financiamento destinado à aquisição de terrenos para construção à obrigação de o comprador (normalmente um promotor imobiliário) adquirir as casas pré-fabricadas que uma empresa sua subsidiária fabricava e distribuía. O produto subordinante era, neste caso, o crédito, e o subordinado, a casa pré-fabricada. Pese embora a prática em questão afetar apenas uma fração insignificante do mercado subordinado, o Tribunal considerou que o volume das respetivas transações (vendas de casas pré-fabricadas no valor de nove milhões de dólares num período de três anos) satisfazia o teste da substancialidade proposto no acórdão *Northern Pacific Railways*. Preenchida que estava esta primeira condição, restava então determinar se o poder de mercado detido pela ré no mercado do crédito se reputava suficiente, na aceção daquele acórdão, para restringir efetivamente o grau de concorrência no mercado subordinado. O Tribunal foi da opinião que o carácter invulgar do financiamento oferecido (o financiamento era feito a 100%, com juros extremamente baixos) não bastava, *per se*, para alicerçar a conclusão de que a *U.S. Steel* gozava do poder de mercado exigido em *Northern Pacific Railways*. O acórdão recorrido do Tribunal do Círculo tinha entendido que o tipo de financiamento oferecido fazia sugerir uma posição de *"sufficient economic power"*, mas o Supremo Tribunal discordou, rejeitando cabalmente as três teorias que aí se articularam quanto ao poder de mercado da *U.S. Steel* e à alegada infração ao *Sherman Act*. Segundo o Tribunal: i) o facto de a subsidiária financeira da *U.S. Steel* ser, à altura, controlada por um dos maiores gigantes industriais norte-americanos não provava, no seu entender, que esta gozasse, em relação aos seus concorrentes, de qualquer vantagem acrescida na atividade de oferta de crédito; ii) a teoria da projeção de poder de mercado e discriminação de preços também não impressionou por o crédito só ser disponibilizado com a aquisição da casa pré-fabricada, ou seja, a empresa tinha, primeiro, de vender o crédito para poder então vender a casa. Esta circunstância indicava que a empresa não estaria em condições de

---

[227] *United States Steel Corp. v. Fortner Enterprises II*, 429 U.S. 610 (1977). Para um comentário detalhado do acórdão ver W. DAVID SLAWSON, "A Stronger, Simpler Tie-In Doctrine" *in Antitrust Bulletin*, vol. 25, nº 4, 1980, p. 696.

recorrer à posição detida no mercado de crédito para fazer expandir as suas atividades no mercado das casas pré-fabricadas ou para discriminar entre os seus clientes em função do seu diferente preço de reserva; iii) era irrelevante o facto de o preço das casas exceder a média praticada no mercado. Segundo o Tribunal, o valor a considerar seria o valor total do pacote composto pelo crédito e pela casa.

Na perspetiva do Tribunal, as condições singulares de financiamento a 100% com juros baixos, nada mais traduziam do que a legítima pretensão da empresa em disponibilizar crédito a baixo custo como forma de melhor conseguir promover e catapultar as vendas das suas dispendiosas casas pré-fabricadas[228]. A ausência de prova de uma situação de vantagem a nível de custos, ou de uma especial capacidade da ré em oferecer condições de crédito que divergissem consideravelmente daquelas ao alcance dos seus concorrentes, leva o Tribunal, afinal, a concluir pela licitude da subordinação.

Ainda que o Tribunal tenha lançado mão da doutrina *per se*, a narrativa do seu acórdão torna patente uma crescente aceitação pelos princípios e critérios de análise económica, em particular no que concerne à avaliação do poder de mercado. O Tribunal mostra, também, uma maior tolerância às práticas de *leveraging*, apartando-se do critério de proibição automática *per se*. Segundo a lógica expendida, e a menos que o produto tenha um carácter singular único que condicione as vendas concorrentes, a empresa terá "sufficient economic power" apenas quando estiver em situação de monopólio ou for dominante no mercado relevante. Esta singularidade resultará frequentemente de uma qualquer característica que o produto apresente e que impeça ou dificulte a sua substituição por outro que seja fornecido pela concorrência. O Tribunal sugere que essa singularidade poderá resultar, designadamente: i) de um direito, como uma patente que restrinja a concorrência no mercado do produto subordinante, ii) de uma vantagem de natureza física como, por exemplo, a localização das parcelas de terreno no acórdão *Northern Pacific Railways,* ou ainda iii) de uma vantagem ao nível de custos no mercado do produto subordinante.

O acórdão do Supremo Tribunal em *Jefferson Parish*[229] torna evidente o processo já em marcha de profunda revisão de ideias e de métodos com relação ao *tying* e *bundling*. É certo que a maioria dos magistrados votou no sentido de se manter o precedente da proibição *per se*, mas a sua doutrina é limitada de forma considerável.

---

[228] Cf. para. 621 e 622. Nas palavras do Tribunal: *"If the evidence merely shows that credit terms are unique because the seller is willing to accept a lesser profit or to incur greater risks than its competitors, that kind of uniqueness will not give rise to any inference of economic power in the credit market"*.
[229] *Jefferson Parish Hospital District No. 3 v Hyde*, 466 U.S. 2 (1984).

Os factos dos autos são particularmente invulgares. O queixoso, o Dr. Edwin, médico anestesista, solicitou a admissão ao quadro de médicos do hospital demandado *East Jefferson*. O seu pedido foi indeferido pela administração devido à existência de um contrato entre o hospital e uma sociedade de médicos, a *Roux & Associates*, nos termos do qual todos os serviços de anestesia seriam prestados obrigatoriamente por médicos daquela sociedade. Na tese do Dr. Edwin, o contrato infringia o disposto na Secção 1ª do *Sherman Act* por ilicitamente fazer subordinar os serviços hospitalares de cirurgia aos serviços de uma equipa específica de anestesiologistas.

O Tribunal foi unânime na decisão de o contrato ser legítimo e de não infringir aquela disposição legal. As razões para tal oferecidas, todavia, foram discordes, ficando os magistrados divididos quanto a manter formalmente a proibição *per se* ou, pelo contrário, abandonar essa orientação e abraçar a metodologia da *rule of reason*. A posição maioritária foi no sentido de manter o tratamento *per se*. Pode ler-se no acórdão que *"it is far too late in the history of our antitrust jurisprudence to question the proposition that certain tying arrangements pose an unacceptable risk of stifling competition and therefore are unreasonable per se"*[230]. Esta circunstância não impediu, porém, que o Tribunal seguisse uma metodologia de análise baseada na *rule of reason*, avaliando economicamente do poder de mercado e dos possíveis efeitos anticoncorrenciais, numa lógica, aliás, semelhante àquela do acórdão *Fortner II*. Numa opinião anexa ao acórdão, os Juízes O'Connor, Burger, Powell e Rehnquist, deixam claro que *"the per se label used to characterize tying arrangements is inaccurate and confusing, and therefore should be discarded"*[231]. O Tribunal admite que *"not every refusal to sell products separately can be said to restrain competition"*[232]. A narrativa do acórdão surpreende por realçar as mais-valias associadas a este tipo de práticas e procurar restringir a proibição a um núcleo tão reduzido quanto possível. A tónica é dada ao elemento da coação, ou seja da venda ao cliente de algo que ele não quer ou que poderia obter junto de outro fornecedor em condições que mais lhe aprazariam. O Juiz Stevens salienta que este elemento relaciona-se diretamente com o grau de poder de mercado detido no mercado do produto subordinante: é este poder que leva o adquirente a fazer algo que não faria num mercado competitivo: *"The law draws a distinction between the exploitation of market power by merely enhancing the price of the tying product, on the one hand, and by attempting to impose restraints on competition in the market for a tied product, on the other. When the seller's power is just used to maximize its return in the tying product market, where presumably its product en-*

---

[230] Ver p. 14 do acórdão.
[231] Ver p. 32 a 47 do acórdão.
[232] Ver p. 19 do acórdão.

joys some justifiable advantage over its competitors, the competitive ideal of the Sherman Act is not necessarily compromised. But if that power is used to impair competition on the merits in another market, a potentially inferior product may be insulated from competitive pressures"[233]. O magistrado nota que a proibição *per se* é apropriada apenas "*if anticompetitive forcing is likely*"[234]. Mas o elemento da coação não basta para que se aplique a proibição *per se*, uma vez que esta, refere o acórdão, centra-se na probabilidade da produção de efeitos anticoncorrenciais resultantes daquele "*forcing*": "*as a threshold matter there must be a substantial potential for impact on competition in order to justify per se condemnation*".

O acórdão introduz, assim, uma questão prévia à aplicação da proibição *per se*: a análise do poder de mercado do autor da prática e os seus efeitos no mercado subordinado. O Tribunal considerou que o poder de mercado do hospital não era suficiente por forma a afetar adversamente o mercado dos serviços de anestesia, uma vez que o serviço do hospital atraía apenas 30% dos pacientes que residiam na sua zona de influência: "*if patients were forced to purchase the anesthesiological services because of a result of the hospital's market power the arrangement would have anticompetitive consequences. If no forcing is present, patients are free to enter a competing hospital and to use another anesthesiologist*"[235]. O Tribunal concluiu, em conformidade, não existirem indícios de coação, referindo afinal que "*there is no evidence that the price, the quality, or the supply or demand for either the tying product or the tied product involved in this case has been adversely affected*"[236].

Como já se referiu, o Tribunal ficou dividido quanto à metodologia de análise a ser empregue. A posição minoritária, expressa na declaração de voto da Juíza O'Connor, manifestou-se no sentido de fazer derrogar os precedentes que qualificavam a subordinação como uma prática sujeita a uma proibição *per se*. Esta Juíza propõe uma metodologia alternativa de análise que exige a verificação cumulativa dos seguintes requisitos: i) a existência de poder de mercado no mercado do produto subordinante; ii) a probabilidade de o autor da prática vir a adquirir poder no mercado do produto subordinado; iii) a existência de dois produtos distintos. Preenchidos que estivessem estes três requisitos passaria então a analisar-se os efeitos anti e pró concorrenciais da prática e aferir da indispensabilidade da restrição para a produção dos ganhos de eficiência económica[237].

O acórdão tem sido criticado por não ter abandonado em definitivo a abordagem *per se* e estabelecido regras objetivas de análise às práticas de subordi-

---

[233] Ver p. 14 do acórdão.
[234] Ver p. 16 do acórdão.
[235] Ver p. 21 e 22 do acórdão.
[236] Ver p. 31 do acórdão.
[237] Ver p. 38 e 39 do acórdão.

nação. A crítica não ignora, contudo, que a posição adotada traduz um desvio relevante a esta proibição e traduz uma aproximação à metodologia da *rule of reason*. Ao introduzir um *market power threshold* de 30% abaixo do qual a subordinação não é, em princípio, considerada ilícita, o acórdão contribui para uma maior segurança e previsibilidade na aplicação da lei do *tying*. A grande dificuldade prende-se, porém, com a circunstância de o Tribunal não ter elucidado sobre o critério de análise às práticas que não se compreendam neste *safe harbour*. Esta omissão parece sugerir, para alguns, que o Tribunal optou por as manter sob a alçada da proibição *per se*.

3.6 Os casos *Microsoft* e a *rule of reason*

3.6.1 O caso *United States v. Microsoft (Microsoft I)*[238]

A investigação conduzida inicialmente pela Comissão Federal do Comércio teve um âmbito muito vasto. Segundo a *Microsoft*, a investigação teve por objeto a subordinação da licença do seu sistema operativo *Windows* à licença das suas aplicações; a exigência de *royalties* por cada processador vendido, independentemente de o computador em causa incluir ou não o seu sistema operativo; o favorecimento das suas aplicações através da não divulgação de informação de interoperabilidade relativa ao seu sistema operativo; a prática de anunciar prematuramente as novas versões do sistema operativo por forma a dissuadir os utilizadores de optarem por sistemas alternativos. Estas práticas visavam, no entender daquela Comissão, a manutenção do monopólio no mercado *Windows*. Em 1994, o Departamento de Justiça, que entretanto tinha chamado a si a investigação, chega a acordo com a *Microsoft*. Nos termos da decisão judicial que homologa a transação, a empresa é proibida, em relação aos seus licenciados, de celebrar licenças "por processador"; de os obrigar a pagar uma quantia fixa pela licença; de celebrar contratos de licença por períodos superiores a um ano e de subordinar a compra dos seus sistemas operativos à aquisição e distribuição de outros produtos *Microsoft*. Esta última cláusula, cuja violação esteve na origem do caso *Microsoft III*, é inserida no acordo nos seguintes termos: "*Microsoft shall not enter into any License Agreement in which the terms of that agreement are expressly or impliedly conditional upon: i) the licensing of any other Covered Product, Operating System Software product, or other product (provided, however that this provision in and of itself shall not be construed to prohibit Microsoft from developing integrated products); or ii) the OEM not licensing, purchasing, using or distributing any non-Microsoft product*". Parece-nos, em retrospetiva, que a garantia excecionada entre parêntesis, relativa ao desenvolvimento de produtos integrados, acabaria sempre por reacender o litígio pela inerente dificuldade em determinar se o

---

[238] *United States v. Microsoft*, 56 F.3d 1448 (D.C. Cir. 1995).

bundle consistiria num único produto integrado ou simplesmente num pacote composto por dois ou mais produtos distintos.

Os termos do acordo foram asperamente criticados em muitas instâncias, incluindo a do Tribunal que sobre ele primeiro se pronunciou[239], como sendo demasiadamente permissivos. Seja como for, a verdade seja dita que, passadas quase duas décadas, a *Microsoft* continua a ser dominante e a estar envolvida em investigações por alegadas práticas anticoncorrenciais.

3.6.2 O caso *United States v. Microsoft (Microsoft II)*[240]

No final de 1997, o Departamento de Justiça decide solicitar ao Tribunal federal de primeira instância a condenação da *Microsoft* por violação do acordo homologado em 1995. Em causa estava a alegada subordinação do seu programa de navegação na internet, o *Internet Explorer (IE)*, ao seu novo sistema operativo *Windows 95*. Com o início da sua comercialização, a *Microsoft* tinha passado a exigir aos OEMs (*Original Equipment Manufacturers*) a instalação de origem do *IE* no sistema operativo. A relevante cláusula anti *tying* daquele acordo especificava, como *supra* se observou, e a título de exceção, que a exigência aí imposta não poderia ser interpretada no sentido de proibir a *Microsoft* de desenvolver "produtos integrados". A questão central suscitada perante o Tribunal foi, pois, a de saber se o sistema operativo *Windows 95* seria ou não um produto integrado no sentido daquela cláusula. A decisão de primeira instância foi favorável ao Departamento de Justiça, tendo a *Microsoft* recorrido da sentença. O principal argumento em que esta empresa se apoiava era de que o *Internet Explorer* constituía apenas um simples melhoramento do *Windows 95* e não um produto distinto com identidade própria. O Tribunal superior, dando uma especial nota sobre o facto de o DOJ nunca ter proposto um critério de distinção entre os melhoramentos e os produtos distintos, decidiu interpretar a exceção do *consent decree* de uma forma que considerou ser "*consistent with the antitrust laws*"[241]. Nesse sentido, observa que "*antitrust scholars have long recognized the undesirability of having courts oversee product design and any dampening of technological innovation would be at cross-purposes with antitrust law. Thus a simple way to harmonize the parties' desires is to read the integration proviso of § IV (E) (i) as permitting any genuine technological integration, regardless of whether elements of the integrated package are*

---

[239] A transação foi, em primeira instância, rejeitada pelo Tribunal presidido pelo Juiz Sporkin. No seu entender, os termos do acordo não lograriam neutralizar o risco de monopolização do mercado de aplicações. O Juiz critica também a não condenação da alegada prática de *vaporware i.e.* da prática de anunciar prematuramente o lançamento de novas versões do sistema operativo. Esta decisão viria, depois, a ser revogada pelo Tribunal de segunda instância do Círculo Federal.

[240] *U.S. v. Microsoft*, 147 F.3d 935 (D.C. 1998).

[241] Cf. p. 948 do acórdão.

marketed separately. This reading requires us, of course, to give substantive content to the concept of integration. We think that an 'integrated product' is most reasonably understood as a product that combines functionalities (which may also be marketed separately and operated together) in a way that offers advantages unavailable if the functionalities are bought separately and combined by the purchaser"[242].

Segundo o critério proposto, a integração seria fraudulenta, e os produtos considerados distintos, quando a mesma combinação de funcionalidades pudesse ser obtida pelo próprio licenciado. Além da combinação oferecida ter de ser diferente da que pode ser conseguida pelo comprador, ela deve ser ainda melhor em algum aspeto, ou seja, comportar algum valor tecnológico adicional. O Tribunal rejeita o critério da procura do consumidor enunciado em *Jefferson Parish*. Este teste de separabilidade seria inapropriado sempre que em causa estivesse um novo produto de natureza tecnológica que integrasse funcionalidades anteriormente proporcionadas por produtos distintos, comercializados em separado. Atento a volatilidade das características dos produtos e o inerente desfasamento da perceção dos consumidores, a procura não seria, neste caso, capaz de identificar os ganhos de eficiência proporcionados pela integração.

O acórdão considerou comprovados os benefícios de integração, em termos de ganhos de eficiência que beneficiam o próprio consumidor, e admitiu a existência de benefícios específicos à integração do sistema operativo com o programa de navegação, que não poderiam ser obtidos pela realização dessa ação por outros agentes económicos. Nas palavras do Tribunal, *"incorporating browsing functionality into the operating system allows applications to avail themselves of that functionality without starting up a separate browser application"*[243]. Acrescenta, ainda, que o *Internet Explorer (IE)* *"provide system services* [às empresas de *software*] *not directly related to web browsing, enhancing functionality of a wide variety of applications"* e que a suas tecnologias são utilizadas para aperfeiçoar diversos aspetos do sistema operativo que não se relacionam diretamente com a navegação na internet, *e.g.* o interface de utilizador do *Windows*[244].

3.6.3 O caso *United States v. Microsoft (Microsoft III)*[245]

Em 1998, o Departamento de Justiça iniciou um procedimento cível junto do Tribunal de primeira instância do Círculo Federal contra a *Microsoft*. A petição submetida compreendia quatro acusações distintas: os acordos de exclusivida-

---

[242] *Ibidem*.
[243] Cf. p. 950 e 951 do acórdão.
[244] Cf. p. 951 do acórdão.
[245] *United States v. Microsoft Corp.*, 253 F.3d 34 (D.C. Cir. 2001).

de e as práticas de subordinação do *IE* com o *Windows* 95 e 98, em violação da Secção 1ª do *Sherman Act*, e a manutenção ilegítima de monopólio do sistema operativo e tentativa de monopolização do mercado dos *browsers*, em violação da Secção 2ª do mesmo diploma. A acusação principal dizia respeito à monopolização do mercado dos sistemas operativos para PC. Com o objetivo implícito de fazer preservar este seu monopólio, a *Microsoft* tinha adotado um conjunto de comportamentos de exclusão contra o programa de navegação *Navigator*, comercializado pela *Netscape*, e contra as tecnologias desenvolvidas pela *Sun*, conhecidas pela denominação *Java*. O *Navigator* e o *Java* são "*middleware software*", *i.e.*, são programas que podem servir de plataformas a outras aplicações de *software*.

Impõe-se uma explicação prévia para melhor compreensão dos assuntos em discussão. Os mercados dos sistemas operativos são caracterizados por efeitos de rede, o que significa que o potencial de atração destes produtos junto dos consumidores depende do número de aplicações que com eles sejam compatíveis. A elevada quota de mercado detida pela *Microsoft* (o *Windows* era instalado em cerca de 90% dos PCs-Intel) fazia com que a maioria das aplicações fosse escrita para o seu sistema operativo *Windows*. Esta circunstância criou aquilo a que comummente se designa de "barreiras das aplicações", ou seja, obstáculos à entrada no mercado dos sistemas operativos. A principal ameaça para esta empresa era vista, na perspetiva das autoridades norte-americanas, como proveniente de novos programas que suportassem ou constituíssem plataformas alternativas para aplicações. Uma dessas potenciais alternativas era oferecida pelo programa *Navigator*, que se caracterizava por apresentar as suas próprias APIs ("*application programming interfaces*") e assim permitir o desenvolvimento de aplicações capazes de correr num ambiente próprio, independentemente do sistema operativo subjacente. A conjugação, por outro lado, do *Navigator* e das tecnologias *Java*, que eram distribuídas com aquele programa, permitiria, a prazo, derrubar as barreiras de aplicações que protegiam o monopólio da *Microsoft* naquele mercado.

Em resposta a esta ameaça, a *Microsoft* começou por solicitar à *Netscape*, em 1995, que não lançasse no mercado a sua versão do *browser* e propôs-lhe um acordo de partilha de mercado[246]. Quando a empresa se recusou a aceder a estas solicitações, a *Microsoft* decidiu adotar um conjunto de comportamentos destinados a fazer reduzir a quota de mercado da *Netscape* no mercado das aplicações. Este objetivo seria alcançado alavancando a posição dominante no

---

[246] Ver FRANKLIN. M. FISHER e DANIEL L. RUBINFELD, "United States v. Microsoft: An Economic Analysis", *Antitrust Bulletin*, 2001, disponível em SSRN: http://ssrn.com/abstract=247520 or doi:10.2139/ssrn.247520.

mercado dos sistemas operativos de forma a promover o seu próprio programa, o *Internet Explorer*, no mercado das aplicações. Com este intento, a *Microsoft* adotou diversas estratégias comerciais, entre as quais a celebração de contratos de exclusividade com os OEMs e provedores de internet; a exigência aos fabricantes de computadores de instalação prévia do *IE* nos computadores por eles fabricados, assim subordinando a licença concedida à distribuição daquela aplicação; a pressão exercida sobre a *Apple* no sentido de esta celebrar acordos restritivos com a *Microsoft* e deixar de utilizar o programa da *Netscape*; integrando o *Internet Explorer* com o *Windows 98* e impedindo os OEMs de retirar a aplicação.

É importante salientar que a decisão de oferecer o *IE* acoplado ao sistema operativo foi tomada muito embora existisse à altura uma procura por cada um desses produtos em separado, e que o *IE* não era oferecido na versão de retalho do *Windows 95* quando esta foi inicialmente lançada no mercado.

No que respeita, em específico, à acusação de subordinação, o Departamento de Justiça foi da opinião que a *Microsoft* tinha vinculado o seu sistema operativo *Windows* ao *IE* através de quatro comportamentos: i) a vinculação dos licenciados do *Windows* 95 e 98 à obtenção de uma licença relativa ao *IE*, pela qual cobrava um preço único; ii) a recusa em autorizar os fabricantes de computadores a retirar o *IE* ou o seu ícone do *desktop Windows*; iii) a conceção do *Windows 98* de modo a impedir os consumidores de retirar o *IE*, utilizando o utilitário genérico para estas operações; iv) a programação do *Windows* ter sido feita de modo a se sobrepor à escolha do consumidor em termos de *browser* supletivo.

O Tribunal de primeira instância do Círculo Federal concluiu pela ilicitude da subordinação contratual e tecnológica do *Windows 95/IE* 3.0 e do *Windows 98/IE* 4.0. O magistrado mostrou-se extremamente crítico da abordagem do Tribunal de segunda instância no caso *Microsoft II*, considerando ser muito parcial aos interesses da empresa por não exigir uma prova contundente das eficiências alegadas e descurar do potencial anticoncorrencial da subordinação. Em particular, o Juiz Jackson critica a ausência de uma análise comparativa entre os alegados ganhos de eficiência ou inovação e os potenciais efeitos anticoncorrenciais: na opinião deste Juiz, a metodologia adotada fazia sugerir a instituição de um critério de legalidade *per se*, mitigado apenas, como nota Moura e Silva, *"pela hipotética situação de se conseguir distinguir entre um melhoramento genuíno e um que seja meramente aparente"*[247]. Na apreciação que faz do caso, o Juiz Jackson começa por enunciar os quatro requisitos do critério de análise da subordinação: os produtos serem distintos; a empresa dispor de poder de mercado no mercado do produto subordinante; a prática coartar a liberdade do consumidor na

---

[247] MIGUEL MOURA E SILVA, *op. cit.*, p. 512.

escolha do produto que pretende adquirir e a conduta levar a uma exclusão de um volume substancial do comércio[248].

A análise é iniciada, pois, com a questão da separabilidade dos produtos. Fazendo fé no critério proposto pelo Supremo Tribunal em *Jefferson Parish*, o Juiz Jackson sugere que deve existir uma procura independente relativamente à qual seja eficiente fornecer o produto subordinado separadamente[249]. O Tribunal constata que *"the commercial reality is that consumers today perceive operating systems and browsers as separate 'products' for which there is separate demand"*[250]. A existência de consumidores, sobretudo empresariais, que prefeririam recorrer a um mesmo *browser* dentro da sua rede ou, pelo contrário, não incluir qualquer programa dessa natureza, constituía demonstração da existência de uma procura específica pelos *browsers* e distinta daquela pelos sistemas operativos. Partindo desta constatação, e sem que previamente tivesse computado a relevância das práticas potencialmente análogas seguidas pela concorrência e avaliado da questão dos potenciais ganhos de eficiência económica, o Tribunal precipita-se na conclusão que *"Windows and Internet Explorer are deemed 'separate product'"*[251].

No que concerne ao elemento da coação dos consumidores, o Tribunal reconhece que, dada a impossibilidade técnica de se desinstalar o *IE* do sistema operativo, a sua liberdade de escolha tinha sido significativamente condicionada. O Tribunal atribui pouca ou nenhuma relevância ao argumento aduzido pela *Microsoft* de que o *browser* era oferecido a custo zero, uma vez que considerava esse valor imputado no preço final cobrado aos OEMs e refletido, portanto, no valor de acesso cobrado ao consumidor final. O magistrado concede quanto à existência de outras empresas no mercado que subordinavam os seus sistemas operativos aos respetivos *browsers*, mas faz ressaltar o facto de a *Microsoft* ser a única a não oferecer aos OEMs a opção de venda do seu sistema operativo em separado. O acórdão não quantifica um valor de comércio excluído, mas são invocados prejuízos da *Netscape* quanto à perda de receitas de publicidade e venda de produtos para a construção de *sites*, considerados suficientes para preencher o requisito. Pode ler-se, afinal, que *"This Court concludes that Microsoft's decision to offer only the bundle – 'integrated' – version of Windows and Internet Explorer derived not from technical necessity or business efficiencies; rather, it was the result of a deliberate and purposeful choice to quell incipient competition before it reached truly minatory proportions"*[252].

---

[248] *United States v. Microsoft* ("*Conclusions of Law*"), 87 F. Supp. 2 d 30 (D.C.C. 2000), p. 47.
[249] *Ibidem*, p. 86.
[250] *Ibidem*, p. 47.
[251] *Ibidem*, p. 50.
[252] *Ibidem*, p. 51.

Interposto recurso, o Tribunal de segunda instância do Círculo Federal é chamado a pronunciar-se, entre outros aspetos, sobre a questão da subordinação[253]. Uma das primeiras questões a dilucidar era, portanto, a de saber se o *Windows* e o *IE* formavam entre si um todo integrado ou se seriam, pelo contrário, produtos distintos e independentes. O Tribunal considerou que, no contexto do mercado de *software* de plataforma, caracterizado pela constante volatilidade tecnológica dos produtos comercializados, o teste de separabilidade a que o magistrado de primeira instância tinha aderido seria inapropriado a dar resposta à questão que se colocava, designadamente, e como o *Court of Appeals* já tinha frisado em *Microsoft II*, porque *"at the moment of integration there will appear to be a robust distinct market for the tied product"*[254]. O magistrado dá aval ao argumento da *Microsoft*, de que o teste da procura do consumidor, proposto em *Jefferson Parish*, teria, na realidade, o efeito prático de desencorajar a inovação, em detrimento do bem-estar dos consumidores, por fazer com que as empresas deixassem de integrar nos seus produtos novas funcionalidades tradicionalmente oferecidas por outros produtos vendidos em separado, e como tal, sujeitas a uma procura também separada. O acórdão manifesta preocupação com a circunstância de o teste de *Jefferson Parish* não conseguir filtrar as situações de integração produtiva, bastante comuns em mercados de *software* de "plataforma" e mesmo entre empresas sem poder de mercado[255]. Neste sentido, refere que *"the ubiquity of bundling in competitive platform software markets should give courts reason to pause before condemning such behavior in less competitive markets"*[256]. De uma forma geral, este teste não lograria, no contexto dos mercados de tecnologia dinâmica, distinguir entre os *bundles* pró e anticoncorrenciais. Repare-se que a sua validade assenta na verificação cumulativa de dois pressupostos: o de que os concorrentes se encontrem em situação de paridade, e o de que os mercados sejam estáticos. As circunstâncias específicas do caso não pareciam conformar-se com estas exigências. Era patente que a teoria económica moderna a que *Microsoft* recorria para substanciar as suas alegações de separabilidade e eficiência, e com a qual o magistrado se sentiu compelido a concordar, já não oferecia suporte aos antigos precedentes do Supremo Tribunal.

O Tribunal rejeita a abordagem do Juiz Jackson, que considera de *per se*, avançando com a ideia de que *"the rule of reason, rather than per se analysis, should govern the legality of tying arrangements involving platform software products"*[257]. A metodologia da *rule of reason*, diz o magistrado, *"affords the first mover an opportu-*

---

[253] *United States v. Microsoft*, 253 F.3d 34 (D.C. Cir. 2001).
[254] *Ibidem*, p. 92.
[255] *Ibidem*, p. 94.
[256] *Ibidem*.
[257] *Ibidem*, p. 84.

nity to demonstrate that an efficiency gain from its 'tie' adequately offsets any distortion of consumer choice"[258].

O Tribunal justifica o abandono do precedente da proibição *per se*, na base de que o caso *"offers the first up-close look at the technological integration of added functionality into software that serves as a platform for third-party applications"*[259] e que *"because of the pervasively innovative character of platform software markets, tying in such markets may produce efficiencies that courts previously have not encountered and thus the Supreme Court had not factored into the per se rule as originally conceived"*[260].
O Tribunal lembra que o critério *per se* tinha sido instituído pelo Supremo Tribunal com o objetivo declarado de não se desperdiçarem recursos judiciais na investigação de práticas já presumidas ilícitas pela sua especial perniciosidade e natureza anticoncorrencial. Esta presunção só pode, todavia, ser estabelecida quando os tribunais tenham tido *"considerable experience with certain business relationships"*[261]. O caso *Microsoft III* foi, contudo, fundamentalmente diferente de todos os demais que o precederam, por duas razões: a primeira, porque em nenhum desses casos se escrutinou uma situação de integração física e tecnológica do produto subordinado no produto subordinante; a segunda, porque foi neste caso que se suscitou, pela primeira vez, o argumento de que a subordinação poderia fazer incrementar o valor do produto subordinante para os utilizadores e para os fabricantes de produtos complementares[262].

O Tribunal explica os moldes em que a metodologia proposta da *rule of reason*, deve ser adotada em juízo, numa lógica de três etapas sequenciais: (i) os queixosos devem começar por demonstrar que a conduta da *Microsoft* "*reasonably restrained competition*"[263]; (ii) esta empresa tem a possibilidade, em réplica, de oferecer razões pró-competitivas que justifiquem a prática *sub judice*; (iii) cabe então aos queixosos, num terceiro momento, o ónus da prova de que os benefícios criados não são suficientes por forma a compensar os efeitos anticoncorrenciais produzidos, ou seja, terão de provar que a *"Microsot's conduct was, on balance, anticompetitive"*[264].

O Departamento de Justiça decidiu afinal não prosseguir com a queixa de subordinação, assinando os termos de uma transação com a *Microsoft*. A magistrada que sancionou o acordo, a Juíza Kollar-Kotelly, deixa bem claro, todavia, que a transação não pode ser interpretada como *"a form of absolutism for Micro-*

---

[258] *Ibidem*.
[259] *Ibidem*.
[260] *Ibidem*, p. 93.
[261] *Ibidem*, p. 84.
[262] *Ibidem*, p. 144.
[263] *Ibidem*, p. 96.
[264] *Ibidem*.

soft from any liability for the illegal tying of two distinct products based upon the design of its Windows operating system product"[265].

4. Os elementos da proibição *per se*

Na enunciação clássica dos critérios de análise da proibição de vendas subordinadas e agrupadas, são quatro os requisitos que devem estar preenchidos para que tais práticas contrariem a Secção 1ª do *Sherman Act* e 3ª do *Clayton Act*: em primeiro lugar, o produto subordinante e o produto subordinado devem ser produtos distintos; em segundo lugar, a empresa em causa deve dispor de poder de mercado no que respeita, pelo menos, ao produto subordinante[266]; em terceiro lugar, deverá existir um elemento de coação, no sentido de não ser deixada liberdade de escolha ao consumidor quanto à aquisição isolada do produto subordinante; por último, a conduta de vinculação deve levar a uma exclusão de um volume substancial do comércio no mercado do produto subordinado[267].

4.1 A existência de produtos distintos

Os conceitos de venda subordinada e venda em pacote pressupõem, desde logo, que os produtos cuja venda se processe nesses termos sejam distintos. Esta exigência é exaltada pelo Supremo Tribunal no acórdão *Fortner*: "*there is at the outset of every tie-in case (...) the problem of determining whether two separate products are in fact involved*"[268]. A questão da separabilidade dos produtos está no epicentro da jurisprudência que versa sobre estas práticas[269]. Repare-se que a apreciação dos restantes requisitos de análise fica precludida quando a arguida/ré faça prova de que se trata afinal de um único produto integrado.

Pese embora a reiterada enunciação judicial da questão, o Supremo Tribunal ainda não articulou um critério legal que permita, de uma forma mais universal, dar uma resposta satisfatória aos diversos problemas suscitados[270]. Esta circunstância forçou os tribunais inferiores, de 1ª e 2ª instância, a adotar e interpretar uma panóplia de testes cuja fragilidade e inconsistência de soluções é por vezes plasmada na extensa jurisprudência que existe sobre estas práticas. O critério judicial foi sempre algo volátil, levando os tribunais a focar a sua

---

[265] Cf. *New York v. Microsoft Corp.*, 224 F Supp. 2d 76 (D.D.C. 2002).
[266] Em situações de agrupamento, a empresa deverá ser dominante num dos mercados agrupados.
[267] Cf. *Jefferson Parish Hospital District No. 3 v Hyde*, 466 U.S. 2 (1984). Ver JACOBSON, JONATHAN M. e outros (edição), *ABA Section of Antitrust Law, Antitrust Law Developments*, 6ª edição, ABA Publishing, 2007, p. 175.
[268] *Enterprise Inc. v. U.S. Steel Corp.*, 395 US 495, p. 507.
[269] Cf. GREGORY J. SIDAK. "An Antitrust Rule for Software Integration", *Yale paper*, 2001, p. 20, disponível em www.ssrn.com.
[270] Neste sentido ver JURIAN LANGER, *op. cit.*, p. 82.

atenção ora na relação funcional entre os produtos, ora na procura dos consumidores, ora no nível de integração técnica dos produtos, nas práticas de mercado, ou, genericamente, no impacto ao nível do bem-estar económico[271].

Tradicionalmente, os tribunais faziam depender a questão da separabilidade da relação funcional entre os produtos, da sua eventual complementaridade, e, especialmente, do que o comprador normalmente pretendia adquirir. O produto seria considerado como único quando *"the tied product has no use other than in conjunction with the tying product"*[272]. Esta abordagem levava, amiúde, a resultados surpreendentes, o mais paradigmático, talvez, sendo aquele a que se chegou no caso *Times-Picayune*[273], o primeiro em que o Supremo Tribunal se pronunciou sobre a questão. O proprietário de dois jornais, um matutino e o outro vespertino, tinha condicionado a venda de espaço publicitário em qualquer um destes jornais, à compra de espaço publicitário no outro. O anunciante ou anunciava nos dois ou em nenhum. Ainda que os leitores e os anunciantes distinguissem conscientemente entre os dois jornais, essa distinção foi considerada pelo Tribunal como imaterial. O critério adotado da relação funcional, que dirige a atenção do intérprete para as características dos produtos e para o uso a que eles se destinam, fez conduzir o Tribunal à conclusão de que a venda de espaço publicitário nos dois jornais equivalia à venda em pacote de um único produto, designadamente a mais-valia que resultava para os anunciantes da leitura daquelas publicações[274]. Pese embora o criticismo que lhe foi dirigida, esta metodologia foi seguida em diversas decisões judiciais tomadas, mais tarde, por tribunais inferiores[275]. Repare-se que, à primeira vista, e abstraindo da concretização ilustrada, este critério pode fazer algum sentido: se os produtos forem complementares e se, portanto, o produto subordinado for inútil sem o produto subordinante, os compradores que adquiram apenas o primeiro não serão afetados pela circunstância de a concorrência ser restringida no mercado deste

---

[271] Cf. JOSEPH P. BAUER e WILLIAM H. PAGE, *op. cit.*, p. 243.
[272] *Eastman Kodak Co. v. Image Technical Services*, 504 U.S. 451, 495 (1992).
[273] *Times-Picayune Co. v. United States*, 345 U.S. 594 (1953).
[274] O Tribunal observa, no para. 613 do acórdão, que *"nothing in the record suggests that advertisers viewed the city's newpapers readers, morning or evening, as other than fungible customer potential"*.
[275] Ver *Associated Press v. Taft-Ingalls*, 340 F2d 753 (6th Circ.) e 382 U.S. 820 (1965). O Tribunal de Círculo considerou que a transmissão de notícias por cada diferente canal de telecomunicação constituía um produto separado. O Juiz O'Sullivan, em opinião dissidente, caracterizou o item adquirido, as "notícias", como um único produto. No seu entender, e porque era impossível aos repórteres transmitirem apenas um tipo de notícias, os subscritores deviam suportar a globalidade dos custos associados à prestação do serviço. O produto que estes adquiriam era, portanto, o próprio serviço noticioso. Ver ainda os casos *American Mfrs. Mut. Ins v. American Broad.-Paramount Theaters, Inc.*, 388 F.2d 272, 280-83 (2nd Circ. 1967) e *Kansas City Star Co. v. United States*, 240 F.2d 643, 657-58 (8th Cir., 1957).

produto, isto porque estarão já subjugados ao poder de mercado detido pela empresa no mercado subordinante, não podendo, pelo menos a curto prazo, ser incrementalmente prejudicados pela subordinação imposta. Uma análise mais cuidada demonstra, todavia, que o critério acaba por relevar e potenciar situações de subordinação e agrupamento cujos efeitos são consideravelmente nefastos. Suponha-se um monopolista fabricante de máquinas de fechar latas que condiciona as vendas deste produto à aquisição, pelo comprador, das latas que também produz[276]. Partindo-se do princípio de que ninguém estará interessado em adquirir latas abertas sem que as possa fechar, esta prática encerra o potencial de criação de um segundo monopólio no mercado das latas. O critério proposto é impotente por forma a evitá-lo. Se é certo, por um lado, que a maximização de lucro a curto prazo é normalmente comprometida quando o produto subordinado não possa ser afetado a qualquer outro uso que não o do produto subordinante, a situação de monopólio que se cria neste mercado e que restringe substancialmente, a longo prazo, o grau de concorrência pré--existente, faz relançar o interesse daquele produtor. Esta restrição resultará, designadamente, e como vimos na parte I deste estudo, da diminuição dos incentivos dos seus concorrentes para se manterem competitivos no mercado do produto subordinado (*e.g.* perda de interesse em reduzir os custos incorridos, em investir em R&D e oferecer mais ao nível da produção, da inovação, da qualidade, da variedade e do preço dos bens ou serviços) e para penetrarem no mercado do produto subordinante. Este risco é sempre maior quando os produtos em questão sejam complementares.

Este teste falha também por submeter a escrutínio práticas de subordinação e agrupamento em que o risco de exclusão é mínimo, designadamente aquelas em que o uso do produto subordinado seja independente daquele do produto subordinante. Pense-se no exemplo das impressoras e do respetivo papel.

O Supremo Tribunal voltou a analisar o problema da separabilidade em *Fortner Enterprises, Inc., v. United States Steel Corp. (Fortner I)*[277]. O Tribunal é chamado a pronunciar-se sobre a validade de uma prática que consistia na vinculação, pela mutuante, da concessão de crédito para a aquisição de terrenos destinados a construção urbana, à compra de casas pré-fabricadas a uma empresa do grupo. O Tribunal conclui, atenta a existência de mercados distintos para cada um dos produtos, que as casas e o crédito destinado à sua aquisição eram produtos distintos. Em vez de aproveitar a oportunidade concedida para edificar e promulgar um novo critério que resolvesse em definitivo o dilema da separabilidade,

---

[276] Cf. *United States v. American Can Co.*, 87 F. Supp. 18 (1949).
[277] *Fortner Enterprises, Inc., v. United States Steel Corp.*, 495 U.S. (1968).

o Tribunal decide antes expender considerações sobre a invulgaridade da prática, analisando-a por comparação às situações de venda de bens a crédito, em que *"the seller (...) simply makes an agreement determining when and how much he will be paid for his product"*[278]. O Tribunal esclarece que *"In such a sale the credit may constitute such an inseparable part of the purchase price for the item that the entire transaction could be considered to involve only a single product"*[279], todavia, *"Sales such as that are a far cry from the arrangement involved here, where the credit is provided by one corporation on condition that a product be purchased from a separate corporation, and where the borrower contracts to obtain a large sum of money over and above that needed to pay the seller for the physical products purchased"*[280].

De um ponto vista meramente intuitivo, a distinção parece fazer pouco sentido. O mesmo se diga se se encarar a questão em função da realização de ganhos de eficiência económica. Ainda que mais frequente, a venda de produtos cujo valor do financiamento seja inferior ou igual ao do seu preço de compra poderá, porventura, não ser tão eficiente como a venda de um produto cujo valor de financiamento exceda esta cifra. Em casos específicos, em que o segundo tipo de vendas seja prevalente, julgamos que a solução poderá passar por considerar a existência de um único produto. Assim, por exemplo, se o franqueador tiver por hábito mutuar ao franqueado quantias que cheguem não só para cobrir o preço dos produtos adquiridos do mutuante, mas também para cobrir outros gastos necessários ao cabal cumprimento do contrato, parece-nos, então, que a franquia e o crédito devem ser vistos como um único produto.

No seu voto de vencido, o Juiz Fortas vai ainda mais longe, recusando-se a aceitar que o crédito seja considerado como distinto quando seja *"ancillary"* ou *"incidental"* à venda do produto principal. O magistrado estende este entendimento às atividades de entregas, instalação e outros serviços associados: *"Almost all modern selling involves providing some ancillary services in connection with making the sale – delivery, installation, supplying fixtures, servicing, training of the customer's personnel in use of the material sold, furnishing display materials and sales aids, extension of credit. Customarily – indeed almost invariably – the seller offers these ancillary services only in connection with the sale, and they are often offered without cost or at bargain rates. It is possible that in some situations, such arrangements could be used to restrain competition or might have that effect, but to condemn them out-of-hand under the "tying" rubric is, I suggest, to use antitrust laws themselves as an instrument in restraint of competition"*[281].

---

[278] Ver p. 507 do acórdão.
[279] *Ibidem*.
[280] *Ibidem*.
[281] *Ibidem*, p. 525.

Nos anos que se seguiram à decisão *Fortner I*, a jurisprudência desenvolveu e aplicou aquilo a que se designou de abordagem *"product market"*[282]: o produto seria considerado único quando o produto subordinado fosse de tal forma acessório, instrumental ou subsidiário ao produto subordinante que se considerasse como fazendo parte necessária deste. Esta situação caracterizar-se-ia, portanto, pela inexistência de um mercado independente e distinto para o produto subordinado. São vários os exemplos fornecidos pela jurisprudência: os serviços de obtenção de financiamento para aquisição imobiliária e os serviços de recolha de documentação para a realização da respetiva escritura, ambos prestados por advogado[283]; o equipamento de programação e o de transmissão televisiva, por se considerar que *"transmission equipment is incidental to the provision of the service"*[284]; o contrato de locação automóvel e o combustível fornecido com o veículo locado[285], *inter alia*.

Este critério, de aparente simplicidade, pecava por introduzir um factor de incerteza na apreciação objetiva destas práticas, designadamente por apelar ao intuitivo ou, como referem Areeda, Hovenkamp e Elhauge, ao metafísico[286]. O conceito de *"ancillary"* não parece ter conteúdo substantivo porquanto apenas se refere a uma conclusão de facto e já não a um critério que permita justificar essa mesma conclusão. Haverá situações, a respeito de vários produtos que se consideram pacificamente como um só, em que o fornecimento de apenas um item não será tido como *"ancillary"* ao fornecimento do outro. Veja-se, por exemplo, o caso do calçado: a venda do sapato direito não parece ser acessória à venda do sapato esquerdo. Este teste, porque claramente insuficiente, acabou por ser abandonado em definitivo após o acórdão proferido pelo Supremo Tribunal em *Jefferson Parish*.

O acórdão *Jefferson Parish*, de 1984[287], foi o primeiro a abordar em profundidade a questão da separabilidade. Em causa, recorde-se, estava a prestação combinada de serviços de cirurgia com serviços de anestesia, sendo estes últimos assegurados por uma empresa coligada com o hospital. O demandante era um médico anestesista cujos serviços no hospital em questão tinham sido dispensados.

---

[282] Cf. JOSEPH P. BAUER e WILLIAM H. PAGE, *op. cit.*, p. 245.
[283] *Arney, Inc., v. Gulf Abstract & Title*, 758 F.2d 1486, 1502-03 (11th Circ., 1985).
[284] *Satellite Television & Assoc. Res., Inc v. Continental Cablevision of Va., Inc.*, 714 F.2d 351, 354 (4th Circ. 1983).
[285] *Cia Caribe, Inc. v. Avis Rental Car Corp.*, 735 F.2d 636 (1st Circ. 1984).
[286] PHILLIP E. AREEDA, HERBERT HOVENKAMP, EINER ELHAUGE, *Antitrust Law, An Analysis of Antitrust Principles and Their Application*, vol. X, Lettle, Brown and Company, s/l, 1996, pp. 275 e 276.
[287] *Jefferson Parish Hospital District No. 3 v Hyde*, 466 U.S. 2 (1984).

PARTE II – III.A SUBORDINAÇÃO E O AGRUPAMENTO NO DIREITO *ANTITRUST* NORTE-AMERICANO

A resposta à questão de saber se existe uma prática de subordinação que importe regular, explica o Juiz Stevens, *"must be based on whether there is a possibility that the economic effect of the arrangement is that condemned by the rule against tying – that the sellers have foreclosed competition on the merits in a product market distinct from the market for the tying item"*[288]. Para este Tribunal, a separabilidade não depende da relação funcional entre os produtos, mas antes da circunstância de existir uma procura independente relativamente à qual seja eficiente fornecer o produto subordinado separadamente[289]. A prova desta procura resultou, no caso dos autos, do facto de os doentes solicitarem, com frequência, anestesistas específicos que não estavam associados com o hospital.

Esta doutrina é reafirmada, mais tarde, em 1992, no acórdão *Eastman Kodak*[290]. As máquinas fotocopiadoras são equipamentos que necessitam frequentemente de assistência técnica. Este serviço depende não apenas da disponibilidade de técnicos com formação necessária, mas também da existência de peças de substituição. O acórdão discutiu, entre outros aspectos, a questão de saber se os serviços de assistência técnica e as peças de substituição eram produtos distintos. A *Kodak* argumentou que não, por não haver uma procura independente para cada um dos produtos[291]. Esta asserção era sustentada pelo argumento que a Juíza O'Connor havia utilizado em *Jefferson Parish*, quando defendeu que os serviços de anestesia e de cirurgia não deveriam ser considerados como produtos distintos porque os pacientes só estavam interessados em adquirir os primeiros se estes fossem oferecidos em conjugação com os restantes serviços prestados pelo hospital, *maxime* os de cirurgia[292]. O Tribunal refutou este entendimento, retorquindo que *"by that logic, we would be forced to conclude that there can never be separate markets (...) for camera and film, computers and software"*[293]. Para o Tribunal, não é, portanto, impeditiva a circunstância de os produtos estarem ligados funcionalmente, mesmo quando *"one of them is useless without the other"*[294]. Antes, *"for service and parts to be considered two distinct products, there must be sufficient consumer demand so that it is efficient for a firm to provide service separately from parts"*[295]. No caso dos autos este pré-requisito estava preenchido por se ter provado que o serviço de assistência técnica e as peças de substituição eram vendidos em separado.

---

[288] Ver p. 21 do acórdão.
[289] Ver p. 19 do acórdão.
[290] Eastman Kodak Co. v. Image Technical Services, 504 U.S. 451, 495 (1992).
[291] Cf. p. 463 do acórdão.
[292] *Jefferson Parish Hospital District No. 3 v Hyde*, 466 U.S. 2 (1984). p.43.
[293] *Eastman Kodak Co. v. Image Technical Services*, 504 U.S. 451, 495 (1992), p. 463.
[294] Ibidem.
[295] Ibidem, p. 462.

Tem sido defendido que o teste da procura separada permite identificar, de entre as várias práticas, aquelas com maior potencial para gerar ganhos de eficiência económica[296].

A lógica, tal como é afirmada no acórdão *Microsoft III* a que já nos referimos[297], é a de que subsistirá uma procura separada para cada um dos produtos do *bundle* quando os benefícios que se associem à manutenção da liberdade de escolha do consumidor quanto à sua aquisição isolada suplantem aqueles que resultem da sua integração. A venda do produto subordinante sem o produto subordinado por parte de empresas sem poder de mercado constitui um forte indício de que existem ganhos de eficiência associados à sua venda separada. Se estas empresas optarem, ao invés, por vender os produtos de forma combinada, tal opção há de certamente refletir uma redução significativa de custos que se reputou ser atendível porque eficiente.

O teste proposto tem as suas falhas. A primeira, relaciona-se com a circunstância de ser um teste que se baseia exclusivamente num único fator: a procura dos consumidores. Esta limitação faz, desde logo, restringir o volume e a qualidade de informação de que o Tribunal possa dispor na análise da questão. Parece-nos crucial que um critério destinado a discernir da separabilidade dos produtos se proponha a tomar também em consideração a informação que se possa extrair do lado da oferta. O produtor poderá, com efeito, ter conhecimento de eficiências cuja perceção possa ainda não estar ao alcance dos consumidores. O teste ignora, outrossim, a questão da relação funcional entre os produtos, ou seja as razões que possam justificar, do ponto vista técnico, e por razões do seu correto funcionamento, ou pela simples criação de um produto tecnologicamente mais avançado e inovador, a oferta combinada dos dois produtos.

Uma outra crítica que se lhe pode dirigir, e que se relaciona com a sua inteira dependência ao lado da procura, é a de que, no contexto dos mercados tecnológicos, caracterizados por um elevado grau de inovação, a perceção inicial dos consumidores pode estar desfasada da realidade técnica atual do produto. Com efeito, o que era considerado, ontem, como dois produtos, pode, hoje, ser visto como apenas um. Pode também suceder que a questão do "*delay*" temporal da perceção seja irrelevante e que apenas os consumidores mais informados consigam, ontem, hoje ou amanhã, diferenciar entre os produtos. O Tribunal federal de segunda instância deu voz a esta crítica no seu acórdão *Microsoft III*, quando defendeu que o critério de *Jefferson Parish* não lograria de-

---

[296] Cf., *inter alia*, DAVID K. LAM, "Revisiting the Separate Products Issue", *Yale Law Journal*, vol. 108, nº 6, s/l, 1999, pp. 1441 a 1448.
[297] *United States v. Microsoft*, 253 F.3d 34 (D.C. Cir. 2001).

cantar, neste contexto, as práticas geradoras de eficiências, e que assim potencialmente comprometeria a inovação nestes mercados[298]. Este risco é exponenciado, como se deixa antever e pelo que se explicou, quando em causa estejam produtos recentes, tecnologicamente integrados[299].

As decisões judiciais que se seguiram tentaram aplicar as lições de *Jefferson Parish* e *Kodak*, talvez a mais entusiasta tendo sido aquela tomada pelo Tribunal federal de primeira instância no caso *Microsoft II*[300]. A questão central, como vimos, tinha que ver com a aplicação da noção de *tying* no contexto particular da disposição em causa do *consent decree*, que obrigava a *Microsoft* a não celebrar contratos de licença condicionados, explícita ou implicitamente, ao licenciamento de qualquer outro "produto abrangido", ressalvando expressamente que tal exigência não poderia ser interpretada como proibindo a ré de desenvolver produtos integrados. Com o início da comercialização do *Windows 95*, a *Microsoft* passou a exigir aos fabricantes de computadores a instalação de origem do seu programa de navegação na internet, o *Internet Explorer*. Colocou-se, portanto, a questão de saber se aquele sistema operativo *Windows 95*, a que se acoplava o *IE*, era ou não um produto integrado no sentido daquela cláusula. O Tribunal de primeira instância concluiu que não por três ordens de razão: a primeira, porque no início da comercialização do *Windows 95*, a *Microsoft* vendia separadamente o seu sistema operativo e a aplicação *IE*; a segunda, porque a empresa mantinha, para cada produto, diferentes campanhas de *marketing*; a terceira, porque era patente a subsistência de uma procura separada para cada produto[301].

O Tribunal de segunda instância revoga este acórdão, insistindo que os termos da transação permitiam à *Microsoft* "*to incorporate new features into an operating system and offer the package to PC manufactures, as long as the decree and antitrust law do not simultaneously treat those features as 'distinct commercial product'*"[302]. A subordinação seria lícita se a combinação do sistema operativo e da aplicação resultasse na criação de um novo produto que equivalesse à combinação dos produtos que já integravam e formavam o *Windows 95*, então autorizado pelo *consent decree*.

O acórdão denota diversos vícios de interpretação de ambas as partes litigantes no que respeita às cláusulas anti *tying* daquele instrumento, propondo, em alternativa, uma nova leitura que legitimasse, por um lado, a inovação tecnológica e filtrasse, por outro, as práticas que surtissem efeitos anticoncorren-

---

[298] *Ibidem*, p. 85.
[299] *Ibidem*, p. 92.
[300] *U.S. v. Microsoft*, 147 F.3d 935 (D.C. 1998).
[301] Ver p. 542 e 543 do acórdão.
[302] *U.S. v. Microsoft*, 147 F.3d 935 (D.C. 1998), p. 946 e 947.

ciais. O Tribunal começa por concretizar o conceito de produto integrado: "*a product that combines functionality in a way that offers advantages unavailable if the functionalities are bought separately and combined by the purchaser*"[303]. De acordo com este entendimento, os produtos são considerados distintos quando a integração não possa ser lograda pela mera combinação dos produtos pelo próprio licenciado. A combinação oferecida pelo produtor, para além de ter de ser diferente daquela que possa ser conseguida pelo comprador, deve ainda ser "melhor em algum aspeto", no sentido de a integração comportar uma mais-valia tecnológica[304]. Aplicando este critério à combinação formada pelo *Windows 95* e pelo *Internet Explorer 4.0*, o Tribunal concluiu que a mesma beneficiava os consumidores com um incremento considerável de novas funcionalidades. Um dos aspetos que pareceu impressionar o Tribunal foi o facto de a desinstalação do *IE* de um computador equipado com o *Windows 95* comprometer o arranque do sistema operativo, um problema que nenhum outro programa de navegação concorrente conseguia resolver.

O teste da integração tecnológica que se propôs é consonante com a orientação perfilhada pela maioria dos tribunais norte-americanos de que as decisões de "*product design*" não devem estar sujeitas ao escrutínio judicial. Esta orientação parece assentar na crença de que a integração de produtos está, frequentemente, na origem da criação de eficiências de índole económica. Veja-se, por exemplo, o caso *California Computer Products, Inc., v. IBM Corp.*[305]. No início dos 70, a *IBM* alterou a configuração técnica dos seus discos rígidos, passando a integrar as respetivas funcionalidades de controlo diretamente nas unidades centrais de processamento (CPU) que produzia. Esta opção tornou mais complexa a tarefa de se produzirem discos rígidos exteriores que fossem compatíveis com o novo CPU da *IBM*, destarte colocando os fabricantes independentes destes equipamentos numa situação de desvantagem concorrencial[306]. É possível estabelecer um paralelo entre este caso e o caso *Microsoft II*: i) a *IBM* e a *Microsoft* são duas empresas, cada uma em situação de monopólio sobre um determinado produto; ii) a decisão de neles integrarem novas funcionalidades, compromete a capacidade competitiva de produtores independentes em mercados adjacentes. Pese embora a *IBM* ter sido demandada por tentativa de manutenção e extensão ilícita de monopólio, que não por subordinação ilícita, a análise que o Tribunal faz à questão da integração tecnológica é, não obstante, bastante informativa. Segundo o Tribunal, "*a monopolist has the right to redesign

---

[303] *Ibidem*, p. 947 e 948.
[304] *Ibidem*, p. 949.
[305] *California Computer Products, Inc., v. IBM Corp.*, 613 F.2d 727 (9th Cir. 1979).
[306] Ver p. 743 do acórdão.

his products to make them more attractive to buyers whether by reason of lower manufacturing cost and price or improved performance"[307]. Ficou provado nos autos que a integração das funcionalidades de controlo do disco rígido no CPU fazia reduzir custos agregados de produção e melhorar a capacidade de resposta do sistema[308]. O Tribunal conclui, ainda que fazendo nota ao seu potencial efeito de exclusão, pela não contrariedade da integração às normas *antitrust*. Repare-se que esta análise é em tudo similar àquela que resulta da aplicação do teste da integração tecnológica, senão veja-se: o teste da integração tecnológica questiona sobre se a integração *"brings some advantage"*[309]; o teste do Tribunal do nono Círculo questiona se a integração permite reduzir custos e preços e/ou incrementar a mais-valia tecnológica do produto. A atenção de ambos os testes é focada, exclusivamente, nos benefícios que possam resultar da integração, nenhum deles se propondo a contrapô-los aos eventuais custos resultantes da limitação da escolha do consumidor. Esta é, aliás, uma crítica que se lhes dirige.

Para Weinstein, uma das vantagens que o teste da integração oferece é a da objetividade do critério que lhe subjaz e que lhe permite determinar com maior precisão da separabilidade dos produtos[310]. Uma segunda vantagem, nota o mesmo autor, é a de prevenir o erro, tolerado ao abrigo do teste de *Jefferson Parish*, de condenar práticas que são pró-competitivas, só por existir uma procura separada por cada item que compõe o *bundle*[311]. Este teste é sancionado por uma parte considerável da doutrina. Os Professores John E. Lopatka e William H. Page chamam a atenção para o facto de que ao integrar no seu sistema operativo um sem número de aplicações que até então eram comercializadas separadamente, *v.g.* os desfragmentadores de disco, os compressores de informação ou os sistemas de *back-up*, a *Microsoft* conseguiu trazer uma mais-valia ao mercado do *software* traduzida na oferta aos consumidores de um produto tecnologicamente mais avançado e credível[312]. O ponto crítico, segundo os autores, é que *"the line between the operating system and applications is indistinct and permeable"*[313]. O teste, consideram, consegue manter essa linha indistinta e

---

[307] Ver p. 744 do acórdão.
[308] *Ibidem*.
[309] *U.S. v. Microsoft*, 147 F.3d 935 (D.C. 1998), p. 946.
[310] Cf. SAMUEL NOAH WEINSTEIN, "Bundles of Trouble: The possibilities for a New Separate-Product Test in Technological Tying Cases" *in California Law Review*, vol. 90, nº 3, s/l, Maio de 2002, p. 903 a 955, p. 930.
[311] *Ibidem*.
[312] Cf. JOHN E. LOPATKA & WILLIAM H. PAGE, "Antitrust on Internet Time: Microsoft and the Law and Economics of Exclusion" *in Supreme Court Economic Review*, vol. 7, University of Chicago Press, s/l, 1999, pp. 157 a 231, p. 192.
[313] *Ibidem*, p. 193.

promover a inovação. Os autores opinam que a intervenção dos tribunais "*runs the risk of long-lived and costly errors*"[314]. Baker segue na mesma esteira afirmando que: "*courts should not second-guess such [tying e bundling] decisions, regardless of whether the conclusion is expressed in terms of one product or otherwise*"[315], concluindo que a jurisprudência deve seguir a solução deixada em *Microsoft II*.

O teste não é, porém, isento de dificuldades. Por um lado, e como já se observou, não existe qualquer ponderação dos custos que resultam da perda de escolha do consumidor. Por outro, e porque se trata de um teste "mono-factor", centrado apenas na questão da funcionalidade, ignora a informação que se possa obter do lado dos consumidores e dos produtores. Talvez a crítica mais acutilante que lhe pode ser dirigida, subscrita, aliás, pela própria Juíza Wald, no voto de vencido que deixou no acórdão *Microsoft II*[316], é a de que confere "carta-branca" aos monopolistas para que estes, se assim o quiserem, prossigam estratégias contrárias aos interesses da concorrência e dos consumidores. Repare-se que, sob a sua tutela, a *Microsoft* poderia acoplar ao seu sistema operativo as aplicações que bem entendesse e ainda assim sobreviver ao escrutínio das normas *antitrust*, para tanto bastando-lhe alegar razões de eficiência tecnológica. Estes ganhos podem nunca ser alcançados ou serem de tal forma *de minimis* que não justifiquem os efeitos anticoncorrenciais que resultem da extensão do monopólio já detido. Esta fragilidade é assinalada por outros tribunais. No caso *Caldera*, por exemplo, onde se discutiu a questão da subordinação do MS-DOS ao *Windows*, o Tribunal foi perentório ao afirmar que o teste *Microsoft II* dava uma excessiva e prejudicial ênfase ao argumento tecnológico. Segundo o Tribunal, "*just as courts have the potential to stifle technological advancements by second guessing product design, so too can product innovation be stifled if companies are allowed to dampen competition by unlawfully tying products together and escape antitrust liability by simply claiming a 'plausible' technological advancement*"[317].

O Professor Areeda formulou um quarto teste: o teste das práticas de mercado[318]. Pretende-se aqui determinar da separabilidade dos produtos por via de uma análise aos comportamentos dos agentes económicos nos mercados relevantes. O critério assenta na circunstância de as vendas subordinadas ou agregadas serem ou não universais num determinado mercado. Segundo aquele Professor, a universalidade destas práticas "*demonstrates that the items should be*

---

[314] *Ibidem*, p. 200.
[315] Cf. TYLER A. BAKER, "The Supreme Court and the Per se Tying Rule: Cutting the Gordian Knot" *in Virginia Law Review*, vol. 66, nº7, Virginia Law Review Press, Novembro de 1980, pp. 1235 a 1319, p. 1315.
[316] Ver p. 956 a 964 do acórdão.
[317] *Caldera, Inc. v. Microsoft Corp.*, 72 F. Supp. 2d 1295 (D. Utah 1999), p. 1323.
[318] Cf. PHILLIP E. AREEDA, HERBERT HOVENKAMP, EINER ELHAUGE, *op. cit*, p. 196 *et seq.*.

deemed a single product incapable of being tied together"[319]. A sua ubiquidade neste mercado permite concluir, alternativamente, que os consumidores preferem a venda combinada à venda em separado; que a oferta combinada permite realizar uma redução nos custos de produção, refletida no preço final do *bundle*, e que essa redução é mais apelativa aos consumidores do que propriamente a preservação da sua liberdade de escolha com relação a uma maior diversidade de produtos; ou, que o nível de qualidade que se alcança em razão da oferta combinada é de tal forma significativo que compensa a perda daquela escolha.

Areeda sugere, quando o mercado em questão não for competitivo, que a análise proposta se faça por referência a mercados análogos. Considerar-se-ão, neste caso, mercados similares em zonas geográficas alternativas, mercados históricos ou mercados onde a escolha dos consumidores não seja vinculada[320]. O autor defende a aplicação do teste mesmo quando a prática seja meramente predominante no mercado. A venda subordinada ou agregada será predominante quando a venda em separado dos produtos que compõem o *bundle* represente uma percentagem igual ou inferior a 10% do total de vendas[321].

A sustentabilidade deste teste é comprometida porque, na realidade, os mercados nem sempre são perfeitamente competitivos. Com efeito, muitos são caracterizados por efeitos de rede, por economias de escala ou, simplesmente, por terem uma clientela técnica ou contratualmente vinculada a determinados fornecedores (*lock-ins*). A aplicação do teste nestas circunstâncias, obriga os tribunais ao esforço adicional de tentarem identificar mercados análogos. Esta tarefa pode revelar-se assaz complexa ou mesmo impossível, particularmente no contexto de indústrias como a da informática. Tenha-se presente, por exemplo, os casos *Microsoft* a que anteriormente nos referimos. O mercado do *Windows* é mundial, pelo que não haverá outros mercados geográficos a considerar, e poucos serão os clientes que não estejam vinculados.

Um segundo problema que se destaca é que o teste proposto ignora que as práticas implementadas podem servir diferentes propósitos, consoante a empresa em causa, e que a sua adoção por empresas com poder de mercado pode surtir efeitos distintos daqueles que resultariam se as mesmas fossem seguidas por empresas sem poder de mercado. Um produtor com uma quota de mercado residual poderá, por exemplo, vender de forma subordinada de maneira a conseguir alcançar economias de escala e assegurar a sua subsistência. Já o produtor com poder de monopólio poderá, por seu intermédio, visar a obtenção de lucros supracompetitivos. O facto de todos os produtores num dado

---

[319] *Ibidem*, p. 198.
[320] *Ibidem*, pp. 198 a 200.
[321] *Ibidem*, p. 202.

mercado seguirem em paralelo uma mesma estratégia de subordinação ou de venda em pacote não significa que alguns deles, mormente aqueles em situação privilegiada, não visem, por seu intermédio, alcançar objetivos de natureza anticoncorrencial.

Justifica-se, ainda, uma menção a um quinto teste, a que a doutrina norte-americana tem designado de *"economic measurement test"* ou teste do impacto económico[322], proposto inicialmente pelos Professores Janusz A. Ordover e Robert D. Willig[323] para averiguar da legitimidade da integração em mercados dinâmicos *hi-tech*, e que se baseia numa ponderação alternada dos custos e dos benefícios que resultam para o monopolista que ofereça este tipo de produtos de forma combinada. Este não é, como os anteriores, um teste de separabilidade centrado na questão da distinção entre produtos. O critério revolve apenas em torno do impacto da prática nos custos totais da empresa que a adota. A abordagem sugerida por estes autores assenta no pressuposto de que a empresa em questão tenha *"bottleneck power"* num mercado primário, ou seja, que tenha controlo sobre um componente de um sistema que seja composto também por outros componentes cuja utilidade dependa, em exclusivo, do seu uso conjugado com o componente controlado[324]. Quando exista este tipo de poder, o primeiro passo, de acordo com a metodologia proposta, é o de determinar se a oferta combinada pode, com um elevado grau de probabilidade, levar à criação de um monopólio num mercado "não coincidente" (*v.g.* o mesmo mercado primário numa data futura; o mercado primário numa diferente localização geográfica ou um mercado absolutamente distinto)[325]. Este mercado deve ser objetivamente identificado e estabelecido o nexo causal entre a conduta escrutinada e o perigo da potencial monopolização[326]. Num segundo passo, compara-se entre o lucro obtido através desta prática e o lucro que se obteria por intermédio de uma outra conduta hipotética, menos restritiva da concorrência, no pressuposto que o concorrente excluído continua ativo no mercado. Se a conduta menos restritiva se revelar mais lucrativa, então a conclusão será a de que o monopolista está a sacrificar lucros a curto prazo a fim de comprometer a presente e futura competitividade do mercado[327]. O *bundle* será considerado,

---

[322] Ver, *inter alia*, SAMUEL NOAH WEINSTEIN, *op. cit.*, p. 933.
[323] JANUSZ A. ORDOVER & ROBERT D. WILLIG, "Access and Bundling in High-Technology Markets" in *Competition, Innovation, and the Microsoft Monopoly: Antitrust in the Digital Marketplace*, Kluwer Academic Publishers, s/l, 1999, pp. 103 a 129.
[324] Note-se a proximidade às condições de que depende a aplicação da doutrina da *"essential facilities"*.
[325] *Ibidem*, p. 109.
[326] *Ibidem*, p. 110.
[327] *Ibidem*.

neste caso, anticoncorrencial. Se assim não for, o último passo consistirá em dilucidar se a razão da maior rentabilidade da prática em análise se prende ou não com a circunstância de a mesma ter ocasionado uma diminuição do grau de concorrência no mercado relevante. Presume-se, neste derradeiro passo, que nenhum dos concorrentes da demandada conseguiu manter-se ativo no mercado.

O teste proposto faz uma medição direta aos custos e benefícios que promanam da conduta implementada e que se refletem na esfera do monopolista. Uma prática que se traduza em maiores custos do que benefícios e sem que se verifique a monopolização do mercado não coincidente, será tida, em princípio, como anticoncorrencial. Ainda que este raciocínio aparente ser consistente com a teoria económica, acaba, todavia, por suscitar as mesmas dificuldades que se apontaram ao teste das práticas de mercado do Professor Areeda. Qualquer análise que obrigue o Tribunal a equacionar custos presumidos e especular sobre cenários hipotéticos, defrontar-se-á, na nossa opinião, com as maiores dificuldades de implementação no dia-a-dia da realidade judiciária[328].

No seu voto de vencido, no caso *Microsoft II*, a Juíza Wald sugere a adoção de uma variante deste teste, assente na mesma lógica de medição dos efeitos económicos. A magistrada começa por afirmar que o bem-estar dos consumidores é o referencial sob o qual a integração de produtos deve ser ajuizada: "*The courts must consider whether the resulting product confers benefits on the consumer that justify a product's bridging of two formerly separate markets*"[329]. Wald delineia então um teste que coteja e articula dois fatores de análise distintos: as sinergias criadas e a existência de mercados distintos. As sinergias deverão ser atestadas por "*evidence that there are real benefits to the consumers associated with integrating two software products*"[330]. De acordo com o teste que propõe, "*the greater evidence of distinct markets, the more of a showing of synergy Microsoft must make in order to justify incorporating what would otherwise be an 'other product' into an 'integrated' whole*", por outro lado, "*if evidence of distinct markets is weak, then Microsoft can get by with

---

[328] Leia-se o seguinte comentário: "*My major question concerns the practibility of prongs 2 and 3. Though they may be sensible in principle, how much practical guidance do they provide to antitrust policy makers? How would they help (...) decide whether Microsoft should or should not be forced to allow PC manufacturers to delete its Explorer browser from their licensed software. How would prongs 2 and 3 help (...) decide whether Microsoft should be allowed to bundle its browser with Windows 98 or instead be required to sell the browser separately. I fear that an understanding of prongs 2 and 3 will not provide much help in addressing these questions.*" Cf. LAWRENCE J. WHITE, "Microsoft and Browsers: Are the Antitrust Problems Really New?" in *Competition, Innovation, and the Microsoft Monopoly: Antitrust in the Digital Marketplace*, Kluwer Academic Publishers, s/l, 1999, p. 150.

[329] Ver acórdão, p. 958.

[330] *Ibidem*.

a fairly modest showing (...)"[331]. O teste apresenta a vantagem de se propor a aferir dos benefícios da integração de uma forma direta, mas depara-se com algumas dificuldades que comprometem a sua implementação. O maior problema que se coloca, de uma perspetiva mais prática, é o de saber como quantificar as sinergias que se reputem pertinentes. A Juíza sugere que as autoridades se socorram de sondagens realizadas junto dos consumidores e de testemunhos prestados por peritos[332], mas a informação que daqui se possa extrair parece-nos demasiadamente escassa para que se possa fundamentar um juízo de valor minimamente credível. A utilidade deste teste seria só marginalmente superior à da metodologia da *unstructured rule of reason*. É, pois, algo difícil discordar com a afirmação dos restantes magistrados, não vencidos, de que este teste *"is not feasible in any predictable or usefull way"*[333].

A doutrina oferece outras variantes deste *balancing test*[334], mas todas elas padecem do mesmo vício de base que se aponta a este tipo teste: a dificuldade em medir e quantificar as variáveis contrapostas, e a inerente dificuldade em apresentar resultados exatos. Compreende-se que o seu carácter apelativo radique na circunstância de tentarem identificar e quantificar os efeitos concorrenciais de forma direta, sem necessidade, portanto, de recorrer aos chamados *proxies* de análise. A metodologia proposta sai todavia comprometida porque exige dos tribunais uma análise económica extremamente complexa convidativa à especulação e à virtualidade de resultados[335]. Doutro passo, e a um nível analítico, o teste do impacto económico faz confundir dois aspetos que devem permanecer distintos: por um lado, a questão da separabilidade dos produtos e, por outro, os efeitos do *bundle*. Tal como o teste da integração tecnológica, o teste

---

[331] *Ibidem*, p.959.
[332] Cf. *Microsoft II*, p. 958 nº 3.
[333] Cf. *Microsoft II*, p. 952.
[334] Veja-se, por exemplo, o teste proposto por SIDAK, indicado, também, para apreciar da licitude da integração em mercados tecnologicamente dinâmicos, e que se estrutura em quatro passos: o primeiro, consiste em determinar se o mercado é tecnologicamente dinâmico. Se não for, aplica-se o teste da procura separada de *Jefferson Parish*, se for, o segundo passo passará por determinar se os consumidores efetivamente beneficiam com a integração, sendo esses benefícios mensurados em termos do incremento da procura, da redução de custos de produção, ou de ambos. Estes benefícios não são medidos por comparação a uma realidade hipotética onde os produtos não tenham ainda sido integrados: a única questão que se coloca é se, efetivamente, a integração surte benefícios. O terceiro passo consiste em apurar se a integração faz preservar a situação de monopólio sobre o produto subordinante. Se o fizer, o quarto passo consistirá então em contrabalançar os benefícios que da integração resultem para os consumidores e as perdas verificadas ao nível do bem-estar dos consumidores pela redução do grau de concorrência no mercado. Cf. GREGORY J. SIDAK, *op. cit.*, pp. 32 e 33.
[335] Neste sentido ver também, SAMUEL NOAH WEINSTEIN, *op. cit.*, p. 935.

que se propõe transforma a simples questão conceptual da destrinça entre dois produtos numa discussão sobre se o *bundle* deve ser legitimado em razão dos seus efeitos e à luz da teoria económica. Esta confusão tem o efeito de retirar sentido útil à *rule of reason* na medida em que obriga o Tribunal a apreciar das eficiências do *bundle* em ambos os níveis da discussão da questão separabilidade e do teste final de valoração efectuado ao abrigo daquela metodologia.

Sem embargo das observações críticas que se foram aqui formulando a respeito dos diversos testes propostos, a validade das quais será mais adiante esquadrinhada quando nos pronunciarmos sobre a experiência homóloga comunitária e ensaiarmos as bases de um novo critério de separabilidade que nos atrevemos a propor como alternativa aos que têm sido seguidos na prática decisória e jurisprudencial comunitária, a profusão de testes de separabilidade no "espaço" *antitrust* norte-americano faz-nos concluir que, não obstante a regra e o precedente enunciado pelo Supremo Tribunal em *Jefferson Parish*, a questão continua em aberto. Os casos *Microsoft*, ainda que no contexto específico dos mercados tecnológicos dinâmicos, deixam essa constatação bem clara. Muito embora vinculados àquele precedente, os tribunais têm vindo a adaptá-lo e caracterizá-lo ao sabor das realidades sociais e económicas do novo século. Parece-nos que urge a reconsideração da questão. A nossa contribuição, ainda que seja dada no contexto específico do mercado comunitário, poderá, quiçá, subsidiar esse esforço de investigação, particularmente atenta a similaridade dos assuntos e a não infrequente convergência de políticas e princípios de orientação *antitrust* nestes dois espaços económicos.

4.2 O poder de mercado a respeito do produto subordinante

O teste que foi articulado em *Northern Pacific Railways* para se determinar da ilicitude da subordinação, ao abrigo da §1 do *Sherman Act*, requeria a prova da existência de "*sufficient economic power*" no mercado do produto subordinante e de que este poder pudesse restringir ou distorcer a concorrência no mercado do produto subordinado[336]. Este critério veio substituir o anterior, particularmente mais exigente, instituído em *United Shoe*, segundo o qual se exigia a prova de posição dominante no mercado do produto subordinado[337]. Uma vez

---

[336] Cf. p. 6 do acórdão, onde se pode ler que "*Tying arrangements are unreasonable in and of themselves whenever a party has sufficient economic power with respect to the tying product to appreciably restrain free competition in the market for the tied product and a 'not insubstantial' amount of interstate commerce is retrained*".

[337] O critério versado em *United Shoe* é posteriormente refinado em *Times Pacayune*: "*When the seller enjoys a monopolistic position in the market for the "tying" product, or if a substantial volume of commerce in the "tied" product is restrained, a tying arrangement violates the narrower standards expressed in §3 of the Clayton Act because from either factor the requisite potential lessening of competition is inferred. And because

que o critério da proibição *per se* se baseava na premissa de que a subordinação não servia quaisquer propósitos legítimos que não o da restrição da concorrência[338], a simples existência de poder de mercado a respeito do produto subordinante era tida como condição suficiente para que dela se inferissem os efeitos anticoncorrenciais ao nível do mercado subordinado. Como já acima se notou, a agilização, em *Northern Pacific Railways*, das exigências de prova com relação ao requisito do poder de mercado, prendeu-se com a necessidade, então sentida pelos tribunais, de evitar o desperdício de recursos na análise económica, morosa e complexa, de práticas que, *ab initio*, apresentassem uma elevada probabilidade de virem a ser declaradas ilegítimas. A mudança de orientação operada pela jurisprudência subsequente tornou a condenação das práticas de *tying* e *bundling* mais incerta atento os *thresholds* mais elevados que se instituíram – atualmente exige-se a prova de *"significant market power"* – e a consequente maior dificuldade em se fazer prova do requisito do poder económico. Em *Fortner II*, por exemplo, o Supremo Tribunal rejeitou a proposição de que a existência de poder económico pudesse ser inferida apenas do elevado número de clientes que compravam àquela empresa de forma subordinada[339] ou do facto de esta cobrar pelo produto subordinado preços considerados não competitivos[340]. O critério de *Fortner II* é posteriormente sumarizado em *Jefferson Parish*[341]. Segundo o Tribunal, existe poder de mercado na aceção da §1 do *Sherman Act* quando: i) a empresa detenha uma quota de mercado "substancial" com respeito ao produto subordinante; ii) o produto subordinante tiver características únicas que o permitam individualizar e tornar mais apelativo aos olhos dos consumidores; iii) os direitos sobre o produto subordinante estejam protegidos por patente ou por outro direito de propriedade intelectual.

Analisemos a jurisprudência relevante que versa sobre estes pressupostos pela ordem proposta neste acórdão. Comecemos, pois, pela questão da quota

---

for even a lawful monopolist it is "unreasonable, per se, to foreclose competitors from any substantial market", a tying arrangement is banned by §1 of the Sherman Act whenever both conditions are met". Cf. *Times-Picayune Publishing Co. v. United States*, 345 U.S. 594, 608-09 (1953).

[338] Pode ler-se em *Northern Pacific Railways*: *"Tying arrangements serve hardly any purpose beyond the supression of competition"*. Ver p. 6 do acórdão.

[339] O Tribunal refere que seria legítima a inferência desse poder se existisse *"a disproportionately large volume of sales of the tied product to numerous buyers resulting from only a few strategic sales of the tying product"*, todavia, e porque *"Fortner was only required to purchase houses for the number of lots for which it received financing"*, os factos do caso não refletiam *"a form of economic 'leverage' that is probative of power in the market for the tying product"*, cf. p. 617 do acórdão.

[340] Segundo o Tribunal, *"Proof the Fortner paid a higher price for the tied product is consistent with the possibility that the financing was unusually inexpensive and that the price for the entire package was equal, or below, a competitive price"* cf. p. 618 do acórdão.

[341] *Jefferson Parish Hospital District No. 3 v Hyde*, 466 U.S. 2 (1984).

de mercado substancial. Em *Jefferson Parish*, o Tribunal estabeleceu que a detenção de uma quota de mercado de 30% não seria suficiente para que se considerasse preenchido o requisito do poder de mercado[342]. Esta orientação foi seguida pela jurisprudência posterior, não havendo registo de que algum Tribunal tenha, desde *Jefferson Parish*, inferido poder de mercado de uma quota de mercado inferior a 30%.

Em *Times-Picayune*, o Tribunal foi perentório ao afirmar que a titularidade de uma quota de mercado substancial era, *per se*, bastante para se concluísse pela existência de poder de mercado: *"The essence of illegality in tying arrangements is the wielding of monopoly leverage, a seller exploits his dominant position in one market to expand his empire into the next"*[343]. O Tribunal salienta, todavia, que, contrariamente ao que sucede nas situações em que o domínio de mercado resulta da titularidade de um direito de patente ou *copyright*, na vasta maioria dos casos de subordinação a determinação da quota de mercado tem que ser baseada em *"comparative market data"*. O Tribunal acabou por considerar, neste caso, que a quota de mercado da ré, que era de 40%, não provava, *per se*, a existência de poder de mercado, notando que *"obviously no magic inheres in numbers; 'the relative effect of percentage command of a market varies with the setting in which that factor is placed"*[344]. A análise ao poder de mercado de uma empresa pressupõe, com efeito, e para além da quota detida, a avaliação de outros fatores no contexto específico de cada indústria. Ainda que isto seja fundamentalmente correto, e que os tribunais tendencialmente assim procedam[345], a existência de uma quota de mercado igual ou superior a 50% tem sido normalmente reputada de suficiente, *per se*, para preencher este segundo requisito do critério de apreciação[346].

O caso *Eastman Kodak* adicionou uma nova dimensão à questão da avaliação do poder de mercado, explorando em maior detalhe o conceito de consumidor vinculado (*locked-in*)[347]. Na década de 80, proliferavam no mercado empresas independentes dedicadas à prestação de serviços de assistência técnica ao equipamento de microfilmagem e às fotocopiadoras da marca *Kodak* (*Indepen-*

---

[342] Cf. p. 26 a 29 do acórdão.
[343] *Times-Picayune Publishing Co. v. United States*, 345 U.S. (1953), p. 594, 608-09.
[344] Cf. p. 612 do acórdão.
[345] Veja-se, por exemplo, o caso *Will v. Comprehensive Accounting Corp.*, 776 F.2d (7th Cir. 1985), p. 672, 673, onde se refere que o queixoso tem de demonstrar: *"that the defendant held substantial (at least 30%) market share, that barriers to entry prevented competition, that price paid for tie package was higher than price for two products sold separately, and that there was substantial danger that seller would acquire market power in the tied product"*.
[346] Ver *D.O. McComb & Sons, Inc. v. Memory Gardens Mgmt. Corp.*, 736 F. Supp. (1990), onde se refere que a *"allegation of 60% market share represents sufficient economic power to withstand motion to dismiss"*. Cf. p. 952.
[347] *Eastman Kodak Co. v. Image Technical Services*, 504 US 451 (1992).

dent Service Organizations ou ISOs). Quando um destes independentes (a *Image Technical Services*) conseguiu ganhar à *Kodak* um contrato para a manutenção destes equipamentos junto de um importante cliente desta empresa, a *Kodak* adotou a chamada "política de peças", de acordo com a qual deixou de fornecer peças a reparadores independentes. Estas peças só eram fornecidas a clientes que contratassem os serviços de assistência técnica da *Kodak* ou que assistissem o seu próprio equipamento. Inconformados com esta situação, dezassete ISOs apresentaram junto dos tribunais federais uma ação cível contra a *Kodak*, entre outros aspetos, por tentativa de monopolização. No seu entender, ao condicionar a venda de peças sobresselentes à aquisição dos serviços de manutenção, a empresa tinha imposto aos seus clientes uma restrição que era ilícita e de natureza anticoncorrencial. Uma das questões discutidas foi, naturalmente, a de saber se esta empresa tinha *"appreciable economic power"* no mercado do produto subordinante, que era o mercado das peças sobresselentes. Note-se que os mercados sujeitos à subordinação não eram o mercado primário nem o secundário, mas sim o mercado das peças enquanto vinculante da aquisição dos serviços de reparação, que constituía um terceiro mercado relevante.

Os queixosos alegaram que o poder de mercado da *Kodak* resultava, *inter alia*, do facto de a empresa deter o exclusivo sobre o comércio de uma parte significativa das peças de substituição; de controlar a disponibilidade de *stock* de algumas peças fabricadas por empresas terceiras; da prova de que os clientes *Kodak* permaneciam vinculados como tal embora mostrassem uma clara preferência pelos serviços dos ISOs, e do facto de o preço cobrado pelo serviço prestado pela *Kodak* ser elevado pese embora de qualidade inferior àquele dos ISOs. O argumento da *Kodak*, de seu turno, pretendia que a existência de concorrência no mercado primário dos equipamentos excluísse a possibilidade de exercer poder de mercado no mercado das peças. Era alegado que se a *Kodak* aumentasse os seus preços ao nível dos mercados derivados, os clientes passariam a desviar a sua procura para os equipamentos de outros concorrentes que apresentassem custos de serviço mais baixos. Qualquer ganho conseguido pelo aumento daqueles preços seria, portanto, compensado por uma redução de lucros nas vendas dos equipamentos.

O Tribunal rejeita este argumento por duas ordens de razão[348]: por um lado, por considerar, atenta a dificuldade em obter e discernir a informação relevante sobre os custos, que nem todos os clientes tomariam em conta, à altura de aquisição do equipamento, os custos a longo prazo relacionados com a sua manutenção e reparação. O Tribunal nota que *"even if consumers were capable*

---

[348] Segundo o Tribunal: *"Although competition in the equipment market might impose a restraint on prices in the aftermarkets, that by no means disproves the existence of power in those markets"*, cf. p. 472 do acórdão.

of acquiring and processing the complex body of information, they may choose not to do so. Acquiring the information is expensive. If the costs of service are small relative to the equipment price, or if consumers are more concerned about equipment capabilities than service costs, they may not find it cost efficient to compile this information"[349]. Por outro, porque os custos de procura (*"searching costs"*), de transação e transição (*"switching costs"*) para o equipamento de um concorrente podiam exceder aqueles que resultavam do pagamento de preços supracompetitivos à Kodak pelo fornecimento das suas peças e do seu serviço de assistência técnica[350]. Segundo o Tribunal *"Under this scenario a seller profitably could maintain supracompetitive prices in the aftermarkets if the switching costs were high relative to the increase in services prices, and the number of locked-in costumers were high relative to the number of new customers"*[351]. Esta política de preços era sustentável, no entender do Tribunal, atendendo, portanto, aos custos de mudança e ao elevado número de clientes já vinculados (*locked-in*). Na realidade, estes dois fatores faziam criar um elo de causalidade menos eficaz entre o preço dos serviços e das peças e as vendas dos equipamentos. Esta situação viabilizava, por outro lado, a prática de discriminação de preços: *"Moreover, if the seller can price discriminate between its locked-in customers and potential new customers, this strategy is even more likely to prove profitable. The seller could simply charge new customers below marginal costs on the equipment and recoup the charges in service, or offer packages with lifetime warranties or long-term service agreements that are not available to locked-in customers"*[352]. Para o Tribunal, os factos do caso indicavam claramente que *"the alleged conduct – higher service prices and market foreclosure – is facially anticompetitive and exactly the harm antitrust laws aim to prevent"*[353].

Hovenkamp constata que *"notwithstanding thousands of pages of law review articles and hundreds of millions of dollars in litigation costs, there has not been a single defensible plaintiff's victory in a case where the defendant's market power depended on a Kodak-style lock-in theory. Most lowers have bent over backwards to construe Kodak as narrowly as possible"*[354]. Apesar da vitória das autoras no caso *Kodak*, a aplicação judicial dos princípios aí enunciados tem sido extremamente limitada. Pese embora se reconheça a sua aplicabilidade aos casos em que não tenha sido dado prévio conhecimento aos compradores (*i.e.* antes de estes efetuarem a compra) das políticas do fabricante no mercado secundário (*aftermarkets*), a

---

[349] Ibidem, p. 473 a 475 do acórdão.
[350] Ibidem.
[351] Ibidem.
[352] Ibidem.
[353] Ibidem, p. 485 do acórdão.
[354] HERBERT HOVENKAMP, "Post-Chicago Antitrust: Review and Critique" *in Columbus Business Law Review*, vol. 257, 2001, p. 285.

sua aplicação é precludida quando se demonstre que, não obstante a falta de informação, o vendedor não tenha alterado a sua política comercial no sentido de impor restrições que não estivessem já previstas no contrato original que suporta a venda do produto subordinante[355]. Os queixosos também não são autorizados a alegar deficiências de informação ou custos de transição quando se prove que a existência destes obstáculos seja habitual[356]. Tem sido defendido, a respeito dos contratos de franquia, que a doutrina *Kodak* não é aplicável quando o franqueador informe expressamente o franqueado, à altura da celebração do contrato, da sua obrigação de adquirir o equipamento e os consumíveis de que necessite ao primeiro ou a uma terceira parte por este designado, isto, ainda que o franqueado não esteja em posse de informação precisa sobre os custos futuros do produto subordinado[357].

Em *Northern Pacific Railways*, o Supremo Tribunal determinou que o carácter único e singular do produto subordinante e a circunstância de, por essa razão, o produto ser especialmente apelativo ao gosto dos consumidores, são fatores que podem dar indicação da existência de poder de mercado a respeito deste produto. No caso dos autos, relevou, por um lado, a ubiquidade das práticas de subordinação impostas por esta empresa, e, por outro, *"the uniqueness"* que caracterizava os terrenos vendidos e que resultava da sua especial localização. Lembre-se que estes terrenos eram, na sua maioria, adjacentes às linhas de ferrovia de propriedade daquela empresa.

Esta lógica foi seguida no processo *United States v. Loew's Inc.*[358]. A ré exercia atividade no sector da distribuição de filmes. O licenciamento de filmes de primeira categoria às estações de televisão era feito na condição de que estas também aceitassem, como parte do negócio, pagar a licença de filmes de segunda categoria, estatisticamente os menos cobiçados pelas diversas audiências. O Tribunal, notando que o grau de poder económico necessário à satisfação do requisito do poder de mercado podia ser determinado por outras formas que não apenas pela quota de mercado detida, esclarece que *"the crucial economic*

---

[355] Ver, por exemplo, o caso *SMS System Maintenance Services v. Digital Equipment Corp.*, 188 F.3d 11 (1st Cir. 1999), onde se decidiu que os compradores que tivessem adquirido o equipamento informático em data anterior à da implementação da política de garantia obrigatória não seriam forçados a comprá-la.

[356] Cf. American Bar Association Antitrust Section, Antitrust Law Developments, 6ª edição, II vols., vol I, Chicago: American Bar Association, 2007, ver p. 195 e citações das decisões judiciais em notas de rodapé.

[357] Veja-se o caso *Wilson v. Mobil Oil, Co.*, 984 F. Supp. 944, 951-54 (E.D. La. 1996), onde se pode ler que *"because the plaintiffs had sufficient information to evaluate the risks of entering the SpeeDee franchise before they signed their agreements, Kodak-type information costs and switching costs are not present"*.

[358] Cf. *United States v. Loew's Inc.*, 371 U.S. 38 (1962).

power may be inferred from the tying product's desirability to consumers or from uniqueness in its attributes[359].

No caso *Fortner I*[360], o Tribunal foi da opinião que o carácter único do financiamento oferecido pela ré traduzia uma especial vantagem detida no mercado subordinante do crédito e que essa vantagem podia, efetivamente, revelar a existência de poder de mercado. Esclarece-se no aresto não serem os termos invulgares do financiamento, em si mesmo, a evidenciarem o poder económico da ré, mas antes a sua especial capacidade de exercer poder de mercado por virtude da posição de vantagem de que gozava sobre os seus concorrentes com relação ao crédito: *"uniqueness confers economic power only when other competitors are in some way prevented from offering the distinctive product themselves. Such barriers may be legal, as in the case of patented copyrighted products, e.g., International Salt; Loew's; or physical, as when the product is land, e.g. Northern Pacific. It is true that the barriers may also be economic, as when competitors are simply unable to produce the distinctive product profitably, but the uniqueness test in such situations is somewhat confusing since the real source of economic power is not the product itself but rather the seller's cost advantage in producing it"*[361]. Negada a moção da ré para julgamento sumário da ação, o processo é remetido ao Tribunal Federal do 6º Círculo para julgamento da matéria de facto[362]. Para este Tribunal, a circunstância de a concorrência não disponibilizar um produto de características similares, acrescido ao facto de os compradores tolerarem o pagamento de preços supracompetitivos pelas casas pré-fabricadas (o produto subordinado), constituía prova suficiente e inequívoca da existência de poder económico a respeito do crédito. Pouco relevou a esta consideração o facto de o queixoso não ter logrado fazer prova de que as instituições financeiras concorrentes seriam economicamente incapazes de oferecer condições de financiamento análogas.

Interposto recurso da decisão do 6º Círculo, o Supremo Tribunal volta a ter a oportunidade de se pronunciar sobre as exigências do critério *per se* e desenvolver os princípios enunciados em *Fortner I*[363]. Começa por afirmar que o poder de mercado não pode ser inferido apenas da circunstância de o produto subordinante ser especialmente único ou cativante; de os compradores do produto subordinado aceitarem sujeitar-se a condições contratuais e económicas mais onerosas, ou de existir uma elevada percentagem de vendas vinculadas. Segundo o Tribunal, a *"uniqueness"* que se considera relevante e atendível promana de uma vantagem proporcionada à empresa pelo facto de comercializar

---

[359] *Ibidem*, p. 45.
[360] *Fortner Enterprises v. United States Steel Corp.*, 394 U.S. 495 (1969).
[361] *Ibidem*, p. 505 nº 2.
[362] *Fortner Enterprises v. United States Steel Corp.*, 523 F.2d 961, 965-67 (6th Cir. 1975).
[363] *Fortner Enterprises v. United States Steel Corp.*, 429 U.S. 610 (1977) (*Fortner II*).

um produto diferenciado insuscetível de ser replicado pelos seus concorrentes. O Tribunal nota que a menos que haja uma "*advantage diferentiating his product from that of his competitors, the seller's product does not have the kind of uniqueness considered relevant*"[364]. Essa vantagem pode verificar-se ao nível de custos, ou resultar de obstáculos de natureza física, técnica ou jurídica que impossibilitem os concorrentes de oferecem o mesmo produto ou outro similar. A questão de fundo, na realidade, é a de saber se, em razão desta vantagem, o vendedor adquire poder suficiente, no mercado do produto subordinante, para conseguir impor um incremento de preços ou exigir dos seus compradores termos que não seriam por si propostos se o mercado estivesse sujeito a concorrência efetiva. No caso dos autos, o Supremo Tribunal concluiu que a ré não tinha poder de mercado a respeito do produto subordinante, o crédito, por não ter resultado provado a existência de obstáculos à entrada neste mercado, ou de quaisquer outros que impedissem a concorrência de oferecer as mesmas condições de crédito ou outras que lhes fossem análogas. Segundo o Tribunal, "*The unusual credit bargain offered (...) proves nothing more than willingness to provide cheap financing in order to sell expensive houses*"[365].

Como já oportunamente se referiu, o enquadramento jus-concorrencial das práticas de subordinação e agrupamento foi particularmente influenciado pelo conceito de extensão abusiva do âmbito da patente. É antiga a regra segundo a qual se presume a existência de "poder económico suficiente" sempre que, por intermédio da venda subordinada ou agregada, o titular de uma patente procure estender o seu monopólio legal a um segundo mercado não a coberto daquele direito[366]. Esta presunção é válida, inclusivamente, em situações em que não se faça prova de que a patente efetivamente confere, *in concreto*, uma vantagem económica ao seu titular: a utilização do produto patenteado a título de produto subordinante é o que basta para que os tribunais considerem preenchido o requisito do poder de mercado. No caso *International Salt*, que já aqui abordámos, o Supremo Tribunal condenou a prática de subordinação da locação de máquinas patenteadas, utilizadas para injetar sal em conservas de carne, à compra em exclusivo das pastilhas de sal a utilizar com as máquinas, sem que se tivesse feito prova, por um lado, da existência de poder de mercado ao nível do produto subordinante, e por outro, dos efeitos de exclusão ao nível do mercado do produto subordinado.

A não infrequente presunção de existência de poder económico baseada na titularidade de patente foi criticada em *Jefferson Parish*, por quatro membros do

---

[364] *Ibidem*, p. 620 e 621 do acórdão.
[365] *Ibidem*, p. 622.
[366] Esta regra remonta, pelo menos, ao acórdão *Motion Picture Patents*, de 1917.

Tribunal: *"A common misconception has been that a patent or copyright (...) suffice to demonstrate market power. While these rights might help to give market power to a seller, it is also possible that a seller in these situations will have no market power: for example, a patent holder has no market power in any relevant sense if there are close substitutes for the patented product"*[367]. Esta regra é também questionada ao nível dos tribunais inferiores[368]. Em 1994, o Congresso fez questão de salientar, no contexto da legislação que fez aprovar a respeito dos direitos de propriedade intelectual, que os acordos de subordinação só seriam escrutináveis por alegada extensão abusiva do âmbito da patente quando o vendedor gozasse efetivamente de poder de mercado a respeito do produto protegido. Pode ler-se na lei 35 U.S.C. § 271 (d) (5), (1994), que *"No patent Owner shall be denied relief or deemed guilty of misuse or illegal extension of the patent right by reason of his having conditioned the license of any rights to the patent or the sale of the patented product on the acquisition of a license to rights in another patent or purchase of a separate product, unless in view of the circumstances, the patent owner has market power in the relevant market for the patent or patented product on which the license is conditioned"*.

A questão fica definitivamente esclarecida em *Illinois Tool Works*. O Supremo Tribunal deixa claro que a exigência, imposta em *Jefferson Parish*, da prova de existência de poder de mercado se estende a *todos* os casos, incluindo aqueles em que o vendedor seja titular de uma patente sobre o produto subordinante[369]. Pode ler-se no aresto: *"We hold that, in all cases involving a tying arrangement, the plaintiff must prove that the defendant has market power in the tying product"*[370]. O Tribunal deixa a indicação de que *"tying arrangements involving patented products should be evaluated under the standards applied in cases like Fortner II and Jefferson Parish rather than under the per se rule"*[371][372].

---

[367] Cf. p. 38 nº 2 do acórdão, pela Juíza O'Connor.
[368] Veja-se, *inter alia*, *A.I. Root Co. v. Computer/Dynamics, Inc.*, 806 F.2d 673, 676, (6th Cir. 1986), onde se lê: *"presumption of market power is not warranted merely by existence of copyright or patent"* e *USM Corp. v. SPS Technologies, Inc.*, 694 F.2d 505, 511, (7th Cir. 1982), afirmando que *"of course not every patent confers market power (...) contrary to a presumption of market power, the logical presumption is that the tie promotes efficiency rather than reduces competition"*.
[369] Cf. *Illinois Tool Works v. Independent Ink. Inc.*, 126 S. Ct, 1281 (2006), p. 1291.
[370] Ibidem.
[371] Ibidem.
[372] Têm sido vários os tribunais que têm estendido este entendimento às situações de titularidade de *copyright* e *trademark*, alegando, portanto, que estes direitos não conferem qualquer presunção de poder de mercado. Ver, *inter alia*, *Digital Equipment Corp. v. Unique Digital Techs*, 73 F.3d, 756, 762 (7th Cir. 1996), alegando que *"copyrighted operating system creates no presumption of market power"*, e *Mozart Co. v. Mercedes-Benz of N.Am.*, 833 F.2d 1342, 1346 (9th Cir. 1987), *"Trademark does not create market power"*.

4.3 O elemento de coerção

O critério da proibição *per se* pressupõe que a venda subordinada ou agrupada constranja a liberdade de escolha dos consumidores quanto à aquisição isolada do produto subordinante. A exigência do elemento de coerção está bem sedimentada na história da jurisprudência estado-unidense que versa sobre o tema das vendas combinadas. Em *Northern Pacific Railways*, em 1958, o Supremo Tribunal esclareceu que *"where the buyer is free to take either product by itself there is no tying problem"*[373], excecionada, claro, a situação em que a compra combinada dos dois produtos seja a única opção economicamente racional atenta a política de preços seguida pelo vendedor. No caso *Times-Picayune*, o Tribunal observou que *"by conditioning his sale of one commodity on the purchase of another, a seller coerces the abdication of buyers' independent judgment as to the 'tied' product's merits and insulates it from the competitive stresses of the open market"*[374]. Segundo o Tribunal, o fator crítico do *tie-in* radica na *"forced purchase of a second distinct commodity"*[375].

Já *supra* se observou que o elemento da coação pode estar diretamente relacionado com o poder de mercado detido a respeito do produto subordinante. Quando assim for, caberá ao intérprete determinar se o vendedor dispõe de "poder económico suficiente" para forçar a aquisição do segundo produto. É intuitiva a constatação de que quanto mais substancial for o poder de mercado detido pelo vendedor no mercado do produto subordinante, maior será a sua capacidade em forçar a venda de um segundo produto que não é desejado pelo consumidor. A existência de poder de mercado significativo deve, pois, ter-se como indiciária de um possível quadro de coerção. Importa distinguir esta situação de outras em que o comprador adquire ambos os produtos por o pacote combinado configurar uma opção mais atraente; por o vendedor ser bom negociador ou, simplesmente, por o comprador ser indiferente quanto à origem do produto subordinado. É importante reter, todavia, que a coerção, quando assim seja interpretada, não faz necessária prova da existência de poder mercado. Uma empresa pode exigir contratualmente a compra de ambos os produtos subordinante e subordinado, mas fazê-lo num contexto em que o respetivo poder de mercado não se repute de suficiente para que se considere essa exigência como uma forma ilícita de *"forcing"*. Estas considerações encontram eco em *Jefferson Parish*. Na abordagem inicial que faz à questão do poder de mercado, o Juiz Stevens deixa uma importante nota de exceção: *"every refusal to sell two product separately cannot be said to restrain competition. If each of the products may be purchased separately in a competitive market, one seller's decision to sell the two in a single*

---

[373] Cf. p. 6 nº 4 do acórdão.
[374] Cf. p. 605 do acórdão.
[375] Cf. p. 614 do acórdão.

package imposes no unreasonable restraint on either market."[376] Em específico, quanto à questão da coerção, o Tribunal esclarece: "*Our cases have concluded that the essential characteristic of an invalid tying arrangement lies in the seller's exploitation of its control over the tying product to force the buyer into the purchase of a tied product that the buyer either did not want at all, or might have preferred to purchase elsewhere on different terms. When such "forcing" is present, competition on the merits in the market for the tied item is restrained and the Sherman Act is violated*"[377]. O Tribunal conflui as considerações anteriores, concluindo: "*Accordingly, we have condemned tying arrangements when the seller has some special ability – usually called "market power" – to force a purchaser to do something that he would not do in a competitive market*"[378]. Em *Jefferson Parish*, o hospital exigia expressamente que os seus pacientes adquirissem os serviços de anestesiologia ao grupo médico contratado como condição da obtenção dos serviços de cirurgia. O Tribunal entendeu que apesar de haver coerção, neste sentido, não havia, todavia, "*forcing*", uma vez que o hospital não tinha "poder de mercado suficiente" para impor aos seus pacientes a aquisição dos serviços de anestesia.

Segundo Hovenkamp, a coerção deverá resultar de: "*(1) an absolute refusal to sell the tying product without the tied product; (2) a discount, a rebate or other financial incentive given to buyers who also take the tied product; (3) technological design that makes it impossible to sell the tying product without the tied product*"[379]. O elemento coerção caracteriza, portanto, a par do *tying* contratual e tecnológico, também o *mix bundling* (por vezes apelidado pela doutrina económica de "*commercial tying*"). No caso, porém, de *mix bundling*, e particularmente após a recente decisão do Tribunal do 9º Círculo, no caso *Cascade Health Solutions v. PeaceHealth*, a coerção só parece poder ser estabelecida quando o preço fixado pelo *bundle* descer abaixo de um determinado valor referencial, designadamente, quando for inferior à soma do custo incremental de cada produto individual que o compõe[380]. Segundo o Tribunal, "*One difference between traditional tying by contract and tying via package discounts is that the traditional tying contract typically forces the buyer to accept both products, as well as the cost savings*". Ao invés, "*the package discount gives the buyer the choice of accepting the cost savings by purchasing the package, or foregoing the savings by purchasing the products separately*". O desconto multiproduto não constrange a escolha do consumidor da forma que o faz a subordinação,

---

[376] Cf. p. 11 do acórdão.
[377] Cf. p. 12 do acórdão.
[378] Cf. p. 13 e 14 do acórdão.
[379] HERBERT HOVENKAMP, *Federal Antitrust Policy*, 3ª ed., St. Paul, Minn.: West Group, 2005, p. 410.
[380] Cf. JAECKEL, JEFFREY A., "Le Pages's, Cascade Health Solutions, and a Bundle of Confusion: What is a Discounter To Do?", *Antitrust*, vol. 24, nº 3, American Bar Association, 2010, pp. 46 a 51, p. 47.

dita, tradicional. Por essa razão, *"a variation of the requirement that prices be 'below cost' is essential for the plaintiff to establish one particular element of unlawful bundled discounting – namely, that <u>there was actually 'tying' – that is, that the purchaser was actually 'coerced' (in this case by lower prices)</u>*[381] *into taking the tied-up package"*[382].

Ao examinar os factos no contexto da alegação de *tying*, o Tribunal considerou os incentivos financeiros como uma forma de coerção que podia ser classificada como *tying* ilícito se o seu efeito fosse o de coagir os consumidores a adquirirem ambos os produtos subordinante e subordinado. Essa coação será manifesta, pelo menos, quando a aquisição dos produtos de forma combinada seja a única opção economicamente racional[383].

A abordagem mais generalizada é a que considera existir coerção quando nos termos de uma relação contratual a compra do produto subordinado é expressamente exigida e indispensável para assegurar a venda do produto subordinante. Mas ainda assim existem exceções: no processo *Capital Temps.*, por exemplo, o 2º Círculo afirmou que *"a franchise agreement, like any contract of sale, may obligate the purchaser to accept numerous commodities, trademark or not; this does not mean that the purchaser was coerced in any fashion to take some or all to*

---

[381] Sublinhado nosso.
[382] *Cascade Health Solutions v. Peacehealth*, 515 F.3 883, 900-01 (9th Cir. 2008). Em causa estava um litígio entre duas empresas que operavam hospitais numa mesma região dos Estados Unidos. O hospital *McKenzie-Willamete* (designado *Cascade Health* após uma fusão com outra empresa do sector) interpôs uma ação alegando, entre outros aspetos, a infração da §2 do *Sherman Act* por monopolização. A *Cascade Health* explorava, à altura, um hospital que prestava cuidados hospitalares primários e secundários, mas não prestava cuidados terciários. A *PeaceHealth* detinha uma quota de mercado de cerca de 75% no mercado dos cuidados primários e secundários e uma quota superior a 90% nos cuidados terciários. A queixa interposta reportava-se ao facto de a *PeaceHealth* realizar condições diferenciadas junto das empresas de seguro de saúde, oferecendo preços mais favoráveis caso estas a nomeassem prestador preferido na zona em causa. De acordo com a autora, os descontos chegavam aos 40% nos cuidados terciários, com os quais não podia concorrer. Chamado a apreciar o litígio em sede de recurso, a questão que se colocava ao 9º Círculo era saber se, na ausência de indicação de existência de preços predatórios, tais práticas de *mix bundling* deviam ser consideradas ilícitas. O Tribunal acaba por sugerir um teste que se inspira naquele proposto pela Comissão para Modernização do Direito *Antitrust*: o desconto será ilícito quando a venda do produto ou produtos, em concorrência, seja feita abaixo do seu custo incremental. O Tribunal rejeita as duas outras componentes do teste enunciado por aquela Comissão: ii) a possibilidade de recuperação de perdas a curto prazo; iii) determinar-se o efeito negativo na concorrência. A doutrina deste acórdão afasta-se, pois, daquela expendida pelo 3º Círculo no caso *LePage* (*LePage's Inc. v. 3M*, 324 F.3d 141 (3rd Cir. 20003)), assente numa lógica de *"exclusionary effects"*. O Tribunal entende que os descontos são uma prática ubíqua que acarreia ganhos de eficiência, pelo que só devem ser proibidos na medida em que sejam suscetíveis de excluir concorrentes igualmente eficientes. Institui-se, pois, um critério "predatório".
[383] Neste sentido ver também *Amerinet, Inc. v. Xerox Corp.*, 972 F.2d 1483 (8th Cir. 1992) e *United Shoe Mach. Corp. v. United States*, 258 U.S. 451, 464 (1922).

get one or some"[384]. Na ausência de estipulação contratual expressa, os tribunais têm exigido a prova de que o comprador não adquire o produto subordinado de forma voluntária, mas antes que é forçado a fazê-lo. Em *Data General Corp. v. Grumman System Support Corp.*[385], a *Data General* tinha, alegadamente, condicionado o acesso ao seu *software* de diagnóstico ADEX ao compromisso informal, assumido pelo comprador, de que este não contrataria os serviços de assistência e manutenção de que necessitasse a empresas terceiras. O Tribunal do 1º Círculo clarificou que *"an illegal tying arrangement can include the supplier's sale of the tying product being conditioned upon (...) an unwilling promise not to purchase the tied product from any other"*[386]. O Tribunal não considerou haver, porém, qualquer elemento de prova que sustesse a queixa. Em *Tic-X-Press*, o 11º Círculo foi da opinião de que não é necessária a prova direta de coerção e que esta pode ser estabelecida, por exemplo, quando exista um entendimento tácito com o vendedor, com quem o comprador negoceia há vários anos, de que é exigida, como pressuposto da aquisição do produto subordinante, a compra do produto subordinado[387].

Os tribunais ainda não articularam com objetividade o critério de destrinça entre coerção e persuasão. Existem tribunais que consideram, por exemplo, que a mera pressão exercida junto do comprador para que este adquira a combinação dos dois produtos não consubstancia coerção[388]. A coerção também já foi excluída em casos em que se alegou pressão económica associada à oferta de descontos multiprodutos[389]. Em *Amerinet, Inc. v. Xerox Corp*, por exemplo, o Oitavo Círculo susteve que o diferencial de preços não qualificaria uma situação de coerção a menos que o valor em causa fosse tal que tornasse a aquisição do produto subordinado *"the only viable economic option"*[390]. Ainda que em número inferior, existem tribunais que defendem que a coerção pode ser inferida, exclusivamente, da circunstância de o vendedor ter poder económico no mercado do produto subordinante e de existir um elevado número de consumidores que aceitam sujeitar-se a termos contratuais onerosos[391].

---

[384] *Capital Temps., Inc. v. Olsten Corp.*, 506 F.2d 658, 666 (2d Circ. 1974).
[385] *Data General Corp. v. Grumman System Support Corp.*, 36 F.3d 1147 (1st Cir. 1994).
[386] Ver p. 1181 do acórdão.
[387] Cf. *Tic-X-Press v. Omni Promotions Co.*, 815 F.2d 1407 (11th Cir. 1987), p. 1417.
[388] *Inter alia, Palladin Assocs. v. Montana Power Co.*, 328 F.3d 1145, 1160 (9th Cir. 2003).
[389] Veja-se, por exemplo, *Marts v. Xerox, Inc.*, 77 F.3d 1109, 1113 (8th Cir. 1996).
[390] Cf. *Amerinet, Inc. v. Xerox Corp.*, 972 F.2d 1483 (8th Cir. 1992), p. 1500.
[391] Cf. *Tic-X-Press v. Omni Promotions Co.*, 815 F.2d 1407, 1418 (11th Cir. 1987).

4.4 Restrição do comércio no mercado do produto subordinado

O último requisito da proibição *per se*, é o de que a conduta de vinculação leve a uma exclusão de um volume substancial do comércio no mercado do produto subordinado. O volume de comércio afetado é expresso em valor numerário, *i.e.* em dólares, e não em termos da quota de mercado que representa. O critério é, pois, *"whether a total amount of business, substantial enough in terms of dollar-volume so as not to be merely de minimis, is foreclosed to competitors by the tie"*[392]. O montante relevante em numerário inclui o valor total das vendas excluídas no mercado em consequência da estratégia de venda *sub judice* e não apenas a parcela deste total que corresponda especificamente às vendas do queixoso[393]. No caso *International Salt*, o Supremo Tribunal determinou que o valor de US$500,000 em vendas do produto subordinado era suficiente para que se considerasse preenchido este quarto requisito[394]. Em *Fortner I*, o Tribunal baixou esse valor para US$190.000, sendo que já previamente, no caso *Loew*, havia opinado que um montante de US$60.800 não seria tido como *de minimis*[395]. Os tribunais inferiores aparentam ser ainda menos exigentes, atribuindo relevância legal a quantias, por vezes, insignificantes[396], existindo mesmo aqueles que chegam ao extremo de considerar preenchida a condição qualquer que seja a quantia de vendas excluídas em causa[397]. Não obstante a sua construção liberal, e ainda que num contexto de uma certa aleatoriedade de critérios de quantidade, a verificação do requisito continua a ser exigida pelos tribunais.

Pese embora a aparente presunção baseada apenas no volume de vendas excluídas no mercado subordinado e a afirmação do Supremo Tribunal em *Jefferson Parish* de que a condenação *per se* é uma *"condemnation without inquiry into actual market conditions"*[398], são várias as decisões que exigem prova da produ-

---

[392] *Fortner Enters. v. United States Steel Corp.*, 394 U.S. 495, 501 (1969) (*Fortner I*).

[393] Leia-se a seguinte passagem do acórdão *Fortner I*: "For the purposes of determining whether the amount of commerce foreclosed is too insubstantial to warrant prohibition of the practice, (...) the relevant figure is the total volume of sales tied by the sales policy under challenge, not the portion of this total accounted for by the particular plaintiff who brings suit. In international Salt the $500,000 total represented the volume of tied sales to all purchasers, and although this amount was directly involved because the case was brought by the Government against the practice generally, the case would have been no less worthy of judicial scrutiny if it had been brought by one individual purchaser who accounted for only a fraction of the $500,000 in tied sales". Cf. p. 501 do acórdão.

[394] *International Salt. Co. v. United States*, 332 U.S. 392 (1947).

[395] *United States v. Loew*, 371 U.S. 38 (1962).

[396] Cf. Joseph P. Bauer e William H. Page, *op. cit.*, p. 301.

[397] Ver, por exemplo, o caso *Falls Church Bratwursthaus Inc. v. Bratwursthaus Mgmt. Corp.*, 354 F. Supp. 1237, 1240 (E.D. Va. 1973), onde se lê *"Under most of the post-Fortner decisions, any amount of commerce restrained by an illegal tie-in agreement constitutes a not insubstantial amount of interstate commerce"*.

[398] Cf. p. 5 do acórdão.

ção de efeitos anticoncorrenciais no mercado do produto subordinado. Mesmo sendo patente que a prática condiciona as opções e a conduta do consumidor, estes tribunais recusam-se a aplicar a proibição *per se* quando o queixoso não faça prova da ameaça ou já da consumação do dano económico naquele mercado[399]. Infelizmente, estas decisões são pouco esclarecedoras quanto ao tipo de prova que deve ser evidenciada a este respeito e ao método de análise. Presumivelmente a análise sugerida por estes tribunais entronca diretamente na metodologia da *unstructured rule of reason* a que já nos referimos, pelo que, em princípio, se contrabalançarão os efeitos pró e anticoncorrenciais que se realizem no mercado subordinado. Parece-nos pacífico que a responsabilidade pressuporá que o queixoso faça, pelo menos, prova de que o grau de concorrência efetiva pré-existente no mercado do produto subordinado é comprometido pela prossecução da estratégia de venda combinada. A metodologia de análise seguida por estes tribunais, evidencia, não temos dúvidas, a impropriedade e desadequação da designação *per se* que ainda, atualmente, se teima em seguir, mas que já tinha sido rejeitada em *Jefferson Parish* pela Juíza O'Connor.

5. Os ganhos de eficiência como potencial critério de justificação

5.1 Introdução

O indiciamento pela prossecução de uma estratégia anticoncorrencial de subordinação ou agrupamento não preclude nem a possibilidade nem o direito de a empresa justificar objetivamente a sua prática restritiva. Esta afirmação vale ainda que, com relação à prática investigada, estejam preenchidos todos os requisitos da proibição *per se*. A alegação justificativa da empresa arguida traduz, na realidade, uma tentativa em fazer demonstrar que num determinado quadro de mercado os efeitos pró-concorrenciais logrados por intermédio daquela estratégia compensam as perdas causadas ao nível da competitividade dos mercados afetados. Os tribunais têm reconhecido, genericamente, quatro tipos de defesas: 1) a salvaguarda da reputação comercial; 2) justificações comerciais de índole técnica; 3) a entrada no mercado de um novo concorrente ou a promoção de uma indústria ainda incipiente; 4) realização de economias de escopo. A aparente incoerência que resulta da combinação entre um teste *per se* e a aceitação de razões de eficiência tem por vezes gerado alguma confusão ao nível dos tribunais inferiores, fazendo mesmo alguns recuar e seguir a

---

[399] Ver, *inter alia*, *Fox Motors, Inc. v. Mazda Distrib. (Gulf), Inc.*, 806 F.2d 953, 958 (10th Cir. 1986), onde se lê que o *"plaintiff made no showing of sufficiently great likelihood of anticompetitive effect to support claim of per se violation"*, e *Crossland v. Canteen Corp.*, 711 F.2d 714, 722 (5th Cir. 1983): *"In the absence of an anticompetitive effect in the tied market there can be no tie"*.

orientação tradicional mais inflexível[400]. A dificuldade em fazer valer judicialmente estas justificações é atestada pelo Supremo Tribunal no aresto *Standard Oil*, onde se pode ler que a alegação da circunstância justificativa *"fails in the usual situation"*[401].

5.2 A salvaguarda da reputação comercial/controlo de qualidade

A justificação da salvaguarda da reputação comercial foi reconhecida, pela primeira vez, em 1935, no caso *Pick Manufacturing*[402]. A ré, uma fabricante de automóveis da marca *Chevrolet*, tinha exigido dos seus distribuidores autorizados que, nos seus serviços de manutenção e reparação, apenas utilizassem peças de substituição originais da marca *Chevrolet*, das quais a ré era a única fornecedora. Ao avaliar as restrições impostas, o Tribunal de recurso sustentou que o uso de peças de qualidade potencialmente inferior à da marca original poderia causar um nível geral de descontentamento e insatisfação entre os clientes diretamente relacionado com o automóvel, o que denegriria a imagem que a ré esforçadamente havia logrado criar da sua marca e dos seus produtos.

O recurso a este tipo de defesa tem sido limitado pelos tribunais às situações em que o vendedor não disponha de nenhuma outra alternativa menos restritiva da concorrência. Tal será o caso, por exemplo, se ao divulgar e disponibilizar as especificações técnicas dos produtos individuais que compõem o *bundle*, o vendedor consegue assegurar o mesmo nível de qualidade.

No caso *IBM*, a ré alegou que a subordinação da locação das suas máquinas de tabulação à compra de cartões perfurados justificava-se atento a necessidade de salvaguardar o seu correto funcionamento[403]. Fê-lo, não obstante reconhecer a existência de outros fabricantes de cartões perfurados cujos padrões de qualidade de fabrico cumpriam com aqueles especificados pela *IBM*. O Supremo Tribunal, como vimos, rejeitou a justificação desta empresa, argumentando que a *IBM* poderia ter implementado outras alternativas menos restritivas, designadamente, ter alertado os seus clientes com relação às especificações de qualidade exigidas ou condicionado a locação das suas máquinas ao uso de cartões cuja qualidade obedecesse àquelas especificações[404].

---

[400] Ver, por exemplo, o caso *Miller v. Granados*, 529 F.2d 393 (5th Cir. 1976), onde se recusa a justificação da salvaguarda da reputação comercial, argumentando-se que *"once a tying arrangement is found to exist in the context of sufficient market power, its illegality is established without further inquiry into business excuses for its users"*. Ver p. 396 do acórdão.
[401] *Standard Oil Co. of California v. United States*, p. 305.
[402] *Pick Manufacturing v. General Motors Corp.*, 80 F.2d 641 (7th Cir. 1935), p. 643 e 644.
[403] *International Business Machines Corp. v. United States*, p. 138 e 139.
[404] Cf. p. 139 e 140 do acórdão.

O argumento do controlo de qualidade volta ser suscitado no caso *Kodak*. A empresa alegava que, ao evitar que os seus clientes recorressem aos serviços de assistência técnica dos ISOs, *"it could best maintain high quality service for its sophisticated equipment and avoiding being blamed for an equipment malfunctioning, even if the problem is the result of improper diagnosis, maintenance or repair by an ISO"*[405]. O Supremo Tribunal refuta esta lógica, apontando ao facto, provado nos autos, de os prestadores independentes oferecerem serviços de assistência técnica de elevada qualidade e a preços mais acessíveis que os da *Kodak*[406]. O Tribunal lembra que a *Kodak* só decide implementar a sua "política de peças" após a *Image Technical Services* lhe ter ganho um dos seus principais contratos de assistência técnica, e quando passou a autorizar que os seus clientes assistissem as suas próprias máquinas. Na realidade, e segundo o Tribunal, os clientes conseguiam perfeitamente discernir entre as avarias técnicas causadas por má assistência e as causadas por uma utilização de peças sobresselentes de qualidade inferior. O Tribunal salienta também o facto de a argumentação da empresa a respeito do grau de informação dos consumidores ser contraditória: a *Kodak* tinha alegado, por um lado, que os consumidores seriam perfeitamente capazes compreender e avaliar os custos relacionados com a aquisição do equipamento e com a respetiva manutenção e reparação, mas que não conseguiriam, por outro, distinguir entre as avarias causadas por má assistência e por má qualidade das peças.

O argumento da salvaguarda da reputação comercial da empresa surge frequentemente no contexto dos contratos de franquia. Neste tipo de contrato, o franqueador e os seus franqueados partilham de um mesmo interesse: que os produtos e/ou serviços vendidos por todos os franqueados apresentem um grau uniforme de qualidade. A insatisfação de um cliente com relação a um dos franqueados pode precipitadamente ser convolada numa alergia global pelos restantes. A fim de garantir esse grau de qualidade uniforme pode mostrar-se necessária a legitimação de determinadas estratégias de *tying*, maxime, a exigência de que todos os franqueados adquiram os produtos e equipamento de que necessitam exclusivamente do franqueador. O caso *Kentucky Fried Chiken* ilustra este raciocínio: o Tribunal considerou que o interesse na uniformização do produto franqueado, comercializado à escala nacional por centenas de agentes franqueados independentes, se sobrepunha aos potenciais efeitos negativos ao nível da competitividade no mercado[407].

---

[405] *Eastman Kodak Co. v. Image Technical Services*, p. 483.
[406] Cf. p. 483 e 484 do acórdão.
[407] *Kentucky Fried Chicken v. Diversified Packaging*, 549 F.2d (5th Cir. 1977), p. 379 a 381.

De um ponto de vista mais pragmático, e atendendo à prevalência do critério judicial da alternativa menos restritiva da concorrência, parece-nos que esta defesa só deverá vingar quando em causa esteja um produto subordinado de utilização especializada, não fungível, cujas especificações sejam particularmente detalhadas e que não esteja sujeito a controlo de qualidade, ou, então, quando este produto esteja vinculado por um direito de patente ou sujeito a segredo comercial, numa situação, portanto, em que o vendedor tenha uma razão válida em não querer que a sua produção seja assegurada por terceiros.

5.3 Justificações comerciais de índole técnica

Este tipo de defesa tem uma proximidade considerável àquela que abordámos no ponto anterior. Considerem-se dois produtos cuja relação de funcionalidade e interdependência técnica seja tal que o correto funcionamento do produto subordinante fique condicionado ao uso de um produto que cumpra escrupulosamente com as especificações do produto subordinado[408]. A procedência desta defesa dependerá, tal como no caso anterior, da circunstância de o vendedor não dispor de qualquer outra alternativa que seja menos restritiva da concorrência.

O caso *International Salt* ilustra uma tentativa frustrada em fazer valer esta defesa[409]. Como vimos, a ré alegava que a utilização de sal de qualidade inferior, fornecido por outros distribuidores, podia comprometer o bom funcionamento das suas máquinas patenteadas, utilizadas para a injeção de sal em conservas de carne. Este argumento é rejeitado pelo Tribunal na base de que o correto funcionamento destas máquinas podia ser assegurado pela especificação, feita pela ré, do grau de qualidade do sal a ser empregue, uma alternativa considerada, pelo Tribunal, menos restritiva da concorrência. O acórdão observa, com alguma ironia, que *"it is not pleaded, nor it is argued, that the machine is allergic to salt of equal quality produced by anyone except International"*[410].

A defesa é invocada com sucesso em *Jerrold*[411]. Recordemos que *Jerrold* era uma empresa que, no início da década de 50, vendia e instalava sistemas de antena para televisão. O Tribunal resolve sancionar, entre outras, a estratégia comercial desta empresa de fazer condicionar as vendas dos seus sistemas de antena ao compromisso, assumido contratualmente pelos seus clientes, de que

---

[408] Pode ler-se a seguinte passagem no acórdão Standard Oil: *"The only situation, indeed, in which protection of good will may necessitate the use of tying clauses is where specifications for a substitute would be so detailed that they could not practicably be supplied"*. Cf. Standard Oil Corp. of Cal. v. United States, 337 U.S. 293, 306 (1949).
[409] International Salt Co. v. United States, 332 U.S. 392 (1947).
[410] Cf. p. 398 do acórdão.
[411] United States v. Jerrold Electronics Corp., 187 F.Supp. 545 (E.D. Pa. 1960).

determinados equipamentos acessórios (*v.g.* cabos, unidades eletrónicas, etc.) a serem utilizados conjuntamente com esse produto fossem adquiridos exclusivamente a esta empresa. Na base de tal exigência estava o facto de estes equipamentos serem tecnologicamente complexos, de não existirem produtos concorrentes com o mesmo grau de qualidade, e de a *Jerrold* não ter forma de controlar a qualidade de substitutos adquiridos de outros fornecedores. A utilização de equipamento de qualidade inferior poderia comprometer o bom funcionamento de todo o sistema de antena, uma situação particularmente grave atento o facto de se tratar de uma indústria incipiente, ainda por conquistar um grau mínimo de aceitação junto dos consumidores. O Tribunal notou, todavia, que esta restrição passaria a ser considerada ilegítima a partir do momento em que a concorrência passasse a comercializar equipamento compatível com estes sistemas, com um mesmo grau de qualidade.

Em termos gerais, julgamos que este tipo de defesa será mais facilmente acolhido quando se faça prova de que o vendedor não tem um interesse económico estratégico em assegurar ou preservar uma quota no mercado do produto subordinado, ou seja, quando a detenção desta quota for meramente acessória e instrumental aos interesses prosseguidos no mercado do produto subordinante.

5.4 Entrada no mercado

O recurso a uma estratégia de venda combinada pode revelar-se imprescindível para que uma empresa consiga iniciar atividade num determinado mercado, seja este um mercado maduro e já estabelecido ou um mercado incipiente, no contexto de uma nova indústria. Na primeira das hipóteses, os tribunais serão mais indulgentes se por intermédio das práticas de *tying* e *bundling* se promover a competitividade de empresas recém constituídas, de reduzido porte, *maxime* quando a indústria seja dominada por empresas de grande dimensão, já estabelecidas e com tendência monopolizadora. A invocação desta defesa é mais frequente na segunda hipótese enunciada, *i.e.* num quadro de uma nova indústria. O caso *Jerrold* é, neste respeito, paradigmático. A subordinação é legitimada, neste caso, pela razão de o mercado de sistemas de antenas ser recente e de o projeto empresarial poder colapsar na eventualidade de uma falha ao nível da qualidade dos sistemas vendidos. A alternativa de se fazer especificar o equipamento que pudesse ser fornecido pela concorrência era pouco prática e arriscava a reputação comercial da *Jerrold*. Tinha ficado provado nos autos que, à exceção da *Jerrold*, que era a líder do mercado, nenhuma outra empresa produzia e comercializava componentes da qualidade exigida, fosse qual fosse a sua especificação. Pese embora a autorização das práticas, o Tribunal lembra que a sua licitude seria temporalmente balizada por este período inicial de imaturidade do mercado, e até à altura em que nele se passasse a disponibilizar o tipo de equipamento em causa.

A natureza "temporal" da justificação volta a ser realçada no processo *Chiken Delight*[412]. O *Chiken Delight* era um *franchising* que tinha sido estabelecido em 1952. A prática judicialmente escrutinada consistia na exigência, imposta, desde a data da abertura do negócio ao público, de que os franqueados adquirissem do franqueador vários produtos de papel necessários aos diferentes tipos de vendas. O Tribunal acabou por rejeitar, em 1971, a justificação *"new business"*. Segundo o Tribunal, *"To accept Chiken Delights argument would convert the new business justification into a perpetual license to operate in restraint of trade"*[413]. O Tribunal acrescenta que *"one cannot immunize a tie-in from the antitrust laws by simply stamping a trade-mark symbol on the tied product – at least where the tied product is not itself the tied product represented by the mark"*[414].

5.5 Redução de custos

Esta justificação assenta no entendimento de que, por vezes, sai mais barato produzir e vender dois produtos em pacote do que em separado[415]. A venda forçada dos dois produtos pode, pois, mostrar-se necessária para que se alcancem determinadas economias de escopo. No caso *Times-Picayune*, por exemplo, o Tribunal considerou o *bundle* de publicidade nos seus jornais matutino e vespertino como *"legitimate business aims"* atenta à significativa redução dos custos de produção[416]. A oferta em pacote foi também sancionada pelo Tribunal no caso *Loew* em razão do argumento da redução de custos. Recorde-se que o caso respeitava à venda de filmes a estações televisivas: a ré tinha condicionado a venda dos seus filmes mais populares à aquisição de outros menos procurados. O Tribunal caracterizou a conduta da *Loew* como *bundling*, mas autorizou os descontos de pacote até ao valor de *"all legitimate costs justifications"*[417].

A alegação do argumento da redução de custos é bastante comum, mas muitas vezes equivocada. Se é efetivamente mais barato vender em pacote do que em separado, o vendedor pode ajustar os preços de forma a refletir essa

---

[412] *Siegel v. Chiken Delight, Inc.*, 448 F.2d 43 (1971).
[413] *Ibidem*, p. 51.
[414] *Ibidem*, p. 52.
[415] As economias alcançadas por intermédio da agregação podem ser de tal ordem significativas que levem a concluir que os componentes formam um único produto, excluindo-se, portanto, o quadro de uma possível prática de *bundling*. Tal sucedeu, por exemplo, em *ILC Peripherals Leasing Corp. v. International Business Machine Corporation*, 448 F. Supp., 228, 232 (N.D. Cal. 1978), em que o disco rígido incorporado e o computador não foram considerados como produtos separados.
[416] *Times-Picayune v. United States*, p. 622 a 644.
[417] *United States v. Loew's*, p. 44.

realidade, destarte cobrando mais caro pela venda em separado de cada componente individual. Presumivelmente, e porque o preço do *bundle* é inferior à soma dos respetivos preços individuais, o consumidor acabará por preferir adquirir o pacote sem que para tal seja forçado. Este entendimento comporta, porventura, uma exceção: as situações de economia de escala em que as reduções de custos só são realizáveis quando todos os compradores adquiram o *bundle*.

O Supremo Tribunal tem pontualmente rejeitado a justificação da redução de custos por considerar as práticas de venda combinada não indispensáveis à consecução desse objetivo. No caso *Kodak*, a ré alegou, entre outros aspetos, que seria necessário que fosse a única prestadora dos serviços de assistência técnica para assim poder controlar e reduzir os custos de *stocks* das peças sobresselentes. Este argumento é rejeitado na base da sua incoerência, pois o *stock* de peças depende da taxa de avarias, e essa deve ser idêntica independentemente de quem presta o serviço[418]. Além disso, a *Kodak* também não explicou porque é que havia impedido os OEMs e os donos de equipamento de revender peças aos ISOs, uma situação que não tinha qualquer efeito sobre os seus custos de inventário. Para a *Kodak*, o que estava verdadeiramente em causa era a situação gerada de parasitismo: a empresa procurava impedir o *free-riding* dos ISOs sobre os investimentos da empresa no equipamento, peças e serviços. O Tribunal sublinha, todavia, que também os ISOs haviam investido de forma significativa: *"thus, according to Kodak, the ISOs are free-ridding because they have failed to enter the equipment and parts markets. This understanding of free-riding has no support in our case law. To the contrary, as the Court of Appeals noted, one of the evils proscribed by the antitrust laws is the creation of entry barriers to potential competitors by requiring them to enter two markets simultaneously"*[419].

6. Conclusão

A metodologia de análise judicial às práticas de *tying* e *bundling*, no contexto do direito *antitrust* norte-americano, foi sujeita, nos últimos trinta anos, a um significativo impulso reformador. Era, de início, e durante a maior parte do século XX, pacífica e incontestada a orientação jurisprudencial do Supremo Tribunal no sentido de considerar estas práticas *per se* ilícitas ao abrigo das Secções 1ª do *Sherman Act* e 3ª do *Clayton Act*. O Tribunal descrevia-as, não infrequentemente, com um forte sentimento reprovador. Afirmava-se que a subordinação *"generally serves no legitimate business purpose that cannot be achieved in some less restrictive way"*[420] e que *"serves hardly any purpose beyond the suppression of*

---

[418] *Eastman Kodak Co. v. Image Technical Services*, p. 484 e 485.
[419] *Ibidem*, p. 451.
[420] *Fortner Enterprises v. United States Steel Corp.*, 394 U.S. 495 (1969), p. 503.

competition"[421]. Na realidade, e pese embora o rótulo *per se*, o critério de apreciação judicial a estas práticas sempre espelhou alguma flexibilidade, raramente se escusando à ponderação de outros fatores de mercado que se tivessem como relevantes à decisão do litígio, mormente os concernentes aos respetivos efeitos anticoncorrenciais e às circunstâncias justificativas alegadas pelas partes. Esta ponderação é manifesta, pelo menos, a partir do acórdão *Jefferson Parish*. Ao fazer depender a aplicação da proibição de um exame detalhado às condições de mercado, este acórdão descaracteriza substancialmente a lógica *per se* e faz consagrar uma metodologia de proibição mitigada: a *modified per se test*.

O vigor desta proibição foi-se esbatendo na jurisprudência do final do século passado[422]. O caso *Microsoft III* deixa patente a inadequação do teste *per se* no contexto dos mercados tecnológicos dinâmicos, caracterizados por um elevado grau de volatilidade e inovação. A crise que esta inadequação propulsionou fez lançar o debate atual sobre a validade do precedente *per se* do Supremo Tribunal e sugerir a metodologia de análise alternativa da *rule of reason*.

A história, o processo e as soluções norte-americanas são de inestimável contribuição à análise *antitrust* europeia. A extensa jurisprudência daquele país fornece orientação em aspetos epicêntricos que são comuns ao nosso direito, mormente na questão da separabilidade dos produtos, na implementação de uma "*effects based approach*" e no tratamento das justificações objetivas.

---

[421] *Standard Oil Co. v. United States*, 337 U.S., 305 (1959), p. 305 e 306.
[422] Em 2006, no caso *Illinois Tool Works*, o Supremo admite que "*over the years, this Court's strong disapproval of tying arrangements has substantially diminished*", p. 1286.

Capítulo IV
A subordinação e o agrupamento
no direito comunitário da concorrência

1. O quadro legal

No plano do direito comunitário da concorrência, as práticas de subordinação e agrupamento estão sujeitas à disciplina legal do artigo 101º e artigo 102º do TFUE[423]. Ambas as disposições, embora em diferentes contextos, consideram haver uma restrição à concorrência quando a celebração de contratos seja sujeita "(...) *à aceitação, por parte dos outros contraentes, de prestações suplementares que, pela sua natureza ou de acordo com os usos comerciais, não têm ligação com o objeto desses contratos*". Uma primeira leitura do artigo 101º do TFUE permite concluir que o preceito tem uma constituição bifurcada. O seu nº 1 visa a proibição de restrições da concorrência que resultem da cooperação horizontal ou vertical entre duas ou mais empresas[424]. O seu nº 3, por seu turno, estabelece uma regra de exceção que concede às empresas uma possibilidade de defesa relativamente a uma acusação que seja formulada nos termos do nº 1. O Regulamento (CE)

---

[423] O artigo 101º nº 1 do TFUE dispõe que: "*São incompatíveis com o mercado interno e proibidos todos os acordos entre empresas, todas as decisões de associações de empresas e todas as práticas concertadas que sejam suscetíveis de afetar o comércio entre os Estados-Membros e que tenham por objetivo ou efeito impedir, restringir ou falsear a concorrência no mercado interno (...)*". Nos termos do artigo 102º "*É incompatível com o mercado interno e proibido, na medida em que tal seja suscetível de afetar o comércio entre os Estados-Membros, o facto de uma ou mais empresas explorarem de forma abusiva uma posição dominante no mercado interno ou numa parte substancial deste*".

[424] Cf. Acórdão do Tribunal de Justiça, de 13 de Julho de 1966, processos apensos 56/64 e 58/66, *Consten & Grundig*, Col. 1966, p. 313.

nº 1/2003[425] confere aplicabilidade direta ao artigo 101º nº 3 do TFUE. De acordo com o seu artigo 1º, nº 2, *"Os acordos, as decisões e as práticas concertadas no nº 1 do artigo 81º do Tratado* [entenda-se artigo 101º nº 1 do TFUE] *que satisfaçam as condições previstas no nº 3 do mesmo artigo não são proibidos, não sendo necessária, para o efeito, uma decisão prévia"*.

Os acordos, as decisões e as práticas concertadas violam o nº 1 do art. 101º do TFUE quando tenham por objeto ou efeito a restrição da concorrência no mercado interno[426]. A distinção entre restrições por objeto e por efeito é da maior relevância. Quando o acordo tiver por objeto a restrição da concorrência, não é necessário ter em conta os seus efeitos concretos, ou seja, não se impõe a demonstração dos efeitos anticoncorrenciais no mercado[427]. Para se determinar do objeto do acordo atender-se-á a um conjunto de fatores, nomeadamente ao teor do acordo e aos objetivos prosseguidos[428]; ao contexto económico do mercado no qual o acordo é implementado[429]; e às próprias intenções subjetivas das partes intervenientes. Se o acordo não restringir a concorrência pelo objeto, avalia-se dos seus efeitos concorrenciais, efetivos e potenciais. Para que o acordo seja restritivo em termos dos seus efeitos, deverá afetar a concorrência, efetiva ou potencial, a ponto de permitir esperar *"com um grau de probabilidade razoável, efeitos negativos no mercado relevante a nível dos preços, produção, inovação e variedade ou qualidade dos bens e serviços"*[430]. A norma de proibição do artigo 101º nº 1 do TFUE só é aplicável em caso de efeitos negativos sensíveis sobre o funcionamento do mercado, o que se verificará, normalmente, quando as partes tiverem poder de mercado e o acordo contribuir para a criação, manutenção ou

---

[425] Regulamento (CE) nº 1/2003 do Conselho, de 16 de Dezembro de 2002, relativo à execução das regras de concorrência estabelecidas nos artigos 81º e 82º do Tratado.

[426] Cf. Acórdão do Tribunal de Justiça, de 30 de Junho de 1966, Proc. nº 56/65, *Société Technique Minière c. Maschinenbau Ulm*, Col. 1966, p. 249 e Acórdão do Tribunal de Primeira Instância, de 15 de Setembro, processos T-374, 375, 384 & 388/94, *European Night Services* c. Comissão, Col. 1998, p. II-3141.

[427] Cf. Acórdão do Tribunal de Justiça, de 11 de Janeiro de 1990, processo C-277/87, *Sandoz Prodotti Farmaceutici c. Comissão*, Colect., p. I-45; Acórdão do Tribunal de Justiça de 17 de Julho de 1997, processo C-219/95 P, *Ferriere Nord* c. Comissão, Colect. p. I-4411, nºs 14 e 15; Acórdão do Tribunal de Justiça de 8 de Julho de 1999, processo C-49/92 P, *Anic Partecipazioni SpA c. Comissão*, Col. 1999, p. I-4125, ponto 99.

[428] Cf. Comunicação da Comissão, Orientações relativas à aplicação do nº 3 do artigo 81º, JOCE, nº C 101/97, de 27.04.2004, p. 22. Ver também, Luis D. S. Morais, *Os Conceitos de Objecto e Efeito Retritivos Da Concorrência e a Prescrição de Infracções de Concorrência*, Almedina, Coimbra, 2009, pp. 29 e 30.

[429] *Ibidem*.

[430] Cf. Comunicação da Comissão, Orientações relativas à aplicação do nº 3 do artigo 81º, JOCE, nº C 101/97, de 27.04.2004, p. 24.

reforço desse poder[431]. Por poder de mercado entende-se a capacidade de manter os preços acima dos níveis concorrenciais durante um período de tempo apreciável ou de manter a produção, em termos de quantidade, qualidade ou variedade dos bens e serviços abaixo dos níveis concorrenciais no mesmo horizonte temporal[432].

A subordinação pode infringir o artigo 101º nº 1 do TFUE quando o acordo vertical que a preveja dê origem a uma obrigação do tipo de marca única no que se refere ao produto subordinado e restrinja a concorrência de forma apreciável *i.e.* de forma não *de minimis*. A subordinação será legitimada, nessa hipótese, se o acordo beneficiar da aplicação do regime constante no regulamento de isenção por categoria relativo à aplicação do artigo 101º, nº 3 do TFUE, a determinadas categorias de acordos verticais e práticas concertadas[433] (doravante designado por regulamento de isenção por categoria) ou do regime do artigo 101º nº 3 do TFUE.

No contexto do artigo 101º nº 1 do TFUE, a subordinação pode ser interpretada como uma forma de *quantity-forcing*, ou seja como uma obrigação de compra de uma determinada quantidade do produto subordinado[434]. A subordinação pode ditar a exclusão dos concorrentes, impedidos que ficam de concorrer no fornecimento deste produto ao cliente vinculado, senão com relação à totalidade das suas encomendas, pelo menos com relação a uma sua parte significativa[435]. O efeito de exclusão será mais pronunciado quando o acordo de subordinação for combinado com uma cláusula de não concorrência, *i.e.* uma cláusula que obrigue o comprador a adquirir do vendedor mais de 80% das suas necessidades do produto[436].

A exclusão dos concorrentes do mercado do produto subordinado fará, por seu turno, com que os distribuidores deste produto sejam impedidos de oferecer uma mesma variedade de marcas aos seus clientes, ou seja, reduzirá a concorrência inter-marca, particularmente na hipótese, já aludida, de o acordo ser combinado com uma obrigação de não concorrência. A subordinação pro-

---

[431] *Ibidem*, p. 25.
[432] *Ibidem*.
[433] Regulamento (UE) nº 330/2010 da Comissão, de 20 de Abril, relativo à aplicação do artigo 101º, nº 3, do Tratado sobre o Funcionamento da União Europeia a determinadas categorias de acordos verticais e práticas concertadas, J.O. nº L 102/1, de 23.4.2010.
[434] Neste sentido ver também VAN BAEL & BELLIS, *Competition Law of the European Community*, Kluwer Law International, s/l, 2010, p. 296 e 297.
[435] O efeito de encerramento dependerá da percentagem subordinada das vendas totais no mercado do produto subordinado. Cf. Comunicação da Comissão, Orientações relativas às restrições verticais, JOUE nº C 130/1, de 19.05.2010, p. 216.
[436] *Ibidem*, p. 129.

moverá, pois, um quadro de "marca única" em todos os níveis subsequentes da cadeia de distribuição, acabando, no último, por coartar a liberdade de escolha do público consumidor[437].

O acordo de subordinação beneficiará da aplicação do regulamento de isenção por categoria quando a quota de mercado do fornecedor, tanto no mercado do produto subordinado como no mercado do produto subordinante, e a quota de mercado do comprador no mercado relevante a montante, não excedam, cada uma, 30%[438]. A isenção será válida ainda que o acordo seja combinado com outras restrições verticais, tais como obrigações de não concorrência[439], obrigações de compra de uma determinada quantidade no que se refere ao produto subordinado, ou obrigação de abastecimento exclusivo[440]. Quando os limiares da quota do comprador e/ou fornecedor sejam excedidos e o regulamento de isenção não seja, portanto, aplicável ao acordo, e se este for considerado restritivo da concorrência nos termos do art. 101º nº 1 do TFUE, as partes podem, porventura, ainda tentar submetê-lo ao regime do nº 3 deste preceito. Os parágrafos 219 a 222, inclusive, das Orientações da Comissão relativas às restrições verticais oferecem, quanto a este aspeto, um importante apoio interpretativo.

O artigo 102º do TFUE, por sua vez, tem por escopo a conduta unilateral das empresas dominantes que restrinjam substancialmente a concorrência no mercado comum pela exploração abusiva que façam da posição de mercado detida. A aplicação do preceito pressupõe, intuitivamente, que a empresa em questão detenha uma posição dominante no mercado relevante[441]. Na linha do recurso a conceitos vagos e indeterminados que caracteriza o TFUE, o artigo

---

[437] De acordo com o parágrafo 217 das Orientações relativas às restrições verticais, a subordinação pode também conduzir a preços supraconcorrenciais, especialmente em três situações: i) quando o produto subordinante e subordinado forem parcialmente substituíveis para o comprador; ii) quando a subordinação permitir a discriminação de preços consoante o fim para o qual o comprador utiliza o produto subordinante (*v.g.* fotocopiadoras e cartuxos de tinta); iii) quando em casos de contratos de longa duração ou no caso de mercados pós-venda de equipamentos originais que só serão substituídos a longo prazo, se torna difícil para os clientes calcularem as consequências da subordinação.

[438] Cf. art. 3º do Regulamento (UE) nº 330/2010 e Comunicação da Comissão, Orientações relativas às restrições verticais, p. 218.

[439] Desde que limitadas a um período máximo de cinco anos. Cf. art. 5º nº 1 al. a) do Regulamento (UE) nº 330/2010. Ver a situação de exceção no nº2 do mesmo preceito.

[440] Orientações relativas às restrições verticais, p. 218.

[441] Note-se a diferença com relação ao regime da Secção 2ª do *Sherman Act*, onde se fala apenas de monopolização por outros meios que não a *"superior skill, foresight and industry"*. O regime norte-americano não exige como pré-condição da aplicação desta disposição a detenção de posição dominante.

PARTE II – IV. A SUBORDINAÇÃO E O AGRUPAMENTO NO DIREITO COMUNITÁRIO DA CONCORRÊNCIA

102º não oferece qualquer definição do conceito de posição dominante. Um dos primeiros ensaios de sistematização pode ser encontrado no Memorando de 1965 sobre a concentração no mercado comum, aí se afirmando que *"Existe uma posição dominante num determinado mercado quando uma ou mais empresas podem atuar de forma essencial sobre as decisões de outros agentes económicos de modo a que não possa surgir e manter-se no mercado uma concorrência praticável e suficientemente efetiva"*[442]. No acórdão United Brands, o TJ avança com uma definição que conjuga dois elementos: o impacto na concorrência efetiva e a margem de discricionariedade à disposição da empresa em causa[443]: *"A posição dominante (...) diz respeito a uma posição de poder económico detida por uma empresa que lhe permite afastar a manutenção de uma concorrência efetiva no mercado em causa e lhe possibilita comportar-se, em medida apreciável, de modo independente em relação aos seus concorrentes, aos seus clientes e, finalmente, aos consumidores"*[444]. A noção de independência está relacionada com o grau de pressão competitiva a que a empresa está sujeita. A aquisição de uma posição de domínio faz com que essa pressão esmoreça e deixe de condicionar a conduta comercial da empresa com relação às ações e reações dos seus concorrentes, dos clientes e dos consumidores. Quando assim aconteça, será lícito concluir-se que a empresa goza de poder de mercado. A Comissão, na linha do entendimento de Baden Fuller, define como dominante a empresa *"que seja capaz de aumentar os preços acima do nível da concorrência, de forma rentável, por um período de tempo significativo"*[445] [446]. Em termos ideais, a existência de uma posição dominante poderia ser determinada pela comparação entre o preço praticado pela empresa em causa e o respetivo custo marginal: caso o preço se situasse prolongada e apreciavelmente acima do custo marginal, a empresa poderia considerar-se em situação de domínio. Este método tem na prática uma utilidade reduzida, como nota Moura e Silva, devido à dificuldade em precisar e quantificar as variáveis de cálculo, mormente o valor dos custos marginais, e definir critérios de comparação válidos[447]. Estas dificul-

---

[442] Comissão Europeia, *Le problème de la concentration dans le Marché Commun*, Bruxelas, 1966, p. 22.
[443] Cf. RICHARD WHISH, *op. cit.*, p. 174.
[444] Acórdão do Tribunal de Justiça de 14.2.1978, Proc. 27/76, *United Brands c. Comissão*, Colect. 1978, p. 77, c. 65.
[445] Cf. Comunicação da Comissão – Orientação sobre as prioridades da Comissão na aplicação do artigo 82º do Tratado CE a comportamentos de exclusão abusivos por parte de empresas em posição dominante, JOUE nº C45/7, de 24.2.2009, para. 11.
[446] Este economista definia o poder mercado como o *"poder de uma empresa aumentar os preços acima do custo da oferta sem que os concorrentes atuais ou novos concorrentes lhe retirem clientela em devido tempo"*. Ver BADEN FULLER, C.W., "Article 86 EEC: Economic Analysis of the Existence of a Dominant Position" *in European Law Review*, 1979, 4, p. 423-441.
[447] Cf. MIGUEL MOURA E SILVA, *Direito da Concorrência, Uma Introdução Jurisprudencial*, Almedina, Coimbra, 2008, p. 582.

dades fazem com que a Comissão recorra, na maioria dos casos, a metodologias indiretas de apreciação do poder de mercado. As quotas de mercado dão uma primeira indicação quanto à estrutura do mercado e à importância relativa das empresas que nele operam. No acórdão *Hoffmann-La Roche*, o Tribunal de Justiça refere que "(...) *although the importance of the market shares may vary from one market to another, the view may legitimately be taken that very large shares are in themselves, and save in exceptional circumstances, evidence of the existence of a dominant position. An undertaking which has a very large market share and holds it for some time* (...) *is by virtue of that share in a position of strength* (...)"[448]. Em AKZO, o Tribunal de Justiça susteve que uma quota de mercado igual ou superior a 50% faz presumir o domínio da empresa[449] [450]. Mas a posição de domínio não pode ser aferida com base, apenas, nas quotas de mercado dos agentes económicos. Importa, com efeito, considerar outros fatores, nomeadamente: o grau de substituibilidade do produto vendido; a existência de obstáculos à entrada ou expansão no mercado[451]; o poder negocial dos compradores; a conduta/performance da empresa no mercado e quaisquer outros fatores que indiciem a ausência de pressões concorrenciais sobre a empresa alegadamente dominante[452].

A aplicação do artigo 102º do TFUE pressupõe, doutro passo, que a conduta da empresa dominante seja abusiva. Repare-se que o domínio não é proibido *per se*: a proibição reporta-se exclusivamente à exploração abusiva da posição dominante, ou seja, exige-se um elemento de conduta qualificável como abusivo e distinto da situação especial do agente. Não se estranha, pois, que a jurisprudência do Tribunal de Justiça insista em reiterar que sobre as empresas em posição dominante recai uma especial responsabilidade de não comprometer,

---

[448] Acórdão do Tribunal de Justiça de 13.2.1979, Proc. 85/76, *Hoffmann-La Roche & Co. AG c. Comissão*, Colect. 1979-I, p. 217, para. 41.

[449] Acórdão do Tribunal de Justiça (Quinta Secção) de 3.7.1991, Proc. C-62/86, *AKZO Chemie BV c. Comissão*, Colect. 1991, p. I-03359, para. 60.

[450] Segundo a Comissão, será pouco provável que exista uma posição dominante quando a quota da empresa for inferior a 40% no mercado relevante. Cf. Comunicação da Comissão – Orientação sobre as prioridades da Comissão na aplicação do artigo 82º (CE), para. 14.

[451] Entre os quais, os obstáculos de natureza legal (*v.g.* existência de patente ou outro direito de propriedade intelectual; direitos aduaneiros, etc.); economias de escala e de escopo (ver o caso *United Brands*), a existência de *sunk costs* i.e. investimentos não recuperáveis necessários para entrar no mercado; vantagens a nível de custos (controlo de uma *essential facility*; acesso a recursos naturais, a projetos R&D, à inovação ou ao financiamento exterior); o acesso privilegiado do concorrente aos meios de produção, distribuição e vendas (de novo, vejam-se os casos *United Brands* e *Hoffmann-La Roche*); o prestígio e antiguidade dos concorrentes no mercado; a existência de efeitos de rede.

[452] Cf. Acórdão do Tribunal de Justiça, *United Brands c. Comissão*, p. 67 e 68. O Tribunal nota que ao avaliar do domínio da empresa, "*poderá ser útil tomar em consideração os factos invocados como constituindo um exemplo de comportamentos abusivos sem que se tenha necessariamente que lhes reconhecer essa natureza*".

com o seu comportamento, uma concorrência efetiva e não falseada no mercado comum[453]. O preceito, que recorre a uma combinação da proibição sob a forma de cláusula geral seguida de uma tipologia exemplificativa[454], não oferece uma definição objetiva do conceito de abuso. De acordo com a jurisprudência do Tribunal de Justiça, "*o conceito de abuso é um conceito objetivo que se reporta ao comportamento de uma empresa em posição dominante que é de tal natureza que influencia a estrutura do mercado quando, em resultado da própria presença da empresa em questão, o grau de concorrência é enfraquecido e que, pelo recurso a meios diferentes daqueles em que assenta a concorrência normal em produtos ou serviços na base das transações entre operadores comerciais, tem por efeito impedir a manutenção do grau de concorrência ainda existente no mercado ou o desenvolvimento dessa concorrência*"[455]. O conceito de abuso, como se refere, é objetivo, sendo, portanto, irrelevante a intenção subjetiva da empresa *i.e.* não procederá a alegação de que, com o seu comportamento, a empresa não visava abusar da posição detida.

Existem, em abstrato, duas categorias de abuso: o abuso de exploração e o abuso de exclusão. O primeiro consiste num comportamento da empresa que faz uso das oportunidades que lhe advêm da sua posição dominante de forma a obter benefícios comerciais que não teriam sido colhidos caso a concorrência fosse efetiva e normal (*v.g.* cobrança de preços excessivos). O segundo é um abuso que visa subverter a estrutura do mercado, criando obstáculos à manutenção ou desenvolvimento da concorrência por "*recurso a meios diferentes daqueles em que assenta a concorrência normal*"[456]. Esta classificação não é estanque, sendo várias as práticas abusivas que assumem uma dupla natureza: *v.g.* discriminação de preços, certas recusas de venda, etc.. As práticas de *tying* e *bundling* constituem outros dois exemplos de comportamentos passíveis de enquadramento nas duas grandes categorias de abuso: elas configuram um abuso de exploração na medida em que o adquirente é obrigado a comprar algo que não quer, daí decorrendo para a empresa em posição dominante um benefício (o

---

[453] Cf. Acórdão do Tribunal de Justiça de 9.11.1983, Proc. 322/81, *NV Nederlandsche Banden-Industrie. Michelin c. Comissão*, Colect. 1983, p. 3461, para. 57.

[454] De acordo com esta última, as práticas abusivas podem consistir em:
a) Impor, de forma direta ou indireta, preços de compra ou de venda ou outras condições de transação não equitativas;
b) Limitar a produção, a distribuição ou o desenvolvimento técnico em prejuízo dos consumidores;
c) Aplicar, relativamente a parceiros comerciais, condições desiguais no caso de prestações equivalentes colocando-os, por esse facto, em desvantagem na concorrência;
d) Subordinar a celebração de contratos à aceitação, por parte dos outros contraentes, de prestações suplementares que, pela sua natureza ou de acordo com os usos comerciais, não têm ligação com o objeto desses contratos.

[455] Acórdão *Hoffman-La Roche*, p. 461.

[456] Acórdão *Hoffman-La Roche*, p. 461.

produto da venda do produto subordinado) que não poderia obter num quadro de concorrência efetiva; já serão um abuso de exclusão se dessa forma afetarem a estrutura do mercado, pelo abandono dos concorrentes do mercado do produto subordinado.

A proibição do artigo 102º do TFUE não prevê expressamente qualquer regra de exceção que permita a invocação, pela parte afetada, de circunstâncias justificativas da sua conduta. O Tribunal de Justiça reconheceu a necessidade de clarificar a questão e enunciar os princípios que conformariam essa defesa, *maxime* o da proporcionalidade. No seu acórdão *United Brands*, refere que "*a existência de uma posição dominante não pode privar a empresa que se encontre nessa posição do direito de preservar os seus próprios interesses comerciais quando sejam atacados e que é necessário permitir, em medida razoável, o exercício das ações que considere apropriadas para a proteção dos referidos interesses (...)*"[457]. Esclarece, no entanto, que o "*contra-ataque (...) deve ser proporcional à ameaça, tendo em conta o poder económico respetivo das empresas em causa*"[458]. Se o comportamento for objetivamente justificado não haverá qualquer abuso.

2. *Tying* e *bundling* na jurisprudência comunitária

2.1 A proibição *per se* das décadas de 70 e 80

Até meados da década de 70, as práticas de subordinação e agrupamento mereceram escassa atenção por parte das autoridades comunitárias da concorrência. A abordagem então adotada pela Comissão era puramente formalista: qualquer restrição que fosse imposta num acordo era considerada ilícita *tout court*, sem que para tal se procedesse à prévia avaliação dos diferentes fatores de mercado e se oferecesse uma justificação de racionalidade económica. No caso *Glass Containers*[459], por exemplo, a Comissão susteve que a aplicação de um sistema de preços uniforme para transporte, que era baseado na cobrança de um valor médio por frete sem consideração pelos custos efetivos do transporte da carga, tinha o efeito de anular a vantagem concorrencial que alguns produtores de recipientes de vidro pudessem fruir por virtude da maior proximidade geográfica aos seus clientes. Na realidade, e porque o preço do frete era uniforme, o sistema acabava por favorecer os clientes que estivessem a maior distância às custas daqueles que estivessem mais perto. A Comissão condena, ao abrigo do artigo 101º do TFUE, a prática de os vendedores aderentes a este sistema vincularem a venda dos seus produtos à aceitação, pelos

---

[457] Cf. p. 189 do acórdão.
[458] Cf. p. 190 do acórdão.
[459] Decisão da Comissão de 15.5.1974, Processo IV/400, *Glass Containers (IFTRA)*, J.O. L 160/1, de 17.6.1974.

seus clientes, dos serviços de entrega ao destino, e bem assim as condições uniformizadas do frete. Segundo a Comissão, esta obrigação suplementar não apresentava qualquer ligação com o contrato que suportava a venda dos produtos, até porque os utilizadores dos recipientes de vidro dispunham dos seus próprios meios de transporte[460]. A Comissão nada mais acrescenta. Não há, na decisão, qualquer indicação ou análise aos potenciais ganhos de eficiência económica que decorreriam da implementação da prática. A explicação económica dos alegados efeitos anticoncorrenciais é meramente intuitiva e feita sem a precedência de um estudo apurado das circunstâncias de mercado.

À semelhança do que havia já sucedido nos Estados Unidos, neste período inicial de aplicação das regras do Tratado, as práticas de subordinação e agrupamento são frequentemente perscrutadas no contexto de acordos de licenciamento de direitos de propriedade intelectual. O caso *Vaessen/Moris*[461] ilustra bem o que se afirma. Moris era um comerciante de produtos alimentares, titular de um direito de patente sobre uma máquina industrial para o fabrico de um tipo específico de salsichas de carne, as *saucissons de Boulogne*. Esta patente abrangia igualmente o respetivo método de fabrico. *Moris* era o gerente e principal acionista da empresa *Alex Moris* (doravante designada por ALMO) que fabricava e vendia películas de revestimento sintético para todo o tipo de salsichas, em especial para as *saucissons de Boulogne* fabricadas na máquina patenteada de *Moris*. Estas películas não eram cobertas pelo direito de patente. A ALMO, à qual *Moris* tinha licenciado a patente sobre a máquina e o processo de fabrico, decidiu sublicenciar este direito a um grupo de fabricantes belgas de produtos derivados de carne, entre os quais a *Impérial* e a *Lovendegem*. Os sublicenciados eram autorizados a utilizar a máquina e o processo de fabrico patenteado de forma praticamente gratuita na condição de que adquirissem à ALMO todas as películas de revestimento sintético de que necessitassem na produção das suas salsichas. A queixosa *Vaessen*, uma fabricante holandesa daquele tipo de películas, alegou ter dificuldades em entrar no respetivo mercado por os fabricantes de salsichas se encontrarem já todos contratualmente vinculados à ALMO. Segundo a Comissão, a subordinação em causa *"tem por objeto e efeito a restrição da concorrência uma vez que priva os sublicenciados da opção de se abastecerem junto de outras empresas, provavelmente em termos e condições mais favoráveis, como no caso das compras à Vaessen"*[462].

Um dos elementos centrais da decisão contém-se na afirmação da Comissão de que a cláusula contratual de subordinação importava a extensão ilícita do

---

[460] Cf. p. 48 da decisão.
[461] Decisão da Comissão de 10.1.1979, Processo IV/29.290, *Vaessen/Morris* J.O. L 19/32, de 26.1.1979.
[462] *Ibidem*, para. 15.

poder de monopólio conferido pela patente. Esta afirmação reflete, de forma inequívoca, a influência da teoria de *leveraging* e a metodologia adotada pelo Supremo Tribunal dos Estados Unidos em acórdãos como, por exemplo, *Motion Picture* e *International Salt*. O efeito *leveraging* afigurava-se óbvio à Comissão: ao impor aos sublicenciados a compra das películas à ALMO, o titular da patente, *Moris*, procura estender o poder de mercado detido no mercado da máquina patenteada ao mercado das películas de revestimento sintético[463].

A construção proposta parece-nos, todavia, frágil. Numa primeira nota dir-se-á que fica por esclarecer a questão do domínio de mercado da ALMO a respeito do produto subordinante. A decisão refere apenas, e quanto ao produto subordinado, que a empresa fornecia cerca de dois terços do mercado de películas de revestimento sintético para as *saucissons de Boulogne*, nada mais. Tratando-se de um caso de *leveraging*, a questão deveria ter sido devidamente aprofundada e articulada, uma vez que a alavancagem só seria exequível na presença de poder de mercado substancial *i.e.* de domínio, e que este não deveria ser inferido *ipso facto* da simples titularidade do direito de propriedade intelectual. Doutro passo, é alegado na decisão que a prática em causa tinha o efeito de impedir os sublicenciados de obterem as películas de outros fornecedores, mas este impedimento parece ser apenas aparente: na realidade os sublicenciados poderiam adquirir este produto de outros fabricantes a preços inferiores (designadamente da *Vaessen*) se para tal estivessem dispostos a abdicar do mais eficiente processo de fabrico que estava patenteado e sublicenciado à ALMO. Em lado algum se refere que a única forma de fabricar estas salsichas seja através da máquina ou do processo patenteado. É certo que a *Vaessen* praticava preços comparativamente inferiores aos da ALMO, mas fazia-lo pela simples razão de não ter inicialmente suportado os custos adicionais associados à criação e ao desenvolvimento da máquina e do processo de fabrico patenteados e, consequentemente, de não ter que os amortizar. Ora, se assim é, parece-nos que em vez de ter comparado entre os preços praticados pela ALMO e pela *Vaessen*, a Comissão deveria ter antes comparado ao nível da poupança e da redução de custos entre as duas opções, isto é, entre a poupança conseguida pela utilização da patente da ALMO, traduzida ela num processo de fabrico mais célere, eficiente e menos dispendioso, e por aquela resultante da cobrança de preços inferiores pela *Vaessen*. Esta comparação teria sido possível se, em vez de abreviar caminho, a Comissão tivesse recolhido e ponderado um maior número de elementos probatórios. Ainda no que respeita à subordinação, nada indicava que a ALMO não tivesse imposto a venda das películas por uma questão

---

[463] Ver ALISON FIRTH e DAVID M. RAYBOULD, *Law of Monopolies*, Kluwer Law International, s/l, 1991, p. 261.

de simples monitorização da utilização das suas máquinas. Como nota Langer, esta explicação encontra apoio nos factos dos autos: a ALMO praticava um preço irrisório pela utilização da máquina patenteada. Seria porventura menos dispendioso vincular a utilização das máquinas à compra das películas do que lhes acoplar um instrumento de medição de uso[464]. A Comissão tem razão ao afirmar que a cláusula de *tying* imposta pela ALMO tinha o efeito de dificultar a entrada da *Vaessen* no mercado das películas, mas este argumento, que é de alavancagem, não pode pretender tomar a parte pelo todo e presumir o encerramento anticoncorrencial do mercado. Para uma tal conclusão impunha-se a apreciação de outros elementos de natureza empírica e um estudo económico detalhado dos diferentes fatores de mercado.

No caso *Windsurfing*[465], envolvendo a construção de pranchas de *Windsurf*, a Comissão considerou contrária ao artigo 101º do TFUE uma cláusula que proibia os licenciados de vender o produto patenteado ao qual a licença se referia, a estrutura de mastreação, sem vender a respetiva prancha, não protegida pelo âmbito da patente[466]. Segundo a Comissão, esta cláusula acarreava o efeito prático imediato de restringir a liberdade dos licenciados no que respeita à possibilidade de comercializarem apenas pranchas da sua própria produção. Os fornecedores de outras pranchas ficariam também impossibilitados, por um lado, de vender as suas pranchas aos licenciados e, por outro, de completarem a sua própria gama de produtos através da aquisição de estruturas de mastreação aos licenciados. A *Windsurfing* argumentou, *inter alia*, que a restrição imposta visava assegurar a qualidade do equipamento final de forma que os consumidores pudessem usufruir da melhor combinação de pranchas e de estruturas de mastreação. A Comissão rejeitou este argumento, replicando que *"standards of quality and safety may fall outside the scope of article 85 (1) only if they relate to a product actually covered by the patent, if they are intended to ensure no more than the technical instructions as described in the patent are in fact carried out and if they are agreed upon in advance and on the basis of objectively verifiable criteria"*[467]. O Tribunal de Justiça, adotando uma abordagem também ela formal, confirma o entendimento da Comissão, mantendo que a obrigação imposta da aquisição conjunta do produto patenteado e do produto não patenteado constituía uma extensão ilícita

---

[464] JURIAN LANGER, *op. cit*, p. 121.
[465] Acórdão do Tribunal de Justiça (Quarta Secção) de 25.2.1986, Proc. 193/83, *Windsurfing International c. Comissão*, Colect. 1986, p. 611.
[466] A decisão foi alvo de várias críticas pela ausência de uma análise económica e factual das circunstâncias do caso. Destacam-se as críticas do Advogado-Geral Lenz que refere que a Comissão *"neglected to carry out a detailed market study"*. Cf. p. 620.
[467] Cf. p. 43 do acórdão.

do direito conferido pela patente sobre a estrutura de mastreação[468]. No entender do Tribunal, a cláusula imposta de *tying* não seria indispensável à exploração daquele direito de propriedade industrial. Como bem nota Venit, a decisão do Tribunal é baseada no preconceito erróneo de que existe algo inerentemente anticoncorrencial na existência de um monopólio assente num direito de patente e de que as licenças de patente, ainda quando de natureza vertical, diferem fundamentalmente dos acordos de distribuição e justificam um tratamento jus-concorrencial mais severo[469].

O tratamento hostil que marca este período inicial acaba, no decorrer da década 80, por se converter numa proibição geral *per se* das práticas de *tying* e *bundling*. As decisões da Comissão são caracterizadas por não se alicerçarem numa apreciação económica e factual exaustiva das condições de mercado. A alavancagem é presumida com um certo facilitismo, mesmo quando a existência de poder de mercado no mercado do produto subordinante não resulte cabalmente provada. Esta presunção estende-se aos efeitos anticoncorrenciais no mercado do produto subordinado, sendo essa, talvez, a constatação mais grave dado que se parece prescindir da prova da exclusão potencial ou efetiva dos concorrentes. As condenações por abuso de posição dominante procedem na base, apenas, da prova da posição dominante e da afetação do comércio interestadual.

Esta abordagem mais intransigente era subsidiada pela legislação comunitária que então se fez aprovar. No que respeita ao artigo 101º do TFUE, o antigo Regulamento (CEE) nº 1984/83[470], relativo à aplicação do nº 3 do artigo 85º do Tratado (atualmente o nº 3 do artigo 101º do TFUE) aos acordos de compra exclusiva, identificava expressamente as cláusulas de *tying* como circunstância excludente do benefício de isenção, independentemente de o distribuidor ser ou não dominante nos mercados afetados[471]. O Regulamento (CEE) nº 2349/84 relativo à aplicação do nº 3 do artigo 85º do Tratado aos acordos de licenciamento de patentes, oferecia um tratamento semelhante às práticas de venda combinada quando estas não fossem consideradas necessárias para a

---

[468] Cf. p. 57
[469] JAMES S. VENIT, "In the Wake of Windsurfing: Patent Licensing in the Common Market", *Annual Proceedings of the Fordham Corporate Law Institute – International Antitrust Law Policy*, Juris Publishing, New York, 1986, pp. 560 e 561.
[470] Regulamento (CEE) nº 1984/83 da Comissão, de 22 de Junho de 1983, relativo à aplicação do nº 3 do artigo 85º do Tratado (atual artigo 101º do TFUE) a certas categorias de acordos de compra exclusiva, J.O. nº 173, de 1983-06-30, p. 5.
[471] Cf. art. 3º al. c) do Regulamento.

correta exploração da tecnologia licenciada[472]. O regulamento concedia isenção à obrigação, por parte do licenciado, de se abastecer em produtos ou de utilizar os serviços do licenciante, *"desde que esses produtos e serviços sejam necessários à exploração tecnicamente correta da invenção concedida"*[473]. A subordinação e o agrupamento eram *"blacklisted"* na situação específica prevista pelo artigo 3º nº 9 do regulamento. O preceito excluía expressamente do âmbito da isenção do regulamento o acordo que induzisse ou impusesse ao licenciado a aceitação de outras licenças não desejadas, ou a utilização de patentes, produtos ou serviços não desejados, *"salvo quando essas patentes, produtos ou serviços se mostrem necessários à exploração tecnicamente correta da invenção concedida"*.

São vários os exemplos da abordagem *per se* da Comissão já no decurso da década de 80. No caso *Coca-Cola Italia Undertaking*, a Comissão dirigiu a esta empresa, que considerou dominante no mercado italiano de refrigerantes gasosos, uma declaração de objeções relativamente a uma prática de *mix bundling*. A Comissão opôs-se especificamente aos descontos de gama oferecidos aos grandes distribuidores que decidissem comprar, em adição às suas habituais encomendas da bebida *Coca-Cola*, outras bebidas que fossem também comercializadas pelo grupo[474]. Segundo a Comissão, esta prática fazia condicionar o acesso da concorrência aos *outlets* comerciais que se dedicavam à venda deste tipo de produto. A *Coca-Cola Italia* decide acatar a decisão da Comissão e dar por terminada a sua política de descontos. Ainda com referência às práticas de *mix bundling*, cumpre fazer menção à decisão da Comissão no caso *Michelin I*[475]. A decisão visava uma medida especial, tomada pela *Michelin* em 1977, devido à impossibilidade de satisfazer a procura de pneus para pesados, provocada por um aumento da procura em outros mercados. A título de compensação para os revendedores, a *Michelin* concedia um bónus adicional desde que fosse atingido um determinado objetivo quanto à compra de pneus ligeiros. A Comissão procurou sustentar em juízo que esta promoção era análoga a uma prática de subordinação prevista na al. d) do artigo 102º do TFUE, por impor aos revendedores um esforço no mercado de pneus de ligeiros para poderem colher um benefício no mercado dos pneus dos pesados. O Tribunal de Justiça rejeita esta tese, entendendo que as condições do desconto não envolviam qualquer ligação intencional entre os dois mercados: a medida compensatória tinha lugar

---

[472] Regulamento (CEE) nº 2349/84 da Comissão, de 22 de Junho de 1983, relativo à aplicação do nº 3 do artigo 85º do Tratado (presentemente artigo 101º do TFUE) a certas categorias de acordos de licença de patentes, J.O. nº L 219, de 16.08.1984, p. 15.
[473] Cf. artigo 2º nº1 (1) do Regulamento.
[474] Cf. XIX Relatório sobre Política de Concorrência, 1989, p. 50.
[475] Decisão da Comissão de 7.10.1981, Processo nº IV/29.491 *Michelin NV*, J.O. L 353, de 9.12.1983, p. 33.

inteiramente no âmbito do regime de descontos para pneus para ligeiros, sendo calculada sobre as vendas destes, em função de um objetivo pré-definido e independente da venda de pneus pesados[476].

A abordagem da Comissão era a mesma quanto às práticas de *tying*. No caso *British Sugar* (BS), por exemplo, a Comissão não considerou que fosse essencial a demonstração de que a subordinação surtia efeitos anticoncorrenciais no mercado do produto subordinado[477]. A BS detinha uma posição dominante no mercado britânico do açúcar granulado. A Comissão contestou, *inter alia*, o facto de a BS ter condicionado o fornecimento de açúcar aos seus clientes, à aceitação do respetivo serviço de entrega. Esta circunstância, *i.e.*, a subordinação das vendas do açúcar aos serviços de entrega, bastou, *per se*, para fundamentar a acusação que lhe foi dirigida por abuso de posição dominante. Segundo a Comissão, a BS estava, deste modo, a reservar para si própria a atividade separada, mas auxiliar, da entrega do açúcar que poderia, em condições normais, ser efetuada independentemente por uma empresa distinta. Pese embora esta alegação, a Comissão não demonstra, económica ou factualmente, o encerramento do mercado subordinado, nem tão pouco atende às razões de eficiência económica suscitadas.

O Tribunal de Justiça confirma a abordagem *per se* da Comissão no processo *Télémarketing* (ou CBEM)[478], em que se discutiu, como *supra* vimos, um conflito entre a estação televisiva monopolista CLT e a CBEM, uma empresa com atividade na aérea do *telemarketing*, a respeito de uma imposição de *bundling*. Na base do diferendo estava a recusa da estação de televisão em vender tempo de antena à CBEM a menos que o número de telefone publicitado nos seus anúncios para os clientes residentes na Bélgica fosse o de uma subsidiária da CLT. O Tribunal equipara a posição da CLT à da *Commercial Solvens*: ela controla um serviço indispensável às atividades de outra empresa num mercado distinto. Basicamente o que CLT pretendia era agregar a venda dos seus serviços de publicidade televisiva à venda dos seus serviços de *telemarketing*, para com isso, aparentemente, excluir as empresas que concorressem com a sua subsidiária no mercado *downstream* de televendas. O Tribunal entende que "(...) *an abuse within the meaning of Article 86 is committed where, without any objective necessity, an undertaking holding a dominant position on a particular market reserves to itself or to an*

---

[476] Cf. Acórdão do Tribunal de Justiça de 9.11.1983, Proc. 322/81, *NV Nederlandsche Banden-Industrie. Michelin c. Comissão*, Colect. 1983, p. 3461, para. 27.

[477] Decisão da Comissão de 18.7.1988, Processo nº IV/30.178, *Napier Brown – British Sugar*, J.O. L 284, de 19.10.1988, p. 0041 – 0059.

[478] Acórdão do Tribunal de Justiça de 3.10.1985, proc. nº 311/84, *Centre Belge d'Etudes du Marché-Télémarketing c. Compagnie Luxembourgeoise de Télédiffusion SA e Information Publicité Benelux SA*, Colect. 1985, p. 3261.

PARTE II - IV. A SUBORDINAÇÃO E O AGRUPAMENTO NO DIREITO COMUNITÁRIO DA CONCORRÊNCIA

undertaking belonging to the same group an ancillary activity which might be carried out by another undertaking as part of its activities on a neighbouring but separate market, with the possibility of eliminating all competition from such undertaking"[479]. Repare-se que o Tribunal condena a prática, mas na realidade apenas se refere à *possibilidade teórica* de eliminação da concorrência: "*If, further, that refusal is not justified by technical or commercial requirements relating to the nature of the television, but is intended to reserve to the agent any telemarketing operation broadcast by the said station, with the possibility of eliminating all competition from another undertaking, such conduct amounts to an abuse prohibited by Article 86*"[480]. A posição do Tribunal parece pouco substanciada por assentar em parte, parece-nos, num exercício de alguma especulação sem base científica. O Tribunal parece querer dizer que *a mera possibilidade* de exclusão com base na intenção subjetiva da empresa justifica a condenação ao abrigo do artigo 102º do TFUE[481].

Julgamos ser possível concluir este subcapítulo com a ideia de que a apreciação jus-concorrencial das práticas de *tying* e *bundling* nas décadas de 70 e 80 revolve em torno de um critério de proibição *per se*, baseado, em parte, na conceção mítica norte-americana de que o *leveraging* é fundamentalmente prejudicial aos interesses da concorrência e dos consumidores. A condenação destas práticas parece fluir, exclusivamente, da prova da posição dominante da empresa investigada e da afetação substancial do comércio entre os Estados-membros. O requisito da exclusão não parece ter sido um importante fator de análise.

2.2 A década de 90 e a gradual descaracterização do critério *per se*

A atividade investigatória e persecutória da Comissão é bastante prolífica neste período. Importa registar um significativo número de casos que são encerrados informalmente por acordo após a fase da comunicação de acusações. Em 1996, a Comissão chega a acordo com a *Nielsen*, uma empresa de dimensão internacional que era, à altura, dominante no mercado dos serviços de *market tracking*,

---

[479] Ver para. 27 do acórdão.
[480] Ver, para. 26 do acórdão, sublinhado nosso.
[481] No caso *British Airways*, o TJ explicou que a condenação podia proceder na base apenas do efeito potencial de exclusão, mas salientou que tal só seria aceitável uma vez demonstrado que "*o comportamento da empresa em posição dominante tenda, tomando em conta todas as circunstâncias do caso concreto, a causar uma distorção da concorrência*". Ora, no caso dos autos, o Tribunal furta-se a este enquadramento e à fundamentação da alegada "*possibility of eliminating all competititon*". Cf. Acórdão do Tribunal de Justiça (Terceira Secção) de 15.3.2007, Proc. C-95/04P, *British Airways c. Comissão*, Colect. 2007, p. I 2331, para. 145.

ou seja, serviços de recolha e processamento de informação de mercado[482]. Em causa estava uma política de descontos cuja concessão era condicionada a um pré-compromisso, por parte do cliente, normalmente uma empresa multinacional, de que contrataria os serviços da *Nielsen* nos restantes países onde estivesse comercialmente representada. No entender da Comissão, esta prática abusiva fazia com que os concorrentes desta empresa se vissem impedidos de estabelecer uma *"presença competitiva"* nos mercados relevantes[483].

A Comissão decidiu também dar início a um processo de infração ao artigo 86º CEE (atual art. 102º do TFUE) com relação às práticas comerciais da *Digital Equipment Corporation (Digital)*. A *Digital* prestava atividade na indústria da informática, dedicando-se ao fabrico e distribuição de computadores e à prestação de serviços de manutenção e assistência técnica a equipamentos de *hardware* e *software*. Na sua comunicação de acusações, a Comissão considerou que a *Digital* usufruía de uma posição dominante *"nos mercados dos serviços de assistência e manutenção dos suportes lógicos Digital e de outros serviços para computadores Digital"*. A Comissão entendeu que a *Digital* teria abusado da sua posição dominante ao desenvolver uma política comercial caracterizada por práticas discriminatórias e vendas agregadas de serviços de assistência a *software* e *hardware*, na variante de *mix bundling*. Segundo a Comissão, o conjunto destas práticas comerciais manifestava uma *"vontade clara de impedir os prestadores de serviços independentes de entrarem em concorrência com a Digital nos mercados de serviços de manutenção e de outros serviços para computadores Digital"*[484]. Pese embora ter contestado a acusação, a *Digital* resolveu propor à Comissão a adoção de compromissos formais destinados a alterar a sua política comercial e tarifária no domínio dos serviços de manutenção de suporte lógico e outros serviços. No que respeita às práticas de *mix bundling*, a Comissão determinou que a oferta do pacote poderia ser mantida, mas com um desconto máximo equivalente a 10% da soma dos preços dos seus componentes individuais. É importante observar que a Comissão reconhece neste processo, pela primeira vez, a legitimidade em fazer passar aos consumidores os ganhos de eficiência económica realizados pela venda combinada. Começa-se assim a computar na análise *antitrust* alguns aspectos da metodologia da *rule of reason*.

No processo *IRE/Nordion*, a Comissão escrutinou os contratos da *Nordion* que continham cláusulas de subordinação e exclusividade. A *Nordion* era uma empresa canadiana que operava no mercado mundial da produção e venda de

---

[482] Ver o *press release* em: http://europa.eu/rapid/pressReleasesAction.do?reference=IP/96/1117&format=HTML&aged=1&language=EN&guiLanguage=en.
[483] Cf. XXVI Relatório sobre a Política de Concorrência (1996), p. 64.
[484] Cf. XXVII Relatório sobre a Política de Concorrência (1997), p. 28.

PARTE II – IV. A SUBORDINAÇÃO E O AGRUPAMENTO NO DIREITO COMUNITÁRIO DA CONCORRÊNCIA

molibdénio 99, base de um radiofármaco utilizado na medicina nuclear. A empresa concluía habitualmente com os seus clientes contratos de abastecimento de longa duração, numa base de exclusividade. Estes contratos faziam condicionar o fornecimento daquele produto à aquisição de outros também comercializados pela empresa. Segundo a Comissão, a subordinação surtia o efeito de privar o seu principal concorrente, a empresa belga *IRE*, autora da denúncia, da possibilidade de desenvolver a sua atividade, ou mesmo de manter a sua presença no mercado a longo prazo. A subordinação fazia também precludir a entrada no mercado dos seus potenciais concorrentes. A análise da Comissão neste processo marca a diferença face ao período *per se* anterior por exibir uma preocupação em dar um enquadramento económico à questão do encerramento de mercado. O processo é encerrado na sequência da aceitação dos compromissos assumidos pela *Nordion* de renunciar às referidas cláusulas[485].

Pese embora a prática decisória dos anos 90 ter confirmado o critério de proibição *per se*, esta abordagem foi sendo gradualmente temperada pela introdução e consideração de fatores de análise económicos, *maxime* ao nível da avaliação do poder de mercado[486], da aceitação, em abstrato, da possibilidade de alegação de circunstâncias justificativas e da própria explicação económica das práticas analisadas[487]. O primeiro grande caso de subordinação a ser investigado pela Comissão foi o caso *Hilti*, um verdadeiro emblema, neste período, da lógica da proibição atenuada (*modified per se approach*). A *Hilti* era uma das maiores empresas fabricantes de pistolas de pregos na União Europeia, com uma quota de mercado de cerca de 60%. Para além das pistolas, a *Hilti* fabricava também os respetivos consumíveis, designadamente os pregos, com uma quota de mercado de 70% a 80%, e as fitas de cartuchos, onde detinha 70%. A *Eurofix* era uma pequena empresa que, nos anos 80, se dedicava ao fabrico e distribuição de pregos. A *Bauco*, por sua vez, era especializada na importação do tipo de pregos utilizados nas pistolas da *Hilti*. Em Outubro de 1982, a *Eurofix* decide apresentar uma queixa formal contra a *Hilti* por violação do artigo 86º do Tratado da CEE (actual artigo 102º do TFUE). Segundo a tese apresentada por esta empresa, a *Hilti*, através das suas filiais na CEE, prosseguia *"uma estratégia comercial destinada a excluir a Eurofix do mercado de pregos compatíveis com os produtos da Hilti"*, em particular, a *Eurofix* alegou que *"a Hilti se recusou a fornecer aos distribuidores independentes ou aos representantes dos produtos Hilti fitas de cartuchos que não fossem acompanhadas de uma requisição complementar de pregos; que,*

---

[485] Cf. XXVIII Relatório sobre a Política de Concorrência (1998), p. 41.
[486] *Vide* em especial as Decisões da Comissão em *Hilti* (caso IV/30.787, *Eurofix-Bauco c. Hilti*) e *Tetra Pak II* (caso IV/31.043, *Tetra Pak II*).
[487] Cf. Processo *Sacem Tournier*, Acórdão do Tribunal de Justiça de 13.7.1989, Proc. C-395/87, *Ministère Public v. Jean Louis Tournier*, Colect. 1989, p. 02521.

em resposta, a Eurofix, para poder vender os seus pregos para as pistolas de pregos Hilti, tentou obter ela própria fornecimentos de fitas de cartuchos; que a Hilti induziu o seu representante independente nos Países Baixos a negar o suprimento de fitas de cartuchos que a Eurofix tinha anteriormente conseguido obter dessa fonte; e que a própria Eurofix se tinha visto recusar um fornecimento de fitas de cartuchos, na sequência de um pedido direto apresentado à Hilti"[488]. A *Bauco* apresentou uma queixa em termos similares.

A Comissão deu seguimento às queixas apresentadas, acabando por condenar a *Hilti* pela prossecução de um conjunto de estratégias direcionadas à exclusão dos seus concorrentes do mercado dos pregos compatíveis com aquelas pistolas, designadamente ter subordinado a venda destes pregos à aquisição das fitas de cartuchos; recusar honrar garantias de fábrica caso os seus clientes adquirissem pregos à concorrência; ter recusado vender cartuchos de pregos a clientes que os adquirissem para revenda e ter causado o atraso ou o entrave de licenças legais compulsórias legitimamente disponíveis sob patente da *Hilti*.

A Comissão definiu três mercados relevantes: o mercado de pistolas de pregos, e os mercados de fitas de cartuchos e de pregos compatíveis com as pistolas *Hilti*. A Comissão não acedeu à pretensão da *Hilti*, segundo a qual as pistolas de pregos, as fitas de cartuchos e os pregos deviam ser considerados como componentes de um todo, designadamente de um sistema integral de fixação acionado a pólvora (FFAP). Para a Comissão, a separabilidade destes mercados resultava da convergência de diferentes circunstâncias indiciantes, a primeira das quais a presença no mercado de fabricantes independentes de pregos e de fitas de cartuchos compatíveis que não produziam pistolas de pregos: um facto demonstrativo de que esses produtos obedeciam, na realidade, a diferentes condições de oferta. Além disso, alguns fabricantes de pistolas de pregos dependiam do fornecimento de consumíveis assegurado por produtores independentes de pregos e fitas de cartuchos. A própria *Hilti* dependia de duas empresas, a *Dynamit Nobel* e a *Cartoucherie de Survilliers*, para abastecer diretamente, e de forma independente, as suas filiais e distribuidores de fitas de cartuchos. Do lado da procura, a Comissão apurou que as pistolas de pregos e os respetivos consumíveis não eram habitualmente adquiridos em simultâneo. A *Hilti* foi considerada dominante nos três mercados identificados[489]. No mercado das pistolas de pregos, em específico, a Comissão entendeu que o domínio lhe advinha da proteção conferida pelos direitos de propriedade intelectual e pela propriedade de um moderno e eficaz sistema de distribuição.

---

[488] Cf. Decisão da Comissão de 22.12.1987 (88/138/CEE), IV/30.787, *Eurofix-Bauco c. Hilti*, J.O. L 65 de 11.3.1988, p. 19 a 44, p. 25
[489] Cf. p. 70 da Decisão.

No que respeita, especificamente, à questão da subordinação, a Comissão deixa claro que "*Essas políticas não deixam qualquer liberdade ao consumidor de optar pela origem dos seus pregos e como tal exploram-no abusivamente. Além do mais, essas políticas têm todas como objetivo ou efeito a exclusão dos fabricantes independentes de pregos*"[490]. A preocupação da Comissão centra-se, em substância, na extensão da posição dominante no mercado das pistolas e, relativamente aos produtos complementares compatíveis, no mercado de fitas para cartuchos, onde também dispunha de proteção por direitos de propriedade intelectual, para o mercado dos pregos, onde não dispunha de qualquer direito exclusivo. Sem embargo, a análise de exclusão da Comissão afigura-se-nos pouco exaustiva e, como veremos, sem qualquer correspondência às teorias económicas do *tying*[491].

A *Hilti* procurou justificar a sua política de subordinação alegando razões de fiabilidade, funcionamento e segurança do sistema FFAP. Segundo a empresa, as queixosas fabricavam pregos de qualidade inferior que poderiam comprometer a segurança e o correto funcionamento das suas pistolas. A *Hilti* seria a única empresa no mercado a poder assegurar a compatibilidade, segurança e fiabilidade daquele sistema. A Comissão refletiu sobre o argumento da *Hilti*, o que só por si demonstra já uma aproximação à metodologia da *rule of reason*, que, como referimos, caracterizou este período, mas acabou por declará-lo por considerar a sua alegação não substanciada e particularmente parcial aos interesses da empresa[492]. A Comissão considerou que a legislação comunitária respeitante ao controlo e segurança dos produtos comercializados no mercado comum se reputava suficiente para acautelar das supostas preocupações da empresa, em especial por exigir um patamar de qualidade mínima aos pregos que eram fabricados, *inter alia*, pelos produtores independentes. A Comissão acrescenta que a *Hilti* não tinha feito prova de que a utilização deste tipo de pregos tivesse alguma vez resultado na ocorrência de acidentes. Também se refere o facto de a empresa ter manifestado relutância em propor ações judiciais e/ou em alertar e requerer a atuação das autoridades públicas competentes com base nas suas alegações relativas à segurança[493].

Inconformada com a condenação, a *Hilti* interpôs recurso para o então Tribunal de Primeira Instância. O Tribunal começa por confirmar o entendimento da Comissão quanto à não existência de um mercado único para o sistema de fixação FFAP: "*A tese avançada pela Hilti segundo a qual se deveria considerar que as pistolas, os pregos e as fitas de cartuchos formam um todo indissociável, designado por*

---

[490] Cf. p. 75 da Decisão.
[491] Cf. p. 74 da Decisão.
[492] Cf. p. 87 a 96 da Decisão.
[493] Cf. p. 91 da Decisão.

«*FFAP*», *traduzir-se-ia, na prática, em autorizar os produtores de pistolas de pregos a excluir a utilização nos seus aparelhos de artefactos conexos diferentes dos da sua própria marca. Ora, na falta de normas e de regras gerais obrigatórias, qualquer produtor independente é perfeitamente livre, à luz do direito comunitário da concorrência, de fabricar artefactos conexos destinados a ser utilizados em aparelhos fabricados por outrem, a menos que, ao fazê-lo, ponha em causa um direito de patente ou qualquer outro direito de propriedade industrial ou intelectual."*[494]. O Tribunal pareceu influenciado pela existência, desde os anos 60, de fabricantes independentes de pregos para utilização em pistolas de fixação, incluindo as da *Hilti*. Dando como pacífica a questão da existência de um mercado separado para pregos compatíveis, o Tribunal conclui pelo domínio da *Hilti*, atenta a sua elevada quota de mercado[495]. No que respeita ao abuso, o Tribunal esclarece: *"Dado que a Hilti admitiu ter efetivamente adotado os outros comportamentos de que a Comissão a acusa e reconheceu que esses comportamentos eram suscetíveis de constituir abusos por parte de uma empresa em posição dominante, impõe-se, tendo ficado provada a posição dominante da Hilti no mercado, declarar que a recorrente, ao adotar o conjunto das práticas comerciais de que a Comissão a acusa, abusou dessa posição dominante"*[496].

O Tribunal continua a narrativa na esteira do entendimento da Comissão, rejeitando também o argumento da justificação objetiva suscitado pela *Hilti*, salientando, por um lado, existir legislação que permitia punir a venda de produtos perigosos e a publicidade enganosa relativa às características dos produtos comercializados, e, por outro, a existência de autoridades às quais tinha sido conferida competência especializada para aplicar essas leis. O Tribunal sustém que não compete a uma empresa dominante *"tomar, por sua própria iniciativa, medidas destinadas a eliminar produtos que considere, bem ou mal, perigosos ou de qualidade inferior aos seus próprios produtos"*[497].

O Tribunal de Justiça confirma integralmente, em sede de recuso, o acórdão do Tribunal inferior[498]. No entender do Advogado-Geral Jacobs, que subscreve em absoluto a filosofia da abordagem *per se*, *"if Hilti is dominant in the nail guns market, it is clear that that can only serve to reinforce its position in the markets for components such as cartridges and nails"*[499].

---

[494] Acórdão do Tribunal de Primeira Instância (Segunda Secção) de 12.12.1991, proc. nº T-30/89, *Hilti c. Comissão*, Colect. 1991, p. II 1439, p. 68.
[495] Cf. para. 94 do acórdão.
[496] Cf. p. 101 do acórdão.
[497] Cf. p. 118 do acórdão.
[498] Acórdão do Tribunal de Justiça de 2.3.1994, Proc. C-53/92 P, *Hilti c. Comissão*, Colect. 1994, p. I 667.
[499] Ver Opinião dada no caso *Hilti*, p. 19.

Na base da condenação das políticas de *tying* da *Hilti* parece ter estado, essencialmente, o receio da alavancagem de poder de mercado detido a respeito das pistolas e dos cartuchos para o mercado adjacente dos pregos compatíveis. Pode ler-se na decisão da Comissão: "*A capacidade de prossecução de políticas ilegais resulta do seu poderio no mercado de fitas de cartuchos compatíveis com a Hilti e de pistolas de pregos (onde a sua posição de mercado é a mais forte e as barreiras ao acesso mais elevadas) e têm como objetivo o reforço do seu domínio no mercado de pregos compatíveis com a Hilti (onde é potencialmente mais vulnerável à nova concorrência)*"[500]. Questionamos, com base na informação que foi disponibilizada ao público, se, não obstante, as práticas de *tying* prosseguidas por esta empresa teriam, de facto, o potencial de produzir efeitos anticoncorrenciais no mercado subordinado e acarretar um prejuízo real aos consumidores. Cremos que se a Comissão tivesse entrosado na sua análise as razões da teoria económica de Chicago, teria possivelmente concluído de forma diversa[501]. Embora as quotas de mercado da *Hilti* fossem significativas, a indústria dos pregos era caracterizada por um elevado grau de competitividade. Esta circunstância é atestada pela própria Comissão, na sua decisão. Ora, se assim é, e se seguirmos as lições deixadas Bork e Posner, quanto ao teorema do lucro do monopólio único, seremos forçados a concluir que a empresa, não obstante gozar dos seus direitos de propriedade intelectual e poder, consequentemente, estabelecer preços de monopólio quanto às fitas de cartuchos, não estaria em condições de se socorrer da subordinação como forma de assegurar a extração de lucros supracompetitivos no mercado adjacente dos pregos. Repare-se que o comprador não se limita a comprar a pistola de pregos: ele compra a pistola, as fitas de cartucho e os pregos. O valor de cada um destes produtos depende exclusivamente da sua utilização conjunta com os demais. A subida de preços dos pregos (produto subordinado) traduziria, no plano imediato, um aumento do preço total do pacote composto por estes três produtos. Atendendo a que os produtos têm entre si uma relação de complementaridade, este incremento no preço traduziria uma quebra no volume de vendas dos pregos e, consequentemente, no volume de vendas dos cartuchos, comprometendo os lucros "garantidos" auferidos ao abrigo da patente titulada. Num cenário de um mercado subordinado competitivo, a empresa não teria qualquer interesse em vender os produtos em *bundle* uma vez que não pode obter um valor superior àquele que o consumidor está disponível para pagar pelo pacote pistola/cartuchos/pregos.

O argumento da exclusão da concorrência também não procede porque a empresa não estava em condições de conseguir privar os demais fabricantes de

---

[500] Cf. p. 74 da Decisão.
[501] Neste sentido ver BARRY J. NALEBUFF, "Bundling, Tying, and Portfolio Effects", *Department of Trade and Industry Economics Paper n.1*, 2003, p. 19 *et seq.*.

pregos de escala adequada. Isto é assim, por um lado, porque a indústria dos pregos não parecia estar sujeita a economias de escala e, por outro, porque além da sua utilização específica nas pistolas *Hilti*, existiam inúmeras outras utilizações a que se poderiam afetar aqueles pregos. Price sugere que a empresa vendia os produtos sob a configuração de *bundle* como forma de medir a intensidade de uso das pistolas de pregos, no contexto de uma política de discriminação de preços[502]. Esta construção depara-se, todavia, com duas dificuldades: a primeira resulta do facto de as fitas de cartuchos serem fornecidas com um número fixo de pregos, *i.e.* existe entre os dois produtos uma relação de proporção fixa; a segunda, porque existia um mercado paralelo de revenda de pregos (arbitragem). A questão da revenda está bem patente na decisão da Comissão, quando esta se refere aos esforços encetados pela *Hilti* no sentido de evitar o comércio paralelo. Pode ler-se na decisão que a *"estratégia da Hilti era dirigida indiretamente a toda a CEE na sua tentativa de simultaneamente travar a entrada no mercado de novos concorrentes (os quais poderiam começar a exportar) e de impedir o que seria uma arbitragem lucrativa"*[503]. Esta arbitragem, a que a passagem se refere, era viabilizada pelo facto de os preços praticados em relação às pistolas, fitas de cartucho e pregos divergirem substancialmente de país para país.

Se a estratégia de subordinação seguida pela *Hilti* não era apta à consecução de nenhum destes três objetivos (discriminação de preços; extração de lucros de monopólio no mercado do produto subordinado; criação de obstáculos à entrada no mercado do produto subordinado) pergunta-se, então, qual seria o verdadeiro desígnio que propulsionou a sua implementação. Julgamos que é legítimo supor duas hipóteses alternativas: a empresa ter adotado esta prática na equivocada convicção de que esta lhe proporcionaria uma maior rentabilidade no mercado dos pregos; ou, como a própria empresa argumentou em sua defesa nos autos, a garantia do correto funcionamento e da segurança operacional das suas pistolas, assim também se salvaguardando a reputação e o bom nome comercial da *Hilti*. O argumento da qualidade persuade-nos porque nos parece que, em caso de avaria ou falha técnica da pistola, os consumidores atribuiriam tendencialmente a responsabilidade à *Hilti* e ao seu aparelho, que não à má qualidade dos pregos fornecidos pelos fabricantes independentes. Baseamos a nossa opinião no facto de não ter resultado provado nos autos o grau de sofisticação e informação dos consumidores que tipicamente adquiriam este tipo de produtos. De uma forma ou de outra, e pelas razões que aqui se aduzem, julgamos que a Comissão e os tribunais comunitários decidiram equivocadamente.

---

[502] DIANE R. PRICE, "Abuse of a Dominant Position – The Tale of Nails, Milk Cartoons and TV Guides" in *European Competition Law Review*, 11, Sweet & Maxwell, s/l., 1990, p. 87.
[503] Cf. p. 74 da Decisão.

O segundo processo a abordar exaustivamente o tema da subordinação na década de 90 é o caso *Tetra Pak II*. Retenhamos, pois, a sua factualidade, procurando enquadrá-la naquilo que constitui a prática comercial da *Tetra Pak*. O grupo *Tetra Pak* é um dos líderes mundiais na produção de embalagens de cartão e máquinas de enchimento para alimentos líquidos e semilíquidos. Em 1952, introduziu no mercado o seu primeiro sistema para o acondicionamento de leite, composto por uma embalagem em forma de tetraedro, uma máquina de enchimento e a tecnologia para selar o material de embalamento após o enchimento. Em 1963, introduziu o sistema de embalamento *Tetra Brick*, tendo, ao longo dos anos, desenvolvido as suas tecnologias e expandido a sua atividade a outros tipos de embalagem, designadamente a embalagem plástica. Atualmente o grupo *Tetra Pak* é especializado nos equipamentos para acondicionamento em embalagens de cartão, atuando nos sectores asséptico e não asséptico.

Em 1983, a *Elopak*, que era então a principal concorrente da *Tetra Pak* no sector das embalagens em cartão para alimentos líquidos, apresentou junto da Comissão uma queixa relativamente a um conjunto de práticas prosseguidas pela filial italiana desta empresa que, no seu entender, traduziam uma situação de abuso de posição dominante. Estas práticas consistiam essencialmente, e segundo a *Elopak*, na venda de embalagens de cartão a preços predatórios, na imposição de condições desleais ao fornecimento de máquinas de enchimento destas embalagens e, em certos casos, na venda deste material igualmente a preços predatórios. A *Elopak* denunciou, também, um conjunto de manobras destinadas a vedar-lhe o acesso a meios publicitários.

A Comissão estabeleceu quatro mercados relevantes, a saber: i) o mercado das máquinas que incorporam uma tecnologia de esterilização das embalagens de cartão e que permitem o enchimento dessas embalagens, em condições assépticas, com alimentos líquidos; ii) O mercado das respetivas embalagens de cartão; iii) o mercado das máquinas que permitem o enchimento das embalagens de cartão com alimentos líquidos, e iv) o mercado das respetivas embalagens de cartão. A Comissão identifica os dois primeiros como mercados do sector asséptico e os dois últimos como mercados do sector não asséptico. Esta definição foi contestada pela *Tetra Pak*, segundo a qual existiria um único mercado englobando todas as formas de acondicionamento dos alimentos líquidos existentes, independentemente do material utilizado (vidro, plástico, cartão, etc.). A Comissão refutou este entendimento na base da não substituibilidade das diferentes embalagens e da existência de concorrência entre elas[504].

---

[504] *Vide* Decisão da Comissão Europeia de 24.7.1991, IV/31.043, *Tetra Pak II*, J.O. L 72, de 18.3.1992, p. 6 a 13.

Segundo a Comissão, à data da sua decisão, a *Tetra Pak* detinha entre 90% e 95% do mercado de equipamentos e embalagens de cartão no mercado asséptico, e entre 50% a 55% no mercado não asséptico. A dimensão da quota de mercado detida por esta empresa no primeiro destes mercados, onde foi considerada dominante, tornava-a, na realidade, a única fornecedora de empresas que produzissem alimentos líquidos embalados de forma asséptica.

Além das suas práticas em matéria de preços, que se revelavam discriminatórias entre utilizadores situados em diferentes Estados-membros e predatórias face aos seus concorrentes, a *Tetra Pak* foi também condenada por abusar da sua posição dominante nos mercados assépticos através da subordinação de vendas de cartões à aquisição de máquinas de enchimento. Esta subordinação era assegurada pelo efeito conjugado das 24 cláusulas que a empresa fazia constar dos seus contratos-tipo e que criavam uma situação de extrema dependência do cliente em relação a este fornecedor. A subordinação resultava, no entender da Comissão, e em concreto, do efeito combinado da obrigação de utilizar apenas cartões *Tetra Pak* nas máquinas fornecidas e da obrigação de abastecimento exclusivo de cartões[505]. O contrato-tipo da *Tetra Pak* também fazia condicionar a venda ou locação destas máquinas à concessão, pelo cliente, do direito exclusivo de prestar os respetivos serviços de assistência técnica. A empresa arrogava-se, ainda, ao direito de fornecimento exclusivo de peças sobresselentes e recusava assegurar as garantias de fábrica sempre que o cliente não cumprisse para com o conjunto das diferentes estipulações contratuais[506].

Segundo a Comissão, os abusos resultantes destas obrigações visavam, no essencial, vincular os consumidores ao grupo *Tetra Pak* e maximizar os lucros no mercado do sector não asséptico, onde ainda existia algum grau de concorrência[507]. A construção da Comissão é baseada, portanto, na teoria de *leveraging*. A Comissão conclui que um sistema de vendas subordinadas deste tipo que, reitere-se, limita os mercados e subordina a conclusão de contratos à aceitação de condições que não têm ligação com o seu objeto (venda de máquinas) constitui uma infração grave ao artigo 102º do TFUE[508]. No comentário que faz a esta decisão, Valentine Korah repudia a abordagem *per se* da Comissão, notando que "*officials should not have discretion to dictate the sole purpose of agreements in the*

---

[505] Estas políticas de produção e distribuição autónomas faziam suprimir a própria concorrência intra-marca, possibilitada pela heterogeneidade de preços praticados nos diversos Estados-membros.
[506] Cf. p. 107 a 109 da Decisão.
[507] Cf. p. 105 da Decisão.
[508] *Ibidem*.

name of competition without analysing in what way competition is restricted. It is the nature of contracts to restrain conduct that would otherwise be legal"[509].

Em sua defesa, a *Tetra Pak* apresentou-se não como um fornecedor de material de embalagem, por um lado, e de máquinas, por outro, mas sim como um fornecedor de *"sistemas integrados de distribuição para alimentos líquidos e semilíquidos destinados ao consumo humano"*, compreendendo, as máquinas de embalamento, as embalagens, o *know-how*, o serviço e a formação. Ora, se a integração exclui a existência de dois ou mais produtos distintos, a acusação não poderia, então, basear-se numa alegação de subordinação. A empresa procura realçar o aspeto da integração notando que, a um nível técnico, a avançada tecnologia das máquinas exigia a utilização de cartões especificamente para elas concebidos. A especial natureza do processo de embalagem usado pela *Tetra Pak*, em que a embalagem era moldada aquando do seu enchimento, criava, segundo a empresa, uma ligação natural entre as máquinas e os cartões na aceção do artigo 102º do TFUE. A *Tetra Pak* alegou, ainda, em sua defesa, razões de garantia de segurança e fiabilidade dos seus produtos; razões de salvaguarda da sua reputação comercial; razões atinentes à responsabilidade em caso de defeito do produto (*single source of responsabilities*), e razões sanitárias[510]. A Comissão rejeita estes argumentos *tout court*. Em particular, a tese segundo a qual existiria uma ligação natural entre os produtos já que estes tinham *"características físicas totalmente estranhas e provenientes de processos de produção completamente diferentes"*[511]. A Comissão alvitra que se efetivamente existisse esta ligação, a empresa não teria, na prática, sentido a necessidade de impor a subordinação contratualmente. Acresce que a própria *Tetra Pak* fornecia aos seus clientes cartões para uso em máquinas concorrentes. No que respeita às razões de segurança, sanitárias e de responsabilidade por defeito, a Comissão lembrou que existiam soluções técnicas adequadas já devidamente divulgadas (publicação das normas e especificações de uso a respeitar) e um quadro jurídico (direito comum em matéria de responsabilidade) cujo objeto era exatamente o de resolver os problemas que resultassem do não cumprimento dos procedimentos técnicos indicados. Esta circunstância faria também acautelar a questão da reputação comercial da empresa. A Comissão finaliza o raciocínio salientando que, mesmo num quadro de justificações objetivas, a regra da proporcionalidade sempre excluiria a aplicação de práticas restritivas de concorrência que não se revelassem indispensáveis[512].

---

[509] VALENTINE KORAH, "The Paucity of Economic Analysis in the EEC Decisions on Competition Tetra Pak II" *in Current legal Problems*, vol. 46, Oxford University Press, s/l, 1993, p. 168.
[510] Cf. 108 da Decisão.
[511] Cf. 109 da Decisão.
[512] *Ibidem*.

O Tribunal de Primeira Instância acompanhou as acusações formuladas pela Comissão quanto à natureza abusiva das práticas prosseguidas pela *Tetra Pak*, considerando que estas integravam uma estratégia global destinada a vincular economicamente o cliente a esta empresa e excluir a concorrência ao nível dos cartões e demais produtos adjacentes[513]. O Tribunal reitera que as cláusulas contratuais, em particular as que impunham exclusividade[514], tornavam o mercado dos cartões de embalagem completamente cativo do das máquinas de enchimento, sendo abusivas em si mesmo *"na medida em que tinham nomeadamente como objetivo, segundo os casos, subordinar a venda das máquinas e dos cartões à aceitação de prestações suplementares de natureza diferente, como os serviços de manutenção e de reparação e o fornecimento de peças sobresselentes; conceder descontos, nomeadamente nos custos de assistência, de manutenção e de atualização das máquinas, ou sobre uma parte do aluguer, em função do número de cartões utilizados, de modo a incentivar os clientes a abastecer-se em cartões junto da Tetra Pak; e, finalmente, instituir um controlo da Tetra Pak sobre a atividade dos seus clientes e reservar-lhe a propriedade exclusiva de todos os aperfeiçoamentos ou modificações técnicas efetuadas nos cartões pelos utilizadores"*[515].

O Tribunal subscreve também a posição da Comissão no que respeita à rejeição do argumento da integração dos produtos, por aceitar a tese da existência de mercados distintos e refutar que a subordinação fosse conforme aos usos comerciais no sentido do disposto no artigo 102º do TFUE. Sem embargo, o Tribunal nota que mesmo a existir um tal uso comercial, ele não poderia ser admitido no contexto de um mercado em que a concorrência fosse já reduzida como no caso dos autos[516]. O Tribunal considerou que as restantes justificações apresentadas pela *Tetra Pak*, designadamente as de ordem técnica, de responsabilidade ao nível dos produtos, de proteção da saúde pública e de salvaguarda da reputação comercial, deviam ser apreciadas à luz da doutrina expendida pelo TPI no seu acórdão *Hilti*, onde se afirmou que *"não compete manifestamente a uma empresa em posição dominante tomar, por sua própria iniciativa, medidas destinadas a eliminar produtos que considere, bem ou mal, perigosos ou de qualidade inferior aos seus próprios produtos"*[517]. Especialmente no que respeita à questão da fiabilidade do equipamento e ao respeito pelas normas sanitárias, o Tribunal nota que bas-

---

[513] Cf. Acórdão do Tribunal de Primeira Instância (Segunda Secção) de 6.10.1994, Proc. T-83/91, *Tetra Pak International SA c. Comissão*, Colect. 1994, p. II 755.
[514] Cláusulas XIX, X e XX, respetivamente, *"Obrigação de utilizar unicamente cartões Tetra Pak nas máquinas"; "Obrigação de abastecimento exclusivo em cartões junto da Tetra Pak ou junto de um fornecedor por ela designado"; "Exclusividade de abastecimento"*.
[515] Cf. p. 135 do acórdão.
[516] Cf. p. 137 do acórdão.
[517] Cf. p. 138 do acórdão.

taria à *Tetra Pak*, para assegurar o seu cumprimento, divulgar, junto dos utilizadores das máquinas de enchimento, o conjunto das especificações e soluções técnicas relativas aos cartões a utilizar nesses equipamentos. Mesmo supondo que a utilização dos cartões de outra marca nas máquinas *Tetra Pak* representava um perigo, incumbia a esta empresa recorrer das possibilidades que lhe oferecia a legislação nacional pertinente nos diferentes Estados-membros. O Tribunal conclui, na esteira, aliás, do que tinha sido a argumentação da Comissão na sua decisão, que as restrições contratuais impostas não eram proporcionais à sua alegada finalidade e excediam o direito reconhecido a uma empresa em posição dominante de proteger os seus interesses comerciais[518].

É importante salientar que embora o Tribunal tenha recusado aceitar as justificações apresentadas pela *Tetra Pak* em termos da sua substância, aceitou, pelo menos, a possibilidade de tais justificações poderem ser submetidas e apreciadas como eventuais circunstâncias excludentes de ilicitude. É clara, portanto, a progressiva aproximação à metodologia de análise da *rule of reason*. Esta linha de orientação é partilhada pelo Tribunal de Justiça que também se pronunciou sobre o caso.

O Tribunal de Justiça confirma na íntegra o acórdão recorrido, e, em particular, a argumentação do Tribunal inferior quanto à questão da "ligação natural" entre máquinas e cartões, na aceção própria do artigo 102º do TFUE[519]. O Tribunal toma por referência, na sua análise, a declaração constante do considerando 82 daquele acórdão, onde se refere que *"a análise dos usos comerciais não permite concluir pela indissociabilidade entre as máquinas destinadas ao acondicionamento de um produto, por um lado, e as embalagens de cartão, por outro. Existem, efetivamente, desde há muito, produtores independentes, especializados no fabrico de cartões não assépticos destinados a ser utilizados em máquinas produzidas por outras empresas e que não produzem eles próprios máquinas"*. No entender do Tribunal, esta apreciação serve dois propósitos distintos, o de esclarecer a questão dos usos comerciais e o de afastar a existência daquela "ligação natural". Sem embargo, refere que a lista de práticas abusivas constante do artigo 102º do TFUE é meramente exemplificativa pelo que poderia configurar-se uma situação de abuso mesmo quando a prática em questão fosse conforme aos usos comerciais e/ou existisse uma "ligação natural" entre os dois produtos[520]. O Tribunal confirma também o entendimento do acórdão recorrido quanto às demais justificações aduzidas pela *Tetra Pak*. Enfatizando a necessidade de salvaguardar a produção indepen-

---

[518] Cf. p. 140 do acórdão.
[519] Acórdão do Tribunal de Justiça (Quinta Secção), de 14.11.1996, Proc. C-333/94 P, *Tetra Pak International c. Comissão*, Colect. 1994, p. I 5954, p. 36.
[520] Cf. p. 37 do acórdão.

dente de consumíveis, o Tribunal reitera a ideia de que não compete à empresa *"impor, por sua iniciativa, determinadas medidas por considerações de ordem técnica ou relativas à responsabilidade ao nível dos produtos, à proteção da saúde pública e à proteção da sua reputação"*[521].

Cumpre-nos um breve comentário ao que se deixa exposto. Os factos deste processo descrevem um quadro similar àquele que encontramos em *Hilti*, de subordinação de consumíveis, com a diferença de que, em *Tetra Pak*, os cartões não eram complementos perfeitos das máquinas de enchimento *i.e.* não eram utilizados em proporções fixas, pelo que a discriminação de preços poderá ter sido, pelo menos em teoria, uma das razões dinamizadoras das estratégias prosseguidas[522]. Nas palavras de Nalebuff: *"Although one does not want to applaud potentially illegal behaviour, we are impressed, perhaps taken aback, by the extent to which Tetra Pak was able to put together all of the ingredients for a successful metering strategy."*[523]. Os cartões seriam, pois, utilizados como dispositivos de medição de uso, e as diferentes cláusulas contratuais impostas, *maxime* as relativas ao direito de inspeção sem pré-aviso; à exclusividade da supervisão, manutenção e reparação das máquinas e ao direito à sua reaquisição, como forma de monitorizar os resultados dessa medição e obter uma percepção mais fidedigna quanto ao valor atribuído pelos diferentes clientes às máquinas alienadas ou locadas. O direito de efetuar inspeções sem pré-aviso (cláusula XIV), por exemplo, operava como elemento dissuasor da utilização de cartões alternativos, permitindo verificar se o correto tipo de cartão era empregue nas máquinas. O direito de realizar a assistência técnica às máquinas permitia, por outro lado, calcular a intensidade do uso das máquinas e asseverar que a empresa assistida adquiria, efetivamente, a quantidade adequada de cartões. A proibição da revenda das máquinas sem a prévia autorização da *Tetra Pak* assegurava, por último, que o adquirente da máquina usada assumisse integralmente as obrigações do primeiro comprador. A fim de fazer face à heterogeneidade dos preços de reserva entre os vários Estados-membros, a empresa praticava preços diferenciados nos diversos países em que atuava e exigia que os utilizadores adquirissem cartões exclusivamente a agentes autorizados da *Tetra Pak*. Nalebuff salienta que, embora não acarretando uma perda ao nível de eficiência, esta estratégia de discriminação fazia, todavia, transferir para as mãos da *Tetra Pak* uma parte mais significativa do excedente dos consumidores[524].

---

[521] Cf. p. 36 do acórdão.
[522] Neste sentido ver BARRY J. NALEBUFF, "Bundling, Tying, and Portfolio Effects", *Department of Trade and Industry Economics Paper n.1*, 2003, p. 12.
[523] *Ibidem*.
[524] *Ibidem*, p. 13.

Ainda que a discriminação de preços se prefigurasse como uma boa razão para a implementação destas práticas, parece-nos que a principal preocupação da *Tetra Pak* era a da ameaça de nova entrada no mercado das máquinas de embalagem assépticas, uma situação, aliás, bem atestada pela reação desta empresa à tentativa de entrada da *Elopak* no mercado italiano[525]. Uma das estratégias de "contra-ataque" seguida pela empresa foi a de limitar a quota de mercado que pudesse ser captada pelos concorrentes que decidissem entrar no mercado. Fazia-lo por intermédio de contratos que previam diferentes períodos de vigência e datas de caducidade, de forma que, à altura da entrada desses potenciais concorrentes, apenas uma fração insignificante do mercado estivesse em condições de considerar a alternativa. Esta manobra contratual, que visa o encerramento do mercado, condicionava a entrada na medida em que privava os concorrentes de uma escala mínima de sustentabilidade. Este efeito de exclusão era ainda potenciado por dois outros aspetos fundamentais desta estratégia: i) pelo facto de a *Tetra Pak* reservar contratualmente o direito de reaquisição das máquinas que vendia ou locava a um preço fixo pré-estabelecido, uma circunstância que tornava ainda mais dispendiosa a troca do equipamento por outro que fosse fornecido pela concorrência[526] e; ii) pelo controlo detido sobre os mercados complementares da assistência técnica e das peças de substituição. Este controlo, como se deixa antever, desencorajava o crescimento de uma indústria especializada que provesse pela manutenção e reparação das máquinas *Tetra Pak*. Esta circunstância fazia, naturalmente, com que a entrada no mercado das máquinas de embalagens pressupusesse também a presença do concorrente naquele mercado complementar, pois seria essa a expectativa dos clientes que necessitariam daqueles serviços.

Julgamos, em suma, que a decisão da Comissão de condenar as práticas desta empresa foi correta, mas deficientemente articulada e fundamentada. O efeito de exclusão é inequívoco e a discriminação de preços, ainda que sem repercussões ao nível de eficiência, traduz uma apropriação desproporcionada do excedente dos consumidores.

O facto de não subscrevermos as razões aduzidas pela Comissão, não nos priva de congratular a metodologia de análise empregue, mais ao jeito da

---

[525] *Vide* p. 76 a 83 da Decisão da Comissão. Retenha o leitor a importância que este mercado representa para a *Tetra Pak*, *inter alia*, enquanto mercado financiador das campanhas predatórias adotadas no mercado não asséptico.

[526] Desconhecemos a estrutura dos preços de reaquisição praticados, mas afigura-se-nos credível que estes fossem inicialmente irrisórios e fossem, posteriormente, pelo decurso do tempo, sofrendo sucessivos incrementos. As empresas clientes da *Tetra Pak* teriam, pois, um claro incentivo em manterem a utilização das máquinas desta empresa, pelo menos até que o preço de reaquisição fosse tal que tornasse racional a opção pela aquisição de uma máquina da concorrência.

"effects based approach", mormente quando procura dar um enquadramento e uma justificação económica das práticas adotadas. Esse é, aliás, um dos aspetos, como *supra* notámos, que caracteriza a prática decisória da Comissão e dos tribunais comunitários logo no início da década de 90.

O caso *Sacem Tournier* ilustra outro exemplo do que se diz[527]. O Tribunal de Justiça foi chamado a pronunciar-se, neste caso, sobre a recusa da sociedade de direitos de autor *Sacem* em permitir o acesso de discotecas e clubes noturnos a uma parte, apenas, do repertório de música protegido. Em causa, especificamente, estava a pretensão dos proprietários da discoteca *Whiskey à GoGo* em passar apenas música estrangeira no seu estabelecimento. A *Sacem*, porém, e porque tal economicamente não lhe interessava, fez condicionar o acesso ao repertório estrangeiro ao pagamento de *royalties* correspondentes à utilização de todo o repertório, incluindo, portanto, as músicas nacionais. Esta imposição valia, ainda que a discoteca apenas fizesse uso da parte do repertório que lhe interessava. A política prosseguida pela *Sacem* consistia, portanto, em fazer oferecer um pacote combinado de licenças para música nacional e música estrangeira, numa configuração de agrupamento puro. Na intervenção que teve junto do Tribunal de Justiça, a Comissão surpreendeu por reconhecer e exaltar os ganhos de eficiência que entendia resultarem do *bundle* e oferecer um raciocínio económico detalhado. No seu entender, a alternativa da oferta fragmentada do repertório protegido teria o efeito de fazer surgir todo um conjunto de novos mercados resultantes da subdivisão do mercado principal, uma circunstância que obrigaria a *Sacem* a redobrar os esforços de fiscalização, com uma tradução imediata ao nível dos custos administrativos e dos preços de licenciamento[528]. O Tribunal acabou por confirmar a legitimidade do *bundle*, reconhecendo um papel único às sociedades de direitos de autor: *"Copyright-management societies pursue a legitimate aim when they endeavour to safeguard the rights and interests of their members vis-à-vis the users of recorded music"*. Segundo o Tribunal, *"the contracts concluded with users for that purpose cannot be regarded as restrictive of competition for the purposes of Article 85* [actual artigo 101º do TFUE] *unless the contested practice exceeds the limits of what is necessary for the attainment of that aim."*. Esse limite seria excedido, designadamente, se o acesso direto a uma subcategoria do repertório fosse feito de maneira a salvaguardar os interesses dos autores, compositores e editores de música e sem que implicasse o aumento dos custos relativos aos contratos de gestão e à monitorização do uso do material protegido[529].

---

[527] Acórdão do Tribunal de Justiça de 13.7.1989, Proc. C-395/87, *Ministère Public v. Jean Louis Tournier*, Colect. 1989, p. 02521.
[528] Cf. p. 29 do acórdão.
[529] Cf. p. 31 do acórdão.

Em suma, a década de 90 testemunha um quadro de tensão criado pela existência de um teste assente numa proibição *per se* e pela consideração e aplicação, simultânea, de fatores e princípios de ordem económica. O critério de apreciação assenta numa lógica *modified per se*. A venda combinada, seja ela em forma de subordinação ou agrupamento, é condenada pela Comissão, ao abrigo do artigo 102º do TFUE, salvo quando se conclua que a empresa visada não é dominante ou exista uma justificação objetiva para a prática investigada. A análise de exclusão, embora tentando articular alguns princípios de teoria económica, é escassa e mal fundamentada. No que concerne, em particular às práticas de *mix bundling*, e atendendo ao seu escasso efeito de exclusão, a Comissão denotou, no caso *Digital*, uma postura mais flexível, parecendo admiti-las sempre que os interessados façam prova da redução de custos.

2.3 A consagração da metodologia da *rule of reason*

O virar do século assinala uma mudança na abordagem que até então era seguida pelas instituições comunitárias da concorrência. A nova metodologia ganha uma expressão inicial com a legislação comunitária que é aprovada no final de 1999 relativa às restrições de natureza vertical, no contexto do artigo 101º do TFUE. O Regulamento (CE) nº 2790/1999[530] sujeitava, entre outras, as práticas de *tying* e *bundling* a uma metodologia de análise a que os economistas comummente designam de *unstructured rule of reason*, baseada nos efeitos económicos das práticas. O Regulamento (UE) nº 330/2010[531], que o veio substituir em 2010, segue os mesmos princípios orientadores. Tal como o seu predecessor, o novo regulamento não lista o *tying* e o *bundling, a priori*, como práticas restritivas graves, excluídas do âmbito de isenção que se concede. O regulamento reconhece que os acordos verticais que contemplem este tipo de práticas podem contribuir para uma maior eficiência económica das cadeias de produção ou de distribuição, em particular estes acordos podem proporcionar a redução dos custos de transação e distribuição e uma otimização ao nível do investimento e das vendas. A probabilidade dos efeitos de eficiência compensarem as eventuais perdas competitivas associadas às restrições incluídas em acordos verticais depende do grau de poder de mercado das empresas em questão. Compreende-se, de um ponto de vista económico, que uma empresa sem poder de mercado não consiga efetivar uma estratégia de *leveraging*. É assim, pois, que o regulamento presume que quando a quota de mercado das

---

[530] Regulamento (CE) nº 2790/1999, de 22 de Dezembro, relativo à aplicação do artigo 81º nº 3 do Tratado CE a certas categorias de acordos verticais e práticas concertadas, J.O. nº L 326/21, de 1999.
[531] Regulamento (UE) nº 330/2010 da Comissão, de 20 de Abril, relativo à aplicação do artigo 101º, nº 3, do Tratado sobre o Funcionamento da União Europeia a determinadas categorias de acordos verticais e práticas concertadas, J.O. nº L 102/1, de 23.4.2010.

partes intervenientes não ultrapasse os 30%, os acordos verticais que prevejam a subordinação ou o agrupamento, e que não contenham restrições graves da concorrência, *"conduzem geralmente a uma melhoria da produção ou da distribuição e proporcionam aos consumidores uma parte equitativa dos benefícios daí resultantes"*[532]. Quando os limiares da quota do comprador e/ou fornecedor sejam excedidos, as Orientações da Comissão relativas às restrições verticais centram o critério de análise nos possíveis efeitos de exclusão ao nível do mercado subordinante, do mercado subordinado ou de ambos[533]. A probabilidade de exclusão é apreciada em função do poder de mercado do fornecedor e dos concorrentes, da existência de obstáculos à entrada, e do poder negocial dos compradores[534]. Esta forma de abordar a subordinação e o agrupamento, no contexto dos acordos verticais, antagoniza explicitamente a lógica *per se* e é claramente baseada no critério do impacto dos efeitos económicos das práticas, ou seja, consagra-se a *"effects-based approach"*.

Este comentário é extensível à metodologia proposta no Regulamento (CE) nº 722/2004[535]. As práticas de subordinação e agrupamento são isentas, ao abrigo do seu artigo 2º, na medida em que não constituam o objeto principal dos acordos de transferência de tecnologia, mas que ainda assim estejam diretamente relacionadas com a aplicação da tecnologia licenciada[536], e as quotas de mercado das empresas partes não excedam os limiares a que se refere o artigo 3º. No caso de acordo entre empresas concorrentes, o regulamento não é aplicável quando a quota agregada das partes exceder os 20%. Se as empresas não forem concorrentes, a isenção é reconhecida apenas quando a quota de mercado de cada uma das partes não exceda os 30%. Excedidos que sejam estes limiares, as Orientações da Comissão relativas à aplicação do artigo 81º do Tratado CE aos acordos de transferência de tecnologia mandam ponderar os efeitos pró e anticoncorrenciais da subordinação e do agrupamento[537]. Segundo a Comissão, o principal efeito restritivo destas práticas é o da exclusão dos fornecedores concorrentes do mercado do produto subordinado, pelo que o critério de análise que propõe dispensa especial enfoque à eventual criação de obstáculos à entrada. As Orientações sugerem que, para que a subordinação

---

[532] Cf. Considerando 8 e art. 3º do Regulamento.
[533] Comunicação da Comissão, Orientações relativas às restrições verticais, JOUE nº C 130/1, de 19.05.2010, p. 216.
[534] Cf. p. 219 a 220, inclusive, das Orientações.
[535] Regulamento (CE) nº 722/2004 da Comissão, de 27 de Abril, relativo à aplicação do nº 3 do artigo 81º do Tratado a categorias de acordos de transferência de tecnologia, J.O. nº L123/11, de 27.4.2004.
[536] Cf. considerando 9 do Regulamento.
[537] Cf. Comunicação da Comissão, Orientações relativas à aplicação do artigo 81º do Tratado CE aos acordos de transferência de tecnologia, J.O. nº C 101/2, de 27.4.2004, p. 192.

possa produzir efeitos anticoncorrenciais, o licenciante deverá dispor de um grau significativo de poder de mercado relativamente ao produto subordinante e a prática cobrir uma proporção considerável do mercado do produto subordinado. A Comissão reconhece que a subordinação pode dar origem a ganhos de eficiência. A subordinação é autorizada quando seja necessária para que a tecnologia licenciada possa ser explorada de forma tecnicamente satisfatória ou para garantir a conformidade da produção com as normas de qualidade observadas pelo licenciante e pelos restantes licenciados. A subordinação pode também mostrar-se necessária à proteção da marca ou do bom nome do licenciante[538], ou mesmo à dinamização da concorrência, quando o produto subordinado permita ao licenciado explorar a tecnologia licenciada de forma mais eficiente[539]. Nesses casos, as licenças subordinadas são geralmente consideradas não restritivas da concorrência e cobertas pelo âmbito de isenção ou, alternativamente, abrangidas pelo nº 3 do artigo 101º do TFUE, quando os limiares das quotas de mercado a que nos referimos sejam excedidos.

No que respeita ao artigo 102º do TFUE, é incontornável a menção ao caso *Microsoft*[540], considerado por muitos analistas como o mais proeminente do século, principalmente em termos das repercussões que teve ao nível da política concorrencial europeia e da sua importância para o aprofundamento dogmático da proibição do abuso de posição dominante. O processo, iniciado pela Comissão em 1999, nasce de uma denúncia apresentada pela *Sun Microsystems*, ainda em 1998, relativa a um alegado abuso de posição dominante por parte da *Microsoft*, por ter recusado conceder acesso à informação necessária para garantir a interoperabilidade do sistema *Windows* que, à altura, era usado em mais de 90% dos computadores pessoais. No entender da denunciante, este comportamento era suscetível de eliminar a concorrência no mercado de sistemas operativos de servidores para redes de trabalho onde era ativa. A investigação foi posteriormente alargada devido a alegações de venda em pacote deste sistema com outros produtos de *software*, entre os quais o *Windows Media Player* (WMP). Na perspetiva do objetivo a que inicialmente nos propusemos, centraremos a nossa atenção nesta segunda questão.

O WMP é um *software* que pode ser definido como uma aplicação cuja finalidade consiste em descodificar, descompactar e reproduzir ficheiros áudio e vídeo descarregados da Internet ou transmitidos de outras redes. A *Microsoft* fornecia este *software* em concorrência com os *media players* de outras empresas

---

[538] Cf. p. 194 das Orientações.
[539] Cf. p. 195 das Orientações.
[540] Cf. Decisão da Comissão de 24.3.2004, COMP/C-3/37.792 *Microsoft*, C (2004) 900 final, J.O. L 32, de 6.2.2007, p. 23.

de *software* como a *RealNetworks* e a *Apple*. As versões mais básicas deste tipo de programas são normalmente oferecidas gratuitamente aos utilizadores de PC, provindo a maior parte do lucro dos seus criadores da venda das versões *premium*; da venda dos conteúdos de música e vídeo disponíveis nas chamadas lojas *on-line*; do fornecimento de *software* de gravação e de *software* específico para os servidores desse conteúdo. Uma vez que os custos em fazer disponibilizar os diferentes conteúdos em múltiplos formatos são elevados, os fornecedores optam, usualmente, por oferecê-los naqueles que sejam considerados mais populares e divulgados. Em 1998, a *Microsoft* lançou o WMP, um *media streaming player* apto a ler ficheiros de música e vídeo diretamente descarregados da Internet, e com a capacidade para suportar diferentes formatos de leitura. Em 1999, a *Microsoft* decide integrar tecnologicamente o WMP no seu sistema operativo e passa a condicionar a venda do *Windows* à aquisição deste *software*. Por esta altura o WMP tinha já o seu próprio protocolo DRM (*Digital Rights Managements*) e deixado de suportar os formatos das empresas concorrentes. O processo *Microsoft* revolve, portanto, quanto ao aspeto que abordamos, em torno da acusação por subordinação ilícita ao abrigo do artigo 102º do TFUE.

Na sua decisão, a Comissão define três mercados relevantes: o mercado de sistemas operativos para computadores PC, o mercado de sistemas operativos para servidores de grupos de trabalho e o mercado dos leitores multimédia de difusão contínuo (*streaming*)[541]. A posição dominante da *Microsoft* no primeiro destes mercados foi estabelecida em virtude da situação de *quasi* monopólio, com a empresa a deter uma quota de mercado acima dos 90%, pelo menos desde 1996. Em 2002, a posição da *Microsoft* situava-se entre os 93,8% (em unidades) e os 96,1 % (em retorno)[542]. Acrescia que o mercado era caracterizado pela existência de obstáculos à entrada, em grande parte devido aos efeitos de rede criados. A Comissão conclui também pela posição de domínio no mercado dos sistemas operativos de servidores de grupos de trabalho, baseando-se: i) na quota de mercado detida que, em 2002, se situava entre os 64,9% (em unidades) e os 61% (em retorno)[543]; ii) na existência de obstáculos à entrada no mercado atribuídos aos efeitos de rede; e iii) na estreita conexão existente entre este mercado e o mercado de sistemas operativos para PC, na aceção do acórdão *Tetra Pak*[544], propiciada também pelos efeitos de rede, e que sugeria uma maior probabilidade de prossecução de manobras de alavancagem de poder de mercado.

---

[541] Cf. p. 321 da Decisão.
[542] Cf. p. 434 da Decisão.
[543] Cf. p. 491 da Decisão.
[544] Cf. p. 527 da Decisão.

A decisão de condenação por subordinação abusiva assenta em quatro pilares[545]: i) no facto de os produtos subordinado e subordinante serem produtos distintos; ii) na posição dominante ocupada pela *Microsoft* no mercado do produto subordinante; iii) na restrição da liberdade de escolha dos consumidores que deixam de poder adquirir o *Windows* sem o WMP; iv) na circunstância de a prática constranger e excluir a concorrência no mercado do produto subordinado. A *Microsoft* não refutou ocupar uma posição dominante no mercado do produto subordinante. No que respeita à questão da separabilidade dos produtos, a Comissão rejeitou a tese daquela empresa segundo a qual, atento a evolução tecnológica dos sistemas operativos e o grau de integração alcançado entre os dois produtos, o WMP já não se podia discernir do *Windows* como produto de identidade independente. Após sublinhar a diferenciação, estabelecida pela própria *Microsoft*, a nível técnico entre os dois *softwares*, a Comissão invoca a doutrina dos casos *Hilti* e *Tetra Pak*, em que se havia rejeitado o argumento da integração na base da existência de fornecedores independentes no mercado do produto subordinado, uma circunstância que, no entender do TJ, dava indicação segura da existência de uma procura separada e de diferentes condições de oferta[546]. A Comissão estabelece, explicitamente, como critério de separabilidade relevante, a procura do consumidor. Pode ler-se, nos considerandos 803 e 804, da decisão que: *"The distinctness of products for the purposes of an analysis under Article 82 therefore has to be assessed with a view to consumer demand. If there is no independent demand for an allegedly "tied" product, then the products at issue are not distinct and a tying charge will be to no avail. The fact that the market provides media players separately is evidence for separate consumer demand for media players, distinguishable from the demand for client PC operating systems. There is, therefore, a separate market for these products. There are vendors who develop and supply media players on a stand-alone basis, separate from PC operating systems. Media players are often offered for download from the respective vendors' Web-sites. Microsoft itself states that "there are a dozen of media players, of which RealNetworks's RealPlayer and Apple's QuickTime are only two of the most prominent."'*. A Comissão complementa a sua análise observando que a própria *Microsoft* desenvolvia e distribuía versões do seu WMP para outros sistemas operativos para PC[547]; que a empresa promovia diferentes campanhas de *marketing* para o WMP e para o *Windows*[548], e que os dois produtos tinham funcionalidades absolutamente distintas[549].

---

[545] Cf. p. 794 da Decisão.
[546] Cf. p. 802 da Decisão.
[547] Cf. p. 805 da Decisão.
[548] Cf. p. 810 da Decisão.
[549] Cf. p. 811 da Decisão.

No que respeita ao elemento da coação, a *Microsoft* procurou alegar que a prática em questão não se enquadrava no elemento literal da alínea d) do artigo 102º do TFUE que fala em *"subordinar a celebração de contratos à aceitação, por parte dos outros contraentes, de prestações suplementares (...)"*. No entender desta empresa, não havia qualquer obrigação suplementar uma vez que a *Microsoft* disponibilizava o WMP a título gratuito e não impedia os consumidores de utilizarem outros *media players*. A Comissão reage a estes argumentos clarificando que não seria condição, para que se verificasse a produção de efeitos anticoncorrenciais, que o consumidor fosse forçado a pagar pela aquisição do produto subordinado: bastaria, tal como no caso dos autos, que a sua aquisição se processasse de forma automática, em consequência da compra do produto subordinante[550]. Com efeito, a letra daquele preceito legal não distingue entre a natureza gratuita ou onerosa do produto subordinado.

Quanto ao quarto e último elemento, a restrição da concorrência no mercado do produto subordinado, a Comissão faz referência apenas a uma possibilidade e não a um facto consumado, mencionando que *"tying in this specific case has the potential to foreclose competition"*[551]. A decisão salienta, todavia, e na base da orientação jurisprudencial dominante[552], que a condenação por abuso não pressupõe que a Comissão seja obrigada a fazer prova prévia da exclusão atual da concorrência, nem tão pouco do risco da eliminação de *todos* os concorrentes naquele mercado. A Comissão nota, de resto, que, a não ser assim, a análise *antitrust* em alguns mercados de *software* sempre ocorreria tarde demais, uma vez que o efeito de exclusão só poderia ser evidenciado após a respetiva consumação.

A Comissão explica este potencial de exclusão da seguinte forma articulada: i) porque subordinado com o *Windows*, que era à altura o sistema operativo dominante, o WMP tinha uma presença sem paralelo no mercado dos PCs, e, assim, eleito, pela maioria dos consumidores, como a plataforma referencial para a reprodução de conteúdos de *media*; ii) dada a sua ubiquidade, os fornecedores de conteúdos e as empresas de desenvolvimento de *software* passam a concentrar a sua atenção no formato WMP, destarte tornando menos apelativa, aos olhos dos consumidores, a opção por outros leitores de *media* incompatíveis com aquele formato; iii) a subordinação reforça e falseia estes efeitos de rede em benefício da *Microsoft*, comprometendo a concorrência no mercado de leitores

---

[550] Cf. p. 833 da Decisão.
[551] Cf. p. 833 da Decisão.
[552] Cf. Acórdão do TJ no caso *British Airways*, a que mais adiante nos referiremos.

de multimédia. Os dados recolhidos pela Comissão davam indicação de que o mercado acabaria, em devido tempo, por "tombar" a favor do WMP[553].

A Comissão rejeitou as três justificações apresentadas pela *Microsoft*, a saber: i) os ganhos de eficiência registados ao nível da redução dos custos de transação dos clientes; ii) o benefício derivado de os consumidores poderem usufruir de um sistema operativo com funcionalidades de *media*; iii) o facto de a remoção do WMP comprometer a performance do sistema operativo *Windows*. Pese embora ter reconhecido, em abstrato, a possibilidade de apresentação de circunstâncias justificativas que pudessem ter o eventual efeito de excluir a ilicitude da prática, a Comissão deixa claro que a sua aceitação, *in concreto*, dependeria da prova, que a *Microsoft* não logrou efetuar, da indispensabilidade do *bundle* para a realização daquelas eficiências[554]. A Comissão excluiu, de antemão, qualquer ganho de eficiência que resultasse de uma opção deliberada de *product design* da *Microsoft*. O benefício de ter um leitor multimédia pré-instalado no sistema operativo para PC não teria de implicar que fosse a *Microsoft*, unilateralmente, a elegê-lo e a impô-lo ao consumidor. Os OEMs poderiam, por exemplo, tal como já o haviam feito anteriormente, selecionar, incorporar e distribuir os diferentes leitores disponíveis no mercado em função do tipo e grau de procura existente. A decisão considera também o argumento da má performance pouco sustentado: a *Microsoft* não tinha dado indicação de qualquer ganho de eficiência que tornasse necessária a integração técnica do WMP, sendo despiciendos os alegados melhoramentos que resultariam para o *Windows* uma vez que: "*the existence of such interdependencies would be the result of deliberate choice by Microsoft*"[555]. A Comissão reconheceu, em teoria, as alegadas reduções de custos de transação, mas susteve que as consequências nefastas que resultariam da oferta combinada seriam manifestamente desproporcionais àqueles benefícios.

A Comissão aplicou à *Microsoft* uma coima superior a 497 milhões de Euros[556]. Maior impacto na estrutura empresarial e no modelo de negócio da *Microsoft* tiveram, porém, as medidas corretivas que lhe foram impostas. A empresa foi obrigada a fornecer uma versão do *Windows* sem o WMP e a abster-se de usar quaisquer meios, tecnológicos, comerciais ou contratuais, que surtissem o mesmo efeito da subordinação proibida[557].

Revista que foi a decisão da Comissão, cumpre-nos, antes de prosseguirmos na análise do acórdão do TPI que se pronunciou, em sede de recurso, sobre o

---

[553] Cf. p. 968, 1016 e 1071 da Decisão.
[554] Cf. p. 961 da Decisão.
[555] Cf. p. 1027 da Decisão.
[556] Cf. p. 1080 da Decisão.
[557] Cf. p. 1013 da Decisão.

mérito das questões suscitadas, oferecer um breve comentário que se estrutura pela seguinte forma: 1) a Comissão, em *Microsoft*, articula, pela primeira vez, uma metodologia de apreciação das práticas de subordinação e agrupamento, nos termos da qual o artigo 102º do TFUE se considera infringido quando se verifiquem cumulativamente as seguintes condições: i) o produto subordinante e o produto subordinado serem produtos distintos; ii) a empresa dispor de poder de mercado no que respeita ao mercado do produto subordinante; iii) a existência de coerção, no sentido de não ser dada ao consumidor a opção pela aquisição isolada do produto subordinante; iv) a restrição da concorrência no mercado do produto subordinado; 2) Embora tenha recusado as razões suscitadas pela *Microsoft*, a Comissão admite, em abstrato, a possibilidade de a ilicitude da subordinação ser afastada pela prova que se faça da existência de justificações objetivas, proporcionais e indispensáveis[558]; 3) a Comissão adota uma abordagem baseada na metodologia da *rule of reason*, uma conclusão que se retira do facto de a análise ser centrada ao nível dos efeitos produzidos no mercado subordinado e de se ter aceitado, como vimos no ponto 2 precedente, a possibilidade de justificar objetivamente as práticas restritivas[559]. A adoção desta nova abordagem é confirmada pelo ex-Comissário Mario Monti, no comentário que fez ao processo *Microsoft*: "*The Commission has not ruled that tying is illegal per se, but rather developed a detailed analysis of the actual impact of Microsoft's behaviour, and of the efficiencies that Microsoft alleges. In other words we did what the US Court of Appeals suggested should be done: we used the rule of reason although we don't call it like that in Europe*"[560].

O acórdão do Tribunal de Primeira Instância era aguardado com alguma expectativa. As afirmações do Presidente Vesterdorf, constantes do despacho que proferiu no âmbito do processo das medidas provisórias[561], tinham lançado um espectro de dúvida sobre o mérito e procedência da decisão da Comissão. Segundo o Presidente, os argumentos apresentados pela *Microsoft* tinham suscitado questões complexas que não poderiam ser consideradas *prima facie* infun-

---

[558] Dolmans e Graf consideram que, segundo esta nova metodologia, cabe à empresa acusada substanciar os ganhos de eficiência alegados; demonstrar que não são realizáveis por intermédio de alternativas menos restritivas da concorrência e que compensam os efeitos anticoncorrenciais produzidos. MAURITS DOLMANS e THOMAS GRAF, "Analysis of Tying Under Article 82 EC: The European Commission's Microsoft Decision in Perspective" *in World Competition*, vol. 27, nº 2, Kluwer Law International, 2004, p. 225 a 244, p. 235 *et seq.*.

[559] Em contrário ver DAVID S. EVANS e A. JORGE PADILLA, "Tying Under Article 82 EC and the Microsoft Decision: A Comment on Dolmans and Graf", *World Competition: Law and Economic Review*, 2005, disponível em SSRN: http://ssrn.com/abstract=596663.

[560] Cf. Press release: IP/04/382, MEMO/04/70, Bruxelas, 2004.

[561] Despacho de 26.7.2004, Processo T-201/4 R, *Microsoft c. Comissão*.

dadas no âmbito de um procedimento intercalar visando a suspensão das medidas corretivas[562]. Entre outros aspetos, o magistrado alegou que a Comissão deveria ter atribuído maior relevância aos efeitos positivos da "conceção arquitetónica" do sistema operativo *Windows*, tal como proposto na sua versão *bundle*[563]; que a Comissão tinha errado quanto à questão da separabilidade do sistema operativo e do WMP, particularmente porque tinha sido provado o facto de a *Microsoft* e outros fabricantes integrarem, de longa data, certas funcionalidades multimédia nos seus sistemas operativos para computadores pessoais[564]; e de haverem fundadas dúvidas quanto ao merecimento das teses do efeito de rede e do efeito *"tipping"* que haviam sido pugnadas pela Comissão[565]. Parecia, pois, que o Presidente do Tribunal tinha acedido a alguns dos argumentos apresentados pela *Microsoft*, mas tal poderia não revelar-se suficiente para que o acórdão fosse decidido em seu favor. Com efeito, no considerando 400 do seu despacho, o Juiz refere também que *"para demonstrar a violação do artigo 82º CE* [atual artigo 102º do TFUE], *basta demonstrar que o comportamento abusivo da empresa em posição dominante tende a restringir a concorrência ou, por outras palavras, que o comportamento é passível ou suscetível de ter tal efeito"*, ou seja, não seria necessária a prova da existência de efeitos anticoncorrenciais atuais. Sem embargo, e atendendo ao teor crítico dos comentários deixados por aquele magistrado, Presidente do TPI, a *Microsoft* confiava numa decisão que lhe fosse favorável[566].

O acórdão do TPI surge finalmente a 17 de Setembro de 2007 a confirmar a decisão de condenação da *Microsoft*, entre outras, pela prática de subordinação ilícita do sistema operativo *Windows* ao WMP[567]. Foi considerado que a análise realizada pela Comissão dos elementos constitutivos do conceito de vendas subordinadas tinha sido correta, em conformidade com os requisitos enunciados

---

[562] Cf. p. 404 do despacho.
[563] Cf. p. 401 do despacho.
[564] Cf. p. 403 do despacho.
[565] Cf. p. 395 a 400 do despacho.
[566] Pode ler-se no comunicado à imprensa da *Microsoft*, de 22.12.2004, que *"Although the Court ruled against Microsoft's request for interim measures, we are encouraged by a number of aspects of the Courts discussion of the merits of the case. While the Court did not find immediate irreparable harm from the Commissions proposed remedies, the Court recognized that some of our arguments on the merits of the case are well-founded and may ultimately carry the day when the substantive issues are resolved in the full appeal. While we had hoped that the Court would suspend some or all of the remedies in the case, we are encouraged that the Court has recognized that Microsoft has a number of powerful arguments that must be considered in the full appeal. As the Court said, Microsoft established a prima facie case in support of our position on both of the major elements of the case"*. Disponível em http://www.microsoft.com/presspass/press/2004/dec04/12-22cfirulingpr.mspx.
[567] Acórdão do Tribunal de Primeira Instância (Grande Secção) de 17.9.2007, Proc. T-201/04, *Microsoft c. Comissão*, Colect. 2007, p. II 3601.

no artigo 102º do TFUE e com os princípios e soluções vertidos na jurisprudência comunitária. O Tribunal confirma, assim, a metodologia adotada pela Comissão no considerando 794 da sua decisão, valorando positivamente a circunstância de a Comissão ter também equacionado e deliberado sobre a questão da existência de justificações objetivas[568]. O acórdão segue de perto a estrutura da decisão da Comissão, adotando a mesma lógica de exposição, ou seja, pronunciando-se, em separado, sobre cada um dos diferentes requisitos enunciados. Assim, quanto à questão da existência de produtos distintos, o Tribunal reconhece como critério de distinção, a análise da respetiva procura: não havendo uma procura independente para o produto alegadamente subordinado, não poderão estar em causa produtos distintos nem, por conseguinte, uma venda subordinada abusiva[569]. Importa assinalar dois aspetos: i) o critério centra-se na questão da venda separada do produto subordinado; ii) a existência de uma procura independente para esse produto é deduzida da circunstância de existirem fornecedores especializados na sua comercialização. A *Microsoft* alegou que a Comissão deveria, antes, ter determinado se existia no mercado uma procura separada para o produto subordinante sem o produto subordinado, ou seja, se os consumidores desejavam efetivamente adquirir o *Windows* sem o WMP a ele acoplado[570]. O Tribunal rejeitou esta abordagem por considerar ser contrária à orientação jurisprudencial comunitária dominante (designadamente os acórdãos *Hilti* e *Tetra Pak II*) e por assentar no pressuposto equivocado de que os produtos complementares não podem ser considerados como produtos distintos para os efeitos do artigo 102º do TFUE. O Tribunal nota ser perfeitamente concebível que os consumidores queiram os produtos conjuntamente, em termos da sua utilização, mas que os adquiram de diferentes fornecedores. Mais importante para o Tribunal, porém, foi o facto de se ter apurado da existência de uma clientela que não estava interessada em ver instalada no sistema operativo a funcionalidade do WMP; o facto de a *Microsoft* vender o WMP para sistemas operativos concorrentes e a procura, por parte de clientes *Windows*, de *media players* produzidos pela concorrência.

O Tribunal confirma também o elemento de coação exercido sobre os consumidores, negando a tese da *Microsoft* de que, para se considerar a imposição de obrigações suplementares, na aceção do artigo 102º al. d) do TFUE, seria necessário que se os obrigasse ao pagamento do produto subordinado. Também irrelevante, no âmbito da análise do requisito da coação, foi considerado o facto invocado pela *Microsoft*, de os consumidores não serem forçados a utilizar

---

[568] Cf. p. 859 do acórdão.
[569] Cf. p. 917 e 918 do acórdão.
[570] Cf. p. 919 do acórdão.

o leitor WMP que vinha pré-instalado no seu PC e de serem livres de instalar e utilizar leitores multimédia de empresas concorrentes. O acórdão reitera, quanto a estes argumentos, o raciocínio da Comissão, exaltando que tal entendimento não encontra suporte nem na letra do artigo 102º do TFUE nem na jurisprudência comunitária que versa sobre a subordinação[571].

No que respeita ao quarto e último requisito enunciado, a *Microsoft* acusa a Comissão de extrapolar a letra do artigo 102º do TFUE e de acrescentar uma nova teoria, "altamente especulativa", ao critério convencional de apreciação destas práticas[572]. O Tribunal explica, com alguma condescendência, que, embora seja verdade que o preceito não contenha literalmente uma referência direta ao efeito anticoncorrencial, o comportamento só poderia ser considerado abusivo quando fosse suscetível de restringir a concorrência, caso contrário seria esvaziado o escopo da própria norma. Ainda quanto à questão da restrição da concorrência, a *Microsoft* alegou ter adotado todas as medidas necessárias para garantir que a integração da funcionalidade multimédia no *Windows* não tivesse por efeito a exclusão dos leitores multimédia concorrentes do respetivo mercado. A empresa sustentou este argumento com a invocação de uma série de considerações sobre o modo de funcionamento do *Windows*. A empresa tinha alegadamente: i) assegurado que a integração do WMP e do *Windows* não interferiria com o funcionamento dos leitores multimédia concorrentes; ii) garantido contratualmente, nos termos dos acordos celebrados com os distribuidores do *Windows*, que os editores de leitores multimédia concorrentes pudessem reter a possibilidade de distribuir os seus próprios produtos; iii) assegurado que nos contratos celebrados com as empresas de *software*, a empresa nunca lhes tinha exigido que distribuíssem o WMP ou que assegurassem a respetiva promoção de modo exclusivo ou em função de uma determinada percentagem das suas vendas totais de *software* multimédia; iv) garantido que a integração da funcionalidade multimédia no *Windows* não impediria a utilização, nesse sistema, de leitores multimédia concorrentes do WMP nem a sua distribuição generalizada.

Na apreciação que fez destes argumentos, o Tribunal considerou manifesto que a venda subordinada em questão tinha conferido ao WMP uma presença sem equivalente nos PCs a um nível mundial, na medida em que permitiu ao leitor multimédia obter automaticamente um nível de penetração no mercado correspondente ao do sistema operativo *Windows* para PCs, sem ter necessariamente de concorrer pelo mérito com os leitores da concorrência. O Tribunal expressa a sua concordância com a afirmação da Comissão, constante da

---

[571] Cf. p. 970 do acórdão.
[572] Cf. p. 863 do acórdão.

sua decisão, segundo a qual *"os utilizadores que encontram [o WMP] pré-instalado nos seus PC clientes ficam, em geral, menos inclinados a utilizar um leitor multimédia alternativo, na medida em que já têm uma aplicação que fornece essa funcionalidade de leitor de conteúdo multimédia em contínuo"*[573]. O Tribunal dá também razão à Comissão quando esta argumenta que o comportamento imputado à *Microsoft* surtia o efeito de desencorajar os fabricantes de equipamentos originais de pré-instalarem, nos PCs que vendiam, leitores multimédia da concorrência[574], e que os restantes métodos de distribuição dos leitores multimédia, que não por pré-instalação garantida pelos OEMs, não seriam aptos a compensar a ubiquidade adquirida do WMP[575]. O Tribunal nota ainda dois aspetos fundamentais: i) o facto de esta ubiquidade do WMP poder ter uma influência não insignificante sobre os fornecedores de conteúdos e os criadores de *software*, uma vez que era com base nas percentagens de instalação e de utilização dos leitores multimédia (*i.e.* com base no índice de popularidade destes *softwares*) que estes profissionais elegiam a tecnologia para a qual desenvolveriam e codificariam os seus próprios produtos. A tendência, portanto, seria no sentido de favorecer a utilização da tecnologia multimédia do WMP, incluindo os *codecs*, os formatos e o *software* de servidores[576]; ii) o facto de os diversos estudos económicos anexos ao processo revelarem uma tendência invariável para a utilização do WMP e dos formatos WMP em detrimento dos principais leitores multimédia concorrentes e das tecnologias associadas (efeito "*tipping*")[577].

No que se refere às justificações objetivas, o Tribunal segue na esteira do entendimento da Comissão, notando, apenas, que a *Microsoft* não havia logrado provar que a estratégia de *tying* prosseguida estivesse na base da criação de ganhos de eficiência atendíveis em qualquer dos níveis da cadeia de distribuição.

O Tribunal conclui a sua valoração afirmando, no considerando 1089 do seu acórdão, que *"era legítimo que a Comissão (...) concluísse pela existência de um risco significativo de que a venda ligada do Windows e do Windows Media Player conduzisse a um enfraquecimento da concorrência tal que a manutenção de uma estrutura de concorrência efetiva deixasse de estar assegurada num futuro próximo"*. O Tribunal remata que a *Microsoft* não tinha logrado invocar e provar nenhum argumento suscetível de pôr em causa a correção das conclusões a que a Comissão tinha chegado na sua decisão.

Chegados a este ponto, importa que nos questionemos, de uma perspetiva mais económica, e tendo presente as ilações epilogadas na parte I deste estudo,

---

[573] Cf. p. 1041 do acórdão.
[574] Cf. p. 1043 do acórdão.
[575] Cf. p. 1049 do acórdão.
[576] Cf. p. 1067 do acórdão.
[577] Cf. p. 1078 do acórdão.

sobre o verdadeiro escopo da estratégia de subordinação prosseguida por esta empresa. Parece-nos defensável, atento o seu potencial estratégico, que se tenha visado a implementação de uma política com efeitos de *leveraging* a longo prazo. Uma análise efetuada ao abrigo das conceções teóricas da Escola de Chicago demonstra, como bem notam Ayres e Nalebuff, a improbabilidade de a alavancagem proporcionar, a curto prazo, o incremento dos níveis de retorno do *Windows* e do *WMP*[578] [579]. O modelo destes autores explica porquê. Suponha-se que a *Microsoft* detém um monopólio em relação ao *Windows* e que o valor atribuído pelos consumidores a esse sistema operativo é de EUR100. Suponha-se, ainda, que o *Windows* é um produto de tal forma essencial que torne o valor de um leitor de multimédia nulo quando não esteja acoplado a este sistema operativo. Admita-se que o WMP tem um valor de EUR2 e o *RealPlayer* de EUR3, e que a *RealNetworks* apenas abandonará o mercado quando o valor do *RealPlayer* for de zero. Repare-se que, neste quadro, a *Microsoft* não terá qualquer interesse em oferecer o *bundle* Windows/WMP uma vez que, com um preço de EUR0 pelo *RealPlayer*, a *Microsoft* pode passar a cobrar EUR103 pelo *Windows*, por ser esse o valor atribuído pelos consumidores ao pacote composto por este sistema operativo e pelo *RealPlayer*. Pelo *bundle* Windows/WMP a *Microsoft* apenas conseguirá cobrar EUR102[580].

Se a estratégia não visou, no plano imediato, exponenciar os lucros destes produtos, qual, então, a razão de ser do *bundle*? Uma primeira explicação que se afigura possível, em abstrato, é a de que a oferta combinada destes *softwares* permite alcançar ganhos de eficiência através da redução de custos e da otimização das respetivas funcionalidades. A Comissão reconheceu a existência de eficiências ao nível da redução de custos na distribuição, ainda que as não considerasse suficientes de forma a compensar as distorções causadas na concorrência[581]. O TPI, de seu turno, não achou que a *Microsoft* tivesse demonstrado que a integração do WMP no *Windows* gerasse ganhos de eficiência técnica, designadamente que melhorasse a eficácia e a performance dos produtos[582]. O Tribunal reconheceu a existência de vantagens para os criadores de *software*

---

[578] Em sentido contrário ver RANDAL C. PICKER, "Unbundling Scope-of-Permission Goods: When Should We Invest in Reducing Entry Barriers?" in *University of Chicago Law Review*, vol. 72, nº 1, s/l, 2005, p. 189 a 208, p. 202.
[579] IAN AYRES e BARRY NALEBUFF, "Going Soft on Microsoft? The EU's Antitrust Case and Remedy" in *The Economist's Voice*, vol. 2, Issue 2, Article 4, Berkeley Electronic Press, 2005, p. 2, disponível em http://www.bepress.com/ev.
[580] Para que o preço do *RealPlayer* desça abaixo de EUR1, a *Microsoft* necessita de oferecer gratuitamente o WMP. Uma vez que isso aconteça, tornar-se-á mais fácil a adoção do *RealPlayer*.
[581] Cf. p. 956 a 959 da Decisão.
[582] Cf. p. 1159 do acórdão.

e de páginas Internet resultantes da padronização de uma *"plataforma estável e bem definida"*[583], mas acabou por considerar não poder admitir-se que essa padronização fosse imposta unilateralmente por uma empresa em posição dominante[584]. Compreende-se a posição tomada pelo Tribunal, essencialmente, por três ordens de razão: i) pelos custos que decorreriam do estabelecimento de um mau padrão; ii) pela redução dos incentivos para a inovação ao nível deste mercado; iii) pelas ineficiências geradas com a implementação de um segundo monopólio no mercado dos leitores multimédia.

Uma terceira razão que poderá explicar a oferta do *bundle*, é uma razão de *leveraging* defensivo: a *Microsoft* pode ter visado, por seu intermédio, a proteção da posição de monopólio por si detida no mercado dos sistemas operativos para PC. Considere-se a analogia com o que ocorreu nos Estados Unidos: a *Microsoft* quis excluir a *Netscape* do mercado dos *browsers* por recear que esta empresa utilizasse a sua plataforma autónoma para entrar no mercado dos sistemas operativos e concorrer diretamente com o *Windows*. A *Microsoft* nega o argumento e assevera que o caso europeu é diferente por ser extremamente reduzida a probabilidade de um leitor de multimédia ser desenvolvido e convertido num sistema operativo alternativo. Ainda que exista doutrina que avalize este entendimento[585], dever-se-á levar em conta que, quando tecnologicamente combinados com outro tipo de *software* como, por exemplo, o *Java*, os leitores de multimédia têm, potencialmente, a capacidade de se poderem metamorfosear em plataformas semelhantes à do *Windows*[586]. Repare-se que estes leitores têm as suas próprias APIs *(application programming interfaces)*, o que viabiliza a programação de aplicações para o seu *software*, à semelhança, aliás, do que a AOL fez com o leitor multimédia *RealNetworks*[587]. Essa programação tem o efeito prático de multiplicar as funcionalidades do *software* de base de leitura multimédia. É crível que a *Microsoft* possa ter receado a ameaça representada por estas novas funcionalidades relativamente a uma parte das funcionalidades oferecidas pelo *Windows*, mormente aquelas mais coincidentes, e que assim tenha decidido prosseguir uma estratégia de proteção ao mercado deste sistema operativo. Esta estratégia passaria, designadamente, pela eliminação da natureza de inovação do mercado dos leitores multimédia e pela consequente exclusão da concorrência que dele proviesse.

---

[583] Cf. p. 1150 do acórdão.
[584] Cf. p. 1152 do acórdão.
[585] Vide RANDAL C. PICKER, *op. cit.*, p. 202.
[586] JURIAN LANGER, *op. cit.*, p. 166.
[587] No p. 966 da Decisão da Comissão pode ler-se: *"For example, AOL 6.0 and 7.0 make API calls to RealPlayer. RealNetworks software exposes APIs giving access to over 1000 functions"*.

A *Microsoft* poderá também ter optado por oferecer o *bundle* por uma questão de dinamização da sua posição no mercado do *software* de codificação de conteúdos com o propósito de o fazer "tombar" a seu favor (efeito *"tipping"*). A análise à questão do potencial de exclusão no mercado dos leitores de multimédia tem de tomar em consideração a existência de dois mercados distintos: o mercado dos leitores de multimédia que "correm" nos *desktops* dos PCs, e o mercado do *software* de codificação que é vendido aos fornecedores de conteúdos por empresas como a *Real*, a *Microsoft* ou a *Apple*, e que lhes permite codificar esses conteúdos num determinado formato de maneira a que possam ser eficientemente distribuídos aos utilizadores de PC. O formato que cada empresa adota não é suscetível, em princípio, de ser descodificado e lido pelos leitores multimédia da concorrência. Quando, por exemplo, o *RealPlayer* exibe um conteúdo fonográfico ou videográfico em formato *Windows Media File*, a descodificação é assegurada pelo WMP que fica a operar no PC em segundo plano. Na realidade, o *RealPlayer* não conseguiria ler este ficheiro caso o WMP não estivesse presente.

A concorrência no mercado do *software* codificado para fornecedores de conteúdos é condicionada pela existência de efeitos de rede: quanto maior for o número de PCs com o descodificador para um determinado tipo de formato, mais atrativa será opção, para o fornecedor de conteúdos, de codificar *software* nesse formato. A codificação em múltiplos formatos é dispendiosa pelo que os fornecedores de conteúdos preferem habitualmente codificar apenas num formato, designadamente naquele que for o mais popular. Não suscitará dúvidas, portanto, que uma prática de *bundling* por parte de uma empresa dominante no mercado dos sistemas operativos para PC, consistente na oferta combinada desse sistema e do respetivo *software* de descodificação do seu formato *media*, possa, efetivamente, fazer "tombar" este mercado em seu favor (efeito *"tipping"*). Esta prática tem o efeito de gerar a ubiquidade deste *software* ao nível dos PC, de o tornar referencial, e de tornar imperfeita e ineficiente a distribuição de descodificadores de outros formatos[588]. A *Microsoft* teria, pois, um interesse válido na oferta combinada do *Windows* e do WMP uma vez que assim asseguraria a profusão do seu leitor multimédia. Como observam Kuhn, Stillman e Caffarra, *"this is therefore another example of how bundling today can completely change competition in the market in the future by changing the basis for competition in the market for encoding software"*[589].

---

[588] Ver KAI-UWE KUHN, ROBERT STILLMAN & CRISTINA CAFFARRA, *op. cit.*, p. 14.
[589] *Ibidem*.

Os estudos de Carlton e Waldman oferecem uma última possível explicação para a estratégia da *Microsoft*[590]. Os autores defendem a ideia de que um monopolista só consegue captar o valor dos custos suportados pelos consumidores com as atualizações *(upgrades costs)* e mudança *(switching costs)* a respeito de um produto complementar duradouro que seja utilizado em conjugação com o produto primário do monopolista, quando esse produto seja também por si comercializado. Esta circunstância leva o monopolista a querer deliberadamente excluir os seus concorrentes deste mercado adjacente, mesmo quando estes sejam mais eficientes. Ainda que os consumidores atribuam maior valor ao leitor multimédia de um concorrente, a *Microsoft* pode, mesmo assim, optar por perder inicialmente receitas com a oferta do *bundle*, para mais tarde as recuperar captando o valor suportado pelos clientes desse pacote com as atualizações e mudança de produto relativo ao WMP. No que concerne às atualizações de produto, a *Microsoft* cobra-as diretamente aos seus clientes quando estes assim pretendam adquirir a versão atualizada do WMP. Os custos de mudança, por sua vez, têm o efeito prático de assegurar que os consumidores não mudam para um leitor alternativo depois de adquirido o WMP (e as suas atualizações).

Terminamos a análise a este caso com um comentário breve relativo às medidas corretivas impostas pela Comissão e confirmadas, em sede de recurso, pelo TPI. Como já oportunamente se referiu, a Comissão impôs à *Microsoft* a obrigação de fornecer uma versão do *Windows* sem o WMP. A injunção abrangeu, também, um conjunto de medidas de efeito equivalente, de que é dada uma lista exemplificativa no parágrafo 1013 da decisão. Estas medidas visaram, em última análise, suspender o comportamento ilícito e criar no mercado, entre os diferentes participantes, uma situação de paridade de oportunidades de negócio. Volvidos praticamente sete anos sobre o despacho do Presidente do TPI que negou o pedido de suspensão da sua execução[591], cumpre-nos questionar da sua propriedade e adequabilidade. Um dos aspetos problemáticos, parece-nos, prende-se com o facto de, à altura da prolação da decisão da Comissão, estarem já a funcionar os mecanismos dos efeitos de rede, particularmente ao nível dos produtores e distribuidores de conteúdos que, dada a proeminência do WMP, disponibilizavam a maior parte do seu *software* já codificado para este formato. Cremos que esta circunstância compromete substancialmente a extensão e o alcance das medidas aplicadas. Repare-se que ao manterem-se os efeitos de rede e os custos em codificar em múltiplos formatos, o incentivo

---

[590] Dennis W. Carlton e Michael Waldman, "Tying, Upgrades, and Switching Costs in Durable-Goods Markets", *NBER Working Paper Series*, Outubro 2006, disponível em http://qed.econ.queensu.ca/paper/carlton4.pdf.
[591] Despacho de 26.7.2004, Processo T-201/4 R, *Microsoft c. Comissão*.

daqueles produtores continuou a ser o de oferecer o formato WMP. Os efeitos de rede mantêm-se, porque esse era já o quadro pré-existente decorrente da ubiquidade do *Windows* e porque, na realidade, poucos são os clientes que pretendem adquirir este sistema operativo sem a acrescida funcionalidade multimédia. De entre as duas opções disponíveis no mercado, a versão do *Windows* com ou sem WMP, os consumidores preferirão certamente a primeira.

Nas negociações que precederam a decisão da Comissão, a *Microsoft* propôs, como alternativa ao *"unbundling"* dos dois programas, que, com a compra do PC, se oferecesse ao consumidor um CD de instalação com os leitores multimédia disponibilizados pela concorrência[592]. A Comissão acabou por declinar a sugestão por considerar não dar um tratamento paritário à situação gerada: os consumidores menos informados poderiam simplesmente ignorar aquele CD, e mesmo os mais sofisticados não querer perder tempo com o incómodo adicional de instalar um novo leitor multimédia no PC. A *Microsoft* tentou, mais tarde, propor a solução da pré-instalação no PC de três leitores concorrentes: a Comissão selecionaria dois e os OEMs o terceiro[593]. Senão perfeita, pelo menos seria uma solução que, em teoria, contribuiria para aumentar o nível de exposição dos produtos concorrentes junto dos consumidores e assim tentar oferecer a essas empresas condições paritárias de mercado. Pode argumentar-se que a pré-instalação destes leitores no computador faria roubar espaço útil de memória ao disco rígido, mas este é um argumento de escassa validade atendendo às elevadas capacidades de memória dos discos que são atualmente montados em PC. Bastará dizer que, em média, um leitor de multimédia ocupa um espaço de memória equivalente a cerca de 150 *megabytes* e que os discos chegam a oferecer 2.000 *gigabytes*. Mais problemático seria, eventualmente, o incremento dos custos da *Microsoft* e dos OEMs com os serviços acrescidos de apoio ao cliente pós-venda[594]. Pode parecer, em primeira análise, que esta alternativa conduziria à tão desejada condição de igualdade de oportunidades no mercado: o WMP deixaria de figurar como a escolha automática do sistema operativo, passando a ser apenas um dos vários leitores oferecidos em opção por este sistema. Repare-se, todavia, que enquanto a oferta do WMP seria sempre constante, a dos demais leitores acabaria por variar. A solução não resolve o problema de base: a *Microsoft* estaria sempre na especial posição de poder assegurar a presença do WMP nos novos PCs, e, possivelmente, em todos os PCs vendidos. Esta circunstância faria garantir aos produtores e distribuido-

---

[592] Ver o artigo de imprensa em http://www.windowsitpro.com/Article/ArticleID/42040/42040.html.
[593] *Vide* http://www.zdnet.co.uk/print/?TYPE=story&AT=39150622-39027001t-21000014c.
[594] Neste sentido ver DENNIS W. CARLTON e MICHAEL WALDMAN, "Tying, Upgrades, and Switching Costs in Durable-Goods Markets", *NBER Working Paper Series*, Outubro 2006, p. 5.

res de conteúdos em formato WMP uma exposição no mercado de 100%. A ubiquidade criada do formato WMP, de seu turno, faria reduzir os incentivos destas empresas para a codificação em diferentes formatos. Gera-se assim o já conhecido e referido ciclo virtuoso da *Microsoft* que se estabelece entre o seu leitor e os conteúdos digitalizados: quanto maior a popularidade do WMP, mais conteúdos são escritos para o seu formato; quantos mais conteúdos são escritos no seu formato, mais ubíquo se torna o WMP. Os leitores concorrentes poderão "sobreviver" no mercado, mas apenas se a *Microsoft* decidir licenciar o seu descodificador.

A medida corretiva determinada pela Comissão apresenta uma vantagem incontornável: a subsistência de um grupo de utilizadores PC que, em princípio, não recorrerá à plataforma WMP. Sem embargo, julgamos que, de forma a melhor assegurar, não só a subsistência, mas, essencialmente, a expansão deste grupo, a Comissão deveria ter outrossim imposto à *Microsoft* a obrigação de fornecer às empresas concorrentes a informação necessária para operar a conversão de conteúdos escritos originalmente para WMP no formato pretendido[595]. Se é certo, por um lado, que esta solução faria inicialmente incorrer os concorrentes em custos consideráveis decorrentes do próprio processo de conversão e da gestão de direitos de autor, a curto prazo ofereceria a estas empresas a possibilidade de neutralizarem os efeitos de rede e concorrerem pelo mérito, e, a médio longo prazo, a possibilidade de criarem uma base instalada de clientes e de fornecedores de conteúdos para os seus próprios formatos, quiçá podendo desvincular-se em definitivo da plataforma e do formato WMP. Em suma, a decisão da Comissão foi acertada, mas insuficiente.

A questão da integração de novas funcionalidades num produto tecnológico, que é, admita-se, a grande questão de política de concorrência suscitada pelo caso *Microsoft*, não é nova e já anteriormente havia sido colocada pela Comissão no processo que moveu contra a *IBM* na década de 80. A Comissão receava, atento a posição dominante desta empresa no mercado do fornecimento de CPUs e do sistema operativo para o seu computador *System/370*, que a *IBM* viesse a controlar os diversos mercados de produtos compatíveis com o *System/370*. A Comissão opôs-se, especificamente, à política comercial seguida por esta empresa que consistia em integrar placas de memória nos seus CPUs e subordinar a venda dos seus computadores à aquisição de um conjunto de aplicações básicas de *software*. O processo é encerrado, por acordo, em 1984, tendo a *IBM* assumido o compromisso de passar a vender os seus computadores sem

---

[595] Neste sentido ver DAVID A. HEINER, *op. cit.*, p. 139 e MIGUEL MOURA E SILVA, *op. cit.*, p. 545.

qualquer memória acoplada ou com a memória estritamente indispensável a fazer correr os programas de teste[596].

A prática comunitária deste período oferece-nos outros exemplos de subordinação e agrupamento espraiados por outros sectores de atividade económica. Por comunicação datada de 25 de Março de 2004, a Comissão informou a *Euromax* de que não daria seguimento à denúncia por si apresentada relativa à alegada conduta abusiva da IMAX, um fabricante de sistemas de projeção de filmes de alta resolução, de telas de cinema e de sistemas de som, que havia subordinado a locação dos seus sistemas de som e imagem à aquisição dos respetivos serviços de manutenção e assistência técnica[597] [598]. A *Euromax* era uma prestadora de serviços de assistência técnica a este tipo de sistemas, instalados, na sua maioria, em salas de teatro e de cinema. A *Euromax* alegava que os contratos de licenciamento da tecnologia IMAX impunham aos teatros e cinemas a obrigação de que os serviços de manutenção e assistência aos equipamentos IMAX fossem prestados exclusivamente por esta empresa. De acordo com o esquema clausulado, o cliente era forçado a subscrever o *Full Service Program* da IMAX, um produto que o impedia de contratar pontualmente, numa base *case by case*, os serviços de assistência a outros prestadores. A *Euromax* considerava estas imposições contratuais contrárias ao disposto no artigo 102º do TFUE.

Numa abordagem claramente atenta aos efeitos da prática contestada, a Comissão considerou que a exigência contratualmente imposta aos cinemas e teatros era justificada pelo facto de a IMAX reter a propriedade dos equipamentos. Segundo a Comissão, *"it is not illegal – even for a dominant lessor – to insist on maintaining its own equipment as a means to protect its patent or know-how, to maintain leased equipment in good condition as he retains property of the equipment"*[599]. A Comissão salienta que o programa *Full Service Program* tinha sido esboçado por aquela empresa de forma a salvaguardar a integridade do seu equipamento e a poder oferecer a especial garantia que constava dos seus contratos de licenciamento (98% *up-time guarantee*). A Comissão conclui, pois, afirmando que *"(...) even if IMAX were to be considered to hold a dominant in the market for large film format equipment, the requirement by IMAX of theatres being obliged to get maintenance from IMAX or alternatively subscribe to the Share Customer Service Program does not in itself constitute any abuse for the purpose of Article 82 of the Treaty"*.

A questão da integração tecnológica de produtos complementares volta, em 2007, a sujeitar a escrutínio as políticas comerciais da *Microsoft*. Em 14 de

---

[596] Cf. *Press Release* IP/84/291 de 2 de Agosto de 1984.
[597] Caso COMP/C-2/37.761, *Euromax c. IMAX*.
[598] Cf. http://ec.europa.eu/competition/antitrust/cases/dec_docs/37761/37761_12_3.pdf.
[599] Cf. http://ec.europa.eu/competition/antitrust/cases/dec_docs/37761/37761_12_3.pdf, p. 13.

Janeiro de 2009, a Comissão adotou uma comunicação de objeções contra esta empresa por alegada violação das regras comunitárias relativas ao abuso de posição dominante[600]. O processo teve origem numa denúncia apresentada em 2007 pela *Opera Software ASA*, um produtor norueguês de *Web browsers*, tendo por objeto a subordinação técnica e contratual do navegador *Internet Explorer* ao sistema operativo *Windows*. Segundo a Comissão, esta prática remontava, pelo menos, ao ano de 1996, data em que a *Microsoft passou* a condicionar a venda das licenças *Windows* à inclusão obrigatória do *Internet Explorer*. A posição da Comissão, quanto aos potenciais efeitos de exclusão, era a de que a estratégia de subordinação prosseguida distorcia e encerrava a concorrência no mercado dos *Web browsers* pelo facto de propiciar à *Microsoft*, em mais de 90% dos computadores pessoais, uma vantagem artificial em matéria de distribuição do *IE*, sem qualquer relação com o mérito do seu produto[601]. A Comissão tinha identificado, na sua declaração de objeções, dois canais de distribuição para os programas de navegação na Internet: a distribuição através dos OEMs, e através do seu descarregamento da Internet. No que respeita ao primeiro, a Comissão notou que, nos termos do modelo de licenciamento do *Windows*, os OEMs eram obrigados a licenciar este sistema operativo com o *Internet Explorer* pré-instalado. Os OEMs podiam instalar um *Web browser* alternativo, mas apenas por acrescento ao *IE*. No entender da Comissão, a ubiquidade do *IE* não seria afetada ainda que as empresas concorrentes conseguissem chegar a acordo com os OEMs no sentido de garantir a pré-instalação dos seus próprios *browsers*. Isto porque, por um lado, os *browsers* de empresas terceiras só podiam ser pré-instalados, como se referiu, em adição ao *IE* e, por outro, porque não era tecnicamente possível aos OEMs ou aos utilizadores de PC procederem à desinstalação do *IE*. No que respeita à distribuição pela Internet, a Comissão reputou-a de insuficiente, avançando com a ideia de que esta opção só seria verdadeiramente eficaz a partir do momento em que as empresas concorrentes lograssem vencer a inércia dos consumidores e persuadi-los a não limitarem as suas opções ao *browser* pré-instalado. O *download* de um novo *browser* exige que o utilizador tenha conhecimento da existência do produto alternativo e que pretenda tomar uma decisão ativa quanto à sua aquisição. A Comissão constatou, todavia, existirem vários obstáculos ao *download*, designadamente os relacionados com os custos de mudança, com os custos associados à procura e escolha do novo produto, com os problemas técnicos de instalação, ou com a

---

[600] Ver Decisão da Comissão, de 16 de Dezembro de 2009, processo nº COMP/C-3/39.530, *Microsoft*, J.O. nº C-036 de 13.02.2010, p. 0007-0008.
[601] Cf. p. 39 *et seq.* da Decisão.

simples inércia do consumidor[602]. Estes obstáculos exerciam, no seu entender, uma influência negativa determinante.

Para além desta questão, a Comissão considerou que as vendas vinculadas entravavam a inovação no mercado e criavam incentivos artificiais para que as empresas de *software* e os fornecedores de conteúdos concebessem os seus produtos ou os seus sítios *Web* principalmente para o *Internet Explorer*. Esta afirmação equivale a dizer que a subordinação reforçava os efeitos de rede pelo lado dos conteúdos[603]. Gera-se, pois, o ciclo virtuoso da *Microsoft* a que já fizemos sobeja referência.

A subordinação investigada, para além de ser suscetível de excluir a concorrência *"on the merits"* entre programas de navegação *Web*, de encerrar o mercado subordinado e de contribuir para criação de efeitos de rede, tinha, ainda, o efeito de reforçar a posição dominante detida pela *Microsoft* no mercado dos sistemas operativos para PC e eliminar a ameaça representada pelo mercado *Web browser* (*"platform threat"*). Repare-se que as aplicações que eram escritas especificamente para o *IE*, que apenas era disponibilizado com o *Windows*, não ofereciam aos utilizadores a opção de poder mudar de programa de navegação ou mesmo de sistema operativo.

Em Outubro de 2009, a *Microsoft* comprometeu-se a adotar todas as medidas necessárias a eliminar os obstáculos criados à concorrência[604]. A Comissão converteu esse compromisso numa decisão juridicamente vinculativa para aquela empresa durante um período de cinco anos. Os compromissos principais podem resumir-se da forma que se segue. Em primeiro lugar, a *Microsoft* aceitou disponibilizar, ao nível do Espaço Económico Europeu (EEE), um mecanismo no âmbito do sistema operativo *Windows* destinado a permitir aos OEMs e aos utilizadores ligar e desligar o *IE*. Se o *IE* for desligado, a janela do navegador e os respetivos menus ficarão inacessíveis para o utilizador. Em segundo lugar, os OEMs passam a ser livres de pré-instalar qualquer programa de navegação *Web* da sua escolha nos PC que vendem e de o definir como programa de navegação *Web* supletivo. Em terceiro lugar, a *Microsoft* acedeu em disponibilizar aos utilizadores dos sistemas operativos *Windows* PC no EEE uma atualização de *software* sob forma de um ecrã de seleção. Os utilizadores que têm o *Internet Explorer* instalado como programa de navegação *Web* por defeito passam a ser alertados através deste ecrã de seleção para a possibilidade de escolha de entre os vários programas de navegação *Web* concorrentes passíveis de serem instalados.

---

[602] Cf. p. 48 da Decisão.
[603] Cf. p. 39 *et seq.* da Decisão.
[604] Cf. http://ec.europa.eu/competition/consumers/citizen_summary/pt.pdf.

Quais os objetivos prosseguidos pela *Microsoft* com a sua estratégia de subordinação? São corretas as asserções da Comissão quanto aos possíveis efeitos anticoncorrenciais? Julgamos defensável que esta empresa tenha prosseguido uma política de *leveraging* a longo prazo direcionada à consecução de dois objetivos: i) a defesa e consolidação da posição *quasi* monopolista detida no mercado dos sistemas operativos para PC (*leveraging defensivo*); ii) a salvaguarda dos benefícios de monopólio no mercado dos *browsers*.

Como vimos, o mercado dos sistemas operativos é caracterizado por elevados obstáculos à entrada, em particular a chamada "barreira das aplicações". Sendo que a maior parte das aplicações é escrita para o *Windows*, a maior ameaça para este sistema operativo provém de programas, como por exemplo o *Navigator* da *Netscape*, que suportem ou constituam plataformas alternativas para aplicações e que tenham as suas próprias APIs, permitindo que estas aplicações possam correr em ambiente próprio e independentemente do sistema operativo subjacente[605]. A ameaça é exponenciada quando o concorrente divulga as APIs chave aos programadores de aplicações, uma vez que torna os consumidores indiferentes ao sistema operativo utilizado no PC. Esta indiferenciação ameaça o domínio do *Windows*. Ao subordinar o *Windows* ao *IE*, a *Microsoft* procura evitar o aparecimento de uma plataforma de *software* que ameace a sua posição no mercado dos sistemas operativos. Dada a ubiquidade do *Windows*, a oferta do *bundle* acaba por afetar a inovação no mercado subordinado na medida em que reduzia os incentivos dos concorrentes para investirem em investigação e desenvolvimento, diminuindo a sua capacidade de financiamento dessas atividades e inibindo-os, em última instância, de oferecer produtos competitivos. Para além de impedir a concorrência pelo mérito entre programas de navegação da Internet, a subordinação impedia, também, a concorrência potencial das plataformas alternativas ao *Windows*, assim fazendo salvaguardar o *quasi* monopólio detido pela empresa neste mercado.

Enunciámos a salvaguarda dos benefícios de monopólio no mercado dos *browsers* como segunda razão justificativa da subordinação praticada. Referimo-nos a benefícios de ordem financeira e não diretamente à capacidade de excluir a concorrência. Argumentar-se-á, porventura, que ao vender o *IE* de forma gratuita, a *Microsoft* nada teria a ganhar a curto prazo com a alavancagem de poder de mercado para o mercado do produto subordinado. Pode parecer, com efeito, que tal política de preços faria precludir, *per se*, a possibilidade da cobrança de lucros supracompetitivos no mercado dos navegadores de Internet.

---

[605] David A. Heiner, "Assessing Tying Claims in the Context of Software Integration: A Suggested Framework for Applying the Rule of Reason Analysis", *The University of Chicago Law Review*, vol. 72, nº 1, Chicago, 2005, pp. 123 a 146, p. 128.

Repare-se, porém, que a gratuitidade da distribuição do *browser* não impede que o monopolista consiga obter uma remuneração em serviços complementares ou junto dos fornecedores de conteúdos. O monopolista pode, por exemplo, cobrar ao consumidor pelas atualizações de produto ou pela instalação de aplicações complementares. O programa *Adobe Acrobat* é paradigmático da segunda possibilidade deixada: o seu leitor é gratuito, mas o programa é usado para criar ficheiros nesse formato que são depois vendidos no mercado profissional.

Cumpre-nos, por último, um comentário às medidas corretivas aplicadas pela Comissão. Compreende-se que não se tenha imposto à *Microsoft* a obrigação de venda de uma versão do *Windows* sem navegador de Internet: tal opção comprometeria o normal acesso à Internet por parte do típico utilizador. Questionamo-nos, porém, se fará sentido obrigar a *Microsoft* a distribuir *Web browsers* da concorrência, particularmente quando se antecipa que os efeitos dessa medida serão escassos. À semelhança do que sucede com os leitores multimédia, os *browsers* da concorrência podem ser descarregados da Internet e instalados no PC numa questão de minutos, pelo que a atual relutância dos consumidores em fazê-lo afigura-se demonstrativa de que essa opção é, talvez, aos seus olhos, pouco apelativa. Este comportamento pode, porventura, ser justificado atendendo a que maioria dos consumidores tem uma preferência enraizada pelo *IE*, essencialmente porque, tendo sempre utilizado este *browser*, não têm a devida perceção das vantagens que podem resultar da aquisição de um navegador de Internet tecnologicamente mais desenvolvido e com maior performance. Haverá também que levar em conta a natural relutância dos consumidores em suportar os custos de aprendizagem associados à utilização de um novo *software*. Os OEMs poderão, por outro lado, não estar interessados em arcar com os custos extraordinários que resultem da assistência técnica prestada ao novo *browser*.

Pode ser argumentado que o prejuízo que resulta para os consumidores da distribuição conjunta do *Windows* e do *IE* é limitado. No caso específico dos *Web browsers*, e contrariamente ao que sucede com os leitores de multimédia, existe uma quase total compatibilidade entre os diferentes navegadores de Internet disponíveis no mercado. O *Firefox*, por exemplo, fornece um *plug-in* que emula o *IE* e que pode ser utilizado para instalar as atualizações da *Microsoft* que usualmente requerem a presença do *IE*. Também não parece, por outro lado, que a concorrência ao nível dos preços seja afetada, atendendo a que a distribuição dos *browsers* é gratuita. A quase total compatibilidade entre os diferentes *browsers* faz com que os benefícios que normalmente se associam à maior diversidade e qualidade dos produtos sejam relativizados e francamente inferiores aos que resultam no caso dos leitores multimédia. Parece-nos, pois, atendendo às razões enunciadas, que talvez tenha sido algo desproporcionada a obrigação imposta à *Microsoft* de distribuir os *browsers* da concorrência.

É curioso notar, neste segundo caso da *Microsoft*, que não existe uma correspondência conceptual entre a teoria do prejuízo (*"theory of harm"*) articulada pela Comissão, e que é baseada na jurisprudência comunitária que versa sobre as práticas de *tying* e *bundling*, e a medida corretiva aplicada, que aparenta não oferecer uma solução adequada aos efeitos que normalmente se associam a este tipo específico de abuso. Afigura-se que, num caso em que se discute a oferta combinada de dois produtos distintos e a possibilidade da verificação dos efeitos de *leveraging*, a solução deveria ter antes passado pela exigência de que a oferta de ambos os produtos se processasse de forma separada e independente, ou seja, que passasse pelo *"unblundling"* dos produtos. Esta ideia foi sugerida pela *Microsoft* aquando da fase preliminar das negociações, mas perentoriamente rejeitada pela Comissão por considerá-la insuficiente. Bem vistas as coisas, a medida corretiva imposta da distribuição conjunta dos *browsers* enquadrar-se-ia bem melhor numa situação em que se discutisse a questão da *essential facilities*, e em que o *Windows* fosse considerado como veículo indispensável à distribuição de um *Web browser*. É certo que esta medida pode, porventura, vir, de futuro, a revelar-se frutuosa, no sentido de revigorar o grau de concorrência existente no mercado dos *browsers*. O ponto que aqui pretendemos assinalar, reitere-se, circunscreve-se, apenas, à questão da aparente falta de correspondência conceptual entre *theory of harm* enunciada e a medida corretiva aplicada. Com efeito, seria inaceitável que a Comissão ou os queixosos pudessem livremente optar, de entre as diferentes *theories of harm*, por uma que lhes fosse, do ponto vista das exigências de prova, mais favorável, de forma a lograrem a aplicação à ré do tipo de medidas corretivas mais onerosas e abrangentes. Julgamos que este problema não pode ser solucionado se se insistir na caracterização do caso *Microsoft* como sendo, estritamente, um caso de *tying*. A categorização das diferentes práticas abusivas que se submetem à tutela do artigo 102º do TFUE não é absolutamente estanque e cirúrgica, particularmente quando se adote uma abordagem baseada nos efeitos das práticas escrutinadas (*effects-based approach*).

2.4 Conclusões

No contexto do direito da concorrência da União Europeia, o enquadramento jus-concorrencial das práticas de *tying* e *bundling* é feito, essencialmente, por referência ao artigo 102º do TFUE sobre o abuso de posição dominante. Ainda que de forma mais infrequente, estas práticas são também escrutinadas sob a égide do artigo 101º do TFUE que proíbe os acordos de cooperação entre empresas que sejam restritivos da concorrência. Durante as décadas de 70 e 80 a prática decisória da Comissão e dos tribunais comunitários assentou em critérios puramente legalistas, baseada exclusivamente na forma e natureza das condutas abusivas e sem consideração pelos seus efeitos de mercado. À semelhança do que havia sucedido no direito *antitrust* norte-americano, o enquadramento jurídico dos primeiros casos de subordinação e venda em pacote na UE foi influenciado pelo conceito de extensão abusiva do âmbito dos direitos de propriedade intelectual e industrial. Estes casos envolviam, amiúde, as tentativas dos titulares destes direitos em fazer subordinar a concessão das suas licenças à aquisição de um segundo produto não coberto por estes direitos e fornecido competitivamente no mercado subordinado. Qualquer restrição que atentasse à liberdade do licenciado era interpretada como constituindo uma restrição à concorrência. As condenações eram ditadas com base apenas na perpetração fáctica destas práticas, com total abstração das condições de mercado. Os efeitos anticoncorrenciais, *maxime* os de exclusão, eram presumidos. Este tipo de abordagem explicava-se atenta a condição de imaturidade da teoria económica relevante, a consequente inexistência de critérios de análise que pudessem interpretar os efeitos das práticas no mercado e a necessidade de basear as decisões em critérios de objetividade, de transparência e de previsibilidade.

A maturação do direito da concorrência da UE e a dinamização do pensamento e da teoria económica fez criar gradualmente, nas instâncias comunitárias, uma nova consciência de mercado e de legalidade jurídico-económica. A década de 90 manteve inalterado o critério de proibição *per se*, mas fez introduzir novos fatores de análise a estas práticas. Na apreciação que sobre elas faz, a Comissão atribui uma nova importância ao requisito do poder de mercado da empresa subordinante, à explicação económica dos comportamentos de mercado, e à valoração de circunstâncias justificativas potencialmente excludentes da ilicitude. Os casos *Hilti* e *Tetra Pak II* atestam bem a crescente influência da teoria económica na condução do processo analítico da Comissão e dos tribunais comunitários e a tensão conceptual com a lógica da proibição *per se*.

O caso *Microsoft* assinala a emergência de um novo período na história do direito comunitário da concorrência, caracterizado pela adoção, ao nível legislativo e da prática decisória, de uma *"effects-based approach"*. Esta nova abordagem, que consagra a receção da metodologia de análise da *rule of reason*, é orientada em função dos efeitos das condutas no mercado. A licitude é apurada em função do saldo que resulta da análise comparativa entre os custos e benefícios da venda combinada, prestando-se especial enfoque à questão da exclusão no mercado do produto subordinado.

3. Os elementos constitutivos das práticas abusivas de *tying* e *bundling*

De acordo com a doutrina professada em *Microsoft*, são quatro os requisitos que devem estar preenchidos para que as práticas de subordinação e venda em pacote se considerem em infração do artigo 102º do TFUE: em primeiro lugar, o produto subordinante e o produto subordinado devem ser produtos distintos; em segundo lugar, a empresa em causa deve dispor de poder de mercado no que respeita ao produto subordinante[606]; em terceiro lugar, deverá existir um elemento de coação, no sentido de não ser deixada liberdade de escolha ao consumidor quanto à aquisição isolada do produto subordinante; por último, a conduta de vinculação deve levar à restrição da concorrência no mercado do produto subordinado[607]. No caso *Microsoft*, o TPI congratulou a Comissão por ter decidido analisar os argumentos invocados por aquela empresa a fim de demonstrar que o comportamento abusivo que lhe era imputado seria objetivamente justificado. O Tribunal considerou que a questão da subordinação deveria ser apreciada à luz dos quatro requisitos *supra* enunciados, e bem assim de um quinto requisito relativo à inexistência de uma justificação objetiva[608].

3.1 A existência de produtos distintos

Os conceitos de subordinação e agrupamento pressupõem a oferta combinada de dois ou mais produtos que se considerem distintos entre si. Como notam Jones e Sufrin, *"If what is supplied consists of one product there cannot be a tie as one cannot tie something tied to itself"*[609]. A questão da separabilidade dos produtos é epicêntrica a qualquer sistema de normas *antitrust* que se debruce sobre a temática das vendas combinadas e suscita exatamente o mesmo tipo de problema: como destrinçar entre produtos que se considerem como meros componentes de um único produto ou serviço integrado, e que assim percam a sua identidade individual, e produtos ou serviços que sejam simplesmente distintos. O *"Discussion Paper"* de 2005 apartava a questão da separabilidade da circunstância de os produtos pertencerem a diferentes mercados relevantes. Podia ler-se no seu considerando 185 que *"It is, however, not necessary that the two products belong to two separate product markets. In a market with differentiated products, two products may be sufficiently differentiated that a company can be said to tie or bundle two distinct products"*. O artigo 102º al. d) do TFUE proíbe especificamente as prestações suplementares que, *"pela sua natureza ou de acordo com*

---

[606] Em situações de agrupamento, a empresa deverá ser dominante num dos mercados agrupados.
[607] Cf. considerando 794 da Decisão da Comissão de 24.3.2004, COMP/C-3/37.792 *Microsoft*, C (2004) 900 final, J.O. L 32, de 6.2.2007; Processo T-201/04, *Microsoft c. Comissão*, p. 842, 859 a 862, 867 e 869; Orientações sobre as prioridades da Comissão na aplicação do artigo 82º, p. 50.
[608] Cf. p. 869 do acórdão.
[609] Alison Jones e Brenda Sufrin, *op. cit.*, p. 516.

PARTE II – IV. A SUBORDINAÇÃO E O AGRUPAMENTO NO DIREITO COMUNITÁRIO DA CONCORRÊNCIA

os usos comerciais, não têm ligação com o objeto desses contratos", o que faz sugerir que não haverá abuso quando exista um elo "natural" ou "customário" entre os produtos. O alcance desta interpretação foi, todavia, limitado pelo Tribunal de Justiça no caso *Tetra Pak II*[610]. Como bem observou o Advogado-Geral Jacobs, na opinião que ofereceu em *Hilti*, a destrinça entre dois produtos *"is a complex operation involving both findings of fact and evaluation of those facts in the light of economic principles and legal criteria"*[611].

São vários os critérios de separabilidade que têm sido enunciados pela doutrina, pela Comissão e pelos tribunais comunitários. Propomo-nos a abordá-los de uma forma crítica e oferecer o nosso contributo na edificação de um novo teste que possa dar resposta às diferentes dificuldades suscitadas.

Nas suas Orientações interpretativas sobre a aplicação do artigo 102º do TFUE, a Comissão oferece uma definição do conceito de separabilidade: *"os produtos são considerados como sendo distintos se, na ausência de subordinação ou agrupamento, um número substancial de clientes comprar ou tivesse comprado o produto subordinante sem comprar igualmente o produto subordinado ao mesmo fornecedor (...)"*[612]. A Comissão estabelece como critério de distinção a análise da respetiva procura: quando não exista uma procura separada e independente por cada um dos alegados produtos, não existirá distinção entre os mesmos e não pode, por conseguinte, consumar-se um abuso por subordinação ou agrupamento[613]. A Comissão entende que a prova da separabilidade pode passar, diretamente, pela demonstração de que os clientes adquirem os produtos em separado de diferentes fontes de fornecimento, ou, indiretamente, pela prova da presença no mercado de empresas especializadas no fabrico do produto subordinado sem o produto subordinante. A separabilidade pode outrossim ser inferida do facto de as empresas com pouco poder mercado, especialmente em mercados competitivos, não subordinarem ou agruparem os produtos. Acolhe-se, portanto, o critério de *Jefferson Parish*.

No primeiro dos casos *Microsoft*, a Comissão susteve que o *Windows* e o WMP eram produtos distintos, baseando a sua decisão, primariamente, na constatação de o mercado disponibilizar outros leitores multimédia e da existência de uma procura separada e independente para estes produtos[614]. A sepa-

---

[610] Cf. p. 37 do acórdão onde se refere que *"mesmo quando a venda ligada de dois produtos seja conforme aos usos comerciais ou quando exista uma relação natural entre os dois produtos em questão, ela pode ainda assim constituir um abuso na aceção do artigo 86"*.
[611] Ver Opinião dada no Proc. C-53/92, *Hilti c. Comissão*, p. 8.
[612] Cf. p. 51 das Orientações.
[613] Cf. considerandos 917 e 918 da Decisão da Comissão de 24.3.2004, COMP/C-3/37.792 *Microsoft*, C (2004) 900 final, J.O. L 32, de 6.2.2007.
[614] Cf. p. 804 da Decisão.

rabilidade dos dois *softwares* foi aferida pelo lado da oferta no mercado subordinado, em virtude da existência de fabricantes de leitores multimédia que os desenvolviam e vendiam em separado dos sistemas operativos para PC. A Comissão baseou também a sua decisão no facto de a *Microsoft* desenvolver leitores de multimédia, em separado, para outras empresas de *software* como a *Apple* e a *Sun*[615], e na circunstância de existirem vários utilizadores de PC que optavam por instalar este leitor separadamente, um facto, que no seu entender, era demonstrativo de uma consciência sobre o carácter distinto dos produtos[616]. É ainda salientada, na decisão, a existência de consumidores que não necessitavam nem pretendiam ter um leitor multimédia instalado no PC, mormente os clientes profissionais.

Os tribunais comunitários têm acompanhado o critério sugerido pela Comissão, por vezes dando maior enfoque ao lado da oferta, isto é, à existência no mercado de fornecedores independentes para o produto subordinado. Em *Hilti*, por exemplo, o TPI confirmou a tese da existência de mercados separados para os consumíveis das pistolas de pregos (os pregos e as fitas de cartuxo) por considerar que proliferavam no mercado, pelo menos desde da década de 60, produtores independentes destes produtos[617]. No caso *Tetra Pak II*, quanto à questão da separabilidade das máquinas de enchimento e dos cartões, o mesmo Tribunal salientou a existência no mercado de produtores de cartões não assépticos destinados a serem utilizados nas máquinas *Tetra Pak*[618].

No caso *Microsoft III*, o Tribunal Federal de Círculo norte-americano avançou com a ideia de que o teste de *Jefferson Parish* atuava como um *"proxy for net efficiency"*, ou seja, como um indicador da realização de ganhos de eficiência[619]. Por outras palavras, que era uma forma relativamente simples de determinar se uma dada prática de subordinação ou agrupamento incrementava o bem-estar dos consumidores. A lógica, como já a explicámos, é a de que haverá uma procura separada para cada um dos produtos quando os benefícios que se associam à liberdade de escolha do consumidor forem comparativamente superiores aos ganhos de eficiência que resultem da sua integração. Ainda que seja adequado a determinados quadros de *tying* e *bundling*, mormente aqueles em que os mercados afetados sejam estáticos, cremos ser questionável que este teste logre atingir uma dimensão universal no sentido de sempre oferecer, nos

---

[615] Cf. p. 805 da Decisão.
[616] Cf. p. 806 da Decisão.
[617] Acórdão do Tribunal de Primeira Instância (Segunda Secção) de 12.12.1991, proc. T-30/89, *Hilti c. Comissão*, Colect. 1991, p. II 1439, p. 66 a 68.
[618] Acórdão do Tribunal de Primeira Instância (Segunda Secção) de 6.10.1994, Proc. T-83/91, *Tetra Pak International SA c. Comissão*, Colect. 1994, p. II 755, p. 60 a 78.
[619] *United States v. Microsoft Corp.*, 253 F.3d 34, 88 (D.C. Cir. 2001).

diversos quadros de vendas combinadas que se ensaiam no dia-a-dia da prática mercantil, uma resposta inequívoca quanto à questão da separabilidade. A primeira crítica que se lança é a de que o critério da procura separada fará pouco ou nenhum sentido no contexto dos mercados tecnologicamente dinâmicos[620]. Repare-se que, sendo a tecnologia alvo de um constante processo de evolução e transmutação, torna-se extremamente complexa e até falaciosa a tarefa, a cargo do consumidor, de discernir entre um produto único integrado e dois produtos distintos. Não é raro, por outro lado, que a perceção dos consumidores menos sofisticados quanto à questão da separabilidade dos produtos dependa da aparência dos produtos e da forma como são anunciados[621]. Esta aparência pode ser especialmente fabricada para atrair a preferência destes consumidores e sugerir um falso quadro de integração.

O Tribunal Federal de Círculo fez ecoar este criticismo no caso *Microsoft III*. O Tribunal notou *"the poor fit between the separate-products test and the facts of this case"* e alertou para o facto de o teste de *Jefferson Parish* não ser apto a identificar, no contexto destes mercados, os *bundles* que efetivamente promovem ganhos de eficiência técnica e económica, destarte potencialmente detendo o investimento das empresas na inovação. Este risco seria particularmente alto no contexto dos *"newly integrated products"*[622].

O facto de se tratar de um teste "mono-factor" centrado no comportamento do consumidor faz, por outro lado, com que se ignore a informação relevante oferecida pelo lado da oferta. Repare-se que, na maioria das situações, os produtores e distribuidores dos produtos estarão em melhor de situação de avaliar sobre as eficiências que possam resultar de uma oferta combinada, mesmo quando estas não sejam ainda percetíveis pelos consumidores. O processo de evolução tecnológica a que anteriormente nos referimos faz, amiúde, e pelo desfasamento da perceção do consumidor à realidade tecnológica que lhe é apresentada, gerar a dúvida junto do adquirente sobre o mérito do *bundle* enquanto alternativa à venda em separado dos produtos que o integram. Não será difícil imaginar um cenário em que perdure um quadro de procura separada mesmo depois de se ter lançado no mercado uma integração de produtos que incremente o bem-estar económico e social dos consumidores. Esta situação explica-se em razão da normal lentidão do processo de reconhecimento dos ganhos de eficiência. Sem embargo, e no pressuposto de que os restantes

---

[620] Neste sentido ver MICHAEL KATZ & CARL SHAPIRO, "Antitrust in Software Markets" in *Competition Innovation, and the Microsoft Monopoly: Antitrust in the Digital Marketplace*, Kluwer Academic Publishers, Boston, 1999, p. 72 e 73.
[621] Cf. RENATO MARIOTTI "Rethinking Software Tying", *Yale Journal on Regulation*, vol. 17, 2000, p. 377.
[622] Cf. p. 92 do acórdão.

requisitos constitutivos da proibição estejam preenchidos, o critério da procura separada terá, neste caso, o efeito incontornável de ditar a ilicitude da integração proposta. Este quadro afigura-se manifestamente inaceitável porque contrário aos objetivos prosseguidos pelo direito *antitrust*. Tenha-se presente o caso *IBM* do final da década de 70. Esta empresa foi objeto de uma queixa por ter começado a inserir leitores de disquetes nos seus computadores, quando os mesmos eram anteriormente vendidos separadamente. Poucos anos volvidos sobre o desfecho deste caso, o mercado deixou de fornecer estes leitores em separado porque os consumidores tinham preferido a integração que havia então sido proibida. O problema do critério da procura separada reside no facto de analisar as condições de procura num determinado momento temporal e assumir que o mesmo quadro se perpetuará no futuro. Essa é, aliás, uma das críticas que dirigimos à análise da Comissão no primeiro dos casos *Microsoft*. A Comissão não fez qualquer consideração ou destrinça entre a procura existente à altura da oferta do *bundle* e a procura no período pós *bundle*. A Comissão também se negou a considerar o avanço tecnológico resultante do *bundle Windows/WMP* como fator de análise, limitando-se a alegar o argumento da desproporcionalidade face aos potenciais efeitos anticoncorrenciais. Numa última nota, diremos que o teste proposto pela Comissão, tal como se encontra vertido e explicado no texto das suas Orientações a respeito do artigo 102º do TFUE, fornece escassa orientação em dois aspetos cruciais de método: quanto à questão da identificação dos consumidores alvo dos produtos em questão e quanto ao tipo de opinião considerada relevante[623]. Exploraremos estes dois aspetos mais adiante.

A doutrina europeia tem, por vezes, feito referência a um critério de separabilidade que se baseia na existência de um elo de ligação entre os produtos que se oferecem combinadamente, e a que designa de *"Inherent-Link Test"*[624]. Este critério decorre da própria letra do artigo 102º al. d) do TFUE que se refere a prestações suplementares que *"pela sua natureza ou de acordo com os usos comerciais, não têm ligação com o objeto desses contratos"*. Os produtos não serão considerados distintos quando entre eles exista uma "ligação natural" na aceção desta disposição legal. Na sua decisão, no primeiro dos casos *Microsoft*, a Comissão salientou que as empresas em posição dominante têm uma natural propensão para contestar a separabilidade dos produtos, particularmente "quando estes

---

[623] Cf. Samuel Noah Weinstein, *op. cit.*, p. 938.
[624] Cf. Michel Waelbroeck e Aldo Frignani, *Mégret, Commentaire – Le Droit de la CE et de l'Union Européenne – Concurrence*, 2ª edição, Université de Bruxelles, 1997, p. 621 e 622; Jurian Langer, *op. cit.*, p. 150 e 151.

sejam utilizados um com o outro, de forma conjunta"[625]. Na base deste argumento está o raciocínio segundo o qual, se existe uma ligação intrínseca entre os produtos, o preço dos componentes individuais do *bundle* é irrelevante para o consumidor porque este apenas atentará no preço final do produto combinado. Tenha-se presente o caso *Vaessen/Moris*: atendendo a que as máquinas de fabrico e as películas de revestimento sintéticas são utilizadas conjuntamente na produção das *saucissons de Boulogne*, poderia suster-se que essa ligação/conjugação justificaria a consideração de apenas um único produto integrado: *e.g.* o processo de fabrico integrado das salsichas. À semelhança do que sucede com o teste norte-americano da integração tecnológica, este critério dá especial tónica aos atributos do *bundle*. A diferença entre os dois radica no facto de aquele teste ser virado à questão da funcionalidade da integração, e o teste da "ligação natural" realçar, antes, a natureza da relação que se estabelece entre os vários componentes do *bundle*.

Pese embora o teor literal da alínea d) do artigo 102º do TFUE, o Tribunal de Justiça tem mostrado sérias reservas à aplicação deste critério, particularmente em casos em que as empresas estejam numa situação de "super domínio" e o estado da concorrência nos mercados afetados esteja, por essa razão, já especialmente debilitado. No caso *Tetra Pak II*, em que se discutiu a questão de saber se as máquinas de enchimento e os cartões formavam parte de um sistema de distribuição integrado, o Tribunal de Justiça deixou claro, quanto à interpretação daquela disposição legal, que *"mesmo quando a venda ligada de dois produtos seja conforme aos usos comerciais ou quando exista uma relação natural entre os dois produtos em questão, ela pode ainda assim constituir um abuso na aceção do artigo 86"*[626]. Em *Hilti*, a subordinação da venda de pregos à aquisição das fitas de cartucho foi considerada abusiva embora se tivesse demonstrado que estes cartuxos só operavam com pregos compatíveis. O TPI mostrou-se sensivelmente mais preocupado com o facto de existir uma procura distinta por pregos de outras marcas, argumentando que *"A tese avançada pela Hilti segundo a qual se deveria considerar que as pistolas, os pregos e as fitas de cartuchos formam um todo indissociável, designado por «FFAP», traduzir-se-ia, na prática, em autorizar os produtores de pistolas de pregos a excluir a utilização nos seus aparelhos de artefactos conexos diferentes dos da sua própria marca."*[627].

Tal como o teste da procura separada, o teste da ligação "intrínseca" ou "natural" baseia-se, apenas, num único fator. Se é certo que o primeiro descura

---

[625] Cf. Decisão da Comissão de 24.3.2004, COMP/C-3/37.792 *Microsoft*, C (2004) 900 final, J.O. L 32, de 6.2.2007, p. 801.
[626] Cf. p. 37 do acórdão.
[627] Acórdão do Tribunal de Primeira Instância (Segunda Secção) de 12.12.1991, proc. T-30/89, *Hilti c. Comissão*, Colect. 1991, p. II 1439, p. 68.

da relação que se estabelece entre os diferentes componentes do *bundle*, o segundo peca por ignorar a informação relevante que se pode extrair do lado dos consumidores e dos produtores. Não cremos que se possa considerar este critério como um verdadeiro de teste de separabilidade: deverá antes ser interpretado como um dos vários fatores de análise a levar em conta.

A Comissão tem, pontualmente, em algumas das suas decisões, sugerido a aplicação de um terceiro critério que se parece basear nas condições de substituibilidade de ambos os lados da procura e da oferta do mercado. De acordo com este critério, serão considerados como distintos os produtos que apresentem diferentes características ao nível da respetiva procura e oferta. No caso *Hilti*, a Comissão recusou o entendimento desta empresa segundo o qual se deveria considerar que as pistolas, os pregos e as fitas de cartuchos formavam um sistema integrado de fixação, designado por FFAP[628]. A Comissão fundamentou a sua recusa na base da não substituibilidade funcional entre os diferentes componentes vendidos. Do lado da oferta, a Comissão notou *"que os pregos e as fitas de cartuchos são produzidos com tecnologias totalmente diferentes e não raro por diferentes empresas"*[629]. A existência de fabricantes independentes de pregos e de fitas de cartuchos que não produziam pistolas de pregos demonstrava que esses produtos obedeciam a condições diferentes de oferta. A Comissão conclui *"que as pistolas de pregos, as fitas de cartuchos e os pregos, embora relacionados entre si, têm diferentes circunstâncias de oferta e de procura e constituem mercados distintos de produtos"*[630]. Em *Tetra Pak II*, a Comissão volta a sugerir o mesmo critério, avançando com a ideia da não substituibilidade funcional entre as máquinas de enchimento e os cartões nelas usados[631]. No primeiro dos casos *Microsoft*, como observámos, o teste predominante foi o da procura separada, mas ainda assim a Comissão lançou mão do critério da substituibilidade funcional, notando que *"Client PC operating systems and streaming media players are also different insofar as their functionality is concerned (...) while it is correct that many consumers expect their PCs to be able to render streaming media content (...) that does not make the two an integrated product any more than a nail gun and nails of the same brand are a single product"*[632]. Do lado da oferta, a Comissão refere a existência de "diferentes es-

---

[628] Decisão da Comissão de 22.12.1987 (88/138/CEE), IV/30.787, *Eurofix-Bauco c. Hilti*.
[629] Cf. p. 55 da Decisão.
[630] Cf. p. 57 da Decisão.
[631] Decisão da Comissão Europeia de 24.7.1991, IV/31.043, *Tetra Pak II*, J.O. L 72, de 18.3.1992, p. 93, que remete a questão para a Decisão *Tetra Pak I* em que a Comissão discute as diferenças, ao nível das respectivas características de procura e de oferta, entre estas máquinas e os cartões, cf. p 29 a 39 dessa Decisão.
[632] Decisão da Comissão de 24.3.2004, COMP/C-3/37.792 *Microsoft*, C (2004) 900 final, J.O. L 32, de 6.2.2007, p. 811.

truturas de indústria" para cada um dos produtos: *"Streaming media players and client PC operating systems involve different industry structures as can be seen from the fact that in the media player market, there still remain some competitors to Microsoft"*[633]. Na segunda decisão *Microsoft*, a identificação de um mercado separado para programas de navegação de Internet para PC clientes baseou-se nas características específicas dos *browsers* e na ausência de verdadeiros substitutos[634].

O teste da substituibilidade apresenta a vantagem de ser claro, objetivo e de fácil aplicação pelas autoridades da concorrência, mas não fica isento de criticismo. O teste aparenta incompatibilizar-se com o princípio consensualmente aceite na doutrina e na prática decisória comunitária, segundo o qual, na análise jus-concorrencial destas práticas, dever-se-á também tomar em consideração os atributos do *bundle*[635]. O teste parece afastar a possibilidade de a integração ser conseguida pela conjugação de dois ou mais produtos complementares, uma vez que, por definição, estes produtos apresentam diferentes condições de procura e oferta[636]. A crítica mais substancial que se lhe dirige, porém, é o facto de, analiticamente, tomar por referência a "relação" errada. Em *Hilti*, o argumento da ré era o de que os produtos estavam integrados, não que fossem substituíveis. Repare-se que o objetivo do teste da substituibilidade, a que a metodologia SSNIP (*small but significant and non-transitory price increase*) dá corpo, é o de analisar, para efeitos de identificação do mercado relevante, os condicionalismos concorrenciais existentes entre produtos substitutos[637], e não, propriamente, o de aferir se dois ou mais componentes formam um produto integrado único.

Importa fazer ainda fazer menção ao teste das práticas de mercado, já aqui por nós abordado no contexto do direito norte-americano, e que afere da separabilidade dos produtos em função dos comportamentos dos agentes económicos nos mercados relevantes. O seu critério parece encontrar correspondência direta na letra do artigo 102º al. d) do TFUE que se refere a *"prestações suplementares que, pela sua natureza ou de acordo com os <u>usos comerciais</u>, não têm ligação com o*

---

[633] *Ibidem*, p. 812.
[634] Decisão da Comissão, de 16 de Dezembro de 2009, processo COMP/C-3/39.530 (*Microsoft*), J.O. nº C-036 de 13.02.2010, p. 22.
[635] JURIAN LANGER, *op. cit.*, p. 146.
[636] Em comentário ao caso *Tetra Pak II*, KORAH esclarece que *"consumables are to be treated per se as in a different market from the equipment with which they are used as they are not substitutes on the demand or supply side"*, VALENTINE KORAH, "The Paucity of Economic Analysis in the EEC Decisions on Competition Tetra Pak II", *Current legal Problems*, vol. 46, Oxford University Press, s/l, 1993, p. 151.
[637] Cf. Comunicação da Comissão relativa à definição de mercado relevante para efeitos do direito comunitário da concorrência (97/C 372/03), J.O. C 372, de 9.12.1997. No seu p. 15, a Comunicação refere que o teste SSNIP determina a gama de produtos considerados substituíveis pelo consumidor.

objeto desses contratos"[638]. A subordinação e a venda em pacote seriam, portanto, práticas legitimadas quando assim respeitassem um determinado uso comercial. Admite-se que esse uso poderá variar em função do tipo de atividade comercial explorada ou do território em que esta é desenvolvida. A Comissão parece confirmar este entendimento também no domínio do artigo 101º do TFUE. No parágrafo 216 das suas Orientações relativas às restrições verticais, e por referência exemplificativa à indústria do calçado, a Comissão explica que "*uma vez que os clientes pretendem comprar sapatos com atacadores e não é possível em termos práticos que os distribuidores coloquem nos sapatos novos atacadores à sua escolha, tornou-se um hábito comercial que os fabricantes forneçam sapatos com atacadores. Por conseguinte, a venda de sapatos com atacadores não constitui uma prática de subordinação*".

Um dos argumentos invocados pela *Microsoft*, em sua defesa, foi o de que o *bundling* do sistema operativo com o leitor multimédia constituía prática comercial corrente nos mercados de venda de *software*. Essa circunstância afastaria, *ipso facto*, a ideia da separabilidade dos dois produtos[639]. A Comissão rejeitou o argumento, salientando que o teste proposto pela *Microsoft* pecava por apenas atentar às condições de oferta do produtos subordinante e ignorar da existência de produtores e distribuidores independentes de leitores multimédia. A Comissão notou, por outro lado, que a *Sun* e a *Linux*, a que a *Microsoft* tinha feito referência exemplificativa para justificar o alegado uso comercial, não ofereciam em *bundle* os seus próprios leitores multimédia, mas antes os leitores de outros fornecedores independentes. Para a Comissão, esta prática comercial fazia destacar, de forma ainda mais manifesta, a existência no mercado de uma oferta independente para o produto subordinado. A Comissão termina a valoração deste argumento lembrando a *Microsoft* de que, contrariamente à política por si seguida quanto ao *bundle Windows*/WMP, os outros vendedores de sistemas operativos não integravam os seus leitores de multimédia de forma irreversível: os utilizadores eram livres de desinstalar os leitores oferecidos[640].

Como já oportunamente notámos, são várias as fragilidades que se reconhecem ao teste das práticas de mercado. Por um lado, não fará qualquer sentido que se atente a uma prática ou uso comercial que seja unilateralmente imposto por uma empresa, como por exemplo a *Microsoft*, em situação de super domínio ou de monopólio. O mercado poderá também não ser competitivo em razão de outros fatores como a existência de efeitos de rede ou de economias

---

[638] Sublinhado nosso.
[639] Cf. p. 821 da Decisão da Comissão.
[640] *Ibidem*, p. 823.

de escala. De uma forma geral, a validade do teste proposto decairá em todos os quadros de mercado em que o grau de concorrência não seja efetivo[641]. O teste ignora, por outro lado, os diferentes propósitos que podem ser prosseguidos pelas empresas que subordinam ou agrupam, e os diferentes efeitos que essas práticas poderão surtir consoante as empresas que as adotem. Compreender-se-á que uma empresa com poder de mercado substancial possa visar, por exemplo, a exclusão dos seus adversários comerciais, e que uma outra, sem aquela presença de mercado, pretenda apenas alcançar economias de escala que lhe permitam assegurar a subsistência do negócio. Uma última crítica que se lhe assaca radica no facto de, à semelhança dos outros testes já aqui analisados, ser um teste "mono-factor" e, como tal, descurar da informação de mercado fornecida por outras fontes.

A prática decisória da Comissão e dos tribunais comunitários tem sido unânime na rejeição deste critério. O TPI teve oportunidade de sobre ele se pronunciar, com maior detalhe, no caso *Tetra Pak II*[642]. Em causa, como vimos, estava a tese desta empresa segundo a qual as máquinas de enchimento e os cartões nelas utilizados constituíam um sistema integrado de acondicionamento. A *Tetra Pak* alegava, entre outros aspetos, que a subordinação destes produtos devia ser legitimada porquanto correspondia à prática comercial dominante nos mercados visados. O Tribunal, todavia, foi da opinião de que não se devia equacionar o uso comercial, na aceção do artigo 102º al. d) do TFUE, pelo menos enquanto subsistisse no mercado o fornecimento independente de cartões compatíveis com aquelas máquinas. A prova produzida tinha demonstrado que cerca de 12% do sector das embalagens de cartão não assépticas era partilhado, em 1985, entre três sociedades que fabricavam as suas próprias embalagens de cartão. O Tribunal reputou esta percentagem suficiente para neutralizar o argumento aduzido pela *Tetra Pak*[643], mas fez questão, sem embargo, de referir que *"em qualquer hipótese, mesmo supondo que esse uso se provava, tal não bastaria para justificar o recurso ao sistema de vendas ligadas por uma empresa em posição dominante. Um uso, mesmo aceitável em situação normal num mercado concorrencial, não pode ser admitido no caso de um mercado em que a concorrência já está reduzida."*[644]. O Tribunal parece aqui ter implicitamente reconhecido as fragilidades que se associam à

---

[641] Cf. Renato Mariotti, "Rethinking Software Tying", *Yale Journal on Regulation*, vol. 17, 2000, p. 376.
[642] Cf. Acórdão do Tribunal de Primeira Instância (Segunda Secção) de 6.10.1994, Proc. T-83/91, *Tetra Pak International SA c. Comissão*, Colect. 1994, p. II 755.
[643] Cf. p. 82 do acórdão.
[644] Cf. p. 137 do acórdão.

circunstância de este ser um teste "mono-factor". O acórdão do TPI foi confirmado na íntegra, em sede de recurso, pelo Tribunal de Justiça[645].

3.1.1 O esboço de um novo teste multi-factor

O teste da procura separada a que atualmente a Comissão e os tribunais comunitários recorrem, afigura-se-nos demasiadamente vago e impreciso, impondo-se uma maior elaboração. Como já observámos, a sua maior fragilidade reside no facto de se tratar de um teste mono-factor. Cremos que na edificação de um novo teste de separabilidade dever-se-á, sem dúvida, atentar no elemento da procura separada, mas também num conjunto de outras variáveis que julgamos poderem extrair-se da jurisprudência que temos vindo a analisar. A jurisprudência da UE sobre *tying* e *bundling* é ainda relativamente escassa, pelo que neste exercício recorreremos, essencialmente, à jurisprudência mais sedimentada dos EUA cujas soluções se nos afiguram mais pertinentes a esta questão. Já aqui tivemos oportunidade de afirmar que a experiência jurisprudencial deste país é de inestimável valor e contribuição no esboço e aplicação das políticas jus-concorrenciais europeias. Com manifesto interesse para o assunto que nos ocupa, destacamos dois casos daquela jurisprudência: a) *Jerrolds Electronics* e b) *Data General*, os dois já aqui anteriormente visitados.

3.1.1.1 O antecedente jurisprudencial

a) Jerrolds Electronics[646]
O caso *Jerrold* foi um dos primeiros, no espaço norte-americano, a oferecer tratamento à questão da separabilidade dos produtos e a procurar arquitetar um teste que pudesse ser facilmente administrado pelas entidades judiciais. A análise do Tribunal é estruturada em função de três fatores: a perceção e o comportamento dos consumidores; a conduta dos produtores e a funcionalidade do produto integrado. Recordemos os factos do caso.

A *Jerrold* era uma empresa que se dedicava, no início dos anos 50, ao fabrico de sistemas de antena para televisão e à sua venda a comunidades geograficamente remotas, onde o sinal de receção era habitualmente fraco. O seu sistema era composto por quatro componentes: uma antena, um mecanismo transmis-

---

[645] O Tribunal de Justiça explica que *"a lista das práticas abusivas constante do segundo parágrafo do artigo 86º do Tratado não é taxativa. Por conseguinte, mesmo quando a venda ligada de dois produtos seja conforme aos usos comerciais ou quando exista uma relação natural entre os dois produtos em questão, ela pode ainda assim constituir um abuso na aceção do artigo 86º, a menos que se justifique objetivamente"*. cf. Acórdão do Tribunal de Justiça (Quinta Secção), de 14.11.1996, Proc. C-333/94 P, *Tetra Pak International c. Comissão*, Colect. 1994, p. I 5954, p. 37.
[646] *United States v. Jerrolds Electronics Corp.*, 187 F. Supp 545 (E.D. Pa. 1960).

sor do sinal da antena para a localidade em questão, um sistema de distribuição ramificada do sinal por toda a localidade e um último condutor que levava o sinal de antena a cada fogo individual. A *Jerrold* vendia o sistema como um todo integrado, recusando-se a disponibilizar em separado os diferentes componentes que o integravam. O Governo Federal opôs-se a esta estratégia comercial por considerar que equivalia a uma prática de subordinação, em infração do *Clayton Act*. Em sua defesa, a *Jerrold* argumentou que o sistema de antena consistia apenas num único produto indissociável, que não numa mera amalgamação daqueles quatro componentes.

Na abordagem à questão da separabilidade dos diferentes componentes, o Juiz Van Dusen considerou uma série de fatores de relevo, designadamente, o facto de os concorrentes da *Jerrold* oferecerem, a par do sistema de antena integrado, também os diversos componentes individuais que o constituíam; a circunstância de a construção e das características físicas dos sistemas variarem consideravelmente de cliente para cliente; o facto de ser discriminado e cobrado aos clientes o valor individual de cada componente e não o valor global do sistema integrado[647]. A consideração destes fatores sugeria, *prima facie*, que o sistema de antena era na realidade composto por quatro componentes individualizáveis.

A questão não era líquida. Segundo o Juiz Van Dusen, a conduta comercial dos restantes fabricantes não podia ser considerada conclusiva atento o facto de existirem clientes que apenas se interessavam pela aquisição do sistema na sua forma integrada e que as diferentes características de cada sistema se explicavam em razão das necessidades específicas de cada comunidade para a qual ele era desenhado, com especial atenção pela qualidade da receção de sinal que não era a mesma em todas as localidades contratadas. O facto de o *design* técnico do sistema não ser estandardizado, para assim melhor se poder adaptar àquelas necessidades, explicava a faturação em separado dos diferentes componentes.

Ainda que fragmentada, a análise do Juiz Van Dusen aborda as diferentes questões que reputamos interessar à formulação de um novo teste. Os fatores analíticos considerados no acórdão subdividem-se em três categorias: a perceção e o comportamento comercial dos consumidores com relação ao sistema de antena; a conduta da ré e dos demais fabricantes; as características funcionais desse sistema. Todas elas importam à consideração da separabilidade dos produtos. No que concerne aos consumidores, a procura independente por cada um dos produtos integrados fornece uma primeira indicação quanto à existência de dois produtos distintos. No que respeita aos fabricantes, admite-se que

---

[647] *Ibidem*, p. 559 do acórdão.

estes tenham uma opinião válida sobre se a integração, de facto, neutraliza o carácter individual dos seus componentes. A política de preços seguida por estes agentes de mercado é reveladora da forma como perspetivam o produto que vendem: o facto de a *Jerrold* cobrar individualmente por cada componente do sistema demonstra, na realidade, que o toma como uma amalgamação de produtos distintos. A perspetiva dos fabricantes é também ilustrada pelo comportamento adotado pela concorrência da ré. É legítimo afirmar que a forma como é vendido o sistema, isto é, peça a peça ou no conjunto, refletirá, em princípio, aquela perceção. Quanto às características do sistema, o Tribunal notou que as configurações do produto variavam consoante as características da localidade em que este fosse instalado. Esta circunstância tornava menos provável a consideração do sistema como um único produto.

Como vimos, o Tribunal acabou por decidir a favor da *Jerrold* por achar que lhe assistiam razões comerciais válidas para que prosseguisse com este comportamento. A indústria era ainda incipiente e a *Jerrold* receava, justificadamente, que a utilização de componentes de origem alheia e de qualidade incerta pudesse determinar a falha técnica dos sistemas e acabasse por acarretar a rejeição generalizada pelo novo produto. Em causa estava, portanto, a reputação comercial da *Jerrold* num contexto de entrada num novo mercado.

b) Data General Corp.[648]
A *Data General Corp.* foi acusada de duas práticas de subordinação: a subordinação das vendas do seu sistema operativo à compra dos seus CPUs, e a subordinação das vendas destes CPUs à aquisição de equipamentos de memória. Na análise que fez à questão da separabilidade dos produtos, o Juiz Orrick decidiu aplicar o mesmo critério a ambas as combinações oferecidas. O magistrado notou, quanto à segunda combinação, que nenhum dos produtos oferecidos podia funcionar de forma autónoma e independente, apenas conjugadamente, um com o outro[649], todavia, e porque o CPU e a memória constituíam, efetivamente, produtos fisicamente distintos, o Tribunal resolveu equacionar o problema no sentido de se aferir se se impunha que ambos os produtos fossem oferecidos pela mesma empresa[650].

À semelhança do que havia sucedido em *Jerrold*, o Tribunal optou por não adotar um único critério formal de separabilidade, mas antes por ponderar um conjunto diverso de fatores. O magistrado começou por considerar a perspetiva e o comportamento dos fabricantes, dando nota das estratégias de *marketing*

---

[648] *United States v. Data General Corp.* 490 F. Supp 1089 (N.D. Cal, 1980).
[649] Cf. p. 1107 do acórdão.
[650] *Ibidem.*

prosseguidas pelas várias empresas ativas no mercado. O Tribunal constatou que, embora existisse uma segunda empresa no mercado a oferecer o mesmo *bundle*, a *Data General* e os seus concorrentes vendiam habitualmente as placas de memória e os CPUs em separado[651]. Passando ao exame da perceção e do comportamento dos consumidores, o Tribunal julgou relevante o testemunho prestado por uma cliente da *Data General* que admitiu proceder frequentemente à substituição das placas de memória dos CPUs adquiridos a esta empresa, por placas oriundas de outros concorrentes[652]. A própria *Data General* acabou por admitir que esta era uma prática reiterada, inclusivamente por parte de clientes de outros distribuidores de CPUs. O Tribunal conclui afirmando que "*at least some customers do not view CPUs and memory boards as a single product*"[653].

O Juiz Orrick questiona, por último, se a produção e a venda combinada de ambos os produtos seria uma opção mais eficiente. A *Data General* alegou que a conceção e desenvolvimento técnico conjunto dos dois produtos, e bem assim a sua venda vinculada, permitia reduzir os respetivos custos e assegurar "*the proper functioning of the various components of a computer in unison*"[654]. O Tribunal desconsiderou estes argumentos por a empresa não ter logrado a prova de que o *bundle* era indispensável à consecução destes benefícios e de que estes eram passados aos consumidores sob a forma da redução dos preços dos produtos. Sem embargo, é importante observar que o Tribunal não exclui que a solução oferecida poderia ter sido diferente, e de assim o *bundle* ser considerado como um único produto, caso a empresa tivesse realizado esta prova.

Tal como em *Jerrold*, o acórdão aplica, implicitamente, um teste de separabilidade que assenta na consideração de três fatores: a perceção e a conduta dos consumidores, o comportamento dos fabricantes e as funcionalidades do produto integrado. O teste peca, todavia, por ser ainda algo difuso e não oferecer orientação específica quanto à forma de corretamente valorar e inter-relacionar os diferentes fatores de apreciação. Pergunta-se se bastaria, para que o Tribunal decidisse pela unicidade dos produtos, que a ré, por exemplo, tivesse demonstrado que a produção e venda conjunta dos componentes resultariam numa redução de custos com tradução no preço final do *bundle*. Julgamos ser crucial dar resposta à questão da valoração qualitativa destes fatores e da sua respetiva articulação, um ponto sobre o qual nos debruçaremos mais adiante.

---

[651] *Ibidem*, p. 1108 do acórdão.
[652] *Ibidem*.
[653] *Ibidem*, p. 1109 do acórdão.
[654] *Ibidem*, p. 1110 do acórdão.

3.1.1.2 Os elementos constitutivos de um novo teste multi-factor

Cremos que *Jerrold* e *Data General* têm em comum o facto de terem pertinentemente identificado as questões que verdadeiramente importam à construção de um teste de separabilidade. Foi considerado, em ambos os casos, que a forma mais apta de se apurar do mérito do *bundle* e graduar o seu impacto ao nível do bem-estar dos consumidores seria redirecionando a atenção do Tribunal sobre os agentes de mercado que melhor conheciam os produtos em questão: os produtores e os consumidores. Para acautelar uma eventual falha de representação desses dois *"proxies"*, os tribunais propuseram-se a considerar também das vantagens e atributos dos próprios *bundles* escrutinados.

A revista que se fez aos diferentes testes de separabilidade permite epilogar algumas ilações. Em primeiro lugar, cumpre-nos esclarecer que a complexidade da questão da integração, particularmente no contexto dos mercados tecnológicos e, em geral, da chamada "nova economia", não se comporta com a adoção de um teste de separabilidade mono-factor. A promoção dos objetivos de política *antitrust* no domínio desta economia, que cada vez mais se caracteriza pela globalização, pela mutação das atividades económicas e pelo fervor da evolução tecnológica[655], impõe a consideração de um novo teste multi-factor. O raciocínio aduzido em *Jerrold* e *Data General* fornece a base de uma nova metodologia de análise que assenta nos três seguintes pilares: a) a perceção e a procura dos consumidores; b) a conduta dos produtores; c) a funcionalidade do produto integrado[656].

a) A perceção e a procura dos consumidores
É importante aqui considerar cumulativamente dois fatores: i) a perceção e a procura à altura da integração dos produtos e; ii) a perceção e a procura transcorrido algum tempo sobre o lançamento no mercado do produto integrado. A segunda das variáveis afigura-se comparativamente a mais útil, mas poderá não estar disponível para apreciação nos casos em que a subordinação ou o agrupamento resultem na eliminação por completo das vendas em separado dos componentes individuais que integram o *bundle*.

i) A perceção e a procura à altura da integração
Cremos que não bastará aos tribunais afirmar que em determinada altura existiu uma procura independente por cada componente individual do *bundle*

---

[655] Cf. MIGUEL MOURA E SILVA, *op. cit.*, p. 18, por referência a Lawrence H. Summers, "Competition Policy in the New Economy" *in Antitrust L. J.*, vol. 69, nº 1, 2001, p. 353.
[656] Ver a proposta de Weinstein para um teste multi-factor no contexto do direito *antitrust* norte-americano, Cf. SAMUEL NOAH WENSTEIN, *op. cit.*, p. 949 *et seq.*.

porquanto isso sempre acontece em qualquer caso de integração. Impõe-se uma análise mais detalhada a cada um dos respetivos mercados, identificando claramente os consumidores que a eles pertencem, de forma a decantar as opiniões que realmente interessam. Ter-se-á, também, de levar em devida conta o grau de sofisticação desses consumidores: quanto melhor informados eles sejam sobre um determinado produto, maior peso deverá o Tribunal atribuir à sua opinião e à sua conduta comercial. Isto, porque se presume que os consumidores mais informados estejam em melhor posição de identificar as eficiências que se associam ao *bundle*.

Os tribunais devem igualmente ponderar outros fatores como, por exemplo, os preços dos produtos. A ideia que subjaz ao critério da procura do consumidor é a de que este adquirirá o *bundle* apenas quando a oferta lhe propulsione um incremento do seu bem-estar, ou seja, quando os benefícios que proporciona compensem os custos que decorrem da restrição da sua liberdade de escolha quanto à aquisição dos produtos em separado. Esta linha de raciocínio assenta no pressuposto de que a única variável a considerar se reporte aos atributos do próprio *bundle*. Note-se, porém, que quando o *bundle* seja gratuito ou oferecido a um preço consideravelmente inferior à soma dos preços dos seus componentes individuais, o padrão de compra dos consumidores poderá ter pouco ou nada que ver com as eficiências que a ele diretamente se associam. No processo *Microsoft III*, o Juiz Jackson pareceu pouco impressionado com o facto do *IE* e do *Navigator* serem oferecidos gratuitamente, mas, bem vistas as coisas, este é um elemento cujo impacto é determinante na graduação das preferências dos consumidores. O intérprete deverá, portanto, tomar em devida consideração o efeito de indução que deriva da política de preços praticada.

ii) A procura pós-integração

Este é um fator cuja análise requer alguma cautela. Repare-se que é particularmente difícil, num quadro em que o monopolista atue deliberadamente com o propósito de criar para si uma vantagem competitiva e de assim fazer "tombar" o mercado em seu favor, a tarefa de determinar se a redução da procura pelos componentes individuais do *bundle* se explica atento o seu mérito e as eficiências por si criadas ou simplesmente pela conduta anticoncorrencial do monopolista.

Uma das formas mais simplistas de proceder à medição da procura pós-integração é através do critério a que os Professores Lopatka e Page designam de "teste experimental"[657]. O "teste" pressupõe que seja dada a escolha aos con-

---

[657] Cf. JOHN E. LOPATKA e WILLIAM PAGE, "Antitrust on Internet Time: Microsoft and the Law and Economics of Exclusion" in *Supreme Court Economic Review*, vol. 7, 1999, pp. 205 e 206.

sumidores entre o produto integrado e os diferentes componentes individuais que o compõem. Se os consumidores preterirem o *bundle* em função dos seus componentes individuais, a conclusão que o intérprete poderá retirar é a de que a integração não é necessariamente mais eficiente. Estes Professores objetam à aplicação do teste por este partir de um quadro de imposição em que as empresas são forçadas a oferecer, em paralelo, o produto integrado e os respetivos componentes individuais. Entendem os autores que esta exigência pode impelir as empresas a disponibilizarem um produto que possam crer ser de inferior qualidade[658]. De nossa parte, não cremos que esta seja uma imposição desrazoável, particularmente se se atender a que o custo marginal de produção dos componentes individuais é baixo, por vezes próximo de zero.

A principal fragilidade do teste é exposta quando o monopolista, com o fito de promover o produto integrado, decide lançar mão de uma política de preços predatórios. Já abordámos esta questão no ponto anterior. A dificuldade radica no facto de os tribunais não conseguirem, neste caso, discernir se a redução da procura separada pelos diferentes componentes é atribuível às eficiências do *bundle* ou à política exploratória do monopolista[659]. A consideração do "teste experimental" deverá pois ser afastada, sempre que a estratégia do monopolista resulte na eliminação da oferta competitiva daqueles componentes.

A procura pós-integração pode, por vezes, ser avaliada sem que se recorra a este teste, designadamente quando no mercado subsistam produtores independentes dos diferentes componentes que integram o *bundle*. Esta sua subsistência demonstrará, em princípio, que a oferta do *bundle* não é significativamente mais eficiente do que a oferta em separado daqueles componentes. Os casos *Microsoft* são bem ilustrativos do que se afirma: a permanência no mercado de produtores independentes de leitores multimédia e de *Web browsers* demonstrou que as eficiências geradas pelos *bundles* Windows/WMP e Windows/*IE* não eram suficientemente credíveis de forma a ditar a eliminação da oferta "*stand-alone*". É pois assim que os consumidores continuam a considerar o sistema operativo, o WMP e o *IE* como produtos distintos.

b) O comportamento dos produtores
Existem aqui dois fatores que se impõe considerar: i) o comportamento dos restantes produtores; ii) o comportamento e o propósito da empresa em questão.

---

[658] *Ibidem.*
[659] *Ibidem*, pp. 206 e 207.

i) Os restantes produtores
No caso *Jerrold*, o Juiz Van Dusen salientou que os concorrentes desta empresa disponibilizavam, a par do sistema de antena completo, também os seus diversos componentes individuais. Em *Data General*, o Juiz Orrick observou que a concorrência oferecia em separado as placas de memória para CPUs. Este tipo de informação afigura-se da maior relevância quando se pretenda apurar da separabilidade de dois ou mais produtos. Com efeito, e como já frisámos, os produtores têm um conhecimento detalhado dos mercados em que operam, pelo que a sua decisão de manter, em paralelo e em separado, a oferta dos diferentes componentes individuais que integram o *bundle* constituirá um forte indício de que os benefícios que resultam da manutenção da liberdade de escolha dos consumidores são potencialmente mais significativos do que aqueles que derivam da integração.

A validade desta asserção é condicionada em duas situações. Por um lado, nem sempre será possível aos concorrentes disponibilizarem, em simultâneo, o produto integrado e os seus componentes individuais. Quando tal aconteça, o padrão de comportamento desses produtores será irrelevante a esta análise. Por outro, os produtores com poder mercado poderão querer oferecer o *bundle* por razões que podem diferir daquelas dos produtores que não gozam desse poder. Este é um aspeto a que já *supra* fizemos menção. O facto de todos os produtores no mercado oferecerem o mesmo *bundle* não significa, pois, que alguns deles, mormente os que tenham poder de mercado, não prossigam uma estratégia anticoncorrencial, abstraída, portanto, das normais razões de mercado.

ii) O propósito da empresa em questão
Um outro aspeto que importa escrutinar refere-se às razões subjetivas que subjazem e motivam a oferta do *bundle*. A prova de que o objetivo último prosseguido pela estratégia de *bundle* é o de proporcionar à empresa o domínio sobre o mercado subordinado e não o de gerar um produto final de maior qualidade e eficiência, constituirá indício suficiente da existência de dois produtos e da artificialidade da integração. A lógica que subjaz a este raciocínio é elementar: se o próprio produtor não prevê que o *bundle* possa alcançar quaisquer eficiências é porque este será, com alguma probabilidade, anticoncorrencial. Nem sempre, porém, será possível demonstrar a intenção da empresa dada a habitual escassez dos respetivos elementos probatórios. Sem embargo, esta análise teria sido útil no caso da integração do WMP com o *Windows*. A prova realizada nesse caso parece sugerir que a intenção da *Microsoft* seria, entre outras, a de monopolizar o mercado dos leitores multimédia, um objetivo que se nos afigura, *per se*, evidenciador da consciência da própria empresa sobre a efetiva separabilidade dos produtos que visou integrar. A prova também sugere

que a empresa estaria mais interessada em alavancar o poder de mercado detido no *Windows* do que propriamente em oferecer um produto integrado de qualidade e performance tecnológica superior.

Este tipo de análise apresenta duas importantes limitações: uma já referida e que se prende com a eventual escassez dos elementos de prova que sustenham a intenção da empresa, e a outra que resulta da irrelevância da intenção em determinados quadros de mercado. Suponha-se que a empresa oferece o *bundle* com intenção ilícita, mas que este acaba por revelar-se gerador de eficiências ainda mais significativas do que aquelas que resultam da venda separada dos diferentes componentes. O problema reside no facto da intenção subjetiva nada informar o Tribunal sobre o mérito do *bundle*. Não cremos que se justifique a condenação de um *bundle* que se prove eficiente apenas por ter sido lançado no mercado por razões e com propósitos anticoncorrenciais. A análise que se baseie exclusivamente no mero intento subjetivo do agente de mercado pode, pois, frustrar o próprio escopo da norma *antitrust* que visa o incremento bem-estar dos consumidores. Pese embora as limitações que apresenta, não julgamos que o critério deva ser descartado sem mais[660]. Pelo contrário, achamos que o seu potencial como fator de análise deverá antes ser reconhecido no quadro mais alargado do teste de separabilidade que se propõe.

c) Os atributos do produto integrado
Para obviar a um eventual equívoco de apreciação que se verifique ao nível da percepção/comportamento dos consumidores e da conduta dos produtores, os tribunais deverão outrossim considerar os próprios atributos do *bundle*[661]. É certo que se prefigura complexa a tarefa de determinar se a integração traduz um efetivo progresso ou avanço tecnológico que concorra na dinamização do bem-estar económico, mas cremos que este aspeto não poderá desanimar o intérprete, tanto mais que os tribunais estão já, de longa data, habituados a lidar e decidir sobre questões técnicas que explicitamente excedem o foro da sua competência. Não se estranha, portanto, que a discussão judicial destes assuntos seja subsidiada pela opinião especializada de peritos e pela realização de diligências afins.

d) Conclusões
A dilucidação da questão da separabilidade dos produtos pressupõe a aplicação do teste multi-factor que aqui se deixou delineado. Os tribunais deverão, em

---

[660] Em sentido oposto ver John E. Lopatka e William Page, *op. cit.*, p. 204.
[661] Ver Donald F. Turner, "The Validity of Tying Arrangements Under the Antitrust Laws" in *Harvard Law Review*, vol. 72, nº1, 1958, p. 68.

primeiro lugar, atentar nos elementos probatórios recolhidos juntos dos consumidores e produtores, pois estas são as fontes de informação de mercado que se reputam mais fidedignas. O teste deverá colocar as seguintes questões: a) se à altura da integração existia uma procura independente para os componentes individuais do *bundle*; b) se continuou a existir essa procura independente já após a integração desses componentes; c) de que forma é que os restantes produtores entendem o mercado do produto; d) qual foi, efetivamente, a intenção da empresa ao oferecer o *bundle* e, e) se existem elementos probatórios inequívocos que demonstrem uma situação de progresso e inovação tecnológica e de mais-valia económica e social para os consumidores.

Se os elementos recolhidos junto dos consumidores e produtores sugerirem a existência de um *bundle* de produtos distintos, o Tribunal só deverá decidir em contrário e, portanto, declarar a existência de um único produto integrado, quando, de facto, reúna prova manifesta do carácter inovador deste produto e da realização de eficiências que se repercutam na esfera dos consumidores. A consideração deste terceiro fator visa assegurar que a inovação não é comprometida em caso de equívoco de apreciação do lado dos consumidores e produtores.

3.2. O poder de mercado

A aplicação do artigo 102º do TFUE pressupõe a detenção de uma posição dominante por parte de uma empresa ou de um conjunto de empresas (o chamado domínio coletivo)[662]. Já aqui nos pronunciámos, em termos preliminares, sobre a questão do domínio. Como vimos, esta disposição legal não oferece conteúdo substantivo ao termo "posição dominante", tendo a sua concretização ficado, essencialmente, a cargo da prática decisória da Comissão e dos tribunais comunitários. Em *United Brands*, o Tribunal de Justiça ensaiou a seguinte definição: "*A posição dominante (...) diz respeito a uma posição de poder económico detida por uma empresa que lhe permite afastar a manutenção de uma concorrência efetiva no mercado em causa e lhe possibilita comportar-se, em medida apreciável, de modo independente em relação aos seus concorrentes, aos seus clientes e, finalmente, aos consumidores*"[663]. Esta definição oferece o critério legal relevante da liberdade de ação da empresa *vis-à-vis* os restantes agentes de mercado e, como tal, parametriza a aplicação do artigo 102º do TFUE. Pese embora a referência aos "clientes" da empresa dominante, é entendido que esta disposição aplica-se

---

[662] Ver sobre a questão do domínio coletivo no contexto dos oligopólios, RICHARD WHISH, *op. cit.*, p. 556 *et seq.*.
[663] Acórdão do Tribunal de Justiça de 14.2.1978, Proc. 27/76, *United Brands c. Comissão*, Colect. 1978, p. 77, c. 65.

também às empresas que cinjam a sua atividade à aquisição de produtos e/ou serviços (*dominant buyers*). No caso *British Airways*, o TPI deixou claro que o *"artigo 82º CE aplica-se tanto às empresas, como no caso em apreço, cuja posição dominante foi declarada no que respeita aos seus fornecedores como às que são suscetíveis de se encontrar na mesma posição em relação aos seus clientes"*[664]. A jurisprudência destes tribunais deixa também bem claro que o artigo 102º do TFUE é aplicável à posição dominante que resulte de uma atribuição de direitos por parte do Estado (monopólio legal)[665].

A posição dominante não existe em vácuo, ela é definida por referência a um determinado mercado relevante. É pois necessário que primeiro se defina este mercado para depois então graduar o poder de mercado de acordo com os critérios fornecidos pela Comissão e pelos tribunais. A definição de mercado relevante, tanto em função do seu produto como em função da sua dimensão geográfica, exerce uma influência decisiva na apreciação de um processo de concorrência. Em particular, quanto mais estreito for o mercado relevante, mais fácil se torna estabelecer a posição de domínio da empresa em questão[666]. Em *General Motors*, por exemplo, o mercado relevante definido foi o da emissão de certificados de conformidade para efeitos da aprovação dos diferentes tipos de automóveis e não o mercado mais amplo dos automóveis motorizados[667]. No caso *Hugin*[668], a Comissão considerou que esta empresa teria abusado de uma posição dominante no mercado de peças sobresselentes para reparação das máquinas por ela comercializadas. Na perspetiva da *Hugin*, os serviços de reparação das suas máquinas não constituiriam um mercado autónomo, antes uma dimensão da concorrência no mercado de venda das caixas registadoras, no qual a sua quota não excedia os 12% a nível comunitário, o que excluiria uma posição dominante em tal mercado. O TJ entendeu, todavia, que a existência de uma procura específica de peças por parte de empresas de assistência técnica e a impossibilidade de se substituir as peças *Hugin* por peças de outra marca eram aspetos determinantes que conduziam à conclusão de se estar perante um mercado de produto relevante, no qual a *Hugin* era dominante.

---

[664] Acórdão do Tribunal de Primeira Instância (Primeira Secção) de 17.12.2003, Proc. T-219/99, *British Airways PLC c. Comissão*, Colect. 2003, p. II-5917, p. 101.
[665] Cf., *inter alia*, Acórdão do Tribunal de Justiça de 23.4.1991, Proc. C-41/90, *Höfner and Elser v. Macroton GmbH*, Colect. 1991, p. I-1979.
[666] Cf. Comunicação da Comissão relativa à definição de mercado relevante para efeitos do direito comunitário da concorrência (97/C 372/03), J.O. C 372, de 9.12.1997, p. 5.
[667] Acórdão do Tribunal de Justiça de 13.11.1975, Proc. 26/75, *General Motors Continental NV c. Comissão*, Colect. 1975, p. 01367.
[668] Acórdão do Tribunal de Justiça de 31.5.1979, Proc. 22/78, *Hugin c. Comissão*, Recueil 1979, p. 1869.

Em ambos os casos mencionados, a definição de um mercado relevante mais estreito levou os tribunais a estabelecer, de forma *quasi* automática, a posição dominante destas empresas. Isto, não obstante o facto de ambas deterem quotas de mercado residuais nos mercados mais alargados onde as suas atividades estavam inseridas. Cremos que a serem estes últimos os mercados considerados, o Tribunal teria provavelmente chegado a conclusão diversa.

Uma vez definido o mercado relevante, importa então proceder à avaliação do poder de mercado detido pela empresa em questão. Para este efeito, é importante atentar às Orientações interpretativas da Comissão sobre a aplicação do artigo 102º do TFUE, que representam o culminar de vários anos de investigação por parte da DG COMP e a consolidação do *Discussion Paper* de 2005. Estas Orientações são bastante mais limitadas em conteúdo do que era originalmente antecipado: estabelecem-se, apenas, as prioridades da Comissão na aplicação do artigo 102º do TFUE e não propriamente um aprofundamento substantivo do estudo das práticas abusivas a que o *Discussion Paper* já fazia referência. Com respeito à definição de domínio, a Comissão segue na esteira do entendimento vertido pelo Tribunal de Justiça em *United Brands*, destacando a capacidade de uma empresa *"de aumentar os preços acima do nível da concorrência, de forma rentável, por um período de tempo significativo"*[669]. A Comissão nota que *"uma posição dominante resulta de uma combinação de vários fatores que, isoladamente, não são necessariamente determinantes"*[670]. Já aqui tivemos oportunidade de discutir esses fatores, em particular as quotas de mercado e os níveis de concentração de mercado, o significado das barreiras à expansão e entrada e a importância do poder negocial dos compradores.

Como vimos, é só a partir da década de 90 que a Comissão e os tribunais comunitários começam a atribuir uma verdadeira relevância à análise económica do poder de mercado. Até então este era assumido com um facilitismo algo perturbador. A Comissão aparenta ter encetado um genuíno esforço de análise no caso *Hilti*. A Comissão atribuiu à empresa uma quota de 55% no mercado das pistolas de pregos, uma quota de 70% no mercado de fitas de cartucho compatíveis com as pistolas *Hilti*, e uma quota de 70% a 80% no mercado de pregos compatíveis com aquelas máquinas[671]. Para além das elevadas quotas de mercado detidas, a posição de domínio da empresa nos mercados das pistolas e dos cartuchos foi ainda sustentada pela proteção que lhe era conferida pelos

---

[669] Cf. Comunicação da Comissão – Orientação sobre as prioridades da Comissão na aplicação do artigo 82º do Tratado CE a comportamentos de exclusão abusivos por parte de empresas em posição dominante, JOUE nº C45/7, de 24.2.2009, para. 10 e 11.
[670] *Ibidem*, para. 10.
[671] Cf. Decisão da Comissão de 22.12.1987 (88/138/CEE), IV/30.787, *Eurofix-Bauco c. Hilti*.

direitos de propriedade intelectual e pelo controlo de uma rede de distribuição extremamente hábil e bem organizada.

A posição dominante da *Tetra Pak* resultou mais óbvia em virtude de esta deter uma posição *quasi* monopolista no mercado asséptico. À data da decisão da Comissão, a empresa detinha entre 90% a 95% do mercado de equipamentos e embalagens de cartão no mercado asséptico, enfrentando apenas um concorrente, a PKL, com a percentagem remanescente. Estranhamente não lhe foi reconhecida uma posição dominante no mercado não asséptico onde detinha uma quota de cerca de 55%. Tenha-se presente que o caso *Tetra Pak* foi decidido pela Comissão, em 1991, decorridas apenas três semanas sobre a prolação do acórdão AKZO no qual o TJ estabelece uma presunção de domínio para as empresas em posse de uma quota de mercado superior a 50%. A sua posição de domínio no mercado asséptico era reforçada pela existência de obstáculos à entrada, designadamente pelas barreiras tecnológicas e pela detenção de direitos de propriedade intelectual.

A qualificação da posição dominante da *Microsoft* assentou em dois fatores: as elevadas quotas de mercado e a existência de obstáculos à entrada[672]. Em 2002, a quota da *Microsoft* no mercado dos sistemas operativos para PC situava-se entre os 93,8% (em unidades) e os 96,1 % (em retorno). A sua posição era protegida pela existência da "barreira de aplicações"[673], a que já nos referimos, e pelos efeitos de rede. Ambos geravam aquilo a que designámos de círculo virtuoso da *Microsoft*.

3.3 O elemento de coerção

A oferta combinada de dois produtos distintos infringe o artigo 102º do TFUE apenas quando haja um efetivo constrangimento da liberdade de escolha dos consumidores quanto à aquisição isolada do produto subordinante. Como notam Faull e Nikpay, a natureza coerciva da subordinação constitui um elemento "crucial" do abuso[674]. A coerção pode manifestar-se de diversas formas: ela pode resultar da recusa da empresa dominante em vender o produto subordinante sem o produto subordinado (por contrato ou *de facto*); da indisponibilidade da venda dos produtos em separado por estes se encontrarem tecnicamente integrados (subordinação técnica); da pressão exercida sobre os consumidores, quer sob a forma de promessa de tratamento mais favorável àqueles que adquiram ambos os produtos, quer sob a forma de ameaças àque-

---

[672] Cf. Decisão da Comissão de 24.3.2004, COMP/C-3/37.792 *Microsoft*, C (2004) 900 final, J.O. L 32, de 6.2.2007, p. 429 e ss..
[673] Cf. p. 448 e ss. da Decisão da Comissão.
[674] Cf. JONATHAN FAULL e ALI NIKPAY, *The EC Law of Competition*, 2ª edição, Oxford University Press, s/l, 2007, p. 370.

les que assim o não façam; ou da adoção de uma política de incentivos ao nível de preços que torne economicamente irracional a opção pela compra dos produtos em separado. No primeiro dos casos *Microsoft*, o TPI susteve que, ao referir que há que analisar se a empresa dominante "*não dá aos consumidores a opção de obterem o produto subordinante sem o produto subordinado*", a Comissão não fez "*senão exprimir, por outras palavras, a ideia de que o conceito de venda ligada pressupõe que seja imposto aos consumidores, direta ou indiretamente, a aceitação de "prestações suplementares" como as previstas no artigo 82º, segundo parágrafo, alínea d), CE*"[675]. Segundo o TPI, a *Microsoft* tinha, contratual e tecnologicamente, coagido os OEMs: contratualmente, porque não era possível aos OEMs obterem a licença do sistema operativo *Windows* sem que não ficassem também vinculados à distribuição do WMP; tecnologicamente, porque, de um ponto de vista técnico, estava-lhes vedada a possibilidade de procederem à desinstalação do WMP. O Tribunal notou que a coerção dos OEMs restringia indiretamente a liberdade de escolha dos utilizadores finais[676]. A *Microsoft* tinha alegado, quanto a este aspeto, que o WMP era oferecido a custo zero e que, por conseguinte, não haveria qualquer "prestação suplementar", na aceção do artigo 102º al. d) do TFUE, a que o utilizador final fosse coagido. O TPI refutou este argumento por entender que a *Microsoft* tinha diluído o preço desta aplicação no valor final que era cobrado pelo *Windows*. O argumento parece-nos algo paradoxal porque o Tribunal tinha já determinado que se tratavam de produtos distintos, pelo seria nessa base que deveria ter retorquido aos argumentos suscitados pela *Microsoft*. O TPI adotou uma definição ampla do conceito de coerção, referindo que "*nem o artigo 82º, segundo parágrafo, alínea d), CE nem a jurisprudência em matéria de vendas ligadas exigem que os consumidores sejam obrigados a utilizar o produto ligado ou impedidos de utilizar o mesmo produto fornecido por um concorrente da empresa dominante para que se possa considerar que o requisito relativo à sujeição da celebração de contratos à aceitação de prestações suplementares se encontra preenchido*"[677]. A mera possibilidade teórica de os consumidores não serem impedidos de instalar e utilizar outros leitores multimédia no seu PC não se afigurou suficiente para que se tivesse concluído pela inexistência de coerção. Para o TPI, o WMP continuaria a ser o leitor de eleição atento os efeitos de rede já em funcionamento e a importância atribuída pelos utilizadores ao facto de este vir já pré-instalado no PC e ser automaticamente executado no arranque do computador, permitindo, portanto, que o *software* fosse utilizado com um mínimo de esforço[678].

[675] Ver p. 864 do acórdão.
[676] Cf. p. 965 do acórdão.
[677] Cf. p. 970 do acórdão.
[678] Cf. p. 1042 do acórdão.

A coerção pode também ser financeira: o produtor pode sentir-se tentado a reduzir, ou mesmo a recusar a concessão de um desconto aos consumidores que não aceitem adquirir um segundo produto. Poderá também oferecer ou aumentar o desconto àqueles que decidam comprar o *bundle*. Esta política de preços pode ser considerada materialmente equivalente a uma prática explícita de *bundling* e, portanto, atrair o mesmo tipo de preocupação jus-concorrencial. O Tribunal de Justiça defendeu, em *Hoffmann-La Roche*, e a propósito do desconto de pacote que incidia sobre as vitaminas vendidas pela *Roche*, que a concessão de fortes incentivos financeiros constituía elemento suficiente para que se pudesse concluir pela existência de uma prática de *bundling* na aceção da al. d) do artigo 102º do TFUE[679]. A Comissão seguiu a mesma linha de raciocínio no caso *Michelin I*[680], ao defender que o bónus atribuído pela *Michelin* aos seus revendedores de pneus equivalia a uma prática de subordinação contrária ao artigo 102º al. d) do TFUE. Lembre-se que esta promoção tinha sido implementada com o fito de compensar estes revendedores pela insuficiência de *stock* de pneus para veículos pesados. A *Michelin* concedia um bónus adicional de 0,5% desde que fosse atingido um determinado objetivo quanto às vendas de pneus ligeiros. No entender da Comissão, o elemento de subordinação derivava de a *Michelin* impor aos revendedores um esforço especial no mercado de pneus de ligeiros para poderem beneficiar de uma vantagem nas vendas de pneus para pesados. Como vimos, o Tribunal de Justiça rejeitou esta tese por considerar que as condições de atribuição do desconto não envolviam uma ligação intencional entre os dois mercados. Sem embargo, e quanto ao carácter abusivo dos descontos, o Tribunal sublinhou que seria necessário ponderar, entre outros aspetos, *"whether, in providing an advantage not based on any economic service justifying it, the discount tends to remove or restrict the buyers' freedom to choose his sources of supply (...)"*[681]. A questão radicava, portanto, em determinar se era deixada aos consumidores alguma margem de escolha quanto à aquisição dos produtos em separado. Essa escolha seria coartada sempre que o preço do produto subordinante ou subordinado fosse igual ou superior ao preço do pacote oferecido[682].

---

[679] Acórdão do Tribunal de Justiça de 13.2.1979, Proc. 85/76, *Hoffmann-La Roche & Co. AG c. Comissão*, Colect. 1979-I, p. 217, para. 101.
[680] Decisão da Comissão de 7.10.1981, IV/29.491, *Michelin NV*, J.O. L 353, de 9.12.1983, p. 33.
[681] Acórdão do Tribunal de Justiça de 9.11.1983, Proc. 322/81, *NV Nederlandsche Banden-Industrie-Michelin c. Comissão*, Colect. 1983, p. 3461, para. 73.
[682] Esta parece ser também a orientação dominante no direito *antitrust* dos EUA. No processo *Microsoft III*, o Tribunal de recurso alvitrou que a concorrência seria restringida quando os produtos fossem vendidos apenas em pacote ou quando o produto subordinante *"though offered separately is*

Nos casos que aqui se abordaram, a Comissão procurou sempre enfatizar este elemento de coação. Em *Hilti*, a política de concessão de descontos foi considerada abusiva por não deixar *"qualquer liberdade ao consumidor de optar pela origem dos seus preços"*[683]. A Comissão adotou a mesma abordagem em *Digital*[684]. O caso teve origem, como se viu, numa denúncia apresentada por um grupo de empresas prestadoras de serviços de assistência técnica a equipamento informático e *software*, relativamente às políticas tarifárias da *Digital*. A Comissão opôs-se, especificamente, ao facto de esta empresa cobrar um preço de pacote, por ambos os serviços de assistência técnica ao *hardware* e *software*, inferior à soma dos preços de cada serviço individual. No seu entender, este comportamento traduzia uma prática de *mix bundling* contrária ao artigo 102º al. d) do TFUE. A *Digital* chegou a acordo com a Comissão, comprometendo-se a reformular a sua tabela de preços de forma a tornar economicamente racional a opção pelos serviços individuais prestados pelas empresas concorrentes. Sem prejuízo, a Comissão reconheceu que o *bundling* da empresa tinha, em paralelo, o potencial de surtir efeitos pró-competitivos, pelo que a autorizou a oferecer um desconto máximo de 10% de forma a permitir *"cost savings or other benefits to be passed on to system users while ensuring the maintenance of effective competition"*[685].

É curioso observar que o *Discussion Paper* de 2005 não fazia qualquer menção ao requisito da coerção[686]. A omissão pode ser justificada atento o facto de a Comissão fazer uma apreciação conjunta das práticas de subordinação e de *mix bundling*, e de, eventualmente, ter enquadrado esta última como uma forma de subordinação "comercial"[687]. A principal diferença entre a subordinação e o *mix bundling* consistiria então na forma de restringir a liberdade de escolha do consumidor quanto à aquisição isolada do produto subordinante. Nos casos de subordinação contratual e técnica, a coação é exercida de uma forma mais direta. Nas situações de *mix bundling*, a coação é indireta e passa frequentemente pela indução associada à concessão de bónus, descontos ou qualquer outra vantagem comercial. As Orientações interpretativas da Comissão sobre a aplicação do artigo 102º do TFUE são também omissas quanto a este requisito, ainda que

---

sold at a bundle price, so that the buyer pays the same price whether he takes the tied product or not". Cf. *US v. Microsoft*, 235 F.3d 34 (D.C. Cir. 2001), p. 87.
[683] Cf. Decisão da Comissão de 22.12.1987 (88/138/CEE), IV/30.787, *Eurofix-Bauco c. Hilti*, p. 75.
[684] Cf. IP/97/868, 8 de Outubro de 1997.
[685] *Ibidem*.
[686] O seu parágrafo 183 enuncia os seguintes requisitos de subordinação: i) posição dominante da empresa em causa; ii) existência de dois produtos distintos; iii) efeitos de restrição da concorrência; iv) ausência de justificação objetiva.
[687] É comum, na linguagem jurídica anglo-saxónica, designar-se o agrupamento como *"commercial tying"*.

implicitamente o internalizem quando se referem aos efeitos de encerramento dos mercados[688]. Cremos que esta omissão é inconsistente com a posição adotada pela própria Comissão e pelo Tribunal Geral no caso *Microsoft*, tanto mais que é consabido que uma das razões que justificou o atraso na publicação destas Orientações foi precisamente a necessidade de se aguardar pelo acórdão *Microsoft* que viria clarificar algumas das opções então equacionadas. Este acórdão refere expressamente, como requisito da subordinação, a restrição da escolha dos consumidores quanto à compra isolada do produto subordinante[689].

3.4 A restrição da concorrência

A aplicação do artigo 102º al. d) do TFUE pressupõe que as práticas de *tying* e *bundling* produzam, ou tenham o potencial de produzir, efeitos anticoncorrenciais no mercado subordinado, no mercado subordinante ou em ambos os mercados. Como potenciais abusos de exclusão que são, a principal preocupação que suscitam, como vimos, relacionam-se com o encerramento dos mercados e com a subsequente exclusão da concorrência, atual e potencial. A expressão "encerramento de mercado" é utilizada pela Comissão *"para designar as situações em que o comportamento da empresa dominante restringe ou impede o acesso efetivo dos concorrentes atuais ou potenciais às fontes de abastecimento ou aos mercados"*[690]. Não se exige que os concorrentes abandonem o mercado: basta que, em resultado das estratégias prosseguidas pela empresa dominante, fiquem numa posição de desvantagem e sejam dessa forma induzidos a concorrer com menos agressividade. O critério de distorção é aferido em função do grau de concorrência pré-existente no mercado. Deste entrave à concorrência resulta um efeito negativo ao nível do bem-estar dos consumidores que se pode manifestar sob a forma de preços mais elevados, da limitação da qualidade dos produtos ou da redução do leque de escolha.

Já observámos que a jurisprudência comunitária não exige a verificação dos efeitos anticoncorrenciais atuais, bastando-se com a probabilidade fundamentada da sua produção. No caso *Michelin II*, o TPI notou que *"Para efeitos de*

---

[688] Cf. Comunicação da Comissão – Orientação sobre as prioridades da Comissão na aplicação do artigo 82º do Tratado CE a comportamentos de exclusão abusivos por parte de empresas em posição dominante, JOUE nº C45/7, de 24.2.2009, para. 52 e ss..

[689] Após enumerar os diferentes elementos constitutivos da subordinação que haviam sido sugeridos pela Comissão na sua Decisão, entre os quais a restrição da escolha dos consumidores quanto à opção de obter isoladamente o produto subordinante (cf. para. 842 do acórdão), o acórdão refere que *"O Tribunal considera que a análise assim realizada pela Comissão dos elementos constitutivos do conceito de vendas ligadas é correto e está em conformidade tanto com o artigo 82º CE como com a jurisprudência"*. Cf. para. 859 do acórdão.

[690] Cf. p. 19 das Orientações interpretativas sobre a aplicação do artigo 102º do TFUE.

demonstração de uma violação do artigo 82º CE, basta demonstrar que o comportamento abusivo da empresa em posição dominante tende a restringir a concorrência ou, por outras palavras, que o comportamento é passível ou suscetível de ter tal efeito"[691]. Este entendimento foi confirmado pelo Tribunal de Justiça no caso *British Airways*, podendo-se ler no respetivo acórdão que "(...) *não é preciso exigir* (...) *a prova de uma deterioração efetiva quantificável da posição concorrencial dos diferentes parceiros comerciais individualmente considerados*" uma vez demonstrado que "*o comportamento da empresa em posição dominante tenda, tomando em conta todas as circunstâncias do caso concreto, a causar uma distorção da concorrência*"[692].

O caso *Microsoft* é paradigmático da dificuldade que existe em contrariar uma alegação da Comissão sobre a verificação de efeitos potenciais de exclusão. Como vimos, a decisão da Comissão não imputa diretamente à *Microsoft* a exclusão atual da concorrência, sendo antes baseada num conjunto de ilações sobre uma possível cadeia de acontecimentos futuros[693].

O TPI dá aval à apreciação que a *Microsoft* faz das condições de mercado, concedendo quanto à circunstância de, não obstante a subordinação efetuada, "*existirem vários fabricantes de equipamentos originais que continuam a instalar leitores multimédia de outras marcas*" e de o "*número de leitores multimédia e o grau de utilização de múltiplos leitores continuarem em crescente aumento*"[694]. O Tribunal considerou, porém, que esses elementos não desvirtuavam a conclusão da Comissão de que o comportamento imputado à *Microsoft* era suscetível de enfraquecer a concorrência na aceção da jurisprudência do TJ em *Michelin II* e *British Airways*. Segundo o Tribunal: "*era legítimo que a Comissão, no considerando 984 da decisão impugnada, concluísse pela existência de um risco significativo de que a venda ligada do Windows e do Windows Media Player conduzisse a um enfraquecimento da concorrência tal que a manutenção de uma estrutura de concorrência efetiva deixasse de estar assegurada num futuro próximo. Há que esclarecer que a Comissão não declarou que a venda ligada levaria à eliminação de toda e qualquer concorrência no mercado dos leitores multimédia de receção contínua. O argumento da Microsoft segundo o qual, vários anos depois de o abuso em causa se ter iniciado, vários leitores multimédia terceiros se mantinham no mercado não contraria, portanto, a tese da Comissão*"[695].

---

[691] Acórdão do Tribunal de Primeira Instância (Terceira Secção) de 17.9.2007, Proc. T-203/01, *Michelin c. Comissão*, Colect. 2003, p.II 4071, para. 239.
[692] Acórdão do Tribunal de Justiça (Terceira Secção) de 15.3.2007, Proc. C-95/04P, *British Airways c. Comissão*, Colect. 2007, p. I 2331, para. 145.
[693] A Comissão sintetiza a sua abordagem da seguinte forma: "*In a nutshell, tying WMP with the dominant Windows makes WMP the platform of choice for complementary content and applications which in turn risks foreclosing competition in the market for media players*". Cf. para. 842 da Decisão.
[694] Cf. acórdão do TPI, p. 1055.
[695] Cf. para. 1089 do acórdão.

Os capítulos precedentes deste trabalho abordam exaustivamente os efeitos de exclusão das práticas de *tying* e *bundling* que mais marcaram a prática decisória da Comissão e dos tribunais comunitários nas últimas décadas, pelo que para lá se remete o leitor.

3.5 As justificações objetivas

A apreciação das circunstâncias justificantes que possam existir, *in concreto*, com relação a uma determinada prática de *tying* ou *bundling*, constitui um complemento necessário à análise dos efeitos restritivos da concorrência, e sugere a adesão à metodologia da *rule of reason*.

No parágrafo 62 das suas Orientações sobre a aplicação do artigo 102º do TFUE a comportamentos de exclusão, a Comissão refere que as práticas de subordinação e agrupamento podem ser objetivamente justificadas quando se demonstre que conduzem a uma redução efetiva dos custos de produção, distribuição e transação. O *"Discussion Paper"* de 2005 notava, quanto à integração, que *"Combining two independent products into a new, single product may be an innovative way to market the product(s)"* e que *"Such combinations are more likely to be found to fulfill the conditions for an efficiency defense than is contractual tying or bundling"*[696]. As Orientações aparentam suavizar esta posição sugerindo, simplesmente, que a *"Comissão poderá igualmente examinar se a combinação de dois produtos independentes, por forma a transformá-los num novo produto único, pode tornar mais rentável a entrada no mercado de um tal produto em benefício dos consumidores"*[697].

A circunstância justificante que se prefigura mais óbvia é a de que a subordinação ou o agrupamento promovem potencialmente a eficiência económica, permitindo anular os custos acrescidos que resultariam da produção e distribuição independente dos produtos ou serviços subordinados. A eficiência produtiva pode ser alcançada, por exemplo, quando se integrem os diferentes componentes de um computador numa única unidade. No que respeita à eficiência distributiva, a venda combinada de produtos que os consumidores usualmente adquirem conjuntamente (*e.g.* o sapato esquerdo e o direito) pode traduzir uma redução de custos, por exemplo ao nível do embalamento e do armazenamento dos produtos, que não seria lograda caso a empresa os disponibilizasse em separado.

A justificação pode relacionar-se, por outro lado, com a necessidade de salvaguardar a qualidade, a segurança e o correto manuseio dos produtos fornecidos. A subordinação só será justificada, porém, quando, de entre as várias opções disponíveis, for aquela considerada menos restritiva da concorrência. Em

---

[696] Cf. para. 205.
[697] Cf. para. 62 da Orientações.

Hilti, por exemplo, a Comissão argumentou que uma forma menos restritiva de assegurar a segurança operacional da pistola de pregos e dos seus consumíveis seria, porventura, através da implementação de um sistema de distribuição seletiva[698]. A Comissão deixa claro, nas suas Orientações, que *"a prova de que tal comportamento é objetivamente necessário deverá ter em consideração que compete normalmente às autoridades públicas definir e aplicar as normas de segurança e saúde"*[699]. Este entendimento segue o raciocínio adotado pelo TPI, em *Hilti*, segundo o qual *"não compete manifestamente a uma empresa em posição dominante tomar, por sua própria iniciativa, medidas destinadas a eliminar produtos que considere, bem ou mal, perigosos ou de qualidade inferior aos seus próprios produtos"*[700]. O TPI consolida este argumento em *Tetra Pak II*: *"mesmo supondo que a utilização dos cartões de outra marca nas máquinas Tetra Pak representava um perigo, incumbia à recorrente utilizar as possibilidades que lhe oferece a legislação nacional pertinente nos diferentes Estados--membros"*[701].

Uma abordagem articulada ao tema dos efeitos anticoncorrenciais e das justificações objetivas impõe que nos detenhamos sobre a questão da repartição do ónus da prova. O TPI dispensa atenção a este assunto no caso *Microsoft*, explicando que *"embora o ónus da prova da existência das circunstâncias constitutivas de uma violação do artigo 82.º CE caiba à Comissão, é à empresa dominante em causa e não à Comissão que incumbe, sendo caso disso, antes do fim do procedimento administrativo, invocar uma eventual justificação objetiva e apresentar argumentos e elementos de prova a esse respeito. Em seguida, compete à Comissão, se pretender concluir pela existência de um abuso de posição dominante, demonstrar que os argumentos e os elementos de prova invocados pela referida empresa não procedem e que, por conseguinte, a justificação apresentada não pode ser acolhida"*[702]. Esta solução não difere substancialmente daquela que vigora no direito *antitrust* norte-americano[703]. As principais diferenças entre os dois sistemas radicam antes no tipo e grau de prova que se exige das rés relativamente às circunstâncias justificativas que alegam. As Orientações da Comissão impõem a verificação cumulativa de quatro condições, muito à semelhança, aliás, daquelas que se enunciam no artigo 101.º n.º 3 do TFUE: i) que os ganhos de eficiência tenham-se concretizado, ou seja provável que se concretizem, em consequência da conduta; ii) que a conduta seja indispensável à concretização dos ganhos de eficiência, não podendo existir alternativas menos restritivas da concorrência que permitam produzir os mesmos ganhos

---

[698] Cf. p. 89 e ss. da sua Decisão.
[699] Cf. para. 29 das Orientações.
[700] Cf. p. 118 do acórdão.
[701] Cf. p. 139 do acórdão.
[702] Cf. p. 1144 do acórdão.
[703] Cf. *United States v. Microsoft Corp.*, 253 F.3d 34, (D.C. Cir 2001), para. 59.

de eficiência; iii) que os ganhos de eficiência gerados pela conduta compensem qualquer efeito negativo sobre a concorrência e o bem-estar dos consumidores nos mercados afetados; iv) que a conduta não elimine a concorrência efetiva através da supressão de todas ou parte das fontes atuais ou potenciais de concorrência[704]. Consagram-se, pois, os princípios da proporcionalidade e da indispensabilidade. As Orientações da Comissão adotam uma formulação da terceira condição que difere ligeiramente daquela que consta do artigo 101º nº 3 do TFUE, designadamente por não exigir explicitamente que se reserve ao consumidor uma parte equitativa do benefício que resulta da conduta adotada. Repare-se, no entanto, que as Orientações da Comissão relativas à aplicação do nº 3 do artigo 101º do Tratado interpretam este requisito restritivamente. Pode ler-se no seu parágrafo 85 que *"o efeito líquido de um acordo deve ser, no mínimo, neutro do ponto de vista daqueles consumidores que sejam direta ou indiretamente afetados pelo acordo"*[705]. A exigência, constante no parágrafo 30 das Orientações sobre o artigo 102º do TFUE, de que os ganhos de eficiência compensem o eventual efeito negativo sobre a concorrência e o bem-estar dos consumidores, espelha exatamente o mesmo significado que se contém no artigo 101º nº 3 do TFUE.

Segundo as Orientações, *"é da responsabilidade da empresa em posição dominante apresentar todas as provas necessárias para demonstrar que o comportamento em causa é objetivamente justificado"*, cabendo então à Comissão, *"fazer a avaliação final sobre se o comportamento em questão é ou não objetivamente necessário e se, com base na análise dos efeitos anticoncorrenciais aparentes e dos ganhos de eficiência alegados ou demonstrados, é provável que resulte num prejuízo para os consumidores"*[706]. Na prática, é bastante complexa, para uma empresa em posição dominante, a tarefa de provar a existência de circunstâncias justificativas que se considerem relevantes e atendíveis: as condições cuja verificação se exige são, pelo menos, tão exíguas e restritas como aquelas que constam do artigo 101º nº 3 do TFUE[707]. Outro tanto não se diga com relação à demonstração dos efeitos anticoncorrenciais. Como já observámos, os tribunais comunitários não exigem a prova dos efeitos atuais, i.e., *"a prova de uma deterioração efetiva quantificável da posição concorrencial dos diferentes parceiros comerciais individualmente considerados"* e do bem-estar dos consumidores, bastando apenas que se demonstre a probabilidade fundamen-

---

[704] Cf. para. 30 das Orientações.
[705] Cf. Comunicação da Comissão, Orientações relativas à aplicação do nº 3 do artigo 81º do Tratado, J.O. C 101/98, de 27.4.2004.
[706] Cf. para. 31 das Orientações sobre a aplicação do artigo 102º do TFUE.
[707] Neste sentido ver também BELLAMY & CHILD, *European Community Law of Competition*, 6ª edição, editado por Peter Roth QC e Vivien Rose, Oxford University Press, 2008, p. 1003 e 1004.

tada de tal suceder[708]. Existe, portanto, e em claro benefício dos demandantes, uma importante assimetria entre o tipo e grau de prova que a eles e aos demandados se exige. Esta assimetria constitui, entre outras, uma das razões pela qual não é normativamente desejável que se adote uma presunção de que, quando prosseguidas por uma empresa dominante, as práticas de *tying* e *bundling* são prejudiciais ao bem-estar dos consumidores. Esta assimetria justificará, outrossim, que se obrigue os demandantes à demonstração pormenorizada, pelo menos, do potencial efeito de exclusão. Esta obrigação é consistente com a tónica dada, pelo direito comunitário da concorrência, à soberania do interesse do consumidor e à definição da concorrência como um processo de mercado.

4. A escolha de uma metodologia de análise

4.1 Notas introdutórias

O nosso estudo procurou demonstrar que o enquadramento jus-concorrencial das práticas de *tying* e *bundling* sofreu um processo evolutivo substancial nas últimas quatro décadas. A abordagem *per se* dos anos 70 e 80 foi sendo gradualmente diluída pela introdução de princípios e critérios de análise económica. Na década de 90 a Comissão aplicava uma metodologia de análise que correspondia a uma forma atenuada da proibição *per se* (*modified per se test*): a subordinação era declarada ilícita quando estivessem preenchidos os requisitos do poder de mercado, da existência de produtos distintos e da coerção. A prática decisória de então parecia atribuir escassa importância à análise do impacto destas práticas na estrutura concorrencial do mercado subordinado. O caso *Microsoft* assinala uma nova mudança na metodologia de análise da Comissão, que passa agora a considerar, a par daqueles três requisitos, também o efeito concorrencial ao nível do mercado subordinado e a existência de circunstâncias excludentes de ilicitude. Consagra-se, pois, a metodologia da *rule of reason*. A literatura económica mais recente parece dar apoio a esta solução. Evans, Padilla e Salinger notam que este apoio assenta na base de três conclusões que se extraem da análise económica às práticas de *tying* e *bundling*: 1) que estas práticas são ubíquas e geram frequentemente ganhos de eficiência económica; 2) que a produção de efeitos anticoncorrenciais só ocorre em quadros circunstanciais limitados e de difícil verificação prática; 3) que, atento o facto de poderem gerar efeitos pró e anticoncorrenciais, seria conceptualmente errado a adoção de um critério de análise *per se*[709]. Segundo Hylton e Salinger, "*From an*

---

[708] Cf. Acórdão do Tribunal de Justiça (Terceira Secção) de 15.3.2007, Proc. C-95/04P, *British Airways c. Comissão*, Colect. 2007, p. I 2331, para. 145.
[709] Cf. DAVID S. EVANS, JORGE PADILLA e MICHAEL A. SALINGER, "A Pragmatic Approach to Identifying and Analyzing Legitimate Tying Cases" *in European Competition Law Annual: 2003*,

economic standpoint, (...) there is no basis for a per se rule, even given the conditions established in Jefferson Parish for triggering the rule"[710]. Com efeito, a análise económica aos efeitos do *tying* e *bundling* parece sugerir ser um erro que se presumam estas práticas anticoncorrenciais, mesmo quando a empresa em causa detenha poder de mercado. É certo que os modelos teóricos pós-Chicago lograram identificar determinados quadros de verificação de efeitos anticoncorrenciais, mormente de *leveraging* a longo prazo, mas esta circunstância não parece comprometer o entendimento consensual de que a subordinação e o agrupamento são aspectos constantes da vida económica e que o seu escopo estratégico passa, amiúde, pela realização de ganhos de eficiência e pela consequente beneficiação do bem-estar do consumidor. A teoria económica sustenta, pois, a adoção de uma metodologia de análise que se baseie na *rule of reason*, nos termos da qual se permita contrabalançar analiticamente o potencial anticoncorrencial e os benefícios que se associam a estas práticas[711]. A *rule of reason* pode ser aplicada por uma de duas formas: por via de um teste não estruturado ou de um teste estruturado[712]. No domínio do teste não estruturado, o *tying* e o *bundling* são escrutinados na base do "saldo competitivo" resultante do balanço analítico que se faz entre os efeitos anticoncorrenciais e os benefícios que possam decorrer destas práticas. Esta abordagem foi proposta no Relatório apresentado pelo *Economic Advisory Group for Competition Policy* ("EAGCP") relativamente à aplicação do artigo 102º do TFUE, extensível, portanto, às práticas de subordinação e agrupamento[713]. Esta metodologia (*balancing test*) depara-se com algumas dificuldades do ponto vista prático. Por um lado, é extremamente complexa e subjetiva a tarefa de comparar analiticamente os efeitos anticoncorrenciais e os ganhos de eficiência económica. Os tribunais teriam certamente dificuldade, por exemplo, em medir os benefícios da subordinação ou do agrupamento em termos de custos de transação e de conveniência. Na prática cremos que estas instâncias raramente quantificariam o dano e o benefício concorrencial, provavelmente limitando-se a concluir, perante um dado quadro de mercado, que

---

What is an Abuse of a Dominant Position, edited by Claus-Dieter Ehlermann e Isabela Atanasiu, Hart Publishing, s/l, 2006, p. 564.

[710] Cf. KEITH N. HILTON e MICHAEL SALINGER "Tying Law and Policy: A Decision-Theoretic Approach" in *Antitrust Law Journal* vol. 69, 2001, p. 470 e 471.

[711] O estudo de Nalebuff confirma empiricamente a adoção maciça da *rule of reason* em diferentes jurisdições. Cf. BARRY NALEBUFF, *Bundling, Tying and Portfolio Effects* – Report for the UK Department of Trade and Industry, disponível em http://www.bis.gov.uk/files/file14774.pdf.

[712] Cf. DAVID S. EVANS, "How Economists Can Help Courts Design Competition Rules: An EU and US Perspective" in *World Competition*, vol. 28, 2005, p. 95.

[713] Cf. Economic Advisory Group for Competition Policy, "An Economic Approach to Article 82", Julho 2005, disponível em http://ec.europa.eu/dgs/competition/economist/eagcp_july_21_05.pdf.

um ou o outro não teria uma expressão atendível. Ainda que de um ponto de vista teórico o teste possa ter o seu mérito, na realidade ele não oferece aquilo de que as autoridades da concorrência, os tribunais e as empresas efetivamente necessitam: um conjunto de regras que sejam claras, objetivas e de fácil administração. Carlton e Waldman advertem que *"Trying to turn the theoretical possibility for harm (...) into prescriptive theory of antitrust enforcement is a difficult task. For example, the courts would have to weigh any potential efficiencies from the tie with possible losses due to foreclosure, which by itself is challenging due to the difficulty of measuring both the relevant efficiencies and the relevant losses"*[714]. Sem embargo, cremos que a análise jus-concorrencial tem de ser efetuada por referência a um quadro analítico abstrato de aplicação generalizada. Assim o exige a aplicação equitativa, objetiva e previsível do direito *antitrust* comunitário[715]. A previsibilidade, em particular, resultaria da importante limitação da margem de discricionariedade dos tribunais. Easterbrook sugere que, no domínio do direito *antitrust*, a metodologia de análise mais adequada é aquela que se processa em função de determinados critérios pré-estabelecidos que permitam, numa lógica faseada e sequencial, ir filtrando a ilicitude da conduta[716]. A autora refere-se, portanto, ao teste estruturado a que *supra* fizemos menção.

4.2 A alternativa proposta: um teste estruturado[717]

Atentas as considerações *supra* enunciadas e as ilações que se retiram da parte I deste estudo e da jurisprudência analisada, propomos um teste que se estrutura em três fases distintas, cada uma com uma função específica e complementar das demais. A primeira cria um "porto de abrigo" (*safe harbour*) para as práticas de subordinação e agrupamento que, atento as circunstâncias específicas do caso, sejam inofensivas e não possam constituir uma ameaça aos interesses tutelados pelo direito da concorrência. Esta fase, ou filtro, é de extrema relevância uma vez que permite evitar o esbanjamento dos recursos económicos da Comissão e dos tribunais na investigação de práticas manifestamente

---

[714] Dennis W. Carlton e Michael Waldman, "The Strategic Use of Tying to Preserve and Create Market Power in Evolving Industries", *RAND Journal of Economics*, vol. 33, nº 2, 2002, p. 215.
[715] Neste sentido ver Richard A. Epstein, *Simple Rules for a Complex World*, Harvard University Press, Cambridge, 1995, pp. 23 e ss..
[716] Cf. Frank H. Easterbrook, "The Limits of Antitrust" *in Texas Law Review*, vol. 63, Issue 1, 1984, p. 1 *et seq.*.
[717] Não temos a veleidade de crer que a proposta por um teste estruturado seja inédita. A literatura jurídica e económica tem, aqui e ali, sugerido esta mesma opção. A nossa contribuição pretende antes ser significativa ao nível da construção e articulação dos diferentes critérios de apreciação que caracterizam cada uma das diferentes fases que propomos. Para outras abordagens ver Jurian Langer, *op. cit.*, p. 176 e ss.; Christian Ahlborn, David S. Evans e A. Jorge Padilla, *op. cit.*, p. 330.

inócuas. A segunda fase visa apurar do potencial anticoncorrencial da conduta *sub judice*. A fase consiste num processo de filtragem sucessiva que se realiza por referência a um conjunto de critérios de mercado de índole económica. É importante que se atente às especiais características da indústria em que as práticas se inserem de forma a determinar, de forma coerente e plausível, da existência de um mecanismo específico de produção de dano concorrencial. A terceira e última fase considera a existência e a magnitude das eficiências geradas e determina se estas permitem compensar os potenciais efeitos anticoncorrenciais.

4.2.1 1ª fase: *safe harbour rules*

Como observámos, esta primeira fase atua como um filtro inicial, visando a identificação das práticas de *tying* e *bundling* que, em razão das circunstâncias que as caracterizam, sejam manifestamente inofensivas. Importa aqui considerar três fatores: o poder de mercado da empresa subordinante, a relação que se estabelece entre os produtos que integram o *bundle* e, em caso de agrupamento, a eventual assimetria entre a linha de produtos da empresa e as dos seus concorrentes. As práticas de subordinação e agrupamento só deverão ser contestadas quando se verifiquem as seguintes condições:

a) Poder de mercado: a empresa deverá gozar de poder de mercado, pelo menos, no mercado do produto subordinante, em caso de subordinação, ou no mercado de um dos componentes do *bundle*, em caso de agrupamento. Repare-se que, sem poder de mercado, a empresa não terá a capacidade nem o incentivo para prosseguir estratégias de *leveraging* a curto ou a longo prazo. Nestas circunstâncias, e como se observou na parte I deste estudo, os concorrentes não terão dificuldades em neutralizar qualquer tentativa da empresa de os fazer excluir do mercado adjacente. O mero poder de mercado pode, por vezes, não ser suficiente. A empresa poderá necessitar de deter uma posição de *quasi* monopólio de forma a lograr ultrapassar as dificuldades que se associam à efetivação de uma política de *tying* anticoncorrencial num quadro de ameaça competitiva por parte dos seus concorrentes. Quando tal não suceda, *i.e.* quando não exista este poder de mercado substancial (i) a empresa poderá não conseguir colher o benefício que seria expectável da exclusão dos seus rivais do mercado adjacente; (ii) os seus concorrentes nos mercados principal e adjacente poderão unir esforços de forma a igualar a oferta do *bundle*, e assim derrotar o seu efeito de exclusão[718];

---

[718] Cf. MICHAEL D. WHINSTON, "Tying, Foreclosure and Exclusion" in *American Economic Review* vol. 80, issue 4, 1990, p. 837.

b) Complementaridade: Mesmo quando exista poder de mercado, a venda combinada será em princípio inócua quando os produtos oferecidos não forem complementares. Os modelos teóricos pós-Chicago demonstram que a relação de complementaridade entre os produtos do *bundle* é um ingrediente fundamental a qualquer teoria de dano concorrencial, particularmente quando um dos mercados afetados seja caracterizado pela existência de efeitos de rede, de economias de escala ou exista um número significativo de concorrentes sem acesso ao mercado subordinado[719];

c) Assimetria das linhas de produto em caso de agrupamento: a literatura económica sugere que quanto maior for a assimetria entre a linha de produtos (*portfolio*) da empresa ofertante do *bundle* e as dos seus concorrentes, maior será o risco da produção de efeitos anticoncorrenciais[720]. Isto é assim porque quanto maior for o número de produtos que se possam oferecer como parte do mesmo pacote, maior será a probabilidade da verificação dos efeitos Cournot[721] e menor a probabilidade de as empresas concorrentes conseguirem replicar o *bundle*. Repare-se que as diferentes teorias de exclusão que a doutrina económica formula a propósito das práticas de *bundling*, assentam todas, em última instância, na existência de uma assimetria na oferta entre a empresa dominante e os seus concorrentes. Com efeito, a questão do *bundling* nem sequer se coloca quando todas as empresas numa dada indústria ofereçam o mesmo pacote de

---

[719] Em sentido contrário ver JURIAN LANGER, *op. cit.*, p. 36 e 37. O autor sustenta, com base na doutrina da Escola de Chicago e no respetivo teorema do lucro único de monopólio, que a relação de complementaridade entre produtos faz excluir a necessidade do escrutínio do *bundle*. Já observámos, porém, que a doutrina pós-Chicago prova exatamente o contrário. O autor considera, também, que o *bundle* deverá ser imunizado quando os produtos sejam substitutos uns dos outros, uma vez que, nesse caso, os produtos pertencerão ao mesmo mercado relevante. Segundo o autor, a oferta combinada de produtos substitutos só fará sentido se motivada por razões de eficiência, *e.g.* para que se alcancem economias de escala ou de escopo. A validade deste argumento já foi, porém, contestada pelo Tribunal Geral no seu acórdão *Tetra Laval/Sidel*, onde se pode ler no parágrafo 170 que " *O Tribunal de Primeira Instância considera que a argumentação da recorrente segundo a qual não existe nenhuma possibilidade de exercer um efeito de alavanca de um mercado para outro quando uma mercadoria de um mercado e uma mercadoria de outro mercado apenas são, como no caso vertente, substitutos técnicos, não é convincente. Resulta, por analogia, do acórdão Hoffmann La Roche/Comissão, já referido, e dos acórdãos de 12 de Dezembro de 1991, Hilti/Comissão, já referido, e de 2 de Março de 1994, Hilti/Comissão, já referido, que um efeito de alavanca pode ser exercido quando os produtos em questão são os que um cliente considera conveniente utilizar ao mesmo tempo para os mesmos fins, ou seja, no caso vertente o acondicionamento de alguns tipos de bebidas*". Cf. Acórdão do Tribunal de Primeira Instância (Primeira Secção) de 25.10.2002, Proc. T-5/02, *Tetra Laval c. Comissão*, Colect. 2002, p. II-4389.

[720] Neste sentido ver também as Orientações da Comissão sobre a aplicação do artigo 102º do TFUE, p. 54.

[721] Cf. BARRY NALEBUFF, "Competing against Bundles", *Incentives, Organization and Public Economics: Papers in Honour of James Mirrles*, Oxford University Press, s/l, 2000.

produtos. Tenha-se presente o exemplo da indústria automóvel: todos os fabricantes vendem uma mesma combinação de chassis, de motor e de pneus, sem que se fale, propriamente, em agrupamento. Na prática, este termo é usualmente reservado para descrever as situações em que o pacote oferecido inclua um produto ou serviço especial que não seja *standard*, e que não seja disponibilizado pela concorrência, ou que o seja mas apenas separadamente, como *"upgrade"*. As preocupações jus-concorrenciais só serão fundadas quando os concorrentes não estiverem em condições de reproduzir o *bundle* da empresa dominante ou de oferecer um que lhe seja equivalente por forma a anular a assimetria existente. A preocupação será também reduzida quando a importância económica dos extras agrupados seja diminuta relativamente ao valor produto principal (sendo esta a situação típica que se verifica no caso dos automóveis).

4.2.2 2ª fase: a probabilidade da produção de efeitos anticoncorrenciais

A mera verificação das condições enunciadas na fase anterior não deverá bastar, *per se*, para que se justifique uma condenação da prática que se examina. Importa, neste caso, estabelecer um critério de análise que atente nas características observáveis da indústria por forma assim a identificar o potencial anticoncorrencial. O dinamismo dos diferentes mecanismos económicos de exclusão e a volatilidade das condições de mercado tornam complexa a tarefa de delinear uma *"check-list"* de teorias e fatores que permitam ao intérprete, em *abstrato*, destrinçar entre as práticas que sejam nocivas e as que sejam neutras ou benéficas. Existem, contudo, um conjunto de elementos que caracterizam a indústria em que se insere a prática e os agentes que nela operam, incluindo a empresa em questão, e que, quando analisados em contexto, permitem auxiliar na determinação da probabilidade da realização de efeitos anticoncorrenciais e da consequente redução do bem-estar dos consumidores:

a) A existência de poder de mercado significativo: já versámos sobre esta questão no ponto anterior pelo que para lá se remete o leitor;

b) O compromisso efetivo da empresa em prosseguir a estratégia de venda combinada: o estudo de Whinston, a que fizemos referência na parte I do nosso estudo, demonstra que a ausência de compromisso prejudica a credibilidade da estratégia adotada e coloca em risco a consecução dos objetivos anticoncorrenciais visados[722]. A decisão de passar a oferecer dois ou mais produtos de forma combinada pode despoletar uma reação adversa por parte da concorrência, particularmente ao nível dos preços, em detrimento de todos os agentes de

---

[722] Cf. MICHAEL D. WHINSTON, "Tying, Foreclosure and Exclusion" *in American Economic Review* vol. 80, issue 4, 1990, p. 837.

mercado e da própria empresa dominante. A fim de evitar o subsequente efeito de canibalização, a empresa em questão terá de lograr demonstrar ao seus rivais que está predisposta a continuar a sua estratégia, ainda que lhe acarrete uma diminuição dos níveis de retorno, e até que conduza à efetiva exclusão dos seus concorrentes;

c) Prova direta da intenção anticoncorrencial: o intérprete deverá atentar à existência de elementos probatórios que indiciem ou exponham diretamente a intenção anticoncorrencial da empresa, designadamente a de cobrar preços supracompetitivos no mercado adjacente (*leveraging* a curto prazo), de provocar a exclusão dos concorrentes deste mercado ou de impedir a sua entrada no mercado do produto subordinante (*leveraging* a longo prazo). Julgamos importante averiguar de todo e qualquer documento (*e.g.* documentos da gerência; correspondência, etc.), testemunho (por parte, por exemplo, de funcionários da própria empresa ou de empresas concorrentes) ou mesmo confissão que possa dilucidar sobre o propósito prosseguido. Este propósito ressaltará mais óbvio, como veremos no ponto seguinte, quando não exista qualquer elemento (documental ou outro) que demonstre que a empresa tenha visado a consecução de eficiências e a promoção do bem-estar do consumidor;

d) Ausência objetiva de razões de eficiência: para além do elemento subjetivo da intenção, julgamos importante que se atribua relevo ao facto de a empresa não invocar, em defesa do *bundle*, quaisquer razões ou argumentos de eficiência. Esta circunstância poderá ser demonstrativa de que estes ganhos, a existirem, não serão significativos, e de uma maior probabilidade de a prática ter um escopo anticoncorrencial. No caso *Microsoft*, por exemplo, a empresa não especificou qualquer benefício concreto que pudesse resultar da integração do *Windows* e do *IE*, limitando-se a alegar que a desinstalação do *browser* comprometeria o correto funcionamento do sistema operativo. Na realidade, a única coisa que este argumento sugere, atento os factos do caso, é que a reversão da integração técnica seria dispendiosa. O argumento não prova que o *tying* técnico fosse considerado como uma opção eficiente à altura do *design* e do "planeamento arquitetónico" dos dois *softwares*. Note-se que apenas devem relevar as eficiências *ex ante* e não os custos incorridos *ex post* com a reversão da integração. Estes custos devem, aliás, ser assumidos pela empresa como uma forma de penalização pela prossecução da prática anticoncorrencial;

e) Probabilidade da saída dos concorrentes dos mercados relevantes: a estratégia de *leveraging* a longo prazo pode visar, diretamente, a exclusão dos concorrentes do mercado subordinado e, indiretamente, através desta exclusão, a proteção da posição detida no mercado subordinante. A estratégia só será profícua quando tenha o potencial de causar a efetiva exclusão dos concorrentes. A saída dos concorrentes do mercado pode ser difícil de prognosticar por depender de uma multiplicidade de fatores, designadamente (i) da relação, em termos de procura, que se estabelece entre os produtos (complementaridade dos produtos; correlação entre o diferente valor atribuído pelos consumidores aos dois produtos), e (ii) de condições de mercado que vão além da estratégia de *tying* ou *bundling* implementada: o grau de diferenciação dos produtos (os clientes com predileção pelos produtos dos concorrentes no mercado subordinado podem, por exemplo, preferir mudar para o produto de um concorrente no mercado subordinante do que ter de prescindir dos produtos de sua especial preferência no mercado subordinado); o montante dos custos fixos suportados pelos concorrentes; a sua capacidade de endividamento; o facto de terem ao seu dispor contra-estratégias que lhes permitam neutralizar o efeito do *bundle* (os concorrentes podem, por exemplo, adquirir produtos de outros fabricantes de modo a criar um *bundle* próprio que possa competir com a oferta da empresa dominante)[723];

f) Existência de obstáculos à entrada ou expansão: ainda que a estratégia de *leveraging* seja bem sucedida e surta a exclusão da concorrência, a inexistência de obstáculos à entrada impede que a empresa possa exercer plenamente o seu poder de mercado, designadamente por via do incremento do nível dos preços praticados. Repare-se que num cenário como este, o aumento de preços atrairia de imediato uma nova entrada no mercado, expectante de poder vingar a sua posição pela oferta mais barata dos produtos em questão. Esta entrada obrigaria a uma retração de preços e acabaria por traduzir a erosão dos lucros supracompetitivos auferidos pela empresa dominante.

Importa aqui tomar especial consideração pela existência de economias de escala e de efeitos de rede. O estudo de Nalebuff demonstra, como se viu na parte I deste estudo, que a estratégia de *bundling* pode ditar a exclusão da concorrência do mercado adjacente pela negação de uma escala adequada[724]. Se o mercado, já de si, estiver sujeito a economias de escala, então a probabilidade de entrada é reduzida a um mínimo quando se implemente a venda combinada. A existência de efeitos de rede, de seu turno, torna o mercado particularmente vulnerável às práticas de *tying* e *bundling*. Dolmans e Graf notam que, "*In such markets, the number of customers who acquire the product influences future demand for that product. The wider the products distribution, the more demand will there be for the product. In such cases a tie will have an impact beyond the tied customer because the*

---

[723] Os modelos teóricos de Carlton e Waldman demonstram que a estratégia de *tying* ou *bundling* pode ser lucrativa ainda que não acarrete a exclusão dos concorrentes do mercado, bastando para tal que estes fiquem suficientemente marginalizados no mercado. Cf. DENNIS W. CARLTON e MICHAEL WALDMAN, *op. cit.*, p. 194 e ss..

[724] Cf. BARRY NALEBUFF, "Bundling as an Entry Barrier" in *Quarterly Journal of Economic*, vol. 119, nº 1, s/l, Fevereiro 2004, p. 159 a 187.

increased distribution share resulting from the tie will also impact on future demand for the tied product"[725]. As estratégias de subordinação e agrupamento podem prosseguir o objetivo de negar efeitos de rede aos concorrentes e assim privá-los do acesso a uma fração do mercado que lhes permita alcançar uma escala mínima de eficiência. A literatura económica dá conta que as estratégias de *leveraging* defensivo são particularmente comuns no contexto de indústrias caracterizadas pela existência de efeitos de rede e de inovação e onde o ciclo de vida dos produtos é relativamente curto[726]. Os casos *Microsoft* que abordámos são bem ilustrativos desta situação.

Importa também considerar a eventual proliferação de estratégias de venda combinada nos mercados relevantes: a circunstância de existirem outras empresas no mercado a oferecerem os seus produtos também de forma combinada pode contribuir para o efeito de encerramento na medida em que dificulta, pelo seu efeito acumulado, a entrada nos mercados afetados;

g) Ausência de poder negocial dos compradores: a pressão concorrencial pode ser exercida não apenas pela concorrência atual ou potencial, mas também pelos próprios clientes da empresa. O poder negocial pode estar associado à dimensão da empresa ou à sua importância comercial para a empresa dominante. A posição privilegiada do cliente pode advir de uma de três circunstâncias: da sua capacidade para mudar rapidamente para fornecedores concorrentes; da capacidade para promover nova entrada no mercado ou para se integrar verticalmente, e de ser credível na ameaça de o fazer[727]. Este *"buyer power"* pode comprometer a rentabilidade da estratégia de *leveraging*. Mesmo quando os concorrentes tenham já abandonado o mercado e os obstáculos à entrada sejam suficientemente dissuasores para precludir nova entrada, a empresa poderá não conseguir elevar os seus preços quando defronte uma procura concentrada e com poder negocial;

h) Prova do encerramento efetivo do mercado: se a conduta persistir durante um período de tempo suficiente, o desempenho de mercado da empresa e dos seus concorrentes pode constituir uma prova direta do encerramento anticoncorrencial do mercado. A quota de mercado da empresa pode ter aumentado ou ter cessado de diminuir. Os concorrentes atuais podem ter sido marginalizados ou terem abandonado o mercado, e os concorrentes potenciais terem falhado na sua tentativa de entrada no mercado.

---

[725] Cf. MAURITS DOLMANS e THOMAS GRAF, "Analysis of Tying under Article 82 EC: the European Commission's Microsoft Decision in Perspective" *in World Competition*, vol. 27, issue 2, Kluwer Law International, 2004, p. 234.
[726] Cf. KAI-UWE KUHN, ROBERT STILLMAN & CRISTINA CAFFARRA, *op. cit.*, p. 98 a 100.
[727] Cf. Orientações da Comissão sobre a aplicação do artigo 102º do TFUE, p. 18.

A consideração dos critérios *supra* enunciados implica uma investigação cuidada à estrutura e às condições dos mercados relevantes envolvidos, recaindo o ónus probatório sobre os queixosos e as autoridades da concorrência. A verosimilhança da produção de efeitos de *leveraging* terá de ser apreciada numa lógica de *"case by case"*, importando identificar as situações de realização de lucros de monopólio a curto prazo e/ou a criação de um quadro de exclusão a longo prazo. Nesta última hipótese é necessário evidenciar que a prática visa a redução do nível de retorno da concorrência atual ou potencial como forma de proporcionar a monopolização de um novo mercado e/ou a proteção de um monopólio já existente (*defensive leveraging*).

4.2.3 3ª fase: apreciação dos eventuais ganhos de eficiência

A metodologia de análise da *rule of reason* impõe que se equacionem os ganhos resultantes da conduta prosseguida. Esta última etapa consiste, pois, em determinar da existência de eficiências que sejam suscetíveis de compensar os efeitos anticoncorrenciais produzidos. Interessa considerar apenas os benefícios *ex ante*, que obedeçam a um critério de objetividade e de proporcionalidade, e que só possam ser alcançados por intermédio da prática *sub judice*. Releva aqui, portanto, também o critério da indispensabilidade. No caso *Masterfoods*, a Advogada-Geral Cosmas notou existir, no seio do direito da concorrência comunitário, uma presunção de que o interesse em manter um estado de concorrência efetivo se sobrepõe ao interesse subjetivo da empresa dominante[728]. Resulta, pois, que a empresa terá de demonstrar que não reserva o benefício para si própria, que o canaliza ao bem-estar dos consumidores e que a mais-valia gerada compensa o dano anticoncorrencial causado pela adoção da prática subordinação ou agrupamento. O ónus da prova recai, portanto, sobre a ré.

5. As Orientações sobre as prioridades da Comissão na aplicação do artigo 102º do TFUE[729]

5.1 Notas introdutórias

No passado dia 3 de Dezembro de 2008, a Comissão apresentou as suas Orientações relativas à aplicação do artigo 102º do TFUE a comportamentos de exclusão abusivos por parte de empresas em posição dominante. Foram várias as razões que impeliram a Comissão a proceder a este empreendimento, destaca-

---

[728] Acórdão do Tribunal de Justiça de 14.12.2000, Proc. C-344/98, *Masterfoods, Ltd. v. HB Icecreams, Ltd.*, Colect. 2000, p. I-11369, para. 101 da Opinião.

[729] Comunicação da Comissão – Orientação sobre as prioridades da Comissão na aplicação do artigo 82º do Tratado CE a comportamentos de exclusão abusivos por parte de empresas em posição dominante, J.O. C 45/7 de 24.2.2009.

mos algumas: o regime da proibição do abuso de posição dominante era uma das poucas aéreas do direito comunitário da concorrência que se tinha mantido imune ao processo de revisionismo e à influência da teoria económica; os analistas, do foro jurídico e económico, reclamavam o abandono da abordagem formal a favor de uma metodologia assente na análise dos efeitos de mercado; a prática comunitária e a ciência económica tinham vindo gradualmente a demonstrar que determinadas práticas, consideradas anteriormente como dando causa a efeitos de exclusão, eram na realidade pró-competitivas e estavam na base da criação de ganhos de eficiência económica, tornando-se óbvio que a forma como a Comissão interpretava a lei comunitária privava as empresas, particularmente aquelas dominantes, do incentivo para assegurarem a preservação de um estado de concorrência efetiva; as alegações e os argumentos aduzidos pela Comissão perante os tribunais comunitários eram cada vez mais confusos e ambíguos; havia um crescente sentimento de desagrado por parte dos agentes de mercado que consideravam a aplicação da lei da concorrência incerta, não objetiva e por vezes até anticoncorrencial; a descentralização operada pelo Regulamento 1/2003 impôs às autoridades nacionais o dever de aplicar o artigo 102º do TFUE, pelo que urgia a publicação de um instrumento que permitisse coordenar a ação das autoridades da concorrência dos 27 Estados-membros; algumas das autoridades da concorrência nacionais tinham já publicado as suas próprias Orientações quanto à interpretação dos respetivos regimes de proibição do abuso de posição dominante, sugerindo que tal tarefa, ainda que a uma dimensão comunitária, seria também alcançável pela Comissão; a Comissão passou a contar com a colaboração de um Economista-chefe, integrado no seu *staff*.

A intenção declarada da Comissão, ao promover a publicação das Orientações, foi a de introduzir uma maior objetividade e previsibilidade no quadro analítico de apreciação das condutas de exclusão[730]. A mensagem inequívoca ínsita no novo documento é a de que, na aplicação do art. 102º do TFUE, a Comissão dará prioridade aos comportamentos de exclusão que tenham um impacto mais detrimental no bem-estar dos consumidores[731]. Neste contexto, a Comissão reconhece que o aspeto mais relevante é a proteção de um verdadeiro processo de concorrência e não a mera proteção dos concorrentes. Um dos aspetos cardinais parece ser o facto de as Orientações cristalizarem a tendência existente, desde os finais dos anos 90, para se adotar, de um ponto de vista de política de concorrência, uma abordagem mais económica, assente nos efeitos de mercado das práticas escrutinadas. As Orientações visam, pois, articular a

---

[730] Cf. para. 2 das Orientações.
[731] Cf. para. 5 das Orientações.

forma como se pretende que esta *"effects-based approach"* seja aplicada, na prática, no contexto do artigo 102º do TFUE[732].

Embora a Comissão esclareça que o documento não tem carácter vinculativo e que não prejudica a interpretação do artigo 102º do TFUE por parte dos tribunais comunitários, ele introduz um conjunto importante de coordenadas de ação, com claras aspirações normativas[733], que importa aqui avaliar. No que concerne, em específico, às práticas de subordinação e agrupamento, as Orientações representam um avanço significativo em várias frentes, ainda que minado de algumas fragilidades.

5.2 Aspetos gerais

O reconhecimento, no parágrafo 49 das Orientações, de que *"a subordinação e o agrupamento são práticas correntes e têm por objetivo fornecer melhores produtos ou ofertas mais rentáveis aos clientes"* é de aplaudir uma vez que traz implícito o repúdio pela anterior lógica *per se* e pelo estilo formalista. A aceitação, pelo menos em princípio, de uma *"effects based-aproach"* é certamente um passo em frente e na melhor das direções. O mesmo se diga com relação à categorização das diferentes modalidades de subordinação e agrupamento, em clara consonância com a doutrina económica dominante, permitindo ao intérprete uma melhor compreensão das especificidades de cada uma destas práticas. Segundo as Orientações, a Comissão só adotará medidas ao abrigo do art. 102º do TFUE, *inter alia*, quando a empresa tiver uma posição dominante no mercado subordinante[734]. Este é um entendimento que é, como vimos, consistente com a teoria económica e com os modelos analisados *supra* na parte I deste trabalho. Sem embargo, e como veremos nos pontos que se seguem, parece-nos que o documento poderia ter oferecido mais em termos de certeza e previsibilidade, sem que com isso comprometesse os benefícios resultantes da *"effects based-aproach"*.

5.3 A questão da separabilidade dos produtos

O critério adotado de separabilidade parece assentar em dois fatores, ainda que apenas o primeiro seja admitido expressamente: a procura dos consumi-

---

[732] Para uma concretização do conceito de "abordagem económica" no contexto da proteção do *consumer welfare* ver MANUEL KELLERBAUER, "The Commission's new enforcement priorities in applying article 82 EC to dominant companies' exclusionary conduct: A shift towards a more economic approach?", *European Competition Law Review*, vol. 32, Issue 5, Sweet & Maxwell, 2010, pp. 175 a 186, p. 176.

[733] Veja-se, por exemplo, o teste proposto para as práticas de descontos. É crível que, na prática, as autoridades nacionais da concorrência interpretem este documento como instrumento normativo.

[734] Cf. para. 50 das Orientações.

dores e a conduta comercial dos produtores/distribuidores[735]. O conteúdo do parágrafo 51 das Orientações, que é o único que versa sobre esta questão, suscita-nos duas observações, a primeira relacionada com a insuficiência do critério eleito, e a segunda com a falta de concretização de uma metodologia de análise. Defendemos *supra* que, na consideração da separabilidade dos produtos, a Comissão deveria recorrer a um critério multi-factor, atentando não só na procura do consumidor e no comportamento dos produtores, mas também nos próprios atributos do *bundle* oferecido. Para além deste aspeto, a Comissão não articula corretamente a metodologia de análise da separabilidade. De acordo com a sugestão que aqui oportunamente se deixou, a Comissão deve começar por observar as características da procura à altura da adoção da prática de subordinação ou agrupamento e as características da procura decorrido um determinado lapso de tempo sobre essa adoção. Considerar-se-á, então, as intenções da empresa que oferece o produto integrado e o comportamento dos demais produtores com presença no mercado. Caso a análise dos dois primeiros fatores aponte em sentido díspar ou sugira a distinção dos produtos, a Comissão deverá, numa terceira fase, avaliar da natureza inovadora do produto integrado e das suas mais-valias tecnológicas. A Comissão deverá, neste caso, decidir-se pelo carácter integrado do produto apenas quando este represente um genuíno avanço tecnológico.

Aponta-se uma outra crítica quanto à questão da separabilidade: pode ler-se no parágrafo 51 do documento que *"dois produtos são considerados como sendo distintos se, na ausência de subordinação ou agrupamento, um número substancial de clientes comprar ou tivesse comprado o produto subordinante sem comprar igualmente o produto subordinado ao mesmo fornecedor (...)"*. A Comissão não oferece qualquer orientação sobre o que entende por *"um número substancial de clientes"*. 40%? 80% dos clientes? 90%? Julgamos que se perde aqui uma oportunidade de conferir às soluções que se adotam maior certeza e previsibilidade.

5.4 Os efeitos de exclusão

O documento da Comissão dá um especial enfoque aos efeitos de exclusão da subordinação e agrupamento, um aspeto que, embora já se antevisse, é certamente de louvar. Segue-se, todavia, uma lógica de exposição que difere substancialmente daquela do *Discussion Paper* de 2005: na abordagem que faz aos diferentes fatores que potencialmente determinam os efeitos de exclusão, a Comissão começa por identificar aqueles que são comuns aos diferentes tipos de abuso, só depois particularizando os aspetos mais específicos que caracterizam cada tipo de conduta. A vantagem desta opção parece ser a de estabelecer

---

[735] Cf. para. 51 das Orientações.

e estandardizar, na medida do possível, critérios de análise base que possam ser utilizados no escrutínio dos diferentes tipos de abuso e assim identificar pontos de contacto. A Comissão não clarifica, todavia, pelo menos de forma explícita, a relação/interação que se estabelece entre estes critérios gerais e os fatores específicos de análise de cada abuso, nem assim o peso ou a influência específica que cada um exerce no cômputo geral da análise. Esta clarificação seria importante no sentido de melhor se compreender de que forma e em que medida é que as condições individuais de mercado limitam ou potenciam o carácter de exclusão destas práticas[736]. A Comissão preferiu abreviar caminho, cremos que ao custo da certeza e da consistência de soluções.

O poder de mercado da empresa e a existência de obstáculos à entrada no mercado adjacente, especialmente de economias de escalas e de efeitos de rede, são, pelas razões já expostas *supra*, dois dos fatores de apreciação que mais relevo assumem no contexto da subordinação e do agrupamento. A probabilidade da realização dos efeitos de exclusão é maior na presença de economias de escala e de efeitos de rede, sendo neste contexto que as práticas de vendas combinadas conseguem privar os concorrentes de uma escala mínima de eficiência, constranger a sua rentabilidade e a sua capacidade para se expandir e inovar. Na secção do *Discussion Paper* que se dedicava a estas práticas, para além da importância que expressamente se imputava a estes fatores, a Comissão explicava também a peculiaridade do respetivo mecanismo de exclusão[737]. Esta solução não foi, infelizmente, carreada para o texto das novas Orientações. A única menção que se encontra no novo documento aos efeitos de rede e às economias de escala consta, exclusivamente, da parte geral concernente aos princípios comuns de apreciação dos diferentes tipos de abuso. As explicações que aí se vertem são, consequentemente, de carácter generalista e abstraídas da realidade económica específica destas práticas.

Um outro fator de peso, abordado também exclusivamente na parte geral do documento da Comissão, respeita à proporção das vendas excluídas[738]. As Orientações referem-se à amplitude do comportamento abusivo, notando que *"quanto mais elevada for a percentagem das vendas totais no mercado relevante, afetadas pelo comportamento abusivo, quanto mais longa for a sua duração e quanto maior for regularidade com que for aplicado, maior será a probabilidade de efeito de encerramento do*

---

[736] Neste sentido ver também Pranvera Kellezi, "Rhetoric or Reform: Does the Law of Tying and Bundling Reflect the Economic Theory?" in *Article 82 EC: Reflections on its Recent Evolution*, editado por Ariel Ezrachi, Studies of the Oxford Institute of European and Comparative Law, Hart Publishing, Oxford and Portland, Oregon, 2009, p. 161 e 162.
[737] Cf. para. 199 do *Discussion Paper*.
[738] Cf. para. 20 das Orientações.

mercado"[739]. Este fator era também considerado no *Discussion Paper*, mas desenvolvido de forma mais exaustiva na sua secção específica de *tying* e *bundling*[740]. A Comissão considerava, neste documento, que *"Where the (...) company ties a sufficient part of the market, the Commission is likely to reach the rebuttable conclusion that the tying practice has a market distorting foreclosure effect and thus constitutes an abuse of dominant position."*[741]. Em particular, sugeria-se que a verificação de efeitos de exclusão seria improvável quando apenas um terço dos clientes no mercado subordinado adquirissem ambos os produtos[742]. A *ratio* por detrás deste entendimento era relativamente elementar: se a maioria dos clientes do produto subordinado não adquirem o produto subordinante, – ou porque o produto subordinado pode ser afeto a diferentes usos e em conjugação com produtos terceiros que não o subordinante, ou, simplesmente, porque pode ser utilizado independentemente – a procura que é representada pelos clientes que adquirem o produto subordinante não se reputará suficiente para que sequer se equacione uma eventual verificação de efeitos de exclusão ao nível do mercado subordinado. Por outro lado, a circunstância de apenas um terço dos clientes adquirirem os produtos conjuntamente pode ser indicativa de que a empresa dominante prossegue uma estratégia seletiva, dirigida apenas a um grupo restrito de clientes, o que amenizaria os efeitos globais de exclusão. As Orientações atuais não fazem qualquer referência a um *"threshold"* quantitativo, dando a entender que a Comissão poderá considerar os efeitos de exclusão mesmo quando a proporção seja inferior a um terço. A dúvida, que também se suscita no contexto da apreciação das restantes categorias de conduta de exclusão, é, pois, a de saber o que se entender por *"sufficient part of the market"*, não olvidando que a exclusão dos concorrentes depende também da sua própria estrutura de custos e dos restantes fatores aludidos *supra*. A teoria económica ainda não logrou responder a esta questão, embora seja claro, como se observou, que a presença de economias de escala e escopo e de efeitos de rede reduzem artificialmente a escala adequada e, por conseguinte, a rentabilidade dos concorrentes. Sem embargo, parece-nos manifestamente insuficiente que se tenha optado por discutir a questão da proporção das vendas vinculadas sem fazer uma referência articulada às exigências de escala mínima de eficiência e a outras condicionantes análogas que podem caracterizar o mercado afetado. Cremos que a solução adotada poderá precipitar a atividade regulatória da Comissão e a condenação por efeitos de exclusão mesmo no contexto de mercados com-

---

[739] *Ibidem*.
[740] Cf. para. 196 e ss. do *Discussion Paper*.
[741] Cf. para. 188 do *Discussion Paper*.
[742] Cf. para. 198 do *Discussion Paper*.

petitivos, conduzindo, portanto, a um intervencionismo regulatório excessivo e não justificado.

A par dos fatores de análise ditos gerais, as Orientações estabelecem um conjunto específico de fatores que podem também contribuir na produção dos efeitos de exclusão. A Comissão considera que o risco de exclusão será mais pronunciado quando a empresa conferir à sua estratégia de *leveraging* um carácter duradouro, como por exemplo, através da subordinação técnica[743]. Este tipo de gradação entre as diferentes modalidades de venda combinada espelha implicitamente a importância do elemento de coerção e da forma como se processa a supressão da liberdade de escolha do consumidor. O requisito da coerção foi, como vimos, explicitamente identificado pela Comissão e pelo TPI no caso *Microsoft*, embora, por razões que não alcançamos, mas que certamente causam maior inconsistência, não encontre expressão direta no texto das novas Orientações da Comissão. O parágrafo 53 das Orientações oferece um tratamento mais severo às práticas de subordinação técnica, aparentemente por se achar a inversão mais onerosa nesses casos, e por serem mais reduzidas as possibilidades de revenda dos componentes isolados. O carácter duradouro não se presume com relação aos restantes comportamentos de *leveraging*, nem tão pouco, quanto a estes, se particularizam comentários sobre o respetivo potencial de exclusão. A posição adotada parece sugerir, pois, um tratamento discriminatório. Este entendimento não encontra eco na jurisprudência comunitária, nem sequer é consistente com o objetivo da promoção do bem-estar dos consumidores uma vez que, na maioria dos casos, a subordinação técnica agrega produtos em proporções fixas, sendo, portanto, maiores as probabilidades de ser motivado por razões de eficiência económica[744]. A Comissão penaliza esta modalidade, mas não faz qualquer referência às eficiências que podem potencialmente decorrer da integração técnica, uma solução que também não se entende.

No que respeita, em específico, ao agrupamento, a Comissão considera que a probabilidade da verificação de efeitos de exclusão é maior quando a empresa dominante tenha presença em mais do que um mercado de produto relevante[745]. Esta análise é correta uma vez que quanto maior for a assimetria entre o *portfolio* desta empresa e os dos seus concorrentes diretos, maior será a probabilidade da produção dos efeitos de Cornout e a dificuldade em replicar o *bundle* oferecido. A validade deste argumento pressupõe que estejam previa-

---

[743] Cf. para. 53 das Orientações.
[744] Neste sentido ver NICHOLAS ECONOMIDES E IOANNIS LIANOS, "The Elusive Antitrust Standard on Bundling in Europe and in the United States in the Aftermath of the Microsoft Cases", *in Antitrust Law Journal*, vol. 76, nº 2, American Bar Association, s/l, 2009, p. 531.
[745] Cf. para. 54 das Orientações.

mente reunidas as demais condições que confiram a esta empresa a capacidade e o incentivo para seguir a estratégia de agrupamento. Tal não sucederá, *inter alia*, quando não existir uma base comum de clientes para cada produto do *bundle*, ou quando os produtos em causa não sejam habitualmente adquiridos em simultâneo.

No que respeita à subordinação de produtos substituíveis, as Orientações não excluem os possíveis efeitos anticoncorrenciais, mas limitam a sua análise às situações em que sejam utilizados em proporções variáveis como componentes de um processo de produção[746]. É certo que a subordinação deste tipo de produtos é relativamente infrequente, até considerada, por alguns, economicamente irracional[747], mas mesmo assim julgou-se pertinente concretizar o mecanismo específico de exclusão que é propiciado pelo aumento de preço do produto subordinante. Cremos que é de aplaudir a opção tomada.

O documento da Comissão oferece escassa orientação no que respeita aos descontos multi-produto. Cientes de que a vertente que se relaciona com os preços excede o escopo deste trabalho, não queremos, contudo, deixar fazer uma breve alusão às linhas de orientação deixadas a este propósito pela Comissão. Já observámos que os consumidores terão pouco ou nenhum incentivo em adquirir os produtos em separado quando o preço cobrado pelo pacote for inferior à soma dos respectivos preços individuais praticados pelos concorrentes da empresa dominante. Quando tal suceda, as empresas concorrentes podem, porventura, ser forçadas a abandonar o mercado, não obstante serem tão eficientes como a empresa dominante. Para avaliar do efeito do desconto praticado, a Comissão utiliza como referencial o custo marginal médio a longo prazo (CMMLP). O documento, fiel à sua linha de exposição abreviada, não oferece uma orientação circunstanciada quanto às diferentes variáveis de mercado que podem exercer influência sobre este sub-tipo de venda combinada, limitando-se a estabelecer um critério económico, na forma de uma *safe harbour*, para as empresas que prossigam estas estratégias: a Comissão não intervirá, em princípio, quando o preço adicional pago pelos clientes por cada um dos produtos que integram o pacote permanecer acima do respectivo CMMLP[748]. A Comissão não intervém, neste caso, uma vez que um concorrente com o mesmo grau de eficiência ("*as efficient*") terá, em princípio, capacidade para concorrer de forma rentável com o pacote da empresa dominante. Esta abordagem afigura-se-nos algo limitada por não ter aplicação universal: o critério designado não é adequado, por exemplo, quando se trate de "bens de informação" (*information*

---

[746] Cf. para. 56 das Orientações.
[747] Cf. Jurian Langer, *op. cit.*, p. 36.
[748] Cf. para. 60 das Orientações.

goods), *i.e.* bens cujo valor de mercado deriva da informação que contêm, *e.g.* cds, dvds, etc., que apresentam um custo marginal quase nulo.

5.5 As circunstâncias justificativas

A primeira nota que se deixa respeita ao facto de a Comissão não esclarecer sobre se adota uma abordagem *ex ante* ou *ex post* quanto às eficiências alegadas pelas partes[749]. A teoria económica deixa claro, como se observou, que, se não existirem *ex ante* razões para se subordinar ou agrupar, não será legítimo autorizar estas práticas apenas na base do argumento de que *ex post* é demasiadamente oneroso operar a reversão do *bundle*. Deverão relevar apenas as eficiências que se possam verificar à altura da integração, *i.e. ex ante*. Julgamos que a Comissão deveria ter dissertado sobre esta questão. A segunda nota refere-se ao facto de a Comissão não ter identificado a discriminação de preços como móbil pró-competitivo para a adoção deste tipo de práticas. Aqui, de novo, o contributo da teoria económica é inestimável. O entendimento generalizado é o de que as vendas combinadas (designadamente, como vimos, a subordinação dinâmica) podem ser empregues como forma de medição da intensidade do uso dos produtos. Com efeito, o fornecedor poderá ter interesse em agrupar os seus clientes em função do grau de utilização que dão aos seus produtos. Teria sido útil uma menção, ainda que breve, no sentido de reconhecer esta potencial justificação.

6. Conclusões

O capítulo 4 deste estudo procurou demonstrar que a abordagem *per se* da Comissão e dos tribunais comunitários às práticas de subordinação e agrupamento foi sujeita, nas últimas décadas, a um gradual processo de erosão, à semelhança, aliás, do que sucedeu no direito *antitrust* norte-americano. Na década de 90 esta abordagem era ainda formalista e assente no mesmo critério da proibição, mas a influência da teoria económica era já bastante notória. Na sua análise, a Comissão passa a dispensar um maior enfoque à questão do poder de mercado e reconhece, de forma explícita, diga-se, a possibilidade da ilicitude das práticas ser excluída pela consideração de circunstâncias justificantes. Esta abordagem bifacetada corresponde ao que a literatura anglo-saxónica designa por *modified per se test*. O virar do século assinala, na prática decisória comunitária, uma maior aproximação à metodologia de análise da *rule of reason*, sendo o caso *Microsoft* paradigmático desta nova orientação. As práticas de *tying* e *bundling* passam a ser apreciadas em função dos efeitos que surtem nas condições de mercado. A abordagem atual da Comissão e dos tribunais co-

---

[749] Cf. para. 62 das Orientações.

munitários equivale a uma *rule of reason* não estruturada, em que a legalidade da conduta é apurada por referência ao saldo que resulta do balanço analítico entre os seus efeitos pró e anticoncorrenciais (*balance test*). Pese embora a adoção da *"effects based approach"*, o exame mais cuidado da prática decisória da Comissão revela, por vezes, uma aplicação equivocada das principais lições deixadas pelos modelos económicos *post* Chicago. Referimo-nos, em concreto, às decisões tomadas pela Comissão em *Hilti*, *Tetra Pak II* e *Microsoft*. A primeira dessas decisões parece ter descartado com algum facilitismo as razões invocadas de segurança e qualidade. Os factos de *Hilti* aparentam demonstrar não ser credível que a empresa pudesse prosseguir estratégias de *leveraging* a curto ou a longo prazo. Em *Tetra Pak II*, a Comissão decidiu bem, mas pelas razões erradas. A Comissão ignorou que a subordinação visava, essencialmente, a proteção da posição *quasi* monopolista detida no mercado subordinante. Em *Microsoft* deteta-se também uma explicação económica insuficiente, *maxime* ao nível da teoria de *leveraging* arquitetada. A Comissão não explora dois aspetos cardinais: (i) o facto de a *Microsoft* ter sacrificado a inovação no mercado dos *browsers* com o propósito de proteger a posição detida no mercado do *Windows*; (ii) o facto de a estratégia de *tying* fazer "tombar" o mercado do *software* de codificação a favor desta empresa.

A parte II deste trabalho procura dar um contributo em duas áreas de análise epicêntricas, designadamente ao nível da metodologia e dos critérios de concretização do conceito de separabilidade de produtos e do próprio teste de análise jus-concorrencial das práticas de subordinação e agrupamento. O trabalho sugere que a questão da separabilidade deve ser tratada no contexto de um teste multi-factor que articule e atribua particular relevo à perceção e conduta dos consumidores, ao comportamento dos produtores e aos atributos e funcionalidades do *bundle*. Sugere-se também que as práticas de *tying* e *bundling* sejam escrutinadas segundo uma metodologia de análise estruturada que permita filtrar as práticas inofensivas, diminuir a margem de discrição dos tribunais, criar uma teoria específica de dano concorrencial e proporcionar maior certeza e orientação na aplicação do direito *antitrust*.

Parte III
Regulação *Ex Ante*

Capítulo V
A subordinação e o agrupamento no contexto do controlo das operações de concentração

1. Introdução

A última parte do nosso estudo é dedicada ao tema da regulação *ex ante* da subordinação e do agrupamento, efetivada no âmbito do controlo das operações de concentração. Propomo-nos aqui seguir a mesma metodologia adotada na parte II, quanto à regulação *ex post*, pelo que se principiará fazendo uma menção, desta vez perfunctória, ao direito *antitrust* norte-americano. Esta brevidade anunciada explica-se atento o facto de este direito atribuir atualmente escassa importância ao tratamento *ex ante* destas práticas. A exposição subsequente demonstrará que existe, em contraste, uma tendência crescente na UE para impedir operações de concentração que possam potenciar os efeitos de *leveraging*. A Comissão tem, com efeito, revelado alguma preocupação com a possibilidade de a concentração proporcionar à entidade combinada uma especial capacidade de lançar mão da subordinação ou do agrupamento como forma de projetar a posição detida *ex ante* no mercado principal a outros mercados adjacentes e assim causar o seu encerramento[750]. A Comissão parece privilegiar, quando possível, uma abordagem preventiva. Veremos em que medida é que o regime de controlo instituído é apto a dar resposta a estas preocupações jus--concorrenciais e de que forma é que se articula com os mecanismos de controlo *ex post*.

---

[750] Cf. Orientações para a apreciação das concentrações não horizontais, J.O. C 265/6 de 18.10.2008, para. 93 e ss..

No contexto do controlo das operações de concentração, os receios de *leveraging* surgem tipicamente nos casos de concentração conglomeral, quando uma empresa com poder substancial de mercado adquire outra com atividade num ou mais mercados relacionados *i.e.* com algum grau de complementaridade ou substituibilidade[751][752]. Estes receios associam-se ao incremento do poder de mercado que resulta, não propriamente da combinação das posições de mercado detidas *ex ante*, mas sim da projeção de poder de mercado que se pode efetivar por virtude do recurso a diferentes estratégias de *leveraging*, especialmente a subordinação contratual e técnica, e o *mix bundling*[753].

2. O regime norte-americano de controlo de operações de concentração
2.1 O quadro legal
O regime substantivo do controlo de concentrações está contido na §7 do *Clayton Act*, aprovado pelo Congresso em 1914. A versão original da §7 não era particularmente abrangente, aplicando-se apenas às operações de aquisição de ações ou de outros valores representativos de capital social. A Secção proibia a "*acquisition of stock or other share capital of another corporation (...) where the effect of such acquisition may be to substantially lessen competition between the corporation whose stock is so acquired and the corporation making the acquisition*". A redação adotada cedo fez concluir que a aplicação do diploma poderia ser iludida se se estruturasse a operação visada em termos de uma aquisição dos bens corpóreos da empresa a adquirir, destarte submetendo-a ao regime mais leniente do *Sherman Act*. Este regime só proibia as concentrações que resultassem na criação de poder de mercado monopolista ou *quasi* monopolista, escapando-lhe, por conseguinte, um sem número de operações com potencial anticoncorrencial[754]. Para

---

[751] O potencial efeito de *leveraging* é patente, outrossim, no âmbito das concentrações verticais uma vez que, também nesse caso, as atividades e/ou produtos das empresas envolvidas são complementares entre si. Ver, *inter alia*, as decisões da Comissão Europeia em *MSG Media Service* (processo IV/M.469, 1994, J.O. L 364/1) e *RTL/Veronica/Endemol* (processo IV/M553, 1996, J.O. L 134/21).

[752] As concentrações conglomerais definem-se por exclusão *i.e.* são aquelas que não produzem nem efeitos horizontais nem verticais. Importa distinguir entre os diversos tipos possíveis de conglomerados. Quando as empresas envolvidas produzem os mesmos produtos ou produtos similares em mercados geográficos distintos encontramo-nos perante um conglomerado de extensão. Se os produtos que ambas produzem são complementares ou podem ser produzidos ou distribuídos da mesma forma temos um conglomerado de extensão de produto. Por último, quando os produtos não têm qualquer relação entre si temos um conglomerado puro.

[753] Cf. Sven B. Volcker, "Leveraging as a Theory of Competitive Harm in EU Merger Control", *Common Market Law Review*, vol. 40, Kluwer Law International, 2003, p. 583.

[754] No processo *United States v. United Steel Corp.*, 251 US 417 (1920), o Supremo Tribunal defendeu que a operação pela qual toda a indústria se consolidaria numa única empresa, que passaria a deter cerca de 90% da quota do mercado, não infringia o *Sherman Act*.

sanar esta lacuna e retificar o texto daquela disposição, o Congresso fez passar, em 1950, o *Celler-Kefauver Act*, um diploma que lançou as bases do atual regime de controlo de concentrações. O *Clayton Act* voltaria a ser revisto em 1976, com a introdução do *Hart-Scott-Rodino Antitrust Improvements Act* (*HSR Act*), também conhecido por §7 A do *Clayton Act*, que veio regular os aspetos adjetivos do processo de apreciação das operações de concentração. Entre outras questões de relevo, o diploma consagra o DOJ (*Department of Justice*) e a FTC (*Federal Trade Comission*) como os dois organismos governamentais responsáveis pela condução e decisão destes processos.

2.2 A jurisprudência da primeira metade do século XX

A jurisprudência deste período denota uma certa despreocupação e desinteresse pelas concentrações conglomerais, chegando mesmo ao ponto de pretender subtraí-las ao escrutínio judicial. No caso *Winslow*, o Supremo Tribunal deixou claro que o *Sherman Act* não era aplicável a este tipo de operações[755]. O caso respeitava a uma operação de concentração entre várias empresas produtoras de máquinas de fabrico de calçado, visando a criação da *United Shoe Machinery Corporation*. As empresas intervenientes produziam, entre si, diferentes tipos de máquinas: máquinas para o fabrico de solas; máquinas para a costura de solas; máquinas de acabamento final de calçado (*lasting machines*) e máquinas de fixação de ilhoses. Cada uma destas máquinas com uma função específica e complementar às demais. Esta relação de complementaridade entre as diferentes máquinas significava, na opinião do Juiz Holmes, a inexistência de um quadro de efetiva concorrência entre as partes contratantes. A operação visada não traduziria, pois, qualquer alteração ao *status quo* anterior. Pode ler-se no aresto que: "(...) *we can see no greater objection to one corporation manufacturing 70 per cent of three noncompeting groups of patented machines collectively used for making a single product than to three corporations making the same proportion of one group each*", e que, "*It is as lawful for one corporation to make every part of a steam engine, and to put the machine together, as it would be for one to make the boilers and another to make the wheels*"[756]. Transcorrido apenas um ano sobre a decisão, o Congresso aprova o *Clayton Act*, um diploma que visava, entre outros aspetos, disciplinar e punir as práticas de subordinação e agrupamento, consideradas, então, como das mais graves ameaças ao sistema *antitrust* norte-americano. Nos debates que precederam a aprovação do diploma, o Congresso norte-americano classificou as práticas de *tying* como "*one of the greatest agencies and instru-*

---

[755] *United States v. Sidney Winslow*, 227 US 202 (1913). Texto disponível em http://caselaw.lp.findlaw.com.
[756] *Ibidem*.

mentalists of monopoly ever devised by the brain of man. It completely shuts out competitors, not only from trade in which they are already engaged, but from the opportunities to build up trade in any community where these great and powerful combinations are operating under this system and practice"[757]. Inexplicavelmente, estas preocupações de *leveraging* não eram extensíveis às operações de concentração com efeitos de conglomerado. O consenso à altura era o de que a Secção 7ª do *Clayton Act* se aplicava, exclusivamente, às concentrações horizontais. Julgava-se que a inclusão no texto daquela Secção da palavra *"between"* (entre) pretendia significar essa mesma circunscrição[758]. O quadro normativo é alterado, como vimos, com a aprovação, em 1950, do *Celler-Kefauver Act*. O Congresso deixa claro que, com a nova redação da sua §7, o *Clayton Act* passa a ser aplicável, indistintamente, a todos os tipos de concentrações, horizontais, verticais ou conglomerais, que tenham o efeito SLC (*Substantial Lessening of Competition*)[759]. Esta alteração legislativa abre caminho à possibilidade de as práticas de *tying* e *bundling* passarem a ser escrutinadas no âmbito do controlo destas operações.

2.3 As teorias *"entrenchment"* das décadas de 60 e 70

A década de 65 a 75 testemunhou uma vaga substancial de operações de concentração conglomeral. À altura em que primeiro surgiu, não existia ainda uma literatura jurídica e económica consolidada que esclarecesse sobre os potenciais efeitos concorrenciais deste tipo de operação, pelo que pairava uma incerteza, por parte das autoridades competentes, quanto à abordagem mais adequada a ser adotada. A pressão política era manifesta dada a preocupação governamental com o crescente efeito de concentração da indústria norte-americana. As agências *antitrust* norte-americanas procuraram reagir e contestar as operações que lhes eram propostas lançando mão de um conjunto de teorias de prejuízo concorrencial (*theories of harm*) entre as quais se destacou, pela sua proeminência, a *entrenchment theory* [760] [761]. Segundo esta teoria, as concentrações de conglomerados são potencialmente geradoras de efeitos anticoncorrenciais quando conduzam a um reforço de uma posição dominante já detida. Esse reforço pode resultar do acesso a uma gama de produtos mais

---

[757] H.R. Rep. No. 627, 63 d Congress, 2d Session 13 (1914), pp. 12 e 13.
[758] Cf. Jurian Langer, *op. cit.*, p. 187.
[759] Cf. H.R. Rep. Nº1191, 81st Cong., 1st Session, 11 (1949), p. 11.
[760] Cf. OCDE, "Portfolio Effects in Conglomerate Mergers", DAFFE/COMP(2002)5, 24.01.2002, p. 215, disponível em http://www.oecd.org/dataoecd/39/3/1818237.pdf.
[761] Entre as restantes teorias destacam-se a teoria da eliminação da concorrência potencial, a teoria da reciprocidade e a teoria do aumento do nível de concentração agregada. Para uma análise sucinta ver "Conglomerate Mergers in Merger Control – Review and Prospects", *Bundeskartellamt, Discussion Paper*, 21.09.2009, disponível em http://www.bundeskartellamt.de.

extensa e variada, mormente a produtos e marcas *premium*; da realização de novas eficiências (a que a doutrina anglo-saxónica mais tarde apelidou de *"efficiency offense"*) e da consolidação da capacidade financeira da entidade criada. Visava-se, pois, prevenir a criação de estruturas industriais que potencialmente surtissem o efeito de encerramento do mercado, em especial pela criação de obstáculos à entrada[762]. A doutrina entendia, ao abrigo das teorias estruturalistas, que o elevado nível de concentração do mercado era prejudicial ao bem-estar económico da sociedade. No que respeita, em específico, às práticas de *tying* e *bundling*, era considerado que o acesso a um mais vasto *portfolio* de produtos fazia incitar a adoção de práticas de *leveraging* estratégico.

A teoria foi aplicada, pela primeira vez, no processo *Procter & Gamble*[763], em que se discutiu a aquisição da *Clorox* pela *Procter & Gamble* (P&G). A *Clorox* era um dos principais produtores no mercado da lixívia concentrada para uso doméstico, com uma quota de 49% à altura da aquisição. A P&G, por seu turno, dedicava-se ao fabrico de vários tipos de produtos de limpeza doméstica, em especial de sabões e detergentes. A P&G não fabricava lixívia. O Supremo Tribunal confirmou a tese da FTC de que a aquisição visada conduziria a um enfraquecimento substancial da concorrência (SLC), por um lado, porque eliminaria a P&G como potencial concorrente no mercado da lixívia e, por outro, porque criaria obstáculos à entrada e à expansão neste mercado. Segundo o Tribunal, *"the substitution of the powerful acquiring firm for the smaller, but already dominant firm, may substantially reduce the competitive structure of the industry by raising barriers to entry and by dissuading the smaller firms from aggressively competing"*[764]. Foram três os factores considerados, no que respeita à criação de obstáculos à entrada: a dimensão da P&G (os ativos desta empresa eram superiores ao da *Clorox* numa proporção de 1:40), a sua disponibilidade financeira para investir em publicidade e a sua rede de distribuição. O acórdão salienta que, no mercado da lixívia, a performance competitiva das empresas dependia, em grande parte, do investimento que estas pudessem efetuar em *marketing* e publicidade, descrevendo este investimento como *"the major competitive weapon"*[765]. Segundo o Tribunal, a disponibilidade financeira da P&G, que era substancialmente superior à da *Clorox*, permitir-lhe-ia, uma vez consumada a aquisição, eliminar *"the short term threat of a new entrant"*, não apenas pela sua especial "capacidade publicitária", mas também porque teria condições para subsidiar políticas de preços predatórios no mercado da lixívia com o retorno auferido nos mercados

---

[762] Cf. Lawrence K. Hellman, "Entrenchment Under Section 7 of the Clayton Act: An Approach for Analysing Conglomerate Mergers", *Loyola University of Chicago Law Journal*, vol. 13, 1982, p. 225.
[763] *FTC v. Procter & Gamble*, 386 US 568 (1967).
[764] Para. 578 do acórdão.
[765] Para. 579 do acórdão.

dos restantes produtos da carteira[766]. Outro aspeto de peso que influenciou a posição do Tribunal foi o facto de a P&G dispor de uma vasta rede de distribuição, extremamente ágil e bem organizada, uma circunstância que mais agravaria a situação de desvantagem da concorrência no mercado da lixívia. O Tribunal nota, em suma, que *"the acquisition might lessen competition because new entrants would be much more reluctant to face the giant Procter than the smaller Clorox"*[767].

Em 1968, apenas um ano transcorrido sobre o acórdão *Procter & Gamble*, o Departamento de Justiça publica as suas Orientações sobre operações de concentração (*Merger Guidelines*), adotando, de forma explícita, quanto às concentrações não horizontais, a doutrina do *"entrenchement"*[768]. O foco destas *Guidelines* incidia, especialmente, sobre a questão da estrutura de mercado e os riscos associados ao reforço (*entrenchment*) de posições dominantes em mercados concentrados[769]. Pode ler-se no seu parágrafo 20, que *"The Department will ordinarily investigate the possibility of anticompetitive consequences, and may in particular circumstances bring suit, where an acquisition of a leading firm in a relatively concentrated or rapidly concentrating market may serve to entrench or increase the market power of that firm or raise barriers to entry in that market"*. As Orientações oferecem três exemplos de operações que suscitam este tipo de preocupação: i) uma concentração que resulte numa disparidade considerável em termos de dimensão entre a entidade criada e as restantes empresas ativas nos mercados relevantes; ii) uma concentração entre empresas que produzam produtos relacionados e que possa induzir os consumidores, receosos da possibilidade de a nova entidade lançar mão de estratégias de *leveraging*, a preferirem a aquisição dos seus produtos em detrimento dos da concorrência; iii) uma concentração que potencie a capacidade da entidade criada para aumentar o nível de diferenciação entre produtos nos mercados relevantes[770]. O segundo exemplo refere-se diretamente aos efeitos de *leveraging* associados às práticas de subordinação e agrupamento. Contrariamente às expectativas geradas, as *Guidelines* do DOJ acabaram por revelar-se pouco efetivas, sendo escassa a sua referência ou adoção pela jurisprudência deste período. Pode ler-se, no acórdão *Fruehauf*, que *"(...) the guidelines do not establish the illegality of a merger which does fit the criteria used by the Justice Department (...) the Guidelines, therefore, simply reflect the considered view of the Justice Department as to which mergers are most likely to create a reasonable probability of substantially lessening competition (...) the Commission still bears the burden of*

---

[766] *Ibidem*.
[767] *Ibidem*.
[768] Cf. para. 20 das Orientações.
[769] Joseph P. Bauer, "Government Enforcement Policy of Section 7 of the Clayton Act: Carte Blanche for Conglomerate Mergers?" in *California Law Review*, vol. 71, nº 2, Março 1983, p. 348.
[770] *Ibidem*.

showing the likelihood that the future effect of the merger may be substantially to lessen competition"[771].

Ainda que em teoria se previsse a possibilidade de o *leveraging* justificar a proibição das operações de concentração conglomeral, a realidade é que a prática jurisprudencial da década de 70, embora baseada na teoria do *"entrenchement"*, não manifesta uma preocupação credível pelo *tying* e *bundling*, provavelmente, e já no final da década, pela crescente influência do pensamento económico de Chicago.

2.4 A década de 80 e o processo de liberalização das concentrações conglomerais

A abordagem regulatória da década de 70 fez estimular a análise crítica da teoria do *"entrenchement"* e das suas implicações ao nível económico e concorrencial. A decisão P&G tornou-se numa das mais criticadas da jurisprudência *antitrust* norte-americana. Importa destacar, pela sua influência, as análises de Areeda e Turner e de Bork. As observações de Arreda e Turner centram-se, entre outros aspetos, sobre a alegada vantagem competitiva que decorreria do facto de a entidade combinada passar a dispor de uma mais vasta e variada gama de produtos. Segundo os autores, *"apart from the 'leverage' possibility, there is unlikely to be any prejudice to rivals at all, for they too can usually arrange packages or one-stop service when buyers demand them. And if they cannot, then the merged firm's provision of those new services valued by customers is not a social evil but a contribution to their welfare"*[772]. Quanto ao potencial efeito de *leveraging*, os autores consideram "escassa" e "vaga" a probabilidade de as práticas de *tying* ou *bundling* poderem causar o encerramento dos mercados. Na opinião dos autores, *"the positive prohibitions against tying in the concrete are probably powerful enough to prevent most of the tying that the law has cared about, quite without the necessity of preventing conglomerate mergers creating the potential for undetectable or unreachable tying"*[773]. É, óbvia, pois, a sua preferência por uma abordagem *ex post*, que reputam suficiente.

Para Bork, a decisão P&G *"makes sense only when antitrust is viewed as pro-small business"*[774]. O autor deixa claro que o escopo do direito *antitrust* deve revolver em torno da proteção do bem-estar do consumidor e não dos concorrentes, por mais frágeis que estes se afigurem. Na ótica do autor, os efeitos que o Tribunal e a FTC tinham atribuído à concentração nada mais eram do que manifestações de pura eficiência económica, o que *per se* bastaria para louvar a ope-

---

[771] *Fruehauf Corp. v. FTC*, 603 F.2d 345 (2nd Cir. 1979), para. 353 e 354.
[772] Phillip E. Areeda & Donald F. Turner, *Antitrust Law*, Boston, Little Brown, 2ª edição,1980, 1109d, p. 36.
[773] *Ibidem*.
[774] Cf. Robert H. Bork, *op. cit.*, p. 255.

ração, que não para condená-la. Acresce que as concentrações conglomerais que geram eficiências têm o efeito pró-concorrencial de *forçar* os concorrentes de menor dimensão *"to improve, rather than worsen, their competitive performance"*, em benefício último dos consumidores[775].

Este criticismo começou a ganhar maior expressão ao nível da prática decisória já no final da década de 70, numa altura em que se vislumbra uma clara tendência dos tribunais para recusar as alegações de *"entrenchment"* com base em razões de insuficiência probatória quanto ao prejuízo concorrencial[776]. No caso *Brunswick*,[777] os concorrentes contestaram a aquisição pela *Brunswick* de vários centros de *bowling* que estavam prestes a falir, alegando que esta falência lhes permitiria extrair uma maior rentabilidade dos seus próprios centros. Na apreciação que faz da questão, o Supremo Tribunal assinala a ausência de fundamento da queixa por aí não se exporem quaisquer razões de dano concorrencial. O Tribunal enfatiza que *"the antitrust laws were enacted for the protection of competition not competitors"* e que seria *"inimical to the purposes of those laws to award damages for injury resulting from enhanced competition"*. Esta ideia é desenvolvida no caso *Monfort of Colorado*, em que o Supremo Tribunal recusa condenar uma concentração que resultaria na consecução de eficiências e na redução dos preços que seriam praticados pela nova entidade combinada. Segundo o Tribunal: *"The antitrust laws do not require the courts to protect small businesses from the loss of profits due to continued competition, but only against the loss of profits from practices forbidden by the antitrust laws. Competition for increased market share is not activity forbidden by the antitrust laws. It is simply vigorous competition. To hold that the antitrust laws protect competitors from the loss of profits due to such price competition would, in effect, render illegal any decision by a firm to cut prices in order to increase market share. The antitrust laws require no such perverse result, for it is in the interest of competition to permit dominant firms to engage in vigorous competition, including price competition"*.[778]

No início da década de 80, a teoria do *"entrenchment"* estava desacreditada nos principais círculos económicos e jurídicos. Na revisão que fez das suas *Merger Guidelines*, em 1982, o Departamento de Justiça elimina a referência ao *"entrenchment"* como teoria autónoma de análise. Esta inflexão desponta do reconhecimento de que a livre concorrência promove o bem-estar dos consumidores, mesmo quando alguns dos concorrentes não estejam em condições de igualar a oferta da empresa dominante e, consequentemente, incorram em

---

[775] *Ibidem*, p. 256 e 257.
[776] Assim sucedeu em *Emhart Corp. v. USM Corp.*, 527 F.2d 177 (1st Cir. 1975); em *Heublein, Inc.*, 96 F.T.C. 385 (1980) e em *Beatrice Foods*, 101 F.T.C.733 (1983).
[777] *Brunswick v. Pueblo Bowl-O-Mat*, 429 US 477 (1977).
[778] *Monfort of Colorado, Inc. v. Cargill, Inc.*, 479 US 104 (1986).

prejuízos e perda de quota de mercado. As Orientações de 1982 deixam também de fazer referência às concentrações conglomerais como categoria autónoma de análise. A distinção passa a ser feita entre concentrações horizontais e "efeitos horizontais de concentrações não horizontais"[779]. As concentrações não horizontais são definidas como aquelas que envolvam empresas que não operem no mesmo mercado e que, por conseguinte, não impliquem uma alteração nos níveis de concentração em nenhum dos mercados relevantes considerados[780]. Esta categoria compreende, simultaneamente, as concentrações verticais e conglomerais. No que respeita às últimas, a base de intervenção passa a ser, exclusivamente, a eliminação da concorrência potencial. Pode ler-se no ponto 4.11 das *Guidelines* que *"In some circumstances, the non-horizontal merger of a firm already in a market with a potential entrant to that market may adversely affect competition in the market"*. As Orientações de 1982 voltam a ser revistas em 1984[781], porém, sem qualquer alteração significativa no que respeita ao critério de apreciação das concentrações não horizontais. A categorização mantém-se a mesma, pelo que não se individualiza um regime autónomo para o tipo conglomeral. O critério substantivo mantém-se inalterado: determinar se a concentração pode acarretar efeitos anticoncorrenciais quando envolva uma empresa com poder substancial de mercado e um concorrente potencial com capacidade para entrar nesse mercado. As Orientações de 1984 mantêm-se atualmente em vigor.

A preocupação regulatória suscitada pelas operações de concentração conglomeral é atualmente diminuta. A jurisprudência segue na esteira daquela que marcou a década de 80, interpretando o §7 do *Clayton Act* em conformidade com o princípio enraizado de que a concorrência visa a proteção dos consumidores e não dos concorrentes. A letra desta Secção proíbe apenas as concentrações que sejam *"likely to hurt consumers"*, ou seja que tenham efetivamente o potencial de prejudicar os interesses tutelados dos consumidores. Por contraste ao período anterior dos anos 60 e 70, em que era óbvia a conotação pejorativa que se lhes atribuía, as razões de eficiência económica são hoje interpretadas como fatores de análise relevante no sentido de poderem justificar operações que de outro modo seriam consideradas como de anticoncorrenciais. As teorias estruturalistas dos anos 60 e 70 são abandonadas em definitivo.

---

[779] Cf. pontos 3 e 4 das Orientações.
[780] Cf. ponto 4 das Orientações.
[781] Cf. US DOJ e FTC *Merger Guidelines*, 14 de Junho de 1984.

3. *Tying* e *bundling* no regime comunitário do controlo de concentrações
3.1 O regime legal do controlo de concentrações

Contrariamente ao que sucedia no âmbito da Comunidade Europeia do Carvão e do Aço (CECA), instituída pelo Tratado de Paris de 1951, o Tratado de Roma não contém quaisquer disposições específicas sobre operações de concentração. Esta lacuna, que é intencional, resultou do reconhecimento, à altura do estabelecimento da então Comunidade Económica Europeia, da necessidade de promover uma maior concentração na generalidade dos sectores económicos europeus, de forma a melhor prosseguir as finalidades de integração económica e de melhoria da competitividade da indústria europeia. O quadro legal circunscrevia-se, portanto, a uma norma sobre acordos, práticas concertadas e associações de empresas, por um lado (artigo 85º, atualmente artigo 101º do TFUE) e, por outro, à disciplina dos abusos de posição dominante (artigo 86º, atual artigo 102º do TFUE). No início da década de 60, a Comissão Europeia manifestava algumas incertezas sobre a aplicabilidade do artigo 101º do TFUE às operações de concentração. No seu Memorando sobre a concentração do Mercado Comum, de 1 de Dezembro de 1965, a Comissão decide adotar formalmente a posição de que esta disposição legal não era aplicável a acordos *"whose purpose is the acquisition of total or partial ownership of enterprises or the reorganization of the ownership of enterprises"*. No seu entender, o artigo 101º do TFUE seria aplicável, exclusivamente, a acordos entre empresas que permanecessem, *ex post*, autónomas e independentes umas das outras, o que não sucederia, manifestamente, em caso de concentração. A Comissão considerava, atenta a sua política de apenas exercer controlo sobre operações que envolvessem uma concentração excessiva de poder económico, que o artigo 102º do TFUE oferecia, comparativamente, uma tutela mais adequada. No seu acórdão *Continental Can*,[782] de 1973, o Tribunal de Justiça reconhece a competência da Comissão para o controlo de operações de concentração, mas defende uma aplicabilidade limitada do artigo 102º do TFUE a este tipo de operação, designadamente aos casos em que a concentração implicasse um reforço substancial da posição dominante já detida, de tal forma que suprimisse a concorrência efetiva no mercado afetado[783]. O fundamento desta polémica decisão assentava na configura-

---

[782] Acórdão do Tribunal de Justiça de 21.2.1973, Proc. nº 6/72, *Continental Can c. Comissão*, Colect. 1973, p. 109.

[783] Cf. para. 25 do acórdão: *"Na ausência de disposições expressas, não é possível supor que o Tratado, tendo proibido, no artigo 85º, determinadas decisões de simples associação de empresas que alteram a concorrência sem a suprimir, admita no entanto como lícita, no artigo 86º, que empresas, após terem realizado uma unidade orgânica, possam atingir uma potência dominante tal que qualquer possibilidade séria de concorrência seria, na prática, afastada."*.

ção do reforço de uma posição dominante, operada através da aquisição de um dos últimos concorrentes significativos, como um abuso dessa mesma posição.

A Comissão era ciente de que o estabelecimento de um sistema de controlo de concentrações com base em interpretações arrojadas das normas do Tratado de Roma apresentava vários inconvenientes. Para além das lacunas que decorreriam de o âmbito das normas do Tratado não abranger alguns tipos de operações de concentração (*e.g.*, uma aquisição que *criasse* uma posição dominante), tal solução traria ainda várias dificuldades ligadas à cominação da nulidade de acordos contrários ao atual artigo 101º do TFUE e à falta de segurança jurídica para as empresas envolvidas devido à natureza temporária das isenções com base no nº 3 daquele artigo. O reconhecimento destes obstáculos e do carácter controverso da doutrina expendida no acórdão *Continental Can*, fez estimular a Comissão a apresentar, em 1973, uma proposta de regulamento para o controlo de concentrações. Malograda que foi essa iniciativa, a União Europeia só passaria a contar com um instrumento específico de regulação em 1989, após uma longa e atribulada história legislativa, com a aprovação do Regulamento nº 4064/89[784]. As operações de concentração passam a ser apreciadas com vista a determinar da sua compatibilidade com o mercado comum, sendo declaradas incompatíveis aquelas que criem ou reforcem uma posição dominante de que resultem entraves significativos a uma concorrência efetiva[785]. O critério de apreciação substantiva é reformulado em 2004, com a adoção do novo Regulamento (CE) nº 139/2004 (doravante designado por RCC)[786]. As concentrações passam a ser declaradas incompatíveis com o mercado comum quando "*entravem significativamente uma concorrência efetiva, no mercado comum ou numa parte substancial deste, em particular em resultado da criação ou do reforço de uma posição dominante*"[787].

3.2 A contemplação dos efeitos de *leveraging* no quadro jus-concorrencial do controlo das concentrações

A Comissão fez uma primeira referência às vendas combinadas, como potencial estratégia de *leveraging*, no seu XXI Relatório sobre Política de Concorrência, dando nota que "(...) *a preocupação nas operações de concentração que originam conglomerados é o possível reforço de uma posição dominante ou de uma posição que já era forte pela combinação de recursos financeiros e outras capacidades ou pela criação de uma abordagem de vendas global para produtos complementares. Esta preocupação não*

---

[784] Regulamento (CEE) Nº 4064/89 do Conselho, de 21 de Dezembro de 1989, J.O. L 395/1.
[785] Cf. *Ibidem*, artigo 2º, nº 2 e 3.
[786] Regulamento (CE) nº 139/2004 do Conselho, de 20 de Janeiro de 2004, relativo ao controlo das concentrações de empresas, J.O. L 133, de 30.4.2004.
[787] Cf. *Ibidem*, artigo 2º nº 3.

se verifica no caso de existirem outros concorrentes com forte capacidade financeira no mercado ou se a abordagem de vendas global não for praticável devido à posição de mercado da empresa em causa não ser suficientemente forte (possibilidade de os clientes recorrerem a fornecedores alternativos) ou devido ao facto de as vendas combinadas constituírem apenas uma parte insignificante do mercado"[788].

O RCC não individualiza uma disposição específica dedicada à apreciação das concentrações do tipo conglomeral e dos efeitos de *leveraging*. O critério substantivo aplicável a estas operações é comum aos demais tipos de concentração: o entrave significativo da concorrência efetiva, em particular em resultado da criação ou do reforço de uma posição dominante. Sem embargo, no caso *Tetra Laval*[789] o TPI faz duas importantes observações a respeito da aplicabilidade deste diploma às situações de *leveraging*: i) em primeiro lugar, que o artigo 2º nº 3 do RCC não preclude a possibilidade de a concentração ser proibida com base na potencial criação de efeitos de *leveraging*. Esta proibição será válida, particularmente, nos casos em que os mercados em questão sejam relacionados e uma das partes contratantes da operação detenha já uma posição dominante num desses mercados. Quando assim suceda, diz o Tribunal, *"pode acontecer que os meios e capacidades reunidos por esta operação criem imediatamente condições permitindo à nova entidade, através de um efeito de alavanca, alcançar, num futuro relativamente próximo, uma posição dominante no outro mercado."*[790]; ii) em segundo lugar, o Tribunal destrinça entre os efeitos de *leveraging* que resultam dos comportamentos adotados pela nova entidade no mercado principal, onde já detém uma posição dominante, e que levam à criação ou reforço a médio ou longo prazo de uma posição dominante no mercado adjacente, e os restantes efeitos de conglomerado que implicam uma alteração imediata das condições de concorrência no mercado adjacente[791]. O Tribunal salienta, com referência à primeira situação que, neste caso, *"não é a própria estrutura resultante da operação de concentração que cria ou reforça uma posição dominante, na aceção do artigo 2º, nº 3, do regulamento, mas sim os futuros comportamentos em questão."*[792].

Nas suas Orientações para a apreciação das concentrações não horizontais, a Comissão veio acolher o entendimento deste Tribunal, e firmar que a combinação de produtos em mercados relacionados *"pode proporcionar à entidade resultante da concentração a capacidade e o incentivo para utilizar, através de um efeito alavanca, a sua posição forte num determinando mercado para reforçar a sua posição*

---

[788] XXI RPC, 1991, p. 402.
[789] Acórdão do Tribunal de Primeira Instância (Primeira Secção) de 25.10.2002, Proc. T-5/02, *Tetra Laval c. Comissão*, Colect. 2002, p. II-4389.
[790] *Ibidem*, para. 151.
[791] *Ibidem*, para. 154.
[792] *Ibidem*.

noutro mercado, através de vendas subordinadas ou agrupadas ou de outras práticas de exclusão"[793].

Como adiante veremos, os efeitos de *leveraging* são amplamente reconhecidos na prática decisória da Comissão e dos tribunais comunitários como teoria autónoma de dano concorrencial (*theory of harm*). Sem embargo de se reconhecer o devido mérito às Orientações da Comissão, que se propõem enquadrar genericamente os efeitos anticoncorrenciais deste tipo de concentração, julgamos que se impõe apurar e concretizar, com maior precisão, o quadro analítico do *leveraging*, identificando as condições de mercado e outras que propulsionam/condicionam este tipo de efeitos. Este propósito impele-nos ao exame detalhado da prática decisória relevante. A exposição subsequente será organizada em função dos mecanismos de alavancagem que se identificam.

3.3 Os efeitos de *leveraging* na prática decisória comunitária

Como já acima observámos, as concentrações com efeitos de conglomerado podem despoletar receio regulatório quando confiram a um fornecedor de uma gama de produtos complementares a capacidade e o incentivo para alavancar o poder de mercado detido, *ex ante*, num determinado complemento aos mercados dos restantes complementos onde agora, em virtude da operação, exerce também atividade[794]. A alavancagem pode ser exercida por intermédio da implementação de diferentes estratégias de subordinação e agrupamento. O nosso estudo prosseguirá com uma menção à prática decisória relevante que será exposta e analisada, como se disse, em função do tipo de mecanismo de *leveraging* específico que opera em cada um dos casos.

3.3.1 A subordinação contratual ou *"de facto"* e o agrupamento puro (*pure bundling*)

Uma concentração com efeitos de conglomerado pode colocar a entidade combinada na especial posição de poder pressionar os seus clientes à aquisição de produtos por si não desejados. Tal sucederá, designadamente, quando a empresa condicione a venda de um dos produtos da sua gama à aquisição de outros produtos da mesma gama ou mesmo à aquisição de toda a gama por inteiro (*product tying*). O possível efeito anticoncorrencial deste tipo de subordinação promana, como se viu e aqui se reitera, da capacidade e do incentivo da nova empresa para alavancar, através da subordinação, o poder de mercado

---

[793] Cf. Orientações para a apreciação das concentrações não horizontais, J.O. C 265/6 de 18.10.2008, para. 93.
[794] Os produtos em causa podem ser complementares em sentido técnico (um é condição para o funcionamento do outro), económico (porque são consumidos em conjunto) ou comercial (quando se integram numa gama de que os compradores devem dispor).

detido *ex ante* no mercado principal aos mercados adjacentes subordinados onde passou, em virtude da concentração consumada, a ter também presença[795].

Na década de 90, a Comissão investigou uma série de operações de concentração com efeitos de conglomerado no sector de retalho. Em 9 de Agosto de 1996, a Comissão foi notificada de uma operação nos termos da qual a *Coca--Cola Enterprises Inc.* ("CCE"), a maior empresa a nível mundial de engarrafamento dos produtos da *The Coca Cola Company* ("TCCC"), se propunha a adquirir a totalidade do capital subscrito da *Amalgamated Beverages Great Britain* ("ABGB"), a empresa-mãe da empresa britânica de engarrafamento, *Coca-Cola & Schweppes Beverages Limited* ("CCSB")[796]. A ABGB era uma filial da *Cadbury Schweppes plc* (CS), que possuía uma participação de 51% no seu capital social. Os restantes 49% eram detidos pela TCCC. A ABGB dedicava-se à produção e distribuição de bebidas não alcoólicas na Grã-Bretanha. Através da operação projetada, a CCE, a maior empresa de engarrafamento a nível mundial e, consequentemente, a TCCC, o proprietário da marca com maior êxito a nível mundial, adquiririam o controlo da CCSB, a maior empresa de engarrafamento da Grã-Bretanha. A Comissão é confrontada com a questão de saber se a constituição de uma carteira de diferentes marcas de bebidas não alcoólicas podia conferir à *Coca-Cola* a capacidade para alavancar o poder de mercado detido no mercado das "colas"[797] aos mercados das restantes bebidas não alcoólicas.

A Comissão manifestou algumas preocupações quanto aos efeitos conglomerados da operação. Ao manter as marcas da CS, a CCSB permaneceria a maior empresa de engarrafamento na Grã-Bretanha, conservando todas as vantagens que já detinha por usufruir da carteira mais completa do mercado. Estas vantagens seriam alargadas à TCCC. Uma vez que seria exclusivamente a TCCC/CCE a controlar a carteira completa, a empresa gozaria de uma maior liberdade para otimizar a sua utilização em benefício próprio, nomeadamente através da conceção de medidas promocionais a favor da marca *Coca-Cola*. A empresa exploraria o seu *portfolio*, condicionando os descontos sobre o produto *Coca-Cola* a um acréscimo de vendas das restantes bebidas não alcoólicas. Pode ler-se na decisão da Comissão que a *"ampla carteira permite que a CCSB estruture os seus descontos por forma a incentivar os retalhistas a adquirirem o maior volume possível. A CCSB aplica super descontos (descontos concedidos aos retalhistas retroativamente, com base em objetivos em termos de volume a atingir durante um determinado período, normalmente um ano) quer a marcas individuais, quer a toda a gama de produtos.*

---

[795] Cf. Gotz Drauz, "Unbuilding GE/HONEYWELL: The Assessment of Conglomerate Mergers Under EC Competition Law" *in Fordham International Law Journal*, vol. 25, Issue 4, 2001, p. 889.
[796] Processo IV/M.794 – *Coca-Cola/Amalgamated Beverages GB*.
[797] É assim que a Comissão define este mercado do produto relevante, cf. p. 62 da sua Decisão de 22 de Janeiro de 1997, Processo IV/M.794 – *Coca-Cola/Amalgamated Beverages GB*, J.O. L 218/15.

Estas práticas encorajam efetivamente os clientes a maximizar as suas aquisições junto de um determinado fornecedor e tornam menos atraente a mudança de fornecedores"[798]. A Comissão acabou por autorizar a operação e considerá-la compatível com o mercado comum por considerar que a CCSB beneficiava já, *ex ante*, em grande medida, das vantagens resultantes da sua ampla carteira de produtos e que a operação não teria por efeito o reforço desta posição[799].

Apenas um ano decorrido sobre a decisão *Coca-Cola/Amalgamated Beverages GB*, a Comissão volta investigar uma nova concentração no mesmo sector. No caso *Coca-Cola Company/Carlsberg* a Comissão considerou, porém, que a criação de uma carteira composta por marcas de bebidas não alcoólicas gaseificadas, de água engarrafada e de cervejas, suscitaria preocupações substanciais relacionadas com o reforço da posição dominante das empresas envolvidas no mercado das bebidas gaseificadas da Dinamarca. A Comissão observou que *"As colas são o refrigerante gaseificado aromatizado mais vendido e são por vezes referidos como um criador de tráfego que influencia o volume global de refrigerantes gaseificados de um determinado fornecedor. Assim, constitui uma vantagem considerável para um fornecedor dispor em carteira de uma marca forte de cola. Para além disso, a inclusão em carteira de marcas fortes de cerveja e de águas engarrafadas, tais como as da Carlsberg, confere a cada uma das marcas da carteira um maior poder de mercado do que se fossem vendidas numa base autónoma. É quase inconcebível que um estabelecimento dinamarquês de bebidas, tais como as águas engarrafadas, cervejas e refrigerantes gaseificados, não venda marcas da TCCC [Coca-Cola] e da Carlsberg"*[800]. Com a criação da nova entidade, as marcas, as carteiras e o sistema de distribuição da *Coca-Cola* e da *Carlsberg* passariam a integrar uma estrutura de propriedade conjunta das partes e uma estratégia comum que ocasionaria o reforço das posições dominantes no mercado dos refrigerantes gaseificados a nível de marca e de engarrafamento, *i.e.* no mercado subordinante. A Comissão autorizou a operação, mas fê-la condicionar ao cumprimento dos compromissos propostos pelas partes no sentido de fazer a *Carlsberg* alienar a sua participação na *Jyske Bryg Holding*, a segunda maior empresa de cervejas e de refrigerantes gasosos na Dinamarca, e na *Dansk Coladrik*, uma empresa de engarrafamento de refrigerantes. Um dos aspetos cardinais na sua valoração foi o facto de a alienação permitir à *Jyske Bryg Holding* florescer e tornar-se numa alternativa real ao negócio das partes no mercado dinamarquês. Segundo a Comissão, a *Jyske Bryg Holding* dispunha dos recursos necessários para tornar-se a segunda força viável no mercado dinamarquês dos

---

[798] Cf. p. 148 da Decisão.
[799] Cf. p. 214 da Decisão.
[800] Decisão da Comissão de 12.09.1997, Processo IV/M.833 – *The Coca-Cola Company/Carlsberg A/S*, J.O. L 288/24, para. 67.

refrigerantes gaseificados, nomeadamente por dispor em carteira de uma gama de produtos suficientemente ampla, deter a licença para as marcas da *PepsiCo* e dispor de um sistema adequado de distribuição a nível nacional[801]. A Comissão interpreta pois a própria carteira de produtos como um obstáculo à entrada, por impor economias de escala à concorrência potencial.

Em Julho de 1997, a Comissão iniciou a investigação à proposta operação de concentração entre a *Guiness* e a *GrandMetropolitan*[802]. As partes envolvidas eram ambas produtoras de bebidas alcoólicas de marca líder na vasta maioria dos mercados nacionais europeus. A Comissão mostrou apreensão pelo facto de a concentração criar uma extensa carteira de marcas em diferentes categorias de bebidas alcoólicas. Foi considerado que cada bebida espirituosa (*e.g.* whiskey, vodka, brandy, rum, gin, tequila) correspondia a um diferente, mas relacionado mercado de produto relevante e que a concentração teria o efeito, na maior parte dos mercados perscrutados, de criar ou reforçar uma posição dominante, particularmente no fornecimento de whiskey. A Comissão identificou diversas situações de sobreposição, designadamente em Espanha, relativamente ao whiskey, na Grécia, também em relação ao whiskey, e na Bélgica, quanto ao whiskey, gin e vodka. A combinação das carteiras de produtos e marcas das duas partes proporcionaria um fortalecimento da posição da nova empresa (que mais tarde passou a ser designada por *Diageo*) *vis-à-vis* os seus clientes, em particular porque lhe permitiria ter uma maior flexibilidade para estruturar os seus preços, promoções e descontos; poder realizar economias de escala e ter um maior potencial de vinculação (através da subordinação ou agrupamento). A Comissão considerou, ainda, que a probabilidade de ameaça implícita (ou mesmo explícita) de recusa de fornecimento seria mais forte. No que respeita às vendas combinadas, pode ler-se que *"uma vasta carteira de categorias confere importantes vantagens em termos de comercialização, dando assim possibilidade à GMG de agrupar vendas ou aumentar o volume de vendas de uma categoria pela sua associação à venda de outra categoria. Tanto a Guinness como a GrandMet utilizaram as respetivas carteiras de marcas em vendas agrupadas"*[803]. Em suma, a nova entidade estaria em condições de poder alavancar o reforçado poder de mercado (que é detido no chamado *must stock market*, ou mercado *premium*) a outras bebidas menos populares pertencentes à mesma carteira de produtos. A operação foi autorizada em Outubro de 1997, mas sujeita à efetivação de um conjunto de medidas algo onerosas: a alienação de duas marcas de whiskey; o término de

---

[801] Cf. para. 113 da Decisão.
[802] Decisão da Comissão de 15.10.1997, Processo IV/M.938 – *Guiness/Grand Metropolitan*, J.O. L 288/24.
[803] Cf. p. 100 da Decisão.

um acordo de distribuição para uma marca de vodka; a nomeação de um novo distribuidor de gin na Bélgica e no Luxemburgo e a conclusão do acordo de distribuição de rum para a Grécia.

A decisão oferece um contributo importante na análise de *leveraging*, em especial porque identifica as condições em que a detenção de uma carteira combinada de produtos pode propiciar a adoção de uma estratégia rentável de subordinação: "(...) *o seu efeito potencial* [da carteira] *na estrutura concorrencial do mercado depende de diversos fatores, incluindo: se o possuidor da carteira tem o líder da marca ou uma ou mais marcas líder num determinado mercado; as quotas de mercado das várias marcas, em especial em relação às quotas de concorrentes; a importância relativa dos mercados individuais em que as partes têm quotas significativas e marcas no conjunto da gama de mercados do produto objeto da carteira; e/ou o número de mercados em que o possuidor da carteira tem um líder da marca ou a marca líder*"[804]. A averiguação da possibilidade de *leveraging* pressupõe, portanto, uma análise esmiuçada das condições de mercado. Estranhamente, a Comissão satisfez-se apenas com a prova de que as partes teriam a capacidade para prosseguir a subordinação ou o agrupamento, nada referindo acerca da probabilidade da marginalização ou exclusão efetiva dos concorrentes. A decisão aparenta refletir, em parte, a doutrina norte-americana do "*entrenchment*" e da "*efficiency offense*"[805].

Em claro contraste, a decisão em *Tetra Laval* ilustra um exemplo da articulação das teorias de prejuízo concorrencial patrocinadas pela Comissão. A Comissão recebeu, em 18 de Maio de 2001, uma notificação de um projeto de concentração nos termos do qual a empresa francesa *Tetra Laval, SA*, pertencente ao grupo *Tetra Laval BV* (Países-Baixos), se propunha adquirir o controlo da empresa, também francesa, *Sidel SA*, através de oferta pública de aquisição. A *Tetra Laval* engloba, designadamente, a empresa *Tetra Pak* que é principalmente ativa no sector das embalagens de cartão para alimentos líquidos, em que ocupa uma posição de proeminência a nível mundial. A empresa detinha uma posição dominante no mercado dos cartões assépticos e uma posição forte, embora não dominante, no mercado dos cartões não assépticos. A *Tetra Laval* tem igualmente atividades mais limitadas no sector das embalagens em materiais plásticos, principalmente enquanto "conversor" (atividade que consiste em fabricar e fornecer embalagens vazias aos produtores que efetuam eles próprios o enchimento) no subsector das embalagens de plástico polietileno de alta densidade (a seguir PEAD). A *Sidel*, por seu turno, exercia atividades de

---

[804] Cf. p. 41 da Decisão.
[805] Neste sentido ver também, PADILLA, A. JORGE e RENDA, ANDREA, "Conglomerate Mergers, Consumer Goods and 'The Efficiency Offense' Doctrine", disponível em http://www.law-economics.net/public/221003%20PadillaRenda%20efficiency%20offense%20in%20conglomerate%20mergers.pdf, p. 20.

conceção e de produção de equipamentos e de sistemas de embalagem, designadamente das máquinas ditas *"Strech Blow Moulding"* ("estiramento, sopragem e moldagem", a seguir máquinas SBM) que são utilizadas na produção de garrafas de plástico polietileno tereftalato (a seguir PET). A empresa detinha uma posição proeminente a nível mundial na produção e no fornecimento de máquinas SBM. Operava igualmente no sector da técnica de tratamento barreira, destinada a tornar o PET compatível com os produtos sensíveis ao gás e à luz, e no sector das máquinas de enchimento para garrafas de PET, assim como, em menor medida, de PEAD.

A Comissão decidiu, em Outubro de 2001, vetar a operação proposta por entender que a mesma conduziria à criação de uma posição dominante no mercado do equipamento de embalagens PET, em especial com relação às máquinas de moldagem por sopro, e ao reforço da posição dominante da *Tetra Laval* ao nível das máquinas de embalagem asséptica e dos respetivos cartões assépticos. Segundo a Comissão, *"A futura posição dominante da nova entidade em dois mercados muito próximos assim como a sua posição importante num terceiro mercado (máquinas SBM e máquinas de enchimento PEAD) são suscetíveis de reforçar a sua posição nos dois mercados, de criar entraves à entrada no mercado, de reduzir ao mínimo a importância dos concorrentes existentes e de conduzir a uma estrutura monopolista do mercado da embalagem asséptica e não asséptica de produtos 'sensíveis' no EEE"*[806]. A sua análise articula-se em torno de quatro aspetos fundamentais: i) o facto de os sistemas de embalagem cartão e PET pertencerem a mercados de produtos vizinhos com uma clientela comum; ii) tendo em conta o futuro crescimento do PET nos novos segmentos dos produtos sensíveis, a concentração permitiria à nova entidade adquirir uma posição dominante no mercado do PET pela exploração da posição privilegiada detida pela *Tetra Laval* nos mercados do cartão; iii) a concentração reforçaria a posição dominante da *Tetra Laval* nos mercados do cartão; iv) a combinação das duas posições dominantes consolidaria a posição da nova entidade no sector das embalagens para produtos sensíveis, e sobretudo no das embalagens assépticas, reforçando assim as duas posições dominantes.

A Comissão salientou que as objeções suscitadas decorriam, fundamentalmente, da posição dominante da *Tetra Laval* no mercado do cartão asséptico[807] e da probabilidade efetiva da sua projeção, por efeito de alavanca, ao mercado dos equipamentos de embalagem PET, de modo a *"dominar assim este mercado*

---

[806] Decisão da Comissão, de 30 de Janeiro de 2002 Processo COMP/M.2416, *Tetra Laval/Sidel*, J.O. L 38 de 10.2.2004, p. 1 a17, para. 214.
[807] Cf. para. 328 da Decisão.

também para os produtos finais 'sensíveis'"[808]. Esta alavancagem seria efetivada, designadamente através de práticas estratégicas de subordinação[809]. A Comissão refere que *"nada poderia impedir a entidade resultante da concentração de induzir os seus clientes a adquirir os equipamentos em simultâneo a um único fornecedor, alterando, desta forma, a estrutura do mercado"*[810]. Acrescenta ainda que, *"Reforçando, de diversas formas, a sua posição dominante no mercado do cartão asséptico, a Tetra/Sidel teria condições para marginalizar os concorrentes e dominar o mercado do equipamento PET, em especial o das máquinas SBM. A Tetra/Sidel teria capacidade para vincular o equipamento de embalagem e os consumíveis do segmento do cartão ao equipamento de embalagem e, eventualmente, aos pré-formados (sobretudo aos pré-formados com propriedades de barreira reforçadas) PET. A Tetra/Sidel teria igualmente condições para recorrer a pressões ou incentivos (como políticas de preços predatórias ou guerras de preços e descontos de fidelidade) com o objetivo de levar os seus clientes do cartão a comprar equipamento PET e, eventualmente, pré-formados à Tetra/Sidel e não aos seus concorrentes ou aos fabricantes de embalagens"*[811].

Na ótica da Comissão, a capacidade e o incentivo para alavancar decorria da seguinte sequência de fatores[812]: a *Tetra Laval* dispunha de uma posição dominante particularmente forte no mercado das embalagens de cartão assépticas, com uma quota de mercado entre os 80% e 90%, e uma clientela dependente; a nova entidade arrancaria com uma forte posição no mercado dos sistemas de embalagem PET, designadamente das máquinas SBM, com uma quota de mercado entre os 60% e os 70%; existiria uma clientela comum cuja procura incidiria, simultaneamente, sobre os sistemas de embalagem de cartão e PET para embalar líquidos 'sensíveis'; a entidade combinada teria a possibilidade de determinar seletivamente clientes ou grupos de clientes específicos, na medida em que a estrutura do mercado permitia a discriminação pelos preços; a *Tetra//Sidel* seria fortemente incitada, no plano económico, a utilizar efeitos de alavanca. Repare-se que o cartão e o PET são produtos substitutos. Isto significa que quando um cliente opta pelo PET acaba por tornar-se um cliente perdido para o cartão. A necessidade de compensar esta perda cria uma maior incitação a captar o cliente para o PET, designadamente através de uma estratégia de vinculação. Ao utilizar a posição que detinha no mercado dos cartões, a *Tetra//Sidel* não apenas reforçaria a sua parte de mercado para o PET, como obviaria ou compensaria as suas perdas no mercado do cartão.

---

[808] *Ibidem*.
[809] Cf. para. 359 e ss. da Decisão.
[810] Cf. para. 345 da Decisão.
[811] Cf. para. 364 da Decisão.
[812] Cf. para. 359 da Decisão.

A Comissão acrescentou que os concorrentes da *Tetra/Sidel*, tanto no mercado dos equipamentos cartão como no dos equipamentos PET eram empresas significativamente mais pequenas, e que o concorrente mais próximo não detinha mais do que 10% a 20% do mercado das máquinas de embalagem de cartão ou das máquinas SBM[813].

A fim de viabilizar a operação, as partes comprometeram-se a não prosseguir estratégias de subordinação nos 10 anos subsequentes à conclusão da concentração. A Comissão, quanto a nós de forma algo precipitada, decidiu recusar o compromisso, salientando a sua disponibilidade para considerar, apenas, medidas corretivas de natureza estrutural.

Inconformada, a *Tetra Laval* interpôs recurso da decisão para o TPI, que assim teve a oportunidade de se pronunciar, pela primeira vez, sobre a questão dos efeitos de *leveraging*[814]. O Tribunal começa por esclarecer que as concentrações conglomerais, por não implicarem verdadeiras sobreposições horizontais entre as atividades das partes na concentração, nem relações verticais em sentido estrito, são geralmente neutras ou benéficas. O seu potencial anticoncorrencial revolve em torno da probabilidade de a nova entidade passar a poder lançar mão de um conjunto de comportamentos que, em infração do artigo 102º do TFUE, afetem a dinâmica e o equilíbrio da concorrência. Tal pode suceder, designadamente, quando "*os meios e capacidades reunidos por esta operação [de concentração] criem imediatamente condições permitindo à nova entidade, através de um efeito de alavanca, alcançar, num futuro relativamente próximo, uma posição dominante no outro mercado*"[815]. Este quadro é mais verosímil, diz o Tribunal, "*quando os mercados em causa tendem a convergir e quando, além de uma posição dominante detida por uma das partes na operação, a outra, ou uma das outras partes na operação, ocupa uma posição preeminente no segundo mercado*"[816]. O Tribunal suportou, em abstrato, a tese da alavancagem de poder de mercado, mas considerou que incumbia à Comissão um exame especialmente atento das circunstâncias que se revelavam pertinentes à apreciação desse efeito no funcionamento da concorrência no mercado de referência[817]. A Comissão só deve proibir uma operação, nota, quando "*puder concluir, por causa dos efeitos de conglomerado verificados, que uma posição dominante será, com toda a probabilidade, criada ou reforçada num futuro relativamente próximo e terá como consequência que a concorrência efetiva no mer-*

---

[813] *Ibidem.*
[814] Acórdão do Tribunal de Primeira Instância (Primeira Secção) de 25.10.2002, Proc. T-5/02, *Tetra Laval c. Comissão*, Colect. 2002, p. II-4389.
[815] Cf. para. 151 do acórdão.
[816] *Ibidem.*
[817] Cf. para. 155 do acórdão.

cado em causa seja entravada de forma significativa"[818], ou seja, quando reúna provas sólidas e convincentes que lhe permita suster as alegações aduzidas. O TPI refere que, para avaliar da previsibilidade do comportamento da nova entidade, a Comissão devia ter ponderado sobre todas as circunstâncias que fossem suscetíveis de o determinar. Atendendo a que o exercício de um suposto efeito de alavanca pode prefigurar-se constitutivo de um abuso de posição dominante ao abrigo do regime do artigo 102º do TFUE, o Tribunal entendeu que competia à Comissão analisar da probabilidade de adoção de comportamentos anticoncorrenciais, tendo em conta as incitações à sua adoção, mas também os elementos suscetíveis de reduzir ou até de eliminar essas incitações, como a probabilidade de serem movidas ações judiciais contra os referidos comportamentos e de se lhe aplicarem sanções de natureza pecuniária. Não tendo a Comissão procedido a tal exame, as suas conclusões não podiam ser confirmadas. A Comissão não podia ter inferido um futuro comportamento ilícito da simples detenção *ex ante* de uma posição dominante no mercado subordinante[819]. As práticas de reforço *ex post* dessa posição deveriam ter sido devidamente demonstradas e substanciadas. O TPI concluiu no sentido de que a Comissão não tinha cumprido com a sua obrigação de produção de prova. Quanto aos aspetos substantivos, o Tribunal refere que a Comissão tinha sobrestimado o crescimento do mercado PET[820] e subestimado a importância e a dimensão dos concorrentes nesse mercado[821]. O Tribunal revoga a proibição da operação, notando que a *"Comissão cometeu um erro manifesto de apreciação"*[822]. A *Tetra Laval* decide renotificar a operação à Comissão, que a aprova a 13 de Janeiro de 2003, ainda no âmbito da 1ª fase da investigação.

Insatisfeita e preocupada com as repercussões da valoração do TPI em termos dos critérios de decisão e das opções de política regulatória até então prosseguidas, a Comissão decide, em Janeiro de 2003, interpor recurso do acórdão para o TJ. O recurso incide fundamentalmente sobre questões que se prendem com o critério de revisão judicial e o ónus da prova da Comissão no âmbito da apreciação das operações de concentração. O recurso visou ainda as obrigações impostas pelo TPI no sentido de a Comissão tomar em consideração a incidência da ilegalidade de determinados comportamentos sobre as incitações da nova entidade a utilizar um efeito de alavanca, e apreciar, como eventual medida corretiva, os compromissos de natureza comportamental (*behavioural remedies*). Um dos aspetos epicêntricos do recurso concerne à

---

[818] Cf. para. 153 do acórdão.
[819] Cf. para. 218 do acórdão.
[820] Cf. para. 192 a 216.
[821] Cf. para. 240 a 250.
[822] Cf. para. 308 do acórdão.

censura do TPI por ter excedido os seus poderes de fiscalização jurisdicional e não ter respeitado a margem de apreciação de que beneficia a Comissão no que respeita a questões de facto e às questões económicas complexas, e ter exigido a produção de "provas sólidas" (*"convincing evidence"*). A Comissão entendeu que esta exigência fazia adulterar o critério *standard* de fiscalização na medida em que equivalia à aplicação de uma presunção de legalidade a respeito das concentrações com efeito conglomerado. O Tribunal de Justiça discordou deste argumento, notando que *"Embora o Tribunal de Justiça reconheça à Comissão uma margem de apreciação em matéria económica, tal não implica que o tribunal comunitário se deva abster de fiscalizar a interpretação que a Comissão faz de dados de natureza económica. Com efeito, o tribunal comunitário deve, designadamente, verificar não só a exatidão material dos elementos de prova invocados, a sua fiabilidade e a sua coerência, mas também fiscalizar se estes elementos constituem a totalidade dos dados pertinentes que devem ser tomados em consideração para apreciar uma situação complexa e se são suscetíveis de fundamentar as conclusões que deles se retiram. Essa fiscalização ainda é mais necessária quando se trata de uma análise prospetiva exigida pelo exame de um projeto de concentração que produz um efeito de conglomerado"*[823]. Segundo o Tribunal, ao exigir um exame preciso, assente em provas sólidas, o TPI não tinha acrescentado uma nova condição relativa ao grau de prova exigido, mas apenas recordado a função essencial da prova, que é a de convencer da justeza da decisão. O Tribunal não colheu, portanto, a opinião do Advogado-Geral Tizzano, segundo a qual *"as regras relativas à repartição de competências entre a Comissão e o tribunal comunitário (...) não permitem que o referido tribunal (...) se debruce sobre o mérito das apreciações económicas complexas a que a Comissão procedeu e que substitua o ponto de vista dessa instituição pela sua própria perspetiva"*[824].

Ainda quanto à questão do ónus da prova, e sublinhando as dificuldades inerentes ao processo de apreciação destas operações, o Tribunal salienta que *"uma análise prospetiva, como as que são necessárias em matéria de fiscalização das concentrações, necessita de ser efetuada com uma grande atenção, uma vez que não se trata de analisar acontecimentos do passado (...), mas antes sim prever os acontecimentos que se produzirão no futuro, segundo uma probabilidade mais ou menos forte, se nenhuma decisão que proíba ou que precise as condições da concentração prevista for adotada"*[825]. No que concerne, em específico, às concentrações conglomerais e ao tipo e grau de prova exigido da Comissão, pode ler-se no acórdão que *"A análise de uma operação de concentração do tipo «conglomerado» é uma análise prospetiva em que a tomada*

---

[823] Acórdão do Tribunal de Justiça (Grande Secção) de 15.2.2005, Proc. C-12/03 P, *Comissão c. Tetra Laval BV*, Colect. 2005, p. I-987, para. 39.
[824] Conclusões do Advogado-Geral Antonio Tizzano, apresentadas em 25.5.2004, Proc. C-12/03P, *Comissão c. Tetra Laval*, para. 89.
[825] Cf. para. 42 do acórdão.

em consideração de um lapso de tempo que se projeta no futuro, por um lado, e o efeito de alavanca necessário para que haja um entrave significativo a uma concorrência efetiva, por outro, implicam que os encadeamentos de causa e efeito sejam dificilmente reconhecíveis, incertos e difíceis de demonstrar. Neste contexto, a qualidade dos elementos de prova apresentados pela Comissão para demonstrar a necessidade de uma decisão que declara a operação de concentração incompatível com o mercado comum é especialmente importante, devendo esses elementos corroborar as apreciações da Comissão segundo as quais, se essa decisão não fosse tomada, o cenário de evolução económica em que essa instituição se baseia seria plausível"*[826]. O Tribunal reconhece, portanto, as dificuldades associadas à prova dos efeitos de *leveraging* e confirma as exigências probatórias impostas pelo TPI à Comissão. Curiosamente, o Tribunal não se pronunciou sobre o argumento apresentado pela Comissão de que a imposição probatória do TPI acarretaria, efetivamente, o estabelecimento de uma presunção de legalidade das concentrações conglomerais. Esta presunção criaria uma inconsistência com o regime adjetivo do RCC que impunha à Comissão obrigações simétricas de prova, quer esta visasse autorizar ou vetar a operação em causa[827].

O TPI tinha sugerido que, ao analisar os efeitos de uma concentração, competiria à Comissão apreciar se, apesar da proibição dos comportamentos em causa, seria no entanto verosímil que a entidade resultante da operação se comportasse de tal maneira ou se, pelo contrário, o carácter ilegal do comportamento e/ou o risco de deteção de tal comportamento tornava essa estratégia pouco provável. O Tribunal de Justiça concordou com o TPI quanto à necessidade de a Comissão avaliar da probabilidade da consumação das práticas de *leveraging*, tomando em consideração ambos os incentivos e os desincentivos da empresa à sua adoção, todavia, considerou que seria contrário ao objetivo de prevenção do RCC exigir que a Comissão examinasse, em relação a cada projeto de concentração, em que medida as incitações a adotar comportamentos anticoncorrenciais seriam reduzidas, ou mesmo eliminadas, devido à ilegalidade dos comportamentos em questão, à probabilidade da sua deteção, às ações que lhe poderiam ser movidas pelas autoridades competentes, tanto a nível comunitário como nacional, e às sanções que daí poderiam resultar. Segundo o Tribunal, *"uma análise tal como a exigida pelo Tribunal de Primeira Instância obriga a um exame exaustivo e detalhado das legislações dos vários ordenamentos jurídicos que se*

---

[826] Cf. para 44 do acórdão.
[827] O artigo 2º nº 2 do Regulamento (CEE) 4064/89 estipulava que " *Devem ser declaradas compatíveis com o mercado comum as operações de concentração que não criem ou não reforcem uma posição dominante de que resultem entraves significativos à concorrência efetiva no mercado comum ou numa parte substancial deste"*, ao passo que o nº 3 do mesmo artigo referia que *"Devem ser declaradas incompatíveis com o mercado comum as operações de concentração que criem ou reforcem uma posição dominante de que resultem entraves significativos à concorrência efetiva no mercado comum ou numa parte substancial deste".*

podem aplicar e da política repressiva praticada nos mesmos (...)"[828]. Esta análise afigurar-se-ia demasiadamente especulativa e não permitiria à Comissão basear a sua apreciação em todos os elementos factuais pertinentes à sustentabilidade do quadro de alavancagem prognosticado[829].

Quanto à questão das medidas corretivas, o Tribunal confirma a posição do TPI, frisando que a Comissão devia ter equacionado o compromisso proposto pela *Tetra Laval* de não oferecer em *bundle* as suas embalagens de cartão e as máquinas SBM *da Sidel*. O Tribunal explica que, num quadro, como o dos autos, em que a alteração da estrutura do mercado só se processa decorrido algum tempo sobre a adoção da conduta pressagiada, os compromissos assumidos pela empresa quanto ao seu comportamento futuro seriam, porventura, os mais adequados por forma a evitar que a alavancagem se chegasse a efetivar.

Os acórdãos do TPI e do TJ no processo *Tetra Laval* são de uma importância inestimável: eles fazem introduzir, na análise às operações de concentração conglomeral que suscitem preocupações de *leveraging*, a metodologia da *rule of reason*. A exigência de uma prova sólida e efetiva quanto à probabilidade real da exclusão a médio ou longo prazo dos concorrentes tem o efeito bifacetado de conferir maior credibilidade ao regime do RCC e de expor a sua maior fragilidade. A prática decisória da Comissão passa, a partir de 2003, a ser muito moldada pela orientação jurisprudencial do caso *Tetra Laval*, sendo claramente discernível a *"effects-approach"* que se havia sugerido.

Em 12 de Março de 2008, a Comissão foi notificada da operação de concentração entre a *Marel Food Systems* (*"Marel"*) e a *Stork Food Systems* (*"SFS"*)[830]. A *Marel* era uma empresa com uma presença forte no mercado do processamento secundário de alimentos, dedicando-se ao desenvolvimento, produção, venda e manutenção de máquinas e sistemas destinados ao processamento de peixe, carnes vermelhas e aves. A gama de produtos da empresa compreendia sistemas de pesagem, de caracterização e classificação dos diferentes tipos de alimentos, de empilhamento e de embalamento. A SFS exercia atividade no mesmo sector da produção, venda e manutenção deste tipo de máquinas e *software*. Para além disso, a SFS produzia equipamento específico para o processamento primário de carne de aves e também para a sua confecção. A empresa produzia ainda máquinas de fabrico de salsichas e de alimentos líquidos. A Comissão fez uma distinção entre os mercados relevantes do equipamento para processamento primário de alimentos (o processamento primário respeita às atividades de abate de animais e preparação das peças de carne e peixe) e do

---

[828] Cf. para. 76 do acórdão.
[829] Cf. para. 77 do acórdão.
[830] Decisão da Comissão de 24.3.2008, Proc. COMP/M.5125 – *Marel/SFS*.

equipamento para processamento final de alimentos (o processamento final visa tratar e preparar os alimentos para o consumo final). Para além das questões suscitadas relativas à sobreposição horizontal das atividades das partes, a Comissão considerou os potenciais efeitos de conglomerado que decorreriam da circunstância de algumas dessas atividades serem complementares: *"Thus it appears that the transaction combines the supplier in the primary processing and the supplier in weighing and grading equipment"*[831]. Em causa estava o facto de a entidade combinada passar *ex post* a dispor de um extenso *portfolio* de produtos e ter a faculdade de oferecer soluções integradas de processamento de alimentos. A Comissão alvitrou que a empresa ficaria em posição de conseguir condicionar as vendas dos seus produtos de processamento primário à aquisição do equipamento de processamento final ou vice-versa[832]. A preocupação manifestada acabou por mostrar-se infundada. Apesar de as partes terem quotas de mercado substanciais (a *Marel* com uma quota de 40% a 50% no mercado do equipamento de processamento final de carnes e a *SFS* com uma quota de 40% a 50% no mercado do equipamento de processamento primário de aves), a Comissão constatou que ambas operavam num contexto de mercado de intensa concorrência. No entender da Comissão, o potencial de marginalização ou exclusão da concorrência era escasso. A Comissão não achou que a operação conferisse à entidade combinada uma vantagem competitiva *vis-à-vis* os seus concorrentes no que respeita ao fornecimento das máquinas de processamento de alimentos. A investigação de mercado tinha demonstrado que as empresas concorrentes ofereciam soluções alternativas ao equipamento da *Marel*, suficientemente credíveis do ponto de vista técnico e economicamente acessíveis. Para além disso, os consumidores não tinham por hábito adquirir os equipamentos de processamento primário e final dos alimentos em simultâneo[833]. A investigação tinha sugerido, em especial, que as empresas processadoras de carnes de aves não estariam interessadas em adquirir ambos os tipos de equipamento. Na ótica da Comissão, não era verosímil que a empresa agrupasse e arriscasse perder a clientela que valorizava poder optar pela compra dos produtos em separado. A Comissão nota, doutro passo, que a procura de produtos de carne no espaço europeu crescia a um ritmo moroso, pelo que seria improvável que as empresas processadoras de carne manifestassem interesse em trocar os seus equipamentos individuais por outros integrados, mais dispendiosos. Os estudos de mercado tinham revelado que os equipamentos destas empresas eram, na sua maioria, tecnologicamente evoluídos e que não necessitavam de

---

[831] *Ibidem*, para. 37.
[832] *Ibidem*, para. 39.
[833] *Ibidem*, para. 43.

ser atualizados ou substituídos. Havia ainda um consenso generalizado entre estas empresas de que a compra em separado era preferível atendendo a que cada fornecedor tinha uma competência especializada quanto ao equipamento que vendia[834]. Era improvável, pois, que a venda de produtos integrados lograsse algum sucesso a curto ou médio prazo. A nova entidade não teria nem a capacidade nem o incentivo para prosseguir estratégias de *bundling*. A concentração é autorizada e declarada compatível com o mercado comum. A decisão destaca alguns fatores que importam à análise dos efeitos de alavancagem, designadamente a existência de poder de mercado; a questão da compra dos produtos subordinante e subordinados em simultâneo; a existência de uma base comum de clientes para ambos os produtos.

A Comissão seguiu a mesma lógica *effects-based* no caso *Schaeffler/Continental*[835]. A *Schaeffler* era uma empresa dedicada ao fabrico de chumaceiras, sistemas de encaixe e outros componentes mecânicos para automóveis. A *Continental* era também um fornecedor da indústria automóvel, produzindo essencialmente pneus e componentes elétricos. A Comissão identificou uma relação de complementaridade entre alguns dos produtos fabricados pelas partes. As investigações de mercado tinham sugerido a possibilidade de a nova empresa alavancar o poder de mercado detido *ex ante* pela *Schaeffler* no mercado dos componentes para sistema de transmissão de potência por correia (OEM) (onde a empresa detinha cerca de 40% a 50% de quota) aos mercados das correias de transmissão e dos *kits* de substituição de correias de transmissão (IAM). A Comissão abandonou afinal esta possibilidade por considerar que o poder de mercado da *Schaeffler* era limitado. Esta limitação advinha-lhe, por um lado, da presença de diversos fornecedores alternativos para este tipo de componentes e, por outro, da circunstância de os fabricantes de equipamentos (OEMs), seus clientes diretos, serem extremamente bem informados e terem capacidade negocial[836]. A Comissão nota, ainda, que os contratos para os componentes automóveis eram usualmente adjudicados com precedência de concursos públicos ou privados, o que constrangeria um quadro de venda combinada. O estudo de mercado demonstrou que, na generalidade, os OEMs preferiam ter diferentes fornecedores alternativos a ficarem dependentes apenas de uma única fonte. O estudo revelou também que os OEMs não se opunham a que a empresa adotasse uma estratégia de agrupamento, uma circunstância que fazia sugerir o seu reduzido potencial para a produção de efeitos anticoncorrenciais. A Comissão concluiu que o encerramento do mercado não era previsível, atenta a

---

[834] *Ibidem*, para. 47.
[835] Processo COMP/M.5294, *Schaeffler/Continental*.
[836] Decisão da Comissão de 19.12.2008, Processo COMP/M.5294, *Schaeffler/Continental*, para. 46.

falta de capacidade e incentivo da entidade criada para prosseguir estratégias de *leveraging*. A operação foi autorizada sem reservas. A decisão releva por evidenciar, em especial, o fator de análise do poder negocial dos clientes.

A inexistência de poder de mercado parece ter sido também um aspeto preponderante na decisão do caso *Toshiba/Fujitsu*[837]. A *Toshiba* é um fabricante de produtos diversificados de tecnologia elétrica e eletrónica, incluindo de discos rígidos (HDD) e de cartões de memória *Solid States Drives* (SSD). A *Fujitsu HDD Business* era uma filial da *Fujitsu* e dedicava-se ao *design*, produção e vendas de HDDs para telemóveis e computadores. A Comissão identificou como mercados relevantes os mercados relacionados de HDD e de SSD. O facto de se tratar de mercados relacionados, de as empresas partilharem a mesma base de clientes e de os produtos serem utilizados para fins similares, fez suscitar o receio de efeitos de conglomerado, especificamente o receio de que a entidade resultante da concentração lançasse mão de estratégias de agrupamento ou de subordinação[838]. A investigação de mercado da Comissão revelou, todavia, que a probabilidade de tal suceder seria mínima: as partes não teriam, *ex post*, suficiente poder de mercado para impor a vinculação, pelo menos de uma forma que lhes fosse rentável. A decisão da Comissão nota que, embora a *Toshiba* se tornasse, *post* concentração, o fornecedor líder de HDD a nível mundial (com uma quota previsível de 30% a 40%), o seu poder de mercado continuaria fortemente constrangido pela presença de quatro concorrentes de peso, a *Western Digital*, a *Seagate*, a *Hitachi* e a *Samsung*. No que respeita ao mercado SSD, o estudo da Comissão demonstrou que se tratava de um mercado significativamente dinâmico, com um vasto número de participantes e sem obstáculos à entrada[839]. O estudo demonstrou também que os consumidores de HDD e de SSD preferiam adquirir os produtos de que necessitavam de várias fontes alternativas a centrarem-se apenas num único fornecedor[840]. A Comissão aprova a operação sem quaisquer reservas. Para além da questao da base comum de clientes para cada produto, a decisão releva também por destacar o constrangimento imposto pela presença de empresas concorrentes e pela inexistência de obstáculos à entrada nos mercados relevantes.

A Comissão adotou uma abordagem semelhante no caso *HP/3COM*, dando especial tónica, uma vez mais, ao requisito do poder de mercado[841]. A investigação visou a operação de concentração entre a *HP, Colorado Acquisition Corp.*, (uma das filiais da *Hewlett-Packard Company*, "HP"), uma empresa

---

[837] Processo COMP/M.5483, *Toshiba/Fujitsu*.
[838] Decisão da Comissão de 11.5.2009, Processo COMP/M.5483, *Toshiba/Fujitsu*, para. 45.
[839] *Ibidem*, para. 47.
[840] *Ibidem*, para. 49.
[841] Processo nº COMP/M.5732 – *Hewlett-Packard/3Com*.

líder com atividade no sector da informática, e a *3Com Corporation* ("*3Com*"), que se dedicava ao desenvolvimento e distribuição de equipamentos de comunicação destinados a oferecer soluções empresariais de rede. Para além dos aspetos jus-concorrenciais concernentes à sobreposição horizontal de algumas das atividades das partes, a Comissão averiguou dos potenciais efeitos de conglomerado que resultariam em virtude da complementaridade dos produtos comercializados pelas duas empresas. Era alegado, pela empresa concorrente denunciante, que a *HP/3Com* seria a única entidade verticalmente integrada, a nível mundial, capaz de oferecer uma gama transversal completa de produtos tecnológicos, incluindo *hardware* e *software* de armazenamento de dados, centros de dados, servidores, produtos de rede e serviços relacionados. Esta oferta seria efetivada através da *HP's Service Division*[842]. Este concorrente estimava que a *HP/3Com* teria a capacidade e o incentivo para excluir os seus concorrentes não integrados através de práticas de subordinação e *bundling* puro. A denunciante alegou ainda, no que respeita aos aspetos puramente verticais, o encerramento de fatores de produção (*input foreclosure*) e o encerramento como cliente (*customer foreclosure*). A Comissão concluiu não haver razões sólidas que fizessem acreditar neste cenário. Por um lado, não existia qualquer ligação vertical entre a *HP* e a *3Com*. A *HP* não expandiria a sua gama de produtos através da entrada em novos mercados. A empresa limitar-se-ia a complementar a sua oferta no sector dos equipamentos de rede, onde já tinha presença. A Comissão salientou, por outro lado, e citando as suas Orientações sobre concentrações não horizontais, que as partes, por não terem poder de mercado significativo, não estariam em condições de poder impor a subordinação ou o agrupamento de produtos e de assim encerrar o mercado[843]. A Comissão calculou que a quota de mercado agregada das partes nos mercados dos serviços IT, dos servidores e do armazenamento de dados seria pouco expressiva e que a *HP/3Com* enfrentaria concorrência substancial no mercado do equipamento de rede (*e.g.* por parte do líder de mercado *Cisco*, da *Brocade*, da *Netgear*, da *D-Link*, da *Alcatel-Lucent* e da *Juniper*) e no mercado dos serviços IT (*e.g.* por parte da *IBM*, da *Accenture*, da *Capgemini* e da *Fujitsu*)[844]. A Comissão conclui que, na ausência de poder de mercado, a *HP/3Com* não teria nem a capacidade nem o incentivo para impor estratégias de *leveraging*.

No caso CSN/CIMPOR[845], a Comissão excluiu a possibilidade de as partes alavancarem, através da subordinação, a posição dominante que teriam no

---

[842] Decisão da Comissão de 12.2.2010, processo nº COMP/M.5732, *Hewlett-Packard/3Com*.
[843] *Ibidem*, para. 63.
[844] *Ibidem*, para. 64.
[845] Processo nº COMP/M.5771, CSN/CIMPOR.

mercado português do cimento aos mercados europeus do aço galvanizado. A decisão aduz quatro argumentos em suporte desta conclusão. Em primeiro lugar, a entidade combinada só beneficiaria de uma posição de mercado forte no mercado português do cimento cinzento, onde passaria a deter uma quota de cerca de 50% a 60%. A sua quota de mercado a nível europeu seria exígua. Em segundo lugar, reputou-se que a quota agregada das partes no mercado de aço galvanizado seria, *ex post*, inferior a 5%, a nível europeu[846]. Em terceiro lugar, a empresa enfrentaria forte concorrência no mercado do aço galvanizado europeu por parte de empresas como a *ThyssenKrupp*, a *Riva/Ilva*, a *Corus* e a *ArcelorMittal*[847]. Em quarto lugar, a subordinação não se prefigurava exequível porque as partes da operação não partilhavam de uma base de clientes comum[848], uma circunstância que fazia sugerir que os produtos por si comercializados não eram significativamente complementares. A Comissão notou que, contrariamente à CIMPOR, a CSN não tinha clientes diretamente ativos no sector da construção civil. Os produtos de aço galvanizado produzidos pela CSN em Portugal, não eram destinados, diretamente, à construção: esses produtos eram processados e transformados, por outros clientes industriais, em produtos *downstream e.g.* tubos, placas, perfis, etc., estes sim, vendidos às empresas de construção. A operação é autorizada sem reservas.

3.3.2 O *mix bundling* ou descontos multi-produtos

As concentrações com efeitos de conglomerado, porque proporcionam a fruição sobre uma mais vasta e completa carteira de produtos, podem propiciar uma alteração ao nível da política de preços da entidade combinada. A maior flexibilidade da empresa em internalizar custos e estruturar os seus descontos por todo o *portfolio*, permite-lhe disponibilizar os produtos complementares em pacote por um valor inferior ao da soma dos respetivos preços individuais. A empresa pode, em resultado da combinação das diferentes carteiras de produtos complementares *ex ante*, ter a capacidade e o incentivo económico para subsidiar os descontos entre os diferentes produtos que oferece e assim condicionar a sua concessão à aquisição de um maior número de produtos ou mesmo de todo o *portfolio*. Ainda que a curto prazo esta situação possa constituir uma mais-valia ao bem-estar dos consumidores que prefiram adquirir o pacote, a médio longo prazo ela tende a determinar a marginalização e a exclusão daqueles concorrentes que não disponham de um *portfolio* tão vasto e que, por conseguinte, não consigam replicar a oferta combinada.

---

[846] Decisão da Comissão de 15.2.2010, Processo nº COMP/M.5771, CSN/CIMPOR, para. 25.
[847] *Ibidem*, para. 25.
[848] *Ibidem*, para. 27.

A decisão da Comissão em *ATR/Havilland*[849] foi uma das primeiras a considerar os efeitos de *leveraging* decorrentes desta forma de *bundling*. A operação, notificada em 13 de Maio de 1991, visava a aquisição conjunta pela *Aerospatiale* e pela *Alenia* dos activos da divisão *De Havilland* da *Boeing Company*. A *Aerospatiale* era uma empresa francesa com atividades na indústria aeroespacial. A sua gama de produtos incluía helicópteros e aviões civis e militares, mísseis, satélites, sistemas espaciais e aviónicos. A *Alenia* era uma empresa italiana que também desenvolvia a sua atividade predominantemente na indústria aeroespacial. A sua gama de produtos incluía aviões civis e militares, satélites, sistemas espaciais, aviónicos e sistemas de controlo de tráfego aéreo e marítimo. Em conjunto, a *Aerospatiale* e a *Alenia* controlavam o agrupamento de interesse económico ("AIE") *Avions de Transport Régional* ("ATR"), criado em 1982 para, em conjunto, projetar, desenvolver, produzir e vender aviões de transporte regional. A *de Havilland* constituía uma divisão canadiana da *Boeing*, dedicada ao fabrico de aviões turbo-hélice para transporte regional. A concentração permitiria à *Aerospatiale* e à *Alenia* adquirir o segundo maior fabricante de aviões para uso regional a nível mundial. A Comissão identificou como mercado de produto relevante o mercado dos aviões turbo-hélice para transporte regional, distinguindo, todavia, três subsegmentos: os aviões para transporte regional com uma capacidade de 20 a 39 lugares, 40 a 59 lugares e 60 lugares e mais. Segundo a Comissão, a operação de concentração proposta reforçaria consideravelmente a posição da *ATR* no mercado dos aviões para transporte regional, entre outras razões porque proporcionaria à empresa obter *"cobertura de toda a gama de aviões para transporte regional"*[850]. A Comissão notou que *"quando uma companhia aérea estivesse a considerar uma nova encomenda, os concorrentes estariam em concorrência com a gama de produtos combinada da ATR e da de Havilland"*[851]. Os concorrentes estariam, portanto, em face da força combinada de duas grandes empresas. A Comissão pareceu convencida de que a *ATR* utilizaria o poder de mercado detido *ex ante* no mercado dos aviões de maior porte a fim de obter vantagens concorrenciais e exponenciar o seu volume de vendas no mercado mais competitivo dos aviões de menor dimensão. A Comissão mostrou-se particularmente preocupada com a possibilidade de a empresa poder lançar mão de uma estratégia de *mix bundling*. A concentração podia permitir à *ATR/de Havilland*, atenta a sua maior flexibilidade na estipulação de preços[852], obter uma vantagem absoluta no plano das vendas, designadamente, pela oferta de paco-

---

[849] Decisão da Comissão de 2.10.1991, Processo n.° IV/M.053 – *Aerospatiale-Alenia/de Havilland*, J.O. L 334 de 5.12.1991, p. 42 a 61.
[850] Cf. para. 27 da Decisão.
[851] Cf. para. 30 da Decisão.
[852] *Ibidem*.

tes promocionais de diferentes tipos de aviões de transporte regional. Aquela flexibilidade podia também, no entender da Comissão, *"dar origem à possibilidade, entre outras, de oferecer condições favoráveis para um tipo específico de avião em contratos mistos"*[853].

A Comissão salientou que a posição de vantagem da empresa decorreria, fundamentalmente, da conjugação de dois fatores: i) da circunstância de passar a ser o único fornecedor ativo nos vários subsegmentos de mercado identificados; ii) do incentivo económico que propulsionava os adquirentes destes produtos a concentrarem as suas encomendas junto de um único fornecedor. Pode ler-se no parágrafo 32 da decisão que *"uma companhia aérea regional de dimensões consideráveis, cujas necessidades em termos de aviões podem exigir uma complementaridade integral de capacidades de aviões para responder às necessidades das rotas dessa transportadora aérea, pode ser dissuadida de adquirir aviões mais pequenos a um fabricante se as necessidades da transportadora aérea em termos de aviões de maiores dimensões não puderem também ser satisfeitas pelo mesmo fabricante. Esta lógica decorre dos custos fixos suportados pela transportadora em relação a cada fabricante de aviões com que essa transportadora lida. Esses custos incluem os custos fixos relativos à formação de pilotos e mecânicos, bem como os custos de manutenção de diferentes inventários internos de peças e os custos fixos decorrentes de se ter de tratar com vários fabricantes para encomendar peças armazenadas apenas pelos próprios fabricantes"*.

A Comissão acrescenta que os concorrentes atuais da *ATR* eram relativamente fracos e que a capacidade de negociação dos seus principais clientes era limitada. A concorrência potencial era considerada residual e não impunha quaisquer constrangimentos de índole comercial[854]. A combinação destes fatores fez conduzir à conclusão de que a nova entidade poderia agir, em medida considerável, de forma independente dos seus concorrentes e clientes, contribuindo para a criação de uma posição dominante nos mercados de aviões para transporte regional e para o agravamento dos efeitos de marginalização e exclusão. Embora tenha feito menção aos ganhos de eficiência que potencialmente se realizariam do lado do consumo, a Comissão acabou por não considerá-los na sua decisão final. Curiosamente, também não existe qualquer apreciação quanto à probabilidade de os concorrentes excluídos lograrem *a posteriori* reentrar no mercado, sendo certo que esse seria um aspeto cardinal quanto à estabilidade e credibilidade da futura posição dominante que alegadamente se criaria, em conformidade, aliás, com as exigências que parecem decorrer do art. 2º do RCC. Estávamos, portanto, sob o domínio e influência da orientação

---

[853] *Ibidem*.
[854] Cf. para. 63 da Decisão.

per se, que tanto caracterizou as primeiras décadas da aplicação do direito *antitrust* europeu.

Em 21 de Abril de 1995, a Comissão foi notificada de um projeto de criação de uma empresa comum – a *Holland Media Group SA* ("HMG") – entre a *RTL 4 SA* ("RTL"), uma empresa de teledifusão holandesa, a *Vereniging Veronica Homroeperganisatie* ("*Veronica*"), uma associação holandesa com atividade no mercado da televisão e da rádio neerlandeses, e a *Endemol Entertainment Holding BV* ("*Endemol*"), um produtor independente de programas de televisão. A atividade da HMG consistiria na produção e fornecimento de programas de televisão e rádio ou de "pacotes" destes programas, transmitidos pela própria empresa ou por outras do ramo com atividade no território holandês. A Comissão entendeu que a operação esboçada faria a HMG adquirir uma posição extremamente forte no mercado da radiodifusão televisiva dos Países Baixos[855]. Esta conclusão baseou-se em três aspetos: i) no facto de a HMG ser, à altura da concentração, a única empresa a poder oferecer um serviço de programas diversificado e completo[856]; ii) a HMG teria acesso aos amplos recursos da empresa mãe da RTL, a CLT, que também explorava canais de televisão importantes e de êxito noutros países europeus; iii) na ligação estrutural da HMG à *Endemol*, uma das suas empresas-mãe, que era, de longe, o maior produtor independente neerlandês de programas televisivos.

Pese embora não referir, expressamente, os possíveis efeitos de *leveraging*, a Comissão denotou preocupação com a possibilidade da HMG recorrer a uma estratégia de *bundling* misto entre o mercado da radiodifusão televisiva e o mercado de publicidade televisiva. A HMG podia maximizar a possibilidade de oferecer faixas horárias adequadas ao sector publicitário, oferecendo, por exemplo, faixas horárias destinadas a grupos-alvo específicos de forma complementar nos três canais. "*De forma mais geral, a HMG pode propor aos anunciantes compras agrupadas, que irão mais longe do que a prática normal de concessão de descontos com base no valor total do espaço de publicidade adquirido. Em termos comerciais, a HMG tem a possibilidade de ligar a publicidade transmitida num canal com a publicidade feita num ou em vários dos seus outros canais. Para tal, poderá reorganizar a sua estrutura tarifária, por forma a levar os anunciantes a recorrer às compras agrupadas. Poderá também fazê-lo através da oferta de descontos ocultos aos anunciantes, oferecendo por exemplo um determinado período de tempo de publicidade gratuito num canal com menor êxito*"[857]. As partes alegaram, em defesa da operação proposta, que

---

[855] Decisão da Comissão de 20.9.1995, Proc. IV/M.553 – *RTL/Veronica/Endemol*, J.O. L 134 de 5.6.1996, p. 32 a 52, para. 64.
[856] Cf. para 41 da Decisão.
[857] Cf. para. 78 da Decisão.

PARTE III - V. A SUBORDINAÇÃO E O AGRUPAMENTO NO CONTEXTO DO CONTROLO...

a concorrência poderia também ela recorrer a estratégias de *mix bundling* nos diferentes canais públicos em que operava, mas a Comissão considerou que as vendas agrupadas oferecidas pela HMG seriam comercialmente mais atraentes uma vez que, no âmbito do sistema público de radiodifusão, se afigurava mais difícil desenvolver um perfil exclusivo para cada público e cobrir grupos-alvo específicos.

Na ótica da Comissão, a especial capacidade de coordenação da programação televisiva da HMG, associada à sua estratégia de *mix bundling*, teria um efeito, a longo prazo, de encerramento do mercado da publicidade televisiva. A Comissão estimou que a HMG alcançaria, neste mercado, uma quota de, pelo menos, 60%, e que captaria a maior parte do negócio adveniente da expansão futura da indústria. Não restaria, portanto, um campo de ação significativo para novos participantes que decidissem entrar no mercado[858]. Os pontos fortes da HMG, tal como acima enunciados, constituiriam um obstáculo importante a esta nova entrada. Como nota a Comissão, *"Seria difícil que qualquer novo participante pudesse propor, no mercado neerlandês, uma programação atraente para os anunciantes, uma vez que os principais grupos-alvo estão já cobertos pela HMG. Qualquer novo participante teria que enfrentar o poder conjunto dos três canais da HMG e as possibilidades da empresa reagir imediatamente à entrada de novos participantes, nomeadamente através da utilização da RTL 5 enquanto «canal de luta». Assim, a existência da HMG é, por si própria, um fator dissuasivo para a entrada no mercado de qualquer novo participante potencial"*[859]. A Comissão conclui que, com a operação, a HMG passaria a ser o concorrente líder no mercado neerlandês da publicidade televisiva com uma posição de mercado muito superior à dos outros intervenientes, ficando também em condições de ripostar a qualquer ameaça competitiva que deles proviesse. A concentração tornaria também a entrada de novos participantes neste mercado extremamente improvável. A Comissão não considera quaisquer ganhos de eficiência alegados, nem aceita os compromissos propostos pelas partes, decidindo-se pelo veto da operação.

Em Outubro de 1998, a Comissão foi notificada de uma operação de concentração relativa à fusão das duas maiores cooperativas dinamarquesas de matadouro, a *Slagteriselskabet Danish Crown amba* ("Danish Crown") e a *Vestjyske Slagterier amba* ("*Vestjyske Slagterier*")[860]. As partes desenvolviam atividades nos sectores da aquisição de animais vivos destinados a abate, da venda de carne fresca para consumo final, da venda de carne fresca para transformação indus-

---

[858] Cf. para. 85 da Decisão.
[859] Cf. para. 86 da Decisão.
[860] Cf. Decisão da Comissão de 9.3.1999, Processo IV/M.1313 – *Danish Crown/Vestjyske Slagterier*, J.O. L 20 de 25.1.2000, p. 1 a 36.

trial e da venda de produtos de carne transformados. As partes passariam, em resultado da concentração, a constituir o único matadouro de grande envergadura de venda de carne fresca de suíno e de bovino no mercado dinamarquês. Esta situação criava alguma apreensão, *inter alia*, ao nível dos efeitos de conglomerado da operação, em especial porque os restantes matadouros trabalhavam apenas com um único tipo de carne. O facto de a nova entidade passar a ser o único fornecedor em condições de oferecer os dois tipos de carne, tendo, comparativamente, um mais amplo *portfolio* de produtos, conferia-lhe uma vantagem crucial ao nível da contratação com os supermercados: a empresa poderia oferecer combinadamente os dois tipos de carne e introduzir *"regimes de desconto em função do volume total de carne de bovino e de suíno adquirido, o que lhe permitirá promover as vendas de carne de suíno através da carne de bovino e vice-versa"*[861]. Ainda que o não tenho expressamente afirmado, a Comissão mostra-se claramente preocupada com efeitos de *leveraging* entre os dois sectores e com o potencial efeito de encerramento dos mercados relevantes considerados. As partes alegaram, em defesa da operação, a existência de ganhos de eficiência económica, designadamente ao nível das sinergias criadas e da redução de custos, mas a Comissão, fiel à sua abordagem formal, recusou-se a considerá-los. No seu entender, *"A criação de uma posição dominante nos mercados relevantes acima identificados significa, por conseguinte, que o argumento avançado pelas partes em matéria de eficiência não pode ser tido em conta na apreciação da presente operação de concentração"*[862]. Esta conclusão afigura-se, no mínimo, estranha e subsidia, claramente, o criticismo dirigido pelos EUA à abordagem comunitária. A Comissão parece aqui dar aval à doutrina da *"efficiency offense"*: em vez de serem considerados em sede de apreciação como um elemento benéfico e pró-competitivo, os ganhos de eficiência são antes interpretados como razão para vetar a operação. A construção da Comissão parece assentar exclusivamente no poder de mercado das partes *ex post*. A Comissão procura obscurecer e minorar este aspeto referindo que *"a maioria das poupanças de custos enumeradas pelas partes parece ser, pelo menos em parte, passível de ser realizada sem a operação de concentração"*[863]. O termo *"parece"* ilustra bem a irrelevância que se atribui a este fator de análise. A Comissão acabou por autorizar a operação após as partes terem-se comprometido a observar as medidas corretivas que haviam proposto[864].

---

[861] Cf. para. 196 da Decisão.
[862] Cf. para 198 da Decisão.
[863] *Ibidem*.
[864] Cf. para. 199 e ss.: *inter alia*, a alteração dos estatutos das partes no sentido de todos os membros produtores de suínos poderem ser autorizados a fornecer, sem quaisquer restrições, até 15 % dos seus fornecimentos semanais aos concorrentes da entidade resultante da fusão e a fim, também, de permitir aos membros renunciar à sua participação na cooperativa mediante um pré-aviso;

O caso *GE/Honeywell*[865] foi talvez o mais polémico a ter sido apreciado e decidido pelas instâncias comunitárias da concorrência, com especial interesse aqui por abordar direta e exaustivamente as teorias de dano concorrencial associadas às práticas de subordinação e agrupamento. Como nota Nalebuff, na análise que faz do caso, com este processo *"the economic theory of bundling has moved from the classroom and academic journals to the public policy arena. Its debut was dramatic"*[866]. Em causa estava a compra da *Honeywell*, uma empresa de tecnologia avançada, com importantes atividades no sector de fabrico de produtos aviónicos (componentes eletrónicos e mecânicos usados na construção aeronáutica) e turbinas, pela *General Electric* ("GE"). A GE é um dos maiores conglomerados industriais e financeiros mundiais, exercendo também atividade no sector aviónico. A controvérsia originada pela decisão de proibição da operação prendeu-se com o facto de envolver duas empresas norte-americanas e de ter sido previamente sancionada pelas autoridades *antitrust* daquele país. A proibição assentou parcialmente na sobreposição horizontal das atividades das partes e, em boa medida, nos alegados efeitos de conglomerado.

A Comissão identificou como mercados relevantes o mercado de motores a jacto para grandes aeronaves comerciais, para aeronaves regionais, para aviões executivos, o mercado de assistência para os serviços de manutenção, reparação e oferta de sobresselentes para motores a jacto, os mercados para produtos aviónicos e para produtos não aviónicos, o mercado para comandos de motor (motor de arranque), e os mercados para turbinas de gás industriais e marítimas[867]. A GE foi considerada dominante no segmento dos motores para grandes aeronaves comerciais[868]. Para além de ser o líder mundial no fabrico de motores para aviões, a GE ainda contava com o apoio do seu braço financeiro, a GECAS, que é uma das mais importantes instituições de financiamento à aquisição de aviões novos, realizando, sobretudo, operações de *leasing* de aeronaves, que a colocam numa situação privilegiada para intermediar a relação entre os construtores de aeronaves e as companhias de transporte aéreo. A GECAS seguia uma política de aquisição apenas de aviões equipados com motores GE, permitindo-lhe influenciar as escolhas dos fabricantes e das companhias aéreas. A

---

alteração da maioria deliberatória da *Danske Slagterier*; supressão do sistema de fixação de preços a nível nacional.
[865] Processo COM/M.2220 – *General Electric/Honeywell*.
[866] BARRY NALEBUFF, "Bundling: GE-Honeywell (2001)" *in The Antitrust Revolution, Economics, Competition, and Policy*, 4ª edição, editado por John E. Kwoka, Jr. e Lawrence J. White, Oxford University Press, Oxford, 2004, p. 388.
[867] Cf. para. 9 a 35; 230 a 239; 331 a 335 e 460 e ss. da Decisão da Comissão de 3.7.2001, Processo COM/M.2220 – *General Electric/Honeywell*, J.O. L 48 de 18.2.2004, p. 1 a 85.
[868] Cf. para. 83 da Decisão.

possibilidade que a GE tinha de conjugar o seu poder financeiro considerável e de se integrar verticalmente através da GECAS; a sua capacidade de aquisição de grandes quantidades de aeronaves; a possibilidade de usufruir dos benefícios da uniformização dos vários tipos de motores e de oferecer soluções às companhias aéreas sob a forma de pacotes alargados, colocavam a GE numa posição de domínio apta a poder excluir a concorrência. A Comissão dá ainda conta do reduzido poder negocial dos clientes e o enfraquecimento ou marginalização atual dos seus concorrentes diretos[869]. A *Honeywell*, por seu turno, foi considerada o principal fornecedor de produtos aviónicos e não aviónicos[870].

No que respeita aos efeitos de conglomerado, a Comissão entendeu que a operação teria como efeito o reforço da posição dominante da GE no mercado de motores a jacto para grandes aeronaves comerciais[871] e a criação de uma posição dominante da *Honeywell* nos mercados de produtos aviónicos e não aviónicos[872]. Esta última posição de domínio decorreria da conjugação de dois fatores: i) do benefício resultante da integração vertical com o braço financeiro da GE: a gama de produtos da *Honeywell* beneficiaria da capacidade da GE Capital para obter posições de exclusividade para os seus produtos junto das companhias aéreas, e da capacidade fundamental da GECAS para potenciar a colocação dos produtos da GE através do alargamento da sua política de exclusividade da GE aos produtos da *Honeywell*[873]; ii) da capacidade da nova entidade para oferecer pacotes de produtos aos fabricantes de aviões ou às companhias de aviação, em condições que não poderiam ser igualadas pelos seus concorrentes. Segundo a Comissão: *"O carácter complementar dos produtos oferecidos pela GE e pela Honeywell, aliado às posições que cada uma já detém nos vários mercados, proporcionará à entidade resultante da concentração a capacidade e o incentivo economicamente racional para oferecerem pacotes de produtos ou praticarem a subvenção cruzada ao nível das vendas de produtos a ambas as categorias de clientes"*[874]. Ao referir--se ao efeito de exclusão das ofertas em pacote, a decisão dá especial enfoque à extensão da gama de produtos da nova entidade e à assimetria com aquelas dos seus concorrentes; ao facto de os fabricantes de estruturas e as companhias aéreas serem clientes sensíveis aos preços praticados e, naturalmente, terem preferência por uma oferta combinada a um preço promocional; ao facto de a sua investigação demonstrar que a prática de *mix bundling* era corrente nos mercados afetados e à circunstância de os concorrentes não conseguirem re-

---

[869] Cf. para. 229 da Decisão.
[870] Cf. para. 330 da Decisão.
[871] Cf. para 412 e ss. da Decisão.
[872] Cf. para. 350 a 411 da Decisão.
[873] Cf. para. 406 da Decisão.
[874] Cf. para. 349 da Decisão.

plicar os pacotes oferecidos[875]. A Comissão considerou também o potencial da entidade combinada para encetar práticas de agrupamento técnico e puro, mas mostrou-se mais preocupada com as estratégias de agrupamento misto, designadamente com a oferta de pacotes promocionais que juntassem os motores da GE e os produtos aviónicos e não aviónicos da *Honeywell*[876]. Esta situação era prognosticada, em especial, em razão da capacidade financeira da entidade combinada para praticar a subvenção cruzada dos produtos incluídos no seu pacote mediante a aplicação de descontos. Esta especial capacidade para praticar a subvenção cruzada ao nível das suas várias atividades complementares acarretaria aos fabricantes concorrentes de produtos aviónicos e não aviónicos uma gradual erosão das suas quotas de mercado e um decréscimo da sua rentabilidade, levando-os, afinal, a serem marginalizados e a abandonar o mercado. Estas práticas causariam o encerramento do mercado, não só a curto prazo, por os preços serem inferiores ao custo variável mínimo, mas também a longo prazo, por os concorrentes não conseguirem cobrir os seus custos fixos caso decidissem manter uma presença no mercado e proceder a novos investimentos em R&D de modo a poderem competir em condições de paridade. Em suma, os concorrentes não teriam nem o *portfolio* de produtos nem a capacidade financeira suficiente para continuarem a exercer uma pressão concorrencial efetiva sobre a nova entidade[877].

As partes argumentaram em sua defesa que os seus clientes não estariam dispostos a aceitar um preço de agrupamento uniforme, uma vez que prefeririam avaliar dos vários preços desagregados por produto. Afirmaram que, por essa razão, o agrupamento de produtos não tinha sido e continuaria a não ser de prática comum naquela indústria[878]. A Comissão refutou esta alegação dando exemplos indicativos de situações de agrupamento ocorridas no passado envolvendo as partes. Além disso, a Comissão considerou que a concentração proposta criaria novas oportunidades e incentivos para esse tipo de práticas, dado o excecional *portfolio* de produtos e serviços que passaria a estar ao dispor da entidade combinada. As partes alegaram ainda que seria pouco provável que o agrupamento fosse praticado relativamente a novas plataformas, uma vez que a seleção de equipamento, *i.e.* de motores e de produtos aviónicos, era habi-

---

[875] Cf. para. 350 a 355 da Decisão.
[876] Curiosamente, no período que precedeu a redação e adoção do *Statement of Objections* (SO), a Comissão tinha-se detido exclusivamente sobre o potencial para a adoção de práticas de agrupamento puro. Cf. SIMON BAXTER; FRANCIS DETHMERS, e NINETTE DODOO, "The GE/ /Honeywell Judgment and the Assessment of Conglomerate Effects: What's New in EC Practice?" in *European Competition Journal*, vol. 2, nº 1, Hart Publishing, s/l, 2006 p. 146.
[877] Cf. para. 398 da Decisão.
[878] Cf. para. 356 e ss..

tualmente feita ao longo de um período de tempo que podia durar vários anos. A Comissão rejeitou o argumento e frisou que mesmo no caso de períodos de aquisição dilatados, seria sempre possível introduzir disposições contratuais suscetíveis de permitir o agrupamento de produtos[879]. Por outro lado, não seria necessário que os pacotes de produtos agrupados fossem constituídos simultaneamente, já que, em termos técnicos, nada impedia o agrupamento diferido de produtos. Na prática, isto significava que a entidade resultante da concentração ofereceria descontos retroativos que iriam aumentando na proporção do número de produtos que os clientes viessem eventualmente a adquirir-lhe. As partes argumentaram, por último, que também os concorrentes poderiam lançar mão de contra-estratégias de *mix bundling* e assim restringir a possibilidade de a entidade praticar o agrupamento de forma que lhe fosse lucrativa[880]. A Comissão explica, em contraditório, que, *"Mesmo que os clientes considerassem os pacotes agregados concorrentes oferecidos no âmbito de acordos de cooperação tão atraentes como os da entidade resultante da concentração, as suas decisões de compra seriam tomadas com base nos preços desses pacotes. Tal como se explicou anteriormente, na ausência de integração económica entre fornecedores concorrentes, não é de esperar que os preços dos seus pacotes agregados sejam inferiores aos da entidade resultante da concentração. Por conseguinte, é provável que esta entidade atraia mais clientes do que os seus concorrentes"*[881].

A decisão da Comissão apresenta algumas fragilidades. A sua construção parece assentar exclusivamente no argumento teórico de que uma empresa pode, em abstrato, recorrer ao agrupamento como forma de excluir os seus concorrentes dos mercados relevantes. A Comissão parece fazer demasiada fé nas suas suposições e apartar-se da realidade económica dos factos e das circunstâncias do caso. As suas conclusões não são alicerçadas numa base probatória minimamente persuasiva e não parecem consistentes com as características e com as condições dos mercados analisados. A própria Comissão admite que a teoria da exclusão arquitetada não é suportada por um modelo ou análise económica específica: *"(...) a Comissão examinou as premissas teóricas da agregação mista que lhe foram apresentadas nas análises económicas das partes e de terceiros. As várias análises económicas apresentadas deram azo a uma controvérsia teórica, em particular no que se refere ao modelo económico de agregação mista preparado por um dos terceiros em causa. No entanto, a Comissão não considera que seja necessário aceitar como válido um ou outro modelo para concluir que a venda de produtos em pacotes que a entidade resultante da concentração estará em posição de praticar irá excluir os concorrentes*

---

[879] Cf. para. 373 da Decisão.
[880] Cf. para. 377 da Decisão.
[881] Cf. para. 378 da Decisão.

dos mercados dos motores e dos produtos de aviónica e não pertencentes à aviónica"[882]. A Comissão sustentou que a prática de *bundling* misto era corrente na indústria da aviação, mas na realidade circunscreveu os exemplos oferecidos a contratos que haviam sido celebrados apenas pelas partes envolvidas na operação, alguns deles nem sequer contemplando os pacotes promocionais que se pretendiam ilustrar. Cremos que só por mero exercício de especulação poderia a Comissão ter inferido a ubiquidade dessa prática nos mercados afetados e a alegada tendência seguida pelos seus concorrentes diretos. A Comissão parece querer tomar a parte pelo todo. Esta observação é confirmada pelo próprio testemunho prestado em audiência por alguns destes concorrentes que confirmam a inexistência dessa alegada tendência[883]. Acresce que a *Honeywell* estava já em condições, *ex ante*, de oferecer pacotes integrados, não se encontrando no processo, todavia, qualquer elemento probatório que atestasse o anterior recurso, por esta empresa, ao agrupamento misto de motores e de produtos aviónicos. Segundo a Comissão, existia uma forte probabilidade de que, em consequência das alegadas estratégias de *bundling*, os concorrentes da *GE/Honeywell* fossem excluídos dos mercados em questão. A Comissão parece subestimar os concorrentes desta empresa e as estratégias de "contra-ataque" que pudessem estar ao seu dispor. A Comissão não considera, por exemplo, a possibilidade de os concorrentes se associarem ou mesmo se submeterem a operações de concentração com vista a manterem a pressão concorrencial sobre a *GE/Honeywell*. Também não se explica, e por conseguinte não se entende, por que razão é que os concorrentes, na sequência dessas operações de associação ou concentração, não poderiam estar numa situação de poder igualar os pacotes promocionais oferecidos por esta empresa. A Comissão também não especifica o momento em que supostamente se verificaria a saída dos concorrentes do mercado[884]. Este aspeto seria crítico à sua análise porque a longevidade operacional dos aparelhos é normalmente longa, o que significa que a concorrência só seria excluída ao fim de um período considerável de tempo. A Comissão poderia, por conseguinte, ter enfatizado e atribuído mais peso na sua análise aos ganhos sociais e económicos decorrentes da redução de preços que se verificaria a curto prazo, logo após a consumação da concentração. Não se compreende, por outro lado, que a Comissão não tenha computado na sua análise os potenciais benefícios resultantes da operação. A aversão da Comissão pela operação manifesta-se, também, na circunstância de não ter, por fim, considerado os com-

---

[882] Cf. para. 352 da Decisão.
[883] CRISTINA CAFARRA e MATTHIAS PLANZ, "The Economics of GE/Honeywell", *in European Competition Law Review*, vol. 23, Sweet and Maxwell, s/l, 2002, p. 116.
[884] JURIAN LANGER, *op. cit.*, p. 206.

promissos comportamentais das partes quanto à não prossecução de estratégias de *mix bundling*. O argumento de que estes compromissos obrigariam a uma contínua monitorização parece manifestamente insuficiente uma vez que seriam as próprias partes a suportar os custos. Caso essa monitorização viesse posteriormente a revelar-se insuficiente ou inadequada, a Comissão poderia sempre socorrer-se do artigo 102º do TFUE, como instrumento de controlo *ex post*, a fim de sanar e punir os eventuais efeitos anticoncorrenciais.

O TPI confirma o veto da concentração, em Dezembro de 2005, com base nos aspetos horizontais identificados, mas anula a parte da decisão relativa aos efeitos de conglomerado[885]. O acórdão segue substancialmente a orientação jurisprudencial adotada pelo TPI e pelo TJ no processo *Tetra Laval*, exigindo, quanto aos efeitos de *leveraging*, a produção de elementos probatórios "sólidos" e "convincentes" extraídos da realidade factual e económica da operação *sub judice*. O TPI começou por confirmar: i) a posição dominante da GE no mercado dos motores a jacto para aeronaves de grande porte; ii) a liderança da *Honeywell* nos mercados de produtos aviónicos e não aviónicos e iii) a relação de complementaridade entre os diferentes produtos das partes. O Tribunal passa então ao ataque sistemático da análise da Comissão. Segundo o Tribunal, competia à Comissão a prova, em primeiro lugar, da capacidade de a nova entidade encetar práticas de *bundling*, nas suas variantes, pura, mista e técnica; em segundo lugar, que, com base em elementos de prova convincentes, seria provável que tais práticas viessem a ser adotadas e, finalmente, que essas práticas teriam reforçado, num futuro próximo, a posição de domínio no mercado dos motores a jacto ou a criação dessa posição nalgum dos mercados aviónicos e não aviónicos.

Na sua análise, o TPI dá conta, em termos preliminares, da existência de algumas dificuldades práticas que, no seu entender, obstariam à implementação de uma futura estratégia de vendas por pacote[886]. O Tribunal salienta, por um lado, que o cliente final dos diferentes motores, dos produtos aviónicos e não aviónicos nem sempre é o mesmo. Quando tal suceda e, portanto, não haja identidade entre o cliente que seleciona o motor e o que seleciona o produto aviónico ou não aviónico em questão, a possibilidade de vendas de produtos por pacotes puras é excluída. Por outro lado, existem dificuldades decorrentes do facto de a nova entidade ser obrigada, em princípio, em relação ao fabricante de estruturas, a fornecer o seu motor a um preço fixo, independentemente da escolha feita pelas companhias aéreas quanto aos produtos aviónicos e não aviónicos[887]. O facto de o preço do motor ser fixado antecipadamente re-

---

[885] Acórdão do Tribunal de Primeira Instância (Segunda Secção Alargada) de 14.12.2005, no Proc. T-210/01, *General Electric c. Comissão*, Colect. 2005, p. II-5575.
[886] Cf. para. 407 do acórdão.
[887] Cf. para. 412 do acórdão.

duziria significativamente as possibilidades de vendas de produtos por pacotes mistas que incluíssem este componente. Um terceiro e último problema relacionava-se com o facto de os motores para um determinado tipo de plataforma serem selecionados, em princípio, numa fase precoce do processo de conceção do novo avião, e antes da escolha dos produtos aviónicos e não aviónicos. Embora não sendo determinantes, no sentido de inibirem em definitivo a hipótese da venda de produtos por pacote, estes problemas, ditos práticos, aumentavam, todavia, a dificuldade ligada à sua realização e, portanto, tornavam-na menos provável. O Tribunal observa que *"as práticas comerciais em questão não se inscrevem naturalmente no modo de funcionamento habitual dos mercados em questão, o que implica um esforço comercial suplementar para uma empresa que queira impô-las aos seus clientes"*[888].

Deixadas estas considerações preliminares, de cariz mais genérico, o acórdão toma então por foco a análise da Comissão em relação a cada um dos três tipos de vendas de produtos por pacotes. No que diz respeito às vendas de produtos por pacotes puras, o argumento da Comissão era o de que a entidade combinada utilizaria os motores da GE ou um dos produtos aviónicos ou não aviónicos da *Honeywell* como produto vinculante, ou seja como o componente indispensável ou pelo menos de primeira escolha que a *GE/Honeywell* recusaria vender em separado dos seus outros produtos. A crítica do Tribunal revolve em torno de dois aspetos: da capacidade e do incentivo para agrupar. Para além da questão já mencionada de as vendas de produtos por pacotes puras só serem concebíveis quando os clientes são os mesmos para cada produto, o que nem sempre se verificaria, o Tribunal notou que, nos casos em que a motorização de uma plataforma fosse *"de fornecedores múltiplos"*, esta prática só seria concretizável quando, por razões técnicas ou outras, uma companhia aérea tivesse uma preferência acentuada pelo motor da *GE/Honeywell*. Só nessa hipótese é que essa estratégia poderia eventualmente forçar a compra de um produto aviónico ou não aviónico não desejado. Sem embargo, a Comissão não tinha examinado, em concreto, na decisão impugnada, quais as plataformas e/ou quais os produtos específicos em relação aos quais essa política comercial poderia ter-se revelado eficaz. Atendendo a que os clientes tinham poder negocial e que a sua preferência por um produto era frequentemente relativa e volátil, a Comissão também não tinha apreciado das consequências que resultariam de uma venda agrupada pura, designadamente ao nível de quebra de vendas. Quanto aos casos de motorização de plataforma por *"fornecedor único"*, o Tribunal considerou que a Comissão não tinha apresentado nenhum exemplo concreto dos comportamentos que previa no futuro, nem tão pouco elucidado sobre a dinâmica do seu funcionamento. Pode ler-se, quanto a este aspeto, que *"Mais uma vez, a*

---

[888] Cf. para. 415 do acórdão.

falta de uma análise específica dos mercados retira à sua argumentação a precisão necessária para que possa justificar a conclusão que dela retira"[889]. Quanto à possibilidade de alguns dos produtos aviónicos e não aviónicos da *Honeywell* poderem servir de produto vinculante, a Comissão tinha apresentado um único exemplo concreto possível de venda agrupada pura, pelo que não seria expectável que a situação se pudesse generalizar. A tese da Comissão, a este respeito, pressupunha que a entidade combinada estaria em posição de praticar uma forma de chantagem comercial em relação aos seus clientes recusando-se a vender um produto aviónico essencial, mas de valor pouco elevado, a menos que estes últimos aceitassem comprar os seus motores, todavia, não resultava da prova dos autos que os clientes destas empresas tivessem perdido o poder residual de resistir à imposição de tais práticas. O Tribunal nota, por último, que, incumbia à Comissão tomar em consideração o impacto potencial da proibição do regime do abuso de posição dominante sobre a incitação da entidade combinada a adotar essa prática. "*Uma vez que não o fez, cometeu um erro de direito em consequência do qual a sua análise está falseada e, portanto, ferida de um erro manifesto de apreciação*"[890].

No que diz respeito às vendas agrupadas técnicas, o Tribunal foi da opinião que a teoria alvitrada pela Comissão tinha-se baseado numa mera descrição de uma evolução possível de mercado, sem consideração pelos pormenores factuais e técnicos do projeto que tornaria esta evolução provável. O Tribunal salienta que ainda não tinha havido uma integração explícita de motores de avião a jacto e de outros sistemas. Cabia à Comissão, nos termos do acórdão do TJ em *Tetra Laval*, prover por uma análise detalhada das ligações técnicas suscetíveis de serem criadas entre os motores, por um lado, e os produtos aviónicos e não aviónicos, por outro, assim como o impacto provável destas ligações, em termos de evolução dos diferentes mercados presentes. A inexistência desta análise, diz o Tribunal, compromete a credibilidade da tese da Comissão. O Tribunal acrescenta que "*não basta que a Comissão apresente uma série de etapas lógicas, mas hipotéticas, cuja realização prática receia tenha consequências nefastas para a concorrência numa série de mercados diferentes. Pelo contrário, incumbe-lhe analisar especificamente a evolução provável de cada mercado no qual pretende demonstrar a criação ou o reforço de uma posição dominante devido à operação notificada, apoiando-se em provas sólidas*"[891].

O Tribunal rebateu também a tese da Comissão relativa à oferta de pacotes promocionais de motores e de produtos aviónicos e não aviónicos. Na sua decisão, a Comissão tinha adotado, no essencial, três linhas de raciocínio distin-

---

[889] Cf. para. 420 do acórdão.
[890] Cf. para. 425 do acórdão.
[891] Cf. para. 429 do acórdão.

PARTE III – V. A SUBORDINAÇÃO E O AGRUPAMENTO NO CONTEXTO DO CONTROLO...

tas para demonstrar da probabilidade de a entidade combinada vir a praticar as vendas de produtos por pacotes mistas: i) as práticas comerciais adotadas anteriormente pela *Honeywell*; ii) a análise económica dos factos e, iii) a racionalidade económica, *in concreto*, da estratégia de *mix bundling*[892].

No que respeita às práticas anteriores, os exemplos apresentados pela Comissão referiam-se, fundamentalmente, a vendas agrupadas, alegadamente praticadas pela *Honeywell*, de produtos aviónicos e não aviónicos. Estes exemplos retratavam uma combinação de produtos que não era aquela que estava em causa, *i.e.* o *bundling* misto de motores a jacto e de produtos aviónicos e não aviónicos. Os exemplos eram, pois, pouco pertinentes para demonstrar da probabilidade de a entidade combinada passar a agrupar as vendas de motores com as de produtos aviónicos e não aviónicos, e da sua capacidade e incentivo comercial para fazê-lo. Estava assente que o preço do motor era claramente mais elevado do que o de cada componente aviónico ou não aviónico, pelo que a dinâmica comercial de uma venda por pacote mista seria muito diferente, consoante se tratasse unicamente de produtos aviónicos e não aviónicos, por um lado, ou destes produtos e de um motor, por outro. Por conseguinte, não se podia demonstrar, com base em exemplos relativos a produtos unicamente aviónicos e não aviónicos, que, na sequência da operação de concentração, as vendas de produtos por pacotes mistas que também incluíssem motores teriam sido praticáveis e comercialmente vantajosas para a entidade combinada. O único exemplo concreto apresentado pela Comissão de uma venda em pacote, que incluía simultaneamente um motor e produtos aviónicos e não aviónicos, não demonstrava, segundo a própria Comissão, que a *Honeywell* conseguisse, de maneira efetiva e generalizada, praticar vendas de produtos por pacotes que incluíssem motores para aviões executivos e produtos aviónicos e não aviónicos[893]. Pelo contrário, o exemplo negava a tese edificada pela Comissão a este respeito. O Tribunal conclui que as *"práticas anteriores da Honeywell não demonstram que era provável que a entidade resultante da fusão teria praticado vendas de produtos por pacotes mistas"*[894].

O Tribunal foi também crítico das explicações teóricas oferecidas pela Comissão concernentes às razões que levariam a nova entidade a adotar estratégias de *mix bundling*, considerando que a Comissão limitara-se, no essencial, a explicar os motivos pelos quais, em seu entender, aquela entidade podia, na sequência da operação, praticar vendas de produtos por pacotes. Não é apresentado qualquer elemento de prova ou efetuada qualquer análise suscetível

---

[892] Cf. para. 434 a 437 da Decisão.
[893] Cf. para. 368 da Decisão.
[894] Cf. para. 443 do acórdão.

de demonstrar a probabilidade real de a nova entidade ter a capacidade e o incentivo de prosseguir essa estratégia. Quanto ao incentivo, a Comissão tinha-se apoiado exclusivamente na teoria de Cournot, não adicionando à análise qualquer elemento de base factual. A breve invocação do conceito de efeitos Cournot, não permitiria concluir, na falta de uma análise económica detalhada que aplicasse esta teoria às circunstâncias específicas do caso vertente, que a prática das vendas de produtos por pacotes mistas teria sido provável na sequência da operação de concentração. Segundo o Tribunal, *"a Comissão só podia produzir provas convincentes na aceção do acórdão Tetra Laval/Comissão, (...), baseando-se nos efeitos Cournot, se demonstrasse a sua aplicabilidade a este caso específico. Assim, através da simples descrição das condições económicas que existiriam no mercado na sequência da fusão, a Comissão não conseguiu demonstrar, com um grau de probabilidade suficiente, que a entidade resultante da concentração teria recorrido às vendas de produtos por pacotes mistas na sequência da concentração"*[895].

Quanto à questão da racionalidade económica das estratégias de agrupamento misto, o Tribunal refere que a Comissão não tinha demonstrado, por referência às condições que caracterizavam os mercados afetados, que seria necessariamente do interesse da entidade combinada praticar vendas agrupadas mistas. Não tendo ficado suficientemente demonstrado que a nova entidade tinha um incentivo económico para as implementar, incumbia à Comissão apresentar na decisão impugnada outras provas que permitissem concluir que esta empresa faria a escolha estratégica de sacrificar lucros a curto prazo a fim de aumentar a sua quota de mercado, a expensas dos seus concorrentes, com o objetivo de, a médio longo prazo, vir a recolher uma rentabilidade mais expressiva. A Comissão não apresentou, a este respeito, qualquer prova suscetível de demonstrar que a nova entidade faria realmente esta escolha estratégica. Para o Tribunal, o facto de ela ter tido essa opção não bastava para demonstrar que o teria realmente feito e que, consequentemente, teria sido criada uma posição dominante nos diferentes mercados de produtos aviónicos e não aviónicos[896].

O Tribunal finaliza a sua exposição quanto às práticas de *bundling* da seguinte forma: *"Resulta das considerações anteriores que a Comissão não demonstrou suficientemente que, na sequência da operação de concentração, a entidade resultante da fusão teria praticado vendas por pacotes que incluíssem simultaneamente motores da antiga GE e produtos aviónicos e não aviónicos da antiga Honeywell. Na falta de tais vendas, o simples facto de que esta entidade teria tido uma gama de produtos mais vasta do que os*

---

[895] Cf. para. 462 do acórdão.
[896] Cf. para. 465 a 469 do acórdão.

seus concorrentes não é suficiente para justificar a conclusão de que teria sido criada ou reforçada uma posição dominante desta nos diferentes mercados em causa"[897].

Na sequência deste acórdão, a Comissão apresentou o seu projeto de orientações sobre concentrações não horizontais, que procurou refletir, como vimos, a jurisprudência comunitária, e, em particular, a metodologia sugerida pelo TPI no caso *GE/Honeywell*. As Orientações da Comissão refletem uma abordagem *"effects based"* quanto às práticas de subordinação e agrupamento. No contexto das concentrações conglomerais, a Comissão nota que a combinação de produtos em mercados relacionados pode proporcionar à entidade resultante da concentração a capacidade e o incentivo para utilizar, através do efeito alavanca, a sua posição dominante num mercado de forma a reforçar a sua posição num outro mercado, através da subordinação e do agrupamento. Em consonância com a doutrina do acórdão *GE/Honeywell*, a Comissão sugere que, ao apreciar da probabilidade de um cenário deste tipo, se determine, em primeiro lugar, se a nova entidade teria a capacidade de encerrar o mercado, em segundo lugar, se teria incentivos económicos para o fazer e, em terceiro lugar, se a estratégia de encerramento teria um efeito prejudicial significativo a nível da concorrência e dos consumidores[898].

A teoria do *leveraging* volta a ser ensaiada pela Comissão, em 2002, no caso *Telia/Sonera*[899]. A *Telia* era o maior operador público de televisão por cabo na Suécia, fornecendo também serviços de telecomunicações fixas e *"wireless"*. As suas atividades expandiam-se geograficamente aos restantes mercados do norte da Europa e dos Estados Bálticos. A *Sonera*, por seu turno, tinha a sua atividade centrada no mercado Finlandês, aí prestando serviços como operadora líder de telecomunicações móveis e de serviços de rede a longa distância. Segundo a Comissão, a concentração proposta conferiria às partes a capacidade e o incentivo para encetarem estratégias de agrupamento misto como forma de alavancarem o poder de mercado detido *ex ante* nos mercados das telecomunicações fixas e móveis na Finlândia e na Suécia, a outros de mercados mais amplos de serviços de comunicações: *"(...) the Commission's investigation has shown that the proposed transaction will increase the merged entity's ability to leverage its strong positions in the mobile communications services market in Finland, data communications services in Finland and Sweden and (international) fixed voice services in Finland through bundling into broader markets such as the market for customized corporate communication services in Finland and Sweden"*[900]. O agrupamento concretizar-se-ia sob a

---

[897] Cf. para 470 do acórdão.
[898] Cf. para. 93 a 118 das Orientações da Comissão para a apreciação das concentrações não horizontais.
[899] Proc. COMP/M.2803, *Telia/Sonera*.
[900] Decisão da Comissão de 10.7.2002, Proc. COMP/M.2803, *Telia/Sonera*, para. 108.

forma de oferta de pacotes promocionais que combinariam telecomunicações de voz, fixas e móveis, e serviços de comunicação de dados[901]. Estas estratégias teriam o efeito de aumentar os custos dos concorrentes e de os fazer excluir dos mercados de retalho: *"In the provision of bundled service offerings there is generally a risk that providers of essential parts of the package (such as call termination, access to the local and national infrastructure, and wholesale international roaming) can foreclose providers of the other parts either through direct bundling or by offering prices structures that only makes it attractive to buy its solution"*[902]. A Comissão não considerou os potenciais ganhos de eficiência alegados pelas partes, muito embora tivesse expressamente reconhecido que *"There is a growing trend among corporate customers to demand integrated communication solutions comprising both voice (fixed and mobile) and data communications services"*[903]. A operação acaba por ser autorizada pela Comissão após as partes terem proposto, e a Comissão aceite, diversas medidas corretivas de natureza estrutural e comportamental. Uma das medidas fundamentais propostas foi a venda do negócio das telecomunicações móveis da *Telia* na Finlândia.

Como *supra* se referiu, a partir de 2003, já sobre a influência da jurisprudência do TPI em *Tetra Laval*[904], o critério de análise da Comissão passa a ser mais económico e atento aos efeitos das práticas em exame. As exigências de prova são mais rigorosas e a Comissão procura desenvolver teorias específicas de dano concorrencial.

Em Dezembro de 2003, a Comissão foi notificada da operação de concentração entre a *General Electric Company* ("GE") e a *Amersham Plc* ("Amersham"). A GE é uma empresa diversificada, com atividade em vários sectores de produção, de serviços e de tecnologia. O seu braço *GE Medical Systems* é especializado nas tecnologias de diagnóstico médico por imagem, na prestação de serviços conexos e fornecimento de produtos de saúde. A *Amersham*, por seu turno, é uma empresa que desenvolve e produz produtos farmacêuticos de diagnóstico, usualmente utilizados em conjugação com os equipamentos de diagnóstico médico por imagem, e produtos utilizados na produção de biofarmacêuticos. A Comissão identificou como mercados relevantes o mercado para o fornecimento de equipamento de diagnóstico de imagem[905] e o mercado de produ-

---

[901] *Ibidem*, para. 109.
[902] *Ibidem*, para. 110.
[903] *Ibidem*, para. 109.
[904] Acórdão do Tribunal de Primeira Instância (Primeira Secção) de 25.10.2002, Proc. T-5/02, *Tetra Laval c. Comissão*, Colect. 2002, p. II-4389.
[905] Decisão da Comissão de 21.1.2004, Processo nº COMP/M.3304 – *GE/Amersham*, para. 9 e ss., disponível em http://ec.europa.eu/competition/mergers/cases/decisions/m3304_en.pdf.

tos farmacêuticos de diagnóstico[906]. Não havendo qualquer sobreposição horizontal entre as atividades das partes e sendo os produtos das empresas complementares, a análise da Comissão centrou-se, em substância, na capacidade e no incentivo da nova empresa para prosseguir estratégias de agrupamento. Repare-se que os hospitais e as clínicas médicas, que eram os principais clientes destas empresas, necessitavam não só do *hardware* de diagnóstico mas também dos produtos de cuja utilização dependia o seu correto funcionamento. A Comissão equacionou a possibilidade de a nova entidade recorrer a práticas de agrupamento puro, misto e técnico, dando, no entanto, maior ênfase às duas últimas variantes. Quanto ao agrupamento misto, a Comissão, ainda no rescaldo do acórdão do TPI em *Tetra Laval*, e procurando, portanto, seguir uma abordagem *"effects-based"*, estabelece uma metodologia de análise que importa aqui replicar e considerar: *"In assessing commercial bundling, the Commission examined whether or not each one of the various conditions that would render it anti-competitive are met in the present case. Indeed, for commercial bundling to result in foreclosure of competition it is necessary that the merged entity is able to leverage its pre-merger dominance in one product to another complementary product. In addition, for such strategy to be profitable, there must be a reasonable expectation that rivals will not be able to propose a competitive response, and that their resulting marginalisation will force them to exit the market. Finally, once rivals have exited the market, the merged firm must be able to implement unilateral price increases and such increases need to be sustainable in the long term, without being challenged by the likelihood of new rivals entering the market or previously marginalized ones re-entering the market"*[907]. A Comissão descartou a possibilidade de *mix bundling*, no essencial, por as partes não deterem uma posição dominante no mercado dos respetivos produtos a nível europeu[908]. A investigação da Comissão tinha demonstrado que, no mercado do equipamento de diagnóstico por imagem, a GE estava sujeita a uma forte concorrência por parte de empresas tão sólidas e prestigiadas como a *Phillips*, a *Siemens* e a *Toshiba*. No mercado dos produtos farmacêuticos de diagnósticos, a *Amersham* enfrentava a concorrência da *Schering*, da *Bristol Myers Squibb*, da *Tyco/Mallinckrod* e da *Bracco*, todas elas marcas de renome e de grande capacidade financeira e logística. A Comissão reputou que estes concorrentes teriam a capacidade e também o incentivo de ripostar às práticas de *bundling* misto da nova entidade, designadamente pela adoção de contra-estratégias credíveis como a redução de preços ou a oferta de pacotes promocionais similares[909]. A Comissão conclui

---

[906] *Ibidem*, para. 12 e ss..
[907] *Ibidem*, para. 37.
[908] *Ibidem*, para. 38.
[909] *Ibidem*, para. 39.

que não seria verosímil, pelas razões enunciadas, que os concorrentes fossem excluídos ou marginalizados por efeito do agrupamento misto.

Quanto ao agrupamento puro, a Comissão achou que a sua implementação seria improvável: *"The investigation suggested that the merged entity would lack the economic incentive to engage in such a practice. Indeed, tying GE's DI equipment* [equipamento de diagnóstico por imagem] *with Amersham's DPs* [produtos farmacêuticos de diagnóstico] *would deny the merged entity significant sales of DPs to the current users of non-GE equipment. Mutatis mutandis, GE would need to forego sales for DI equipment to users that would prefer to continue using non-Amersham DPs, were it to deny customers the sales of stand-alone GE DI equipment. Therefore, forced bundling of DI equipment and DPs seems unlikely to occur as a result of the proposed transaction"*[910].

No que respeita ao agrupamento técnico, a Comissão tinha manifestado preocupação que, na sequência da concentração, a GE redesenhasse os seus equipamentos de forma a que os produtos da *Amersham* ganhassem com eles uma maior e mais exclusiva compatibilidade quando comparados com aqueles da concorrência. A questão era, pois, a de uma possível falta de interoperabilidade futura entre os equipamentos da GE e os produtos farmacêuticos de diagnóstico da concorrência[911]. A Comissão entendeu, porém, *"that either this would not be feasible or that, even if it were, it would not have any significant adverse effect on competition"*[912]. Com efeito, existia *ex ante* uma interoperabilidade quase perfeita entre os produtos das diferentes marcas e não era expectável que este *status quo* se alterasse *post* concentração[913].

A Comissão volta a ter oportunidade de se pronunciar sobre as práticas de agrupamento misto no caso PEPSICO/THE PEPSI BOTTLING GROUP[914]. A Comissão recebeu, em Setembro de 2009, uma notificação referente à operação de concentração entre a *PepsiCo Inc.* ("*PepsiCo*") e a *Pepsi Bottling Group* ("PBG"). A *PepsiCo* é uma empresa ativa no sector mais alargado da alimentação e dos refrigerantes gaseificados e não gaseificados. A PBG, por sua vez, é uma empresa de engarrafamento de vários tipos de bebidas, incluindo as gaseificadas. A empresa, que tinha sido fundada pela *PepsiCo*, produz e distribui as bebidas *Pepsi-Cola* em diversos países a um nível mundial. Na Europa, a empresa tem atividade apenas em Espanha e na Grécia. A Comissão identificou os seguintes mercados relevantes: o mercado de bebidas não alcoólicas gaseificadas, o mercado de bebidas não alcoólicas não gaseificadas e o mercado das refei-

---

[910] *Ibidem*, para. 43.
[911] *Ibidem*, para. 45.
[912] *Ibidem*, para. 47.
[913] *Ibidem*, para. 48 *et seq.*.
[914] Processo nº COMP/M.5633 – PEPSICO/THE PEPSI BOTTLING GROUP.

ções *"snack"*[915]. Para além das preocupações típicas relacionadas com os efeitos horizontais e verticais da concentração, a Comissão procurou determinar se a carteira de produtos da nova entidade, que seria mais completa e abrangente, lhe conferiria a capacidade e o incentivo para adotar práticas de agrupamento misto. Os estudos de mercado das partes notificantes revelaram que a hipótese sugerida seria improvável. Em primeiro lugar, demonstraram que nem a *PepsiCo* nem a PBG tinham poder de mercado nos mercados relevantes afetados. Com efeito, no mercado das refeições *"snack"*, em Espanha, a *PepsiCo* tinha uma quota de 20% a 25% e na Grécia, de 25% a 35%. No que respeita às bebidas, a empresa tinha uma quota de 10% a 15% nas "colas", em Espanha, e 50% nos chás RTD, na Grécia[916]. A inexistência de domínio ou de poder de mercado significativo excluía, na opinião das partes, a possibilidade da adoção de estratégias de alavancagem. Foi também alegado, sem prejuízo da conclusão anterior, que o encerramento dos dois mercados de bebidas identificados sempre seria improvável atendendo, por um lado, à presença da *Coca-Cola*, que era o líder de mercado, e, por outro, ao facto de os clientes das partes contratantes terem um forte poder negocial e objetarem à política de venda em pacote[917]. As grandes empresas de retalho podiam facilmente concretizar a ameaça de introduzir outras marcas no seu próprio *portfolio*. Quanto aos retalhistas de menor dimensão, ainda que o seu poder negocial fosse proporcionalmente menor, a circunstância de estarem sujeitos a forte concorrência e a necessidade de maximizarem os seus lucros, levavam-nos a seguir escrupulosamente uma política de *"stocking what the customer needs"*[918]. A aceitação do *bundling*, mesmo a um preço inferior, podia significar, para estes comerciantes, a perda de vendas a favor da concorrência. Com efeito, o *bundle* proposto poderia incluir marcas e produtos não desejados pelos clientes, ocupando desnecessariamente um "espaço de prateleira" (*shelf space*) que, de outro modo, estaria preenchido por produtos de maior procura.

Os estudos de mercado da Comissão confirmaram os argumentos das partes notificantes. Com relação à situação na Grécia, foi alegado por um dos concorrentes das partes que a *PepsiCo*, por intermédio da sua filial *Tasty Foods AVGE* (*"Tasty"*), teria uma quota de mercado efetiva de 60% a 70% no mercado das refeições *"snack"* e que assim teria a capacidade de agrupar as refeições e as bebidas de modo a proteger a posição de domínio detida neste mercado. O concorrente alegava, portanto, um potencial quadro de *leveraging* defensivo. A

---

[915] Decisão da Comissão de 26/10/2009, proc. nº COMP/M.5633 – PEPSICO/THE PEPSI BOTTLING GROUP, para. 8 *et seq.*.
[916] *Ibidem*, para. 29.
[917] *Ibidem*, para. 31.
[918] *Ibidem*.

Comissão achou esta hipótese pouco verosímil: a concentração não alteraria a capacidade *ex ante* das partes para prosseguirem este tipo de estratégias. De todo o modo, esta capacidade era limitada na medida em que a *PepsiCo* não comercializava no mercado grego nenhuma marca *premium* (*must-have brand*) e a *Coca-Cola* mantinha uma presença predominante. Qualquer tentativa *ex post* de fazer impor uma estratégia de agrupamento teria o efeito de deteriorar a presença da *PepsiCo* no mercado das bebidas, e não, como se alegou, de fortalecer a sua posição no mercado das refeições. A capacidade de agrupar no mercado grego era também limitada pelas próprias características do mercado e pelo *modus operandi* das partes. As vendas às grandes empresas de retalho eram feitas por contacto direto com a *PepsiCo*, para as refeições, e com a PBG, para as bebidas. Pese embora as duas empresas partilharem da mesma base de clientes, *i.e.* das mesmas empresas de retalho, os produtos não eram adquiridos simultaneamente. Cada empresa dispunha de equipas específicas responsáveis pela compra de cada um dos produtos. Na ótica da Comissão, a concentração não faria alterar este *status quo*[919].

No que respeita às vendas *"down the street"* (hotéis, restaurantes, quiosques e lojas do comércio tradicional), a Comissão determinou que os clientes para as bebidas da PBG e para as refeições da *PepsiCo*, eram essencialmente diferentes e que os produtos não eram adquiridos em simultâneo. Os estudos da Comissão demonstraram, por outro lado, que os produtos tinham canais de distribuição e ciclos de vendas distintos[920]. Com respeito a este último aspeto, 70% das bebidas eram consumidas sazonalmente nos quatro meses de verão, ao passo que as refeições mantinham uma procura constante ao longo de todo o ano. Esta circunstância fazia degradar ainda mais a capacidade da empresa para oferecer o *bundle* refeição/bebida. Segundo as partes notificantes, nem sequer a *Coca-Cola*, que tinha suficiente poder de mercado, prosseguia este tipo de estratégia, alegadamente por lhe fazer diminuir o nível de retorno.

A Comissão conclui não existirem quaisquer elementos que indiciassem a capacidade e o incentivo da empresa para encerrar o mercado através de práticas de agrupamento misto. A operação é declarada compatível com o mercado comum.

3.3.3 A subordinação técnica

As concentrações com efeitos de conglomerado podem também ocasionar a realização de efeitos anticoncorrenciais quando confiram à entidade combinada a capacidade e o incentivo para prosseguir estratégias de subordinação téc-

---

[919] *Ibidem*, para. 36.
[920] *Ibidem*, para. 38.

nica. Este tipo de subordinação surge, amiúde, quando, em resultado da concentração, os produtos complementares passam a ser disponibilizados apenas como componentes não separáveis de um sistema integrado e incompatível com os componentes individuais das empresas concorrentes. Esta prática é frequente nas indústrias de fabrico de produtos intermédios cuja montagem seja assegurada pelo comprador final ou por outros agentes de mercado *downstream* (*e.g.* a indústria automóvel, informática, etc.). Quando as partes da concentração tenham poder de mercado a respeito de um ou mais produtos complementares, a subordinação técnica pode ter o efeito de excluir os fornecedores concorrentes de componentes individuais, privados que ficam da faculdade de conciliar a utilização dos seus produtos com os daquela empresa. Esta situação pode potencialmente fazer reduzir a margem de rentabilidade destes fornecedores e afetar adversamente o seu estímulo para se manterem competitivos.

A prática comunitária ilustra alguns exemplos da situação que se aborda. Em Novembro de 2000, a Comissão foi chamada a pronunciar-se sobre uma interessante operação de concentração entre duas empresas com atividades nos sectores da Internet e *media*[921]: a *America Online, Inc.* ("AOL") e a *Time Warner, Inc.* ("*Time Warner*"), respetivamente. A operação proposta faria convergir na nova entidade o fornecimento de serviços *on-line* no âmbito da Internet e o fornecimento de conteúdos de entretenimento e *media*. A Comissão identificou quatro mercados relevantes: o mercado de distribuição de obras musicais *on-line*[922]; o mercado de oferta de *software* de reprodução de música[923]; o mercado de acesso à Internet por linha telefónica[924] e o mercado de acesso à Internet por banda larga[925]. A *Time Warner* dispunha de um dos maiores catálogos de músicas *on-line* ao nível do mercado de distribuição europeu[926]. A Comissão manifestou preocupação com a possibilidade de a entidade resultante da operação poder conquistar uma posição dominante no mercado da música *on-line*[927]: "*Uma entidade que controle um catálogo de música desta importância poderá exercer um grande poder no mercado, negando-se a conceder licenças sobre os direitos que detém ou ameaçando não as conceder, ou ainda impondo preços altos ou discriminatórios e outras condições comerciais não equitativas a clientes que pretendam adquirir tais direitos (por exemplo, retalhistas da Internet que oferecem telecarregamentos e leitura em fluxo*

---

[921] Processo COMP/M:1845 – *AOL/Time Warner*.
[922] Cf. Decisão da Comissão de 11.11.2000, Proc. COMP/M1845, *AOL/Time Warner*, J.O. L 268 de 9.10.2001, p. 28 a 48, para. 17 a 27.
[923] *Ibidem*, para. 28 a 32.
[924] *Ibidem*, para. 33 a 37.
[925] *Ibidem*, para. 38 a 41.
[926] *Ibidem*, para. 46 *et seq.*.
[927] *Ibidem*, para. 59.

contínuo de música)."[928]. Para além dos aspetos relacionados com a questão da integração vertical das empresas, a Comissão atentou à possibilidade da *AOL/ /Time Warner* poder seguir estratégias de subordinação, mormente de subordinação técnica. Um dos receios evidenciados pela Comissão foi o de que, em vez de desenvolver tecnologia própria, a entidade combinada decidisse formatar a música da *Time Warner* para a tornar compatível exclusivamente com o *Winamp* da AOL, que passaria então a ser o único sistema de reprodução de música utilizável para este conteúdo[929]. A Comissão previa também que a *AOL/ /Time Warner* alavancasse o poder de mercado detido no mercado de música *on-line* ao mercado do acesso à Internet, através da oferta de pacotes promocionais. A empresa podia, por exemplo, oferecer pacotes atrativos de Internet/ /música, utilizando a música como instrumento de promoção ou produto de lançamento. As assinaturas *AOL/Time Warner* podiam, inclusivamente, oferecer música gratuita durante um determinado período de tempo. A empresa podia utilizar a música *on-line* enquanto plataforma para atrair um número suficiente de novos assinantes que lhe garantisse uma posição dominante no mercado de acesso à Internet. A *AOL/Time Warner* podia também adaptar os CDs da *Time Warner* de forma a incluírem *software* da AOL, destarte incentivando os consumidores a registarem-se na AOL e a obterem-na gratuitamente. A Comissão concluiu que a operação contribuiria para a criação de uma posição dominante no mercado da música *on-line*, do *software* de reprodução de música e no mercado de ligação por linha telefónica à Internet no Reino Unido. A operação foi afinal sancionada e declarada compatível com o mercado comum na sequência da aceitação das medidas corretivas propostas. A Comissão privilegiou uma vez mais, e de forma manifesta, os remédios estruturais em detrimento das restantes medidas propostas que não mereceram praticamente qualquer consideração[930].

Em Abril de 2000, a Comissão foi notificada da operação de concentração entre a *Boeing Company* ("*Boeing*"), uma empresa com atividade nos sectores da aviação comercial, defesa e indústrias espaciais, incluindo a produção e lança-

---

[928] *Ibidem*, para. 47.
[929] *Ibidem*, para. 60.
[930] No que respeita à medida estrutural, as partes comprometeram-se a criar um mecanismo que permitiria à *Bertelsmann* alienar progressivamente a sua participação na *AOL Europe SA* e na *AOL CompuServe France SAS*. A *Bertelsmann* é um grupo alemão do sector dos *media* que presta serviços de fornecimento de Internet em nove países europeus. Segundo a Comissão, com esta medida, a nova entidade não teria acesso à principal fonte de direitos de edição – necessário para a exploração em linha de música na Internet – e, por conseguinte, impedir-se-ia a criação de uma posição dominante no sector da música *on-line*, do mecanismo de reprodução de música e no mercado de ligação por linha telefónica à Internet.

mento de satélites, e a *Hughes Electronics Corporation ("Hughes")*[931]. Esta última fabrica satélites e presta serviços relacionados, incluindo serviços de comunicações e de televisão contra pagamento. A entidade resultante da concentração desenvolveria as suas atividades no fabrico de satélites e de equipamento afim e na prestação de serviços de lançamento de satélites. A Comissão identificou dois mercados relevantes: o mercado dos satélites comerciais[932] e o mercado dos serviços de lançamento de satélites[933]. Dado que o fabrico de satélites e os respetivos serviços de lançamento são complementares, ambos necessários para garantir aos operadores a existência de satélites em órbita, temeu-se, em razão da forte posição da *Hughes* no mercado dos satélites comerciais, que a entidade combinada pudesse induzir estes operadores a recorrerem exclusivamente aos lançadores da *Boeing* e, por conseguinte, a conferirem à *Boeing* uma posição dominante no mercado dos lançamentos de satélites. A Comissão receava, portanto, da possibilidade de alavancagem da posição detida no mercado dos satélites comerciais ao mercado do lançamento de satélites. O efeito de *leveraging* seria alcançado, *inter alia*, através da subordinação técnica dos satélites e dos respetivos lançadores. O lançamento de um satélite exige um trabalho de integração prévio entre o satélite e o lançador em questão. Esta integração pode ser realizada numa base casuística, mas afigura-se ser também possível desenvolver acordos gerais de compatibilidade entre o lançador e a família de satélites. A Comissão receou que, após a operação projetada, a *Hughes* pudesse recusar desenvolver estes acordos de compatibilidade, o que aumentaria os custos e o tempo necessário para a integração dos satélites *Hughes* com os lançadores de empresas terceiras.

A Comissão acabou, porém, por descartar esta possibilidade, notando que: *"apesar de o comportamento descrito (...) poder teoricamente levar os clientes da HSC [Hughes] a favorecerem os lançadores da Boeing, poderá também prejudicar a competitividade da HSC no mercado dos satélites. Por exemplo, ao tornar os satélites HSC menos compatíveis com outros lançadores ou aumentando o custo ou atrasando a integração entre um satélite HSC e um lançador de terceiros, poderá ser uma desvantagem para a HSC no que diz respeito aos clientes que exigem que os seus satélites sejam integrados noutros lançadores. Nesse contexto, é necessário examinar se a entidade resultante da concentração ganharia mais através de contratos de serviços de lançamento suplementares do que através dos contratos perdidos a nível dos satélites, se pretendesse desenvolver um comportamento desse tipo."*[934]. Ao concluir pela inexequibilidade da estratégia de *tying*

---

[931] Processo COMP/M.1879, *Boeing/Hughes*.
[932] Decisão da Comissão de 29.9.2000, Proc. COMP/M.1879, *Boeing/Hughes*, J.O. L 63 de 28.2.2004, p. 53 a 66, para. 19 e ss..
[933] *Ibidem*, para. 48 e ss..
[934] *Ibidem*, para. 83 e ss..

técnico, a Comissão ponderou os seguintes aspetos em especial: i) o facto de os clientes serem extremamente criteriosos na seleção do lançador e considerarem a fiabilidade técnica como critério de importância crucial na escolha do operador do serviço de lançamento[935]; ii) o facto de os clientes não aceitarem que lhes seja imposta a escolha do lançador. Pode ler-se na decisão que *"qualquer tentativa por parte da HSC de conceder satélites compatíveis apenas com a Delta ou a Sea Launch [sistemas de lançamento da Boeing] se confrontaria com resistência dos clientes"*[936]; iii) as partes não disporem de poder de mercado suficiente no mercado dos satélites comerciais, para poderem lucrativamente impor uma estratégia de subordinação técnica[937]. A operação é declarada compatível com o mercado comum e, consequentemente, autorizada.

A Comissão voltou a ter a oportunidade de se pronunciar sobre a subordinação técnica, pouco tempo depois da prolação do acórdão *Tetra Laval*, no caso *Symantec*[938]. A operação, notificada em Fevereiro de 2005, visava a concentração entre a *Symantec Corporation* (*"Symantec"*), uma empresa com atividade no sector da informática e do *software* de segurança (a empresa produzia programas anti-vírus; *firewalls*; *software* de proteção de dados, etc.), e a *Veritas Software Corporation* (*"Veritas"*). Esta última dedicava-se à produção de *software* de armazenamento e de proteção de dados. A Comissão identificou dois mercados relevantes: o mercado do *software* de segurança e o mercado de cópia e armazenamento de dados[939]. A Comissão procurou determinar se a operação visada poderia levar a nova entidade a subordinar tecnicamente os dois tipos de *software*, considerados complementares. A investigação de mercado demonstrou, porém, que os clientes destes produtos adquiriam-nos normalmente em separado e que estes funcionavam de forma independente e a diferentes níveis no sistema operativo do utilizador. A subordinação não seria, portanto, necessária. Pode ler-se na decisão que "(...) *customers would purchase their security and storage solutions typically in separate steps, due to their use in different parts of a user's computer network. Moreover, security software and storage software run on different levels. For instance, security software is typically found on network points such as gateway servers, mail servers and desktops, whereas storage software performs within a storage area network or on storage systems attached to a network. The investigation revealed that both types of software can function properly independently of one another and hence te-*

---

[935] Ibidem, para. 85.
[936] Ibidem, para. 87.
[937] Ibidem, para. 93.
[938] Processo COMP/M.3697 – *Symantec/Veritas*.
[939] Cf. Decisão da Comissão de 15.3.2005, Proc. COMP/M.3697 – *Symantec/Veritas*, para. 10 a 16, disponível em http://ec.europa.eu/competition/mergers/cases/decisions/m3697_20050315_20310_en.pdf.

PARTE III – V. A SUBORDINAÇÃO E O AGRUPAMENTO NO CONTEXTO DO CONTROLO...

chnical bundling is not necessary. Security software scans data looking for patterns which would signal bad behaviour of the system/application, whereas storage software screens data looking for changes and copying data to other locations. While potentially these products could be integrated in a variety of ways, however vendors continue to market these products separately since no particular added value could be achieved from bundling. Moreover, customers tend to purchase security and storage software separately. This has been confirmed by competitors"[940]. A concentração foi autorizada pela Comissão sem quaisquer reservas.

Em Julho de 2009, a Comissão foi chamada a pronunciar-se sobre o projecto de concentração entre a *Oracle Corporation ("Oracle")* e a *Sun Microsystems, Inc. ("Sun")*. A *Oracle* é uma empresa com atividade no sector informático, dedicada ao desenvolvimento e distribuição de soluções de *software* empresarial e serviços relacionados, incluindo *middleware*, bases de dados, e *software* de aplicações. A *Sun*, por seu turno, também ativa no sector da informática, produz diversos tipos de *hardware* e *software*, incluindo sistemas operativos, tecnologia *Java*, *middleware*, *software* de base de dados e serviços relacionados. Tinha sido sugerido, na denúncia, que a empresa estaria, *post* concentração, em condições de adotar determinados comportamentos que surtiriam o efeito de excluir as empresas concorrentes dos vários mercados de *software* e *hardware* afetados. A empresa podia, em especial, adotar procedimentos técnicos tendentes a degradar a interoperabilidade da tecnologia dos seus produtos com aquela dos produtos dos seus concorrentes. O principal receio advinha da possibilidade de se fazer degradar a interoperabilidade entre o seu sistema operativo *Solaris* e o *hardware* e *software* dos seus concorrentes[941]. A Comissão afastou esta hipótese por diversas razões, sempre referenciando a falta de incentivo da entidade combinada para seguir este tipo de estratégia. Por um lado, e à exceção do mercado do *software* de base de dados, as quotas de mercado das partes eram escassas e sem expressão. A Comissão entendeu que se a empresa degradasse a interoperabilidade entre o seu sistema operativo *Solaris* e os equipamentos de *hardware* e *software* da concorrência, e atenta a preferência generalizada por estes produtos, a probabilidade seria a de que os seus clientes passassem a optar por um sistema operativo da concorrência. No que respeita ao *software* de bases de dados, a subordinação técnica com outros produtos da gama faria arriscar a manutenção de uma carteira de clientes que era, de um ponto de vista de estratégia económica, vital para a empresa[942]. O estudo de mercado da

---

[940] *Ibidem*, para. 28 a 30.
[941] Decisão da Comissão de 21.10.2010, processo nº COMP/M.5529, *Oracle/Sun Microsystems*, para. 959.
[942] *Ibidem*, para. 960.

Comissão tinha revelado, por outro lado, que a maioria dos clientes inquiridos não achava crível que a empresa, ainda que agora com presença num maior número de mercados relacionados e complementares, tivesse a capacidade de encerrá-los aos seus concorrentes. A percepção destes clientes era a de que existiam diversas forças competitivas nos diversos mercados afetados, algumas delas com uma presença transversal, e que essa circunstância impediria qualquer manobra de *leveraging*. A Comissão considerou, em todo o caso, que, a ser possível neste contexto, a subordinação técnica deveria antes ser interpretada como fator pró-competitivo gerador de ganhos de eficiência económica uma vez que permitiria reduzir os riscos e os custos suportados pelos consumidores com a integração dos seus sistemas IT[943]. A concentração é autorizada sem quaisquer reservas.

3.3.4 Conclusão

As concentrações com efeitos de conglomerado não têm, normalmente, o efeito *imediato* de alterar a estrutura dos mercados afetados. O que geralmente ocorre é a exploração por parte da nova entidade da sua posição *ex ante* de domínio no mercado principal de forma a gradualmente criar ou reforçar uma posição dominante num mercado adjacente onde, em virtude da operação, passa também a ter presença. A demonstração de efeitos de conglomerado anticoncorrenciais exige um exame preciso, assente em provas sólidas ("*convincing evidence*"), das circunstâncias pretensamente constitutivas dos referidos efeitos[944]. A análise a uma operação de concentração conglomeral é uma análise prospetiva em que a tomada em consideração de um lapso de tempo que se projeta no futuro, por um lado, e o efeito de alavanca necessário para que haja um entrave significativo a uma concorrência efetiva, por outro, implicam que os encadeamentos de causa e efeito sejam dificilmente reconhecíveis, incertos e difíceis de demonstrar[945]. Impõe-se, portanto, sobre a Comissão, a especial obrigação de considerar todos os elementos probatórios disponíveis e avaliar e demonstrar da probabilidade real e efetiva da consumação do prejuízo concorrencial.

A metodologia de análise da Comissão começa por ser, na primeira década de vigência do RCC, algo incoerente, pouco estruturada e desfasada da realidade económica dos mercados. A Comissão assume com alguma ligeireza os efeitos anticoncorrenciais e desconsidera, quase reiteradamente, as razões

---

[943] *Ibidem*, para. 962.
[944] Cf. Acórdão do Tribunal de Justiça (Grande Secção) de 15.2.2005, Proc. C-12/03 P, *Comissão c. Tetra Laval BV*, Colect. 2005, p. I-987.
[945] *Ibidem*, para. 44.

de eficiência alegadas pelas partes. A prática decisória revela que a Comissão considera a existência de domínio combinada com a capacidade das partes, em abstrato, para adotar práticas de *leveraging* como elementos *per se* suficientes para fazer a prova cabal da probabilidade de verificação do dano concorrencial[946]. Em algumas das suas decisões, a Comissão chega mesmo a sugerir que a detenção *ex ante* de posição de domínio ou de poder de mercado significativo não constitui um pré-requisito, bastando a mera demonstração de que a entidade combinada beneficiará de uma vantagem competitiva em razão de passar a dispor de uma mais vasta carteira de produtos, não replicável pelos seus concorrentes[947]. Uma outra característica que assinala este período da prática decisória comunitária contém-se na circunstância de a Comissão tendencialmente não atender às propostas das partes quanto às medidas corretivas comportamentais. A Comissão aparenta confiar apenas nas medidas de carácter estrutural, uma abordagem que haveria de ser posteriormente retificada pelo TJ no acórdão *Tetra Laval*. O ponto de inflexão é assinalado, precisamente, com a intervenção do TPI neste processo. A segunda década de aplicação do RCC é caracterizada pela adoção de uma *"effects based approach"* e, portanto, por uma postura mais económica na apreciação da probabilidade dos efeitos de exclusão. Esta reorientação deve-se, em grande parte, à influência das instâncias judiciais comunitárias, que passam a ser mais predominantes no processo decisório deste tipo de operação. Pese embora o TPI ter anulado a parte da decisão relativa aos efeitos de conglomerado, o acórdão *GE/Honeywell* deve ser interpretado como uma confirmação inequívoca da validade da teoria da alavancagem. O ponto crítico parece ter sido, efetivamente, a debilidade da metodologia de análise da Comissão. Baxter, Dethmers e Dodoo observam que *"In the immediate aftermath of the of the CFI's Judgment some commentators predicted that this would make it difficult, if not impossible, for the Commission successfully to pursue conglomerate effects in future cases. A closer examination of the CFI's judgment suggests otherwise, as indicated by a number of Commission's officials in public fora. It is suggested that the CFI's central message is that the Commission failed properly to set out this case. Indeed, the Commission's theories of conglomerate harm were not dismissed outright. The CFI found that the Commission failed to provide any factual basis for – or even address – the relevant facts. In so doing, the CFI provided the Commission with a roadmap for assessing conglomerate mergers in the future"*[948]. Será este *"roadmap"* que pretendemos precisar no ponto seguinte do nosso trabalho.

---

[946] Cf., *inter alia*, Decisão da Comissão de 15.10.1997 em *Guiness/Grand Metropolitan*.
[947] Cf., *e.g.*, Decisão da Comissão de 2.10.1991 em *Aerospatiale-Alenia/De Havilland*.
[948] Cf. SIMON BAXTER, FRANCIS DETHMERS e NINETTE DODOO, "The GE/Honeywell Judgment and the Assessment of Conglomerate Effects: What's New in EC Practice?" *in European Competition Journal*, vol. 2, nº 1, Hart Publishing, s/l, 2006, p. 141 a 167, p. 153.

A doutrina tem, por vezes, individualizado a teoria dos efeitos de carteira como teoria autónoma de dano concorrencial, destrinçando-a da teoria de *leveraging*[949]. Esta tese, tal como proposta por estes autores, funda-se no receio de que o poder de mercado da nova entidade seja criado ou reforçado pelo reforço recíproco resultante da presença em diversos mercados conexos. O poder de mercado da carteira de produtos seria, pois, superior à soma do poder de cada um dos produtos individualmente considerados. Os defensores desta autonomização parecem buscar inspiração à decisão da Comissão no caso *Guiness/Grand Metropolitan*, onde se lê que *"O possuidor de uma carteira de marcas líder de bebidas espirituosas pode beneficiar de algumas vantagens. Em especial, a sua posição em relação aos seus clientes é mais forte, uma vez que poderá fornecer uma gama de produtos e representará uma maior proporção das suas atividades, terá maior flexibilidade para estruturar os seus preços, promoções e descontos, terá um maior potencial de vinculação e poderá realizar economias de escala, bem como terá maiores possibilidades para as suas vendas e atividades de comercialização. Finalmente, a ameaça implícita (ou explícita) de uma recusa de fornecimento é mais forte."*[950]. A Comissão parece interpretar os efeitos de *portfolio* como um género de coleção de diferentes teorias de dano concorrencial, entre as quais a teoria da alavancagem de poder de mercado. Julgamos que esta abordagem deve ser criticada por estar aqui a introduzir-se um novo conceito no regime do controlo das concentrações, que pouco ou nada contribui para o incremento da qualidade e efetividade da sua própria metodologia de análise. Dir-se-á, aliás, que esta interpretação poderá servir até como pretexto para justificar uma intervenção regulatória excessiva e ilegítima no âmbito RCC. A teoria dos efeitos de carteira deve ser interpretada de forma restritiva, no sentido de se referir exclusivamente à realidade económica da alavancagem de poder de mercado a mercados adjacentes não dominados[951].

3.4 Metodologia de análise

A jurisprudência estabelecida em *Tetra Laval* e *GE/Honeywell*, e a doutrina da decisão *GE/Amersham*, lançam as bases de uma metodologia de análise aos efeitos de *leveraging* que assenta, no nosso entender, em três pilares: em primeiro lugar, na capacidade da nova entidade para prosseguir, *ex post*, estratégias de subordinação ou agrupamento nos mercados onde passa a ter presença; em segundo lugar, no incentivo comercial da nova entidade para adotar esse comportamento e, em terceiro lugar, na probabilidade da estratégia de *leveraging*

---

[949] Cf., *inter alia*, MIGUEL MOURA E SILVA, *op. cit.*, p. 946 e ss..

[950] Decisão da Comissão de 15.10.1997, Processo IV/M.938 – *Guiness/Grand Metropolitan*, J.O. L 288/24, para. 40.

[951] Neste sentido ver também SIMON BISHOP e MIKE WALKER, *The Economics of Competition Law*, Sweet & Maxwell, Londres, 1999, p. 160.

implementada resultar na efetiva exclusão dos concorrentes dos mercados relevantes. A metodologia de análise que se propõe exige a consideração de uma série de fatores a que faremos menção nos pontos subsequentes deste trabalho.

3.4.1 O 1º pilar: a capacidade para alavancar

A) O poder de mercado
A capacidade de prosseguir, em concreto, uma qualquer estratégia de *leveraging*, e de com ela propulsionar o reforço ou a criação de uma posição de poder no mercado alvo, depende, antes de mais, do poder de mercado agregado da entidade combinada nos dois mercados entre os quais a alavancagem se processará. A existência *ex ante* de poder de mercado é um pré-requisito da alavancagem de exclusão que parece ser incontroverso. A maioria dos modelos teóricos que abordámos no início deste estudo parte do pressuposto, como vimos, que a empresa em causa goza de poder de mercado monopolista ou *quasi* monopolista a respeito, pelo menos, do produto subordinante[952]. Um dos reconhecimentos mais explícitos da indispensabilidade deste requisito está vertido na decisão da Comissão em *GE/Amersham*, onde se lê, no seu paragrafo 37, que, "*Indeed, for commercial bundling to result in foreclosure of competition it is necessary that the merged entity is able to leverage its pre-merger dominance in one product to another complementary product*". Este entendimento é confirmado mais tarde, como vimos, nas decisões da Comissão em *Schaeffler/Continental* e *Toshiba/Fujitsu*. A jurisprudência reflete esta mesma orientação. No caso *Tetra Laval/Sidel*, por exemplo, o TPI corroborou o entendimento da Comissão de que a combinação do poder de mercado detido pela *Tetra Laval*, no mercado dos equipamentos e dos produtos consumíveis para embalagens de cartão, e da proeminência da *Sidel*, no mercado das máquinas SBM para produtos sensíveis, satisfazia o requisito estrutural para que se pudessem produzir efeitos de alavancagem.

B) Constrangimentos de índole comercial
Mesmo quando a entidade combinada goze de poder de mercado a respeito do produto subordinante[953], a probabilidade do sucesso da estratégia de alavancagem dependerá, em boa medida, da disponibilidade e da vontade dos consumidores para a sustentar. Se um número significativo de consumidores considerar a oferta combinada comercialmente desinteressante ou mesmo objecionável, como sucede, por vezes, nas situações de subordinação ou agrupamento puro, a probabilidade é que passem a adquirir os diferentes componentes em sepa-

---

[952] Cf., *inter alia*, MICHAEL D. WHINSTON, "Tying, Foreclosure and Exclusion", *The American Economic Review*, vol. 80, No. 4, s/l, September 1990, pp. 837-859.
[953] Ou de um dos componentes do *bundle*, em caso de agrupamento.

rado de fornecedores concorrentes, se tal lhes for de todo possível. A perda da reputação comercial da nova entidade pode atrair consequências significativamente mais nefastas do que a simples perda de um cliente, ao que acresce o risco da denúncia e da intervenção das entidades regulatórias da concorrência por comportamento abusivo. A empresa enfrentará constrangimentos de índole comercial na implementação da sua estratégia de *leveraging* nas seguintes situações:

i) Base de clientes comum para cada produto do *bundle*: a alavancagem de poder de mercado pressupõe que o consumidor adquira combinadamente dois ou mais produtos pertencentes a mercados distintos. A estratégia de alavancagem, e bem assim de exclusão, é comprometida quando não exista uma ampla base comum de clientes para cada produto, isto é, quando seja parco o número de consumidores interessados em adquirir os dois produtos. Compreender-se-á a relutância dos consumidores para tolerarem a imposição da venda combinada, quando o *bundle* inclua um produto de que não necessitem, mesmo quando a oferta seja feita a um preço excecionalmente reduzido. As quotas de mercado relevantes deverão pois respeitar, em grande medida, aos mesmos consumidores, o que ocorrerá, em princípio, quando os produtos em questão forem complementares. Ainda que teoricamente seja possível a adoção de uma estratégia de subordinação ou agrupamento seletivo, em função apenas dos consumidores que sejam comuns aos dois produtos, na realidade torna-se bastante complexa a tarefa de isolar e identificar este tipo de cliente[954]. O consumidor tentará, amiúde, escapar à imposição do *bundle* alegando que apenas lhe interessa um dos produtos, uma circunstância sempre difícil de comprovar. Quanto ao agrupamento misto, os consumidores poderão questionar sobre as razões que levam a empresa a praticar um preço reduzido apenas com relação a uma combinação de produtos para a qual existe uma procura limitada. A inexistência de uma base comum de clientes para ambos os produtos do *bundle* tem levado a Comissão, em algumas das suas decisões, a afastar a possibilidade de *leveraging*[955].

ii) A aquisição de ambos os produtos em simultâneo: mesmo quando exista uma ampla base comum de clientes para ambos os produtos subordinante e subordinado, a oferta combinada, seja ela configurada sob a forma de subordinação ou agrupamento, poderá não ser comercialmente exequível quando os consumidores tipicamente não adquiram os produtos visados em simultâneo, seja porque estes não estejam comercialmente relacionados ou porque as

---

[954] A Comissão sugere esta possibilidade na sua decisão *Tetra Laval*. Cf. para. 362 a 365 e 367.
[955] *Vide, inter alia*, PEPSICO/THE PEPSICO BOTTLING GROUP, proc. COMP/M.5633, para. 37, e CSN/CIMPOR, proc. COMP/M.5771, para. 27.

respetivas decisões de compra são tomadas em momentos diferentes[956]. Pode também suceder que as decisões de compra de uma mesma empresa sejam tomadas por diferentes órgãos internos com poder decisório independente, ou por diferentes filiais cujas necessidades de compra não estejam alinhadas temporalmente.

No processo *GE/Honeywell*, a Comissão alegou que não seria impeditivo do agrupamento a circunstância de a seleção dos motores e dos produtos aviónicos ser efetuada em momentos diferentes, uma vez que a empresa poderia recorrer a *"disposições contratuais"* suscetíveis de permitir a agregação diferida de produtos[957]. Na prática, referia a Comissão, *"isto significa que a entidade resultante da concentração oferecerá descontos retroativos que irão aumentando na proporção do número de produtos que os clientes venham eventualmente a adquirir-lhe"*[958]. O TPI admite que a não coincidência temporal das vendas não afasta necessariamente a possibilidade de agrupamento, mas esclarece que *"esta consideração reduz significativamente as possibilidades de vendas de produtos por pacotes mistas que incluam este motor e torna mais difícil a realização destas vendas pela entidade resultante da fusão"*[959]. É certo que o esquema dos descontos retroativos pode ser utilizado para criar um elo comercial entre duas ofertas distintas, mas é improvável que seja tão eficaz no redireccionamento da procura para a nova entidade como a simples oferta combinada. Nos casos em que a compra do segundo produto seja diferida, e porque o consumidor não está ainda comprometido com a sua aquisição, a oferta de descontos retroativos poderá não ter um impacto decisivo na decisão de compra do primeiro produto, particularmente dada a existência de outras ofertas alternativas. Podemos concluir, em termos genéricos, que a aquisição não simultânea dos produtos constitui tipicamente um obstáculo à implementação da estratégia de *leveraging*, embora um cuja importância deve ser apreciada numa lógica *case-by-case*.

iii) Preferências dos consumidores que condicionam a oferta combinada: um terceiro constrangimento comercial, que afeta especialmente a implementação de práticas de agrupamento misto, resulta da circunstância de a aquisição dos produtos não ser, por vezes, motivada por questões puramente económicas e em função dos preços praticados. Os consumidores podem, por exemplo, querer adquirir os produtos em virtude da sua excecional qualidade ou por estes apresentarem determinadas características físicas ou técnicas que são particularmente apreciadas. Quando a qualidade do produto seja um fator decisivo,

---

[956] Cf. Decisão da Comissão em *GE/Amersham*, proc. COMP/M. 3304, para. 35.
[957] Cf. para. 373 da Decisão.
[958] *Ibidem*.
[959] Cf. para. 413 do acórdão.

por exemplo porque os custos associados à avaria de um componente essencial numa linha de montagem industrial são elevados, o cliente tende a não sentir-se persuadido com a oferta de pacotes promocionais, uma vez que lhe faz precludir a possibilidade de selecionar o produto que melhor se adapta às suas necessidades específicas. A Comissão já tem rejeitado alegações de *leveraging* por entender que os consumidores preferiam, nesses casos, preservar a liberdade de poder selecionar os componentes individuais numa base *mix-match*[960].

C) Constrangimentos de índole legal
Para além dos aspetos comerciais, a prossecução de estratégias de *leveraging* pode ser também condicionada pela existência obstáculos de natureza legal. Já vimos que as práticas de alavancagem são suscetíveis de surtir efeitos de exclusão e, como tal, passíveis de serem contestadas e punidas *ex post* ao abrigo do regime contido no artigo 102º do TFUE. Importa, nesta fase da análise, determinar da probabilidade da adoção destes comportamentos tendo em consideração o seu carácter ilícito e, por conseguinte, a probabilidade da sua deteção e o risco da aplicação de sanções de natureza pecuniária. O Tribunal de Justiça declarou, no seu acórdão *Tetra Laval*, que foi com razão que o TPI tinha considerado que a probabilidade da adoção de determinados comportamentos futuros devia ser examinada de forma completa, ou seja, tomando em consideração não apenas os incentivos à adoção de tais comportamentos como os fatores suscetíveis de diminuir, ou até de eliminar, tais incentivos, incluindo o carácter eventualmente ilegal destes comportamentos[961]. No entanto, declarou igualmente que seria contrário ao objetivo de prevenção do RCC exigir que a Comissão examinasse, em relação *a cada projeto* de concentração, em que medida os incentivos à adoção de comportamentos anticoncorrenciais seriam reduzidos, ou mesmo eliminados, em razão da ilegalidade dos comportamentos em questão[962]. Esta solução aparentemente antinómica fez gerar algumas dúvidas quanto à exata função e influência do artigo 102º do TFUE no contexto da análise deste tipo de operações, designadamente a de saber em que circunstâncias é que a Comissão é obrigada a examinar e enquadrar a operação à luz deste dispositivo legal, e o tipo e grau de prova que lhe é exigido. O acórdão do TPI em *GE/Honeywell* procura oferecer alguma orientação sobre estas questões. Segundo o Tribunal, a Comissão deve, em princípio, tomar em consideração o carácter eventualmente ilegal, e, portanto, passível de ser sancionado, de um comportamento enquanto fator suscetível de diminuir, ou até de eliminar, os

---

[960] Ver, por exemplo, a Decisão *Boeing/Hughes*, proc. nº COMP/M.1879.
[961] Cf. para. 74 do acórdão.
[962] Cf. para. 75 do acórdão.

incentivos para que uma empresa adote um dado comportamento. Esta apreciação não exige, contudo, um exame exaustivo e detalhado das legislações das várias ordens jurídicas que podem ser aplicadas e da política repressiva por estas praticada. O aresto salienta que uma análise destinada a demonstrar a existência provável de uma infração e a assegurar que esta será objeto de sanção em várias ordens jurídicas seria demasiadamente especulativa[963]. O Tribunal procura então esclarecer especificamente quanto ao enquadramento do artigo 102º do TFUE: *"a Comissão (...) não é obrigada a demonstrar que o comportamento previsto para o futuro será realmente constitutivo ou não de uma infração ao artigo 82º CE nem que, se for caso disso, esta infração poderá ser identificada e punida, podendo limitar-se, a este respeito, a uma análise sumária baseada nos elementos de que dispõe"*[964].

Parece-nos que a abordagem proposta pelo TPI oferece pouca ou nenhuma certeza legal quanto ao exato escopo e qualidade da análise que se exige da Comissão relativamente ao efeito dissuasor do artigo 102º do TFUE. Uma vez que só é obrigada a *"tomar em consideração"* este efeito, a Comissão pode, porventura, sentir-se inclinada a aligeirar a análise e dispensar um exame mais detalhado dos factos e das circunstâncias relevantes. Este perigo é tanto mais óbvio quando é o próprio Tribunal a sugerir que a apreciação da Comissão *"não exige um exame exaustivo"* sobre se a alegada conduta viola o artigo 102º do TFUE.

A obrigação imposta à Comissão de examinar e tomar em consideração o possível efeito dissuasor deste normativo parece surgir apenas, como nota o Tribunal, nos casos em que esta conduta seja, *"com um elevado grau de probabilidade"*, contrária ao direito comunitário[965]. Cremos que esta probabilidade será especialmente acentuada, *inter alia*, quando a conduta em questão seja propulsionada por intentos estratégicos visando a alavancagem de poder de mercado. A consideração do artigo 102º do TFUE reputa-se, portanto, absolutamente pertinente quanto aos comportamentos de que nos ocupamos.

Como aplicar o teste do efeito dissuasor na prática? Já vimos que o foco de análise deverá incidir na forma como o incentivo em prosseguir a conduta ilegal é afetado, em particular, pela probabilidade de deteção e da imposição de multas pecuniárias. A probabilidade de deteção variará, normalmente, em função do tipo de estratégia de *leveraging* prognosticada pela Comissão. A subordinação contratual ou o agrupamento puro serão mais facilmente detetáveis do que as práticas mais subtis de agrupamento misto. Cremos também que o incentivo em prevaricar será maior quando a transação tenha uma dimensão mundial e se preveja que uma parte substancial das práticas de *leveraging* adi-

---

[963] Cf. para. 73 e 303 do acórdão.
[964] Cf. para. 304 do acórdão.
[965] Cf. para. 75 do acórdão.

vinhadas pela Comissão ocorram fora do espaço comunitário. Um outro aspeto que poderá relevar é o grau de sofisticação dos potenciais concorrentes em termos da sua capacidade e incentivo para atacar estas condutas junto das autoridades da concorrência e dos tribunais competentes. Num processo como o *GE/Honeywell*, em que os concorrentes denunciantes se fizeram assistir de especialistas económicos e apresentaram modelos teóricos detalhados em apoio das suas teorias de exclusão, não nos parece irrazoável supor que, após a consumação da concentração, os concorrentes tivessem igual capacidade e determinação para prosseguirem sofisticadas estratégias regulatórias no âmbito de uma investigação por infração ao artigo 102º TFUE, ou já no decorrer do litígio judicial subsequente.

3.4.2 O 2º pilar: o incentivo para alavancar

O incentivo para alavancar, através da subordinação ou do agrupamento, depende do grau de rentabilidade da estratégia esboçada[966]. Importa, pois, atentar aos potenciais ganhos resultantes da monopolização dos mercados adjacentes e contrapô-los analiticamente aos custos decorrentes da implementação e prossecução deste tipo de vendas. Os benefícios que decorrem da detenção de uma posição dominante podem variar significativamente entre qualquer um dos mercados relevantes afetados. Se estes benefícios forem consideravelmente inferiores no mercado adjacente, fará pouco ou nenhum sentido que a entidade combinada arrisque sacrificar a posição detida no mercado principal pela imposição destas práticas. A elasticidade da procura pode, por exemplo, ser maior no segundo mercado, e assim fazer com que a alavancagem extraia daqui um lucro mais modesto. A escala de economias pode também variar: se os custos marginais forem degressivos no mercado A, por exemplo por os níveis de produção se manterem abaixo de um determinado valor referencial[967], pode ser substancialmente mais lucrativo à entidade combinada manter o seu poder de mercado em A do que tentar alavancá-lo a um segundo mercado onde os custos marginais sejam tendencialmente constantes ou crescentes. A manutenção do poder de mercado no mercado principal pode trazer outros benefícios

---

[966] Cf. para. 105 das Orientações da Comissão para a apreciação de concentrações não horizontais.
[967] Em situação normal, o custo marginal começa por decrescer à medida que se aumenta a quantidade produzida, situação que se justifica pelo facto de existirem custos fixos que se diluem em quantidades maiores (é o chamado efeito de escala). Contudo, a partir de certa altura, os ganhos proporcionados pelo efeito de escala deixam de ser suficientes para compensar os acréscimos de custos originados pelo aumento dos próprios custos variáveis, originando um aumento dos custos marginais. Este aumento dos custos variáveis é uma consequência direta da Lei das Produtividades Marginais Decrescentes cujos efeitos são tanto maiores, quanto maiores forem as quantidades produzidas.

não replicáveis no mercado adjacente, *e.g.*, a venda *"follow-on"* de consumíveis. Cremos que se a Comissão tivesse procedido a um exame mais esmiuçado das circunstâncias do caso *Tetra Laval*, teria possivelmente chegado à conclusão de que a alavancagem seria *prima facie* improvável. Ainda que a propósito da possível eliminação da concorrência potencial, o TPI reconheceu que a *Tetra Laval* não tinha qualquer incentivo em sacrificar as vendas dos sistemas de embalagem em cartão asséptico em prol das vendas das máquinas SBM da *Sidel*, uma vez que estas eram inferiores em número e tinham margens de lucro mais reduzidas[968].

3.4.3 O 3º pilar: a probabilidade dos efeitos de exclusão

O elemento crucial da análise sobre a viabilidade da estratégia de *leveraging* respeita ao seu potencial para causar a efetiva exclusão dos concorrentes dos mercados relevantes ou, pelo menos, a sua retração para nichos de mercado secundários. Cremos que a esta análise importa a consideração dos seguintes fatores:

3.4.3.1 A "saída suficiente" dos concorrentes dos mercados alvo

No epicentro da análise aos efeitos de exclusão está a presciência de que, em resultado da implementação da estratégia de *leveraging*, um número significativo de concorrentes da entidade combinada encerre a sua atividade comercial, abandone os mercados relevantes ou retraia a sua atividade a nichos de mercado secundários, de tal forma que se deixe de exercer uma pressão competitiva efetiva sobre a nova entidade. Ainda que se possam facilmente gizar diversas asserções abstratas sobre o tema, uma previsão substanciada de exclusão de mercado é uma tarefa complexa de se realizar.

i) A eficácia das práticas de alavancagem no desvio das vendas dos concorrentes: o primeiro aspeto a tomar em consideração numa análise prospetiva de exclusão respeita à eficácia deste tipo de estratégias em fazer desviar para a entidade combinada as vendas tradicionalmente captadas pelos seus concorrentes e em tornar a presença no mercado destes agentes económicos gradualmente menos rentável e aliciante. O caso *Tetra Laval* evidencia que a concorrência só é suscetível de ser significativamente restringida quando as práticas de *leveraging* cubram uma proporção suficientemente elevada das vendas totais efetuadas nos mercados em que se preveja que a exclusão ocorra. Neste caso, como vimos, não havia uma substancial base comum de clientes para ambos os produtos: a maioria dos clientes das máquinas SBM da *Sidel* não tinha procura

---

[968] Cf. para. 329 do acórdão.

pelos sistemas de embalagem cartão da *Tetra Laval*[969]. Isto decorria, no essencial, do facto de os dois sistemas serem substitutos. A estratégia de *leveraging* seria ineficaz na medida em que os concorrentes continuariam a ter acesso a uma parte significativa do mercado, imune à subordinação e, portanto, *"unforecloseable"*. Nos casos de agrupamento misto, a capacidade e o incentivo da entidade combinada para praticar preços abaixo daqueles dos seus concorrentes depende da elasticidade da procura. Se a procura for relativamente inelástica, a redução do preço de um dos produtos não terá o efeito de gerar um acréscimo de procura pelo segundo, uma circunstância que faz naturalmente diminuir o apetite da empresa para oferecer um desconto pelo *bundle*[970].

Qualquer modelo teórico que preveja o desvio de vendas em resultado da criação, a favor da entidade combinada, de um *portfolio* mais alargado de produtos deverá ser corroborado por elementos probatórios empíricos relativos à dinâmica dos mercados afetados. Em particular, dever-se-á atentar aos casos em persistam no mercado empresas de escopo especializado, dedicadas à produção de um conjunto restrito de produtos, e que ainda assim prosperem e logrem entrar em direta concorrência com outras empresas de *portfolio* mais alargado[971]. Será incorreto e precipitado concluir, quando tal suceda, que a alavancagem atua, efetivamente, como ferramenta eficaz no desvio de vendas para as entidades de *portfolio* alargado.

ii) A existência de contra-estratégias ao dispor dos concorrentes: mesmo quando as práticas de alavancagem tenham um potencial significativo para lograrem o desvio destas vendas, os seus efeitos serão sempre limitados se os concorrentes estiverem em condições de replicar a carteira de produtos e oferecer *bundles* de características similares[972]. Se a teoria de alavancagem for baseada no agrupamento misto, os concorrentes estarão, em princípio, em condições de beneficiar, em igual medida, de quaisquer *"pricing efficiencies"* realizadas pela entidade combinada. Nos casos de subordinação contratual e agrupamento puro, a existência de concorrentes com carteiras de produtos similares à da entidade combinada oferece uma alternativa aos consumidores que se quei-

---

[969] A Comissão previa que esta base comum passasse a existir *post* concentração. Cf. 359 da Decisão. Esta previsão parece fazer pouco sentido e ser de escassa utilidade: a criação da base seria apenas uma decorrência da imposição das práticas de *leveraging* prognosticadas.

[970] A importância da elasticidade da procura é bem atestada pela Comissão na sua Decisão em *GE/Honeywell*. Cf. para. 374 a 376.

[971] Parece-nos que o caso *GE/Honeywell* ilustra bem este cenário relativamente ao mercado dos produtos aviónicos. A *Rockwell* e a *Thales* tinham uma carteira de produtos bem mais limitada do que aquela da *Honeywell*, apresentando no entanto quotas de mercado substanciais em relação a alguns produtos aviónicos. Cf. Decisão da Comissão para. 245 a 367, 305 e 306 e 314 a 317.

[972] Cf. o acórdão do TPI em *Tetra Laval*, para. 293 a 297, sublinhando a especial capacidade dos concorrentes SIG e *Elopak* para oferecerem uma carteira de produtos competitiva.

ram desvincular da oferta combinada imposta. Note-se que o fator cardinal de análise revolve em torno da existência de uma alternativa competitiva ao *bundle* da entidade combinada, e não propriamente das quotas de mercado que o concorrente detém nos dois mercados à altura da realização da concentração.

Pode também suceder que os concorrentes não consigam rivalizar a carteira de produtos da nova entidade, mas que mesmo assim logrem, de forma concertada, através de acordos de cooperação celebrados entre si[973], lançar no mercado uma oferta que iguale a daquela entidade em termos de vantagens e mais-valias para o consumidor. A credibilidade deste tipo de resposta dependerá do circunstancialismo factual de cada caso em particular. Importará determinar se esta cooperação é suficientemente eficaz, como estratégia defensiva, na proteção de um volume suficiente de vendas que permita assegurar a subsistência comercial destes concorrentes e manter a pressão competitiva sobre a entidade combinada[974].

iii) A existência de contra-estratégias ao dispor dos clientes: é importante averiguar, por outro lado, se, perante a iminência da exclusão de um ou mais fornecedores dos mercados relevantes, os clientes estão em condições de adotar medidas destinadas a manter um núcleo competitivo de fornecedores e evitar a deterioração da estrutura do mercado. Afigura-se-nos possível alvitrar algumas contra-estratégias, pelo menos, quando a procura for concentrada e composta por compradores sofisticados, bem informados e com capacidade financeira. Os clientes poderão adotar, conjunta ou isoladamente, políticas de *"multiple sourcing"*. Numa indústria em que releve o *"know-how"*, os clientes podem, por exemplo, encetar acordos de colaboração com os fornecedores que estejam em risco de exclusão e contribuir para o seu *"know-how"*. Os acordos de cooperação podem também ser úteis quando permitam a transmissão de informação sobre padrões e características relevantes de compra e, eventualmente, de informação comercial sensível sobre a entidade combinada, logrando-se, pois, os efeitos de uma *quasi* integração vertical.

---

[973] Ou mesmo através de operações de concentração.

[974] A Comissão aparenta ser bastante cética quanto à eficácia e mais-valia competitiva destes acordos de cooperação. Na sua Decisão em *GE/Honeywell* a Comissão deixa claro que *"Os acordos de cooperação são, efetivamente, um método frágil e incerto, na medida em que envolvem uma coordenação complexa entre diferentes entidades e pode levar a conflitos de interesses entre os participantes quando é preciso decidir sobre a tecnologia a escolher, o posicionamento dos produtos e a repartição de receitas e lucros. Ao contrário de um fornecedor único, que tem a possibilidade de praticar a subvenção cruzada de componentes a fim de estabelecer um preço estratégico para o pacote agregado, cada parceiro de um acordo de cooperação deseja maximizar os seus próprios lucros, hesitando, portanto, em sacrificar as suas margens para benefício dos outros parceiros"*. Cf. 379 da Decisão.

Atendendo a que existia, e existe, um elevado nível de concentração da procura por motores a jacto para aviões de grande porte, em especial ao nível dos fabricantes de estruturas (*Airbus* e *Boeing*), não será de todo despiciendo questionarmo-nos se, no caso *GE/Honeywell*, não deveria ter sido equacionada a probabilidade da adoção deste tipo de contra-estratégia.

iv) A capacidade de resistência às estratégias de *leveraging*: quando a alavancagem seja eficaz no desvio da procura e a adoção de contra-estratégias não se afigure como opção realista, importará então determinar do grau de resistência dos concorrentes, *i.e.* saber durante quanto tempo estes conseguirão exercer a sua atividade sob a influência negativa das estratégias de alavancagem da entidade combinada. Em princípio, será de esperar maior resistência em indústrias caracterizadas por elevados custos variáveis e reduzidos custos fixos, por ser possível ao concorrente, nestas circunstâncias, continuar a laborar de forma lucrativa mesmo quando se verifique uma quebra significativa no volume de vendas. Uma análise mais atenta, no caso *Tetra Laval*, teria tomado em consideração o facto de a vasta maioria dos fabricantes de máquinas SBM assegurarem o seu volume de produção por via da subcontratação, uma opção que lhes fazia reduzir drasticamente os custos fixos. O desvio de vendas através da alavancagem terá, doutro passo, um efeito mais significativo em indústrias em que os custos fixos sejam altos e os custos variáveis baixos, em especial quando o incremento das vendas proporcione vantagens acrescidas através da realização de efeitos de rede, como acontece atualmente, por exemplo, com a venda de determinadas aplicações de *software*. Mas mesmo quando os custos fixos sejam elevados, como no caso dos mercados aviónicos em *GE/Honeywell*, caracterizados pelos investimentos avultados em R&D (pelo menos a longo prazo), a Comissão deve ainda averiguar se os concorrentes não terão os incentivos e os recursos financeiros para se manterem ativos no mercado. Parece-nos que quando o mercado alvo exiba características que o tornem particularmente convidativo às manobras de monopolização da entidade combinada (*e.g.* pouca elasticidade da procura, economias de escala, fortes obstáculos à entrada), os concorrentes terão, em princípio, um mesmo incentivo em nele permanecer.

v) Saída de um número suficiente de concorrentes: Não é realista supor, num contexto em que a entidade combinada enfrente forte concorrência no mercado alvo por parte de dois ou mais concorrentes, que a exclusão destes operadores económicos ocorra em simultâneo, exatamente à mesma altura. É importante considerar, nesta hipótese, os efeitos da saída do primeiro concorrente no comportamento dos restantes e na estrutura do mercado. Não se pode presumir, sem mais, que a quota de mercado do concorrente excluído seja anexada na sua totalidade pela nova entidade. Se os produtos de um dos concorrentes forem substitutos próximos daqueles do concorrente excluído, será legítimo supor que o primeiro beneficie substancialmente com a exclusão e que assim naturalmente se exponencie a respetiva probabilidade de sobrevivência no mercado em questão. O prognóstico de exclusão de mercado terá, pois, que levar em especial consideração a dinâmica específica do mercado.

3.4.3.2 A improbabilidade de reentrada

Não basta à análise de exclusão que se preveja que a entidade combinada seja capaz de forçar o abandono de um número suficiente de concorrentes do mercado de forma a nele criar ou reforçar uma posição dominante. O nº 3 do artigo 2º do Regulamento nº 139/2004 (RCC) refere que devem ser declaradas incompatíveis com o mercado comum "*as concentrações que entravem significativamente uma concorrência efetiva, no mercado comum ou numa parte substancial deste, em particular em resultado da criação ou do reforço de uma posição dominante*". Este é um critério que tem sido interpretado pela Comissão no sentido de se exigir a estabilidade da posição dominante criada ou reforçada durante um período temporal significativo[975]. O incentivo económico da nova entidade para a implementação de estratégias de *leveraging* seria seriamente comprometido se a posição dominante visada fosse de natureza meramente temporária. Repare-se que, nesta hipótese, o lucro extraído dessa posição seria provavelmente insuficiente para cobrir os custos suportados com a implementação da alavancagem. Temos, portanto, que é crucial que o ensaio prospetivo quanto aos potenciais efeitos de exclusão compreenda uma análise à probabilidade de reentrada no mercado já após a estratégia de *leveraging* ter surtido a exclusão dos concorrentes e a entidade combinada tentado o aumento dos preços ou a redução do volume de produção. A entrada no mercado pode ser *de novo* ou consistir na reentrada dos concorrentes que haviam anteriormente abandonado o mercado. A análise que se exige quanto à probabilidade de entrada é sumarizada nas Orientações da Comissão para a apreciação das concentrações horizontais[976]. Para que a possibilidade de entrada possa limitar o poder de mercado criado pela concentração é necessário que essa entrada seja provável, no sentido de

---

[975] Cf. Decisão da Comissão em *Aerospatiale-Alenia/de Havilland*, para. 53, onde se pode ler que "*Em termos gerais, uma operação de concentração que origine a criação de uma posição dominante pode, no entanto, ser compatível com o mercado comum, na aceção do nº 2 do artigo 2º do regulamento, se existir uma forte evidência que esta posição é apenas temporária e desaparecerá rapidamente devido à grande probabilidade de uma forte entrada de empresas no mercado. Com tal entrada no mercado, não é provável que a posição dominante impeça de forma significativa uma concorrência efetiva, na aceção do nº 3 do artigo 2º do regulamento. Para avaliar se a posição dominante da ATR/de Havilland é suscetível de impedir de forma significativa uma concorrência efetiva é necessário apreciar a probabilidade de novas entradas no mercado*".
[976] Cf. Orientações para a apreciação das concentrações horizontais nos termos do regulamento do Conselho relativo ao controlo das concentrações de empresas, J.O. C 31/5 de 5.2.2004, para. 68 a 75.

ser suficientemente rentável aos preços praticados após a entrada, considerando os obstáculos à entrada e tendo em conta a reação das empresas estabelecidas; realizada em tempo útil e suficiente, isto é, com uma magnitude bastante para anular os efeitos anticoncorrenciais.

3.4.3.3 Considerações sobre os elementos probatórios

O TJ deixou bem claro, no seu aresto em *Tetra Laval*, que, no âmbito de uma análise prospetiva, a qualidade dos elementos de prova apresentados para demonstrar a probabilidade da adoção de uma estratégia de alavancagem e a produção de efeitos anticoncorrenciais é especialmente importante[977]. A questão sobre se com esta exigência o TJ alterou o critério de prova e estabeleceu uma presunção de licitude de determinadas operações de concentração está ainda aberta a discussão[978]. É certo que a qualidade e objetividade dos elementos de prova carreados para o processo é sempre bem-vinda, mas o Tribunal parece ter ignorado que no âmbito da análise *antitrust*, em especial do exame prospetivo de operações de concentração, a incerteza é sempre um elemento predominante. Como nota Howarth, *"the results of a merger are not susceptible to proof one way or the other"*[979]. Mesmo que se flexibilize o critério probatório e se amenizem as exigências de prova, continuará a ser extremamente complexa, mesmo para uma entidade reguladora sofisticada como a Comissão, com amplos recursos ao seu dispor, a tarefa de produzir um conjunto sólido de elementos de prova que sustente inequivocamente os prognósticos de exclusão: as provas documentais reveladoras de intenção são, as mais das vezes, difíceis de obter; as alegações dos concorrentes quanto ao risco de marginalização e de encerramento do mercado são frequentemente exageradas e apenas refletem o receio

---

[977] Cf. para. 44 do acórdão.
[978] O então Presidente do TPI defendeu que não. Cf. Bo Vesterdorf, "Standard of Proof in Merger Cases: Reflections in the Light of Recent Case Law of the Community Courts" *in European Competition Journal*, vol. 1, nº 1, Hart Publishing, 2005, p. 3. Na apreciação que faz da abordagem da Comissão e do TJ em Tetra Laval, quanto ao critério de prova, Drauz, um oficial da DGCOMP, refere que *"Essentially, the Commission considered that, as in other EU jurisdictions, the standard of proof for prohibiting but also for allowing mergers should be one of the 'balance of probabilities'. In other words, for reaching a final decision (whether positive or negative), it should be required from the Commission to assess, on the basis of the various elements at its disposal, which effects are the most likely"*; *"The recent Tetra judgment positively confirms, in our view, that our standard should indeed be one of 'balance of probabilities. In particular, the Court of Justice explicitly stated that, in a prospective analysis such as the one conducted in merger control, 'it is necessary to envisage various chains of cause and effect with a view to ascertaining which of them is the most likely'"*. Cf. Gotz Drauz, "Conglomerate and Vertical Mergers in the Light of the Tetra Judgment" *in Competition Policy Newsletter*, nº 2, 2005, p. 35 a 39, p. 35.
[979] Cf. David Howarth, "Tetra Laval/Sidel: Microeconomics or Microlaw" *in European Competition Law Review*, vol. 26, nº 7, Sweet & Maxwell, 2005, p. 369 a 374, p. 371.

de que a entidade combinada se torne um concorrente mais eficaz e proeminente; os clientes, por seu turno, pouco ou nenhum conhecimento terão sobre as estruturas de custos dos fornecedores ou outras condições de mercado relevantes que importem à previsão do cenário de exclusão; e serão raros os estudos de entidades independentes que deem um enfoque específico sobre questões pertinentes à exclusão. Resulta, portanto, que a autoridade competente terá, amiúde, que extrapolar com base nas estruturas de mercado presentes, nas tendências atuais da indústria e no histórico da entrada e saída nos mercados relevantes. Este exercício, ainda que conduzido com cautela e objetividade, acarreta o risco de uma apreciação incompleta ou equivocada com repercussões no prognóstico final. O acórdão do TJ em *Tetra Laval* dá bem conta destas dificuldades de índole probatória.

Os tribunais comunitários parecem privilegiar os elementos de prova diretos, como, por exemplo, a existência de manobras ou tentativas de *leveraging* anteriores à concentração, documentos ilustrativos do esquema de funcionamento das estratégias implementadas ou, simplesmente, da intenção anticoncorrencial das partes. Quanto à importância de uma abordagem económica, o TPI esclarece, no seu acórdão *GE/Honeywell*, que espera que a Comissão desenvolva uma análise económica completa e rigorosa[980]: a Comissão pode socorrer-se de modelos e teorias económicas, mas terá de aplicá-las às circunstâncias específicas do caso que examina e não entrar em exercícios especulativos excessivos. A Comissão deverá, pois, fazer mais do que simplesmente citar estas teorias, devendo antes obrigar-se a uma análise própria, com base nos factos dos autos, de forma a determinar da capacidade e do incentivo da entidade combinada para prosseguir, *ex post*, estratégias de alavancagem anticoncorrencial[981].

3.4.4 Conclusões
Chegados a este ponto, cremos ser pacífica a conclusão de que, na prática, é extremamente difícil, *ex ante*, erigir e sustentar uma alegação baseada em efeitos de *leveraging*. A criação ou reforço de uma posição dominante pelo recurso a práticas de alavancagem só pode ser prevista, com algum grau de certeza, quando estejam reunidos um conjunto muito específico de fatores, em especial, o poder de mercado significativo a respeito, pelo menos, de um dos produtos relevantes; um mercado alvo caracterizado por uma concorrência debilitada e pela existência de elevados obstáculos à entrada, particularmente economias de escala e efeitos de rede; uma base comum de clientes, dispersa e pouco so-

---

[980] Cf. para. 462 do acórdão.
[981] *Ibidem*.

fisticada; a existência de um número reduzido de concorrentes com parca capacidade financeira. Serão poucas as indústrias que se caracterizem por convergir a maior parte das condições enunciadas: talvez a indústria dos produtos de *software* da *Microsoft*, mas não certamente a indústria dos sistemas de embalagem, analisada em *Tetra Laval*, ou as indústrias dos motores a jacto e dos produtos aviónicos e não aviónicos perscrutadas em *GE/Honeywell*.

4. *Ex ante* ou *ex post*?

Como vimos, a Comissão tem investigado, no âmbito do controlo das operações de concentração, um sem número de práticas de *leveraging* que encaixam na previsão do artigo 102º do TFUE. As práticas de subordinação e agrupamento puro recebem um acolhimento expresso na letra da alínea d) do artigo 102º do TFUE. Este dispositivo parece também oferecer um enquadramento legal à maior parte das práticas de *mix bundling*. Recuando ao caso *Hoffman-La Roche*, de 1979, os descontos aplicados foram considerados abusivos devido ao seu efeito de fidelidade, mas a Comissão e o TJ consideraram também relevante o facto de a *Roche* ter posto em prática um verdadeiro desconto de pacote, que incidia sobre todas as vitaminas por ela fornecidas. Bastava que os objetivos não fossem atingidos numa categoria de vitaminas para que o comprador perdesse todos os descontos sobre todo o volume de compras efectuadas junto da *Roche*[982]. O agrupamento técnico parece também encontrar correspondência na letra daquele preceito, pelo menos quando se trate de tornar os produtos da entidade combinada incompatíveis com os dos seus rivais.

A aplicação do regime de proibição do artigo 102º do TFUE pode nem sempre resultar certa atento o facto de as práticas de alavancagem poderem ser objetivamente justificadas. A subordinação pode ser excluída, por exemplo, quando os produtos, "pela sua natureza ou de acordo com os usos comerciais", tiverem uma ligação entre si; os descontos, no contexto do agrupamento misto, podem ser justificados por refletirem reduções genuínas de custos de produção, distribuição ou transação; o *bundling* técnico, por seu turno, poderá proporcionar benefícios na forma de produtos de maior qualidade e eficiência. Seja como for, é pacífico que quanto mais óbvia e expressiva for a natureza de exclusão da estratégia de alavancagem, menores dúvidas se colocarão quanto à aplicação daquele regime.

O que se afirma faz suscitar a questão sobre se o regime *ex post* do artigo 102º do TFUE não será suficiente *tout court* para regular os aspetos de *leveraging* considerados *ex ante* no âmbito das investigações às operações de concentração. Uma segunda questão que também se articula é a de saber até que pon-

---

[982] Cf. para. 110 e 111 do acórdão do TJ.

to a aplicação *ex post* do artigo 102º do TFUE é consistente com o regime de controlo *ex ante* vertido no RCC. Pode argumentar-se que a simples existência do RCC milita a favor da tese de que o legislador não reputou a existência das medidas corretivas *ex post* suficientemente persuasivas para dissuadir os intentos anticoncorrenciais das empresas dominantes ou com poder de mercado significativo. Têm sido lançadas algumas críticas à abordagem *ex post*, relacionadas, essencialmente, com a possibilidade de os efeitos anticoncorrenciais não serem, por vezes, detetáveis e não existir um corpo de medidas corretivas adequadas a neutralizar atempadamente os efeitos de alavancagem e evitar a marginalização ou a saída de mercado dos concorrentes afetados[983]. Dimitri Giotakos, um oficial da DG COMP escreve que *"It is hardly conceivable that the punishment mechanism of ex post instruments can do anything to prevent such market foreclosure. The imposition of fines on the dominant merged firm, no matter how heavy, cannot do much, if anything, to reinstate the competitive thrust and constraint of weakened or exiting rivals. The damage to competition will have occurred and the legal system of prevention of the creation of market dominance, notably through an effective merger control policy, will have failed"*[984]. Para além da questão da ineficácia das sanções pecuniárias, parte da doutrina nota que, *ex post*, poderia revelar-se bastante complexa a tarefa de operar a reversão de uma concentração conglomeral já consumada e restabelecer o *status quo* anterior, especialmente quando os produtos sejam complementares e tenham já sofrido uma customização significativa. A Comissão tem patrocinado o argumento de que as medidas corretivas *ex post* surgem habitualmente já numa fase tardia e são, por esse facto, insuscetíveis de oferecer uma tutela adequada[985].

Não podemos concordar com as razões invocadas. Por um lado, quanto à questão da deteção dos efeitos anticoncorrenciais, existe uma probabilidade real e efetiva de que os concorrentes da entidade combinada denunciem as práticas de alavancagem que surtam efeitos de exclusão e que lhes constranjam a capacidade e a motivação para se manterem ativos no mercado de forma competitiva. O fator denúncia não deve, por conseguinte, ser subestimado. Relativamente ao alegado carácter tardio das medidas corretivas *ex post*, deve tomar-se em conta, como já aliás se referiu *supra*, que a orientação jurisprudencial

---

[983] Cf. OECD, Policy Roundtables, Portfolio Effects in Conglomerate Mergers, 2001, p. 39, disponível em http://www.oecd.org/dataoecd/39/3/1818237.pdf.
[984] DIMITRI GIOTAKOS, "GE/Honeywell: a theoretic bundle assessing conglomerate mergers across the Atlantic", *U. Pa. J. Int'l Econ. L.*, vol. 23, 2002, p. 505 e 506.
[985] Ver Decisão da Comissão no caso *GE/Honeywell*, para. 531, onde a Comissão refere que *"O estudo de mercado sugere que a agregação de produtos não envolve qualquer formalidade e que, quando os concorrentes finalmente a detetam, comunicando-a aos mecanismos de controlo propostos pelas partes, a agregação já teve lugar"*.

dominante não exige que a aplicação do regime do artigo 102º do TFUE seja condicionada à prova dos efeitos anticoncorrenciais atuais, mormente à prova da marginalização ou do abandono efetivo dos concorrentes. No caso *British Airways/Virgin*, já aqui por nós abordado, o Tribunal de Justiça decidiu-se pela existência de uma conduta de exclusão e de uma infração ao artigo 102º do TFUE, não obstante as quotas de mercado do concorrente denunciante tivessem continuado em expansão[986]. Segundo o Tribunal, *"não é preciso exigir (...) a prova de uma deterioração efetiva quantificável da posição concorrencial dos diferentes parceiros comerciais individualmente considerados"* uma vez que se demonstre que *"o comportamento da empresa em posição dominante tenda, tomando em conta todas as circunstâncias do caso concreto, a causar uma distorção da concorrência"*[987]. Não cremos, portanto, que a Comissão ou os tribunais tenham de aguardar até que a estrutura do mercado fique irreparavelmente deteriorada para que possam então intervir e adotar as medidas adequadas a pôr cobro às práticas abusivas de *leveraging*. A intervenção destas entidades será amiúde atempada, uma vez que o processo de exclusão dos concorrentes é normalmente moroso e exige, por parte da entidade combinada, a adoção sistemática e persistente deste tipo de comportamentos. No que respeita especificamente à Comissão, não deverá olvidar-se que o Regulamento nº 1/2003 veio reforçar os seus poderes de ação, reconhecendo expressamente a possibilidade de, no âmbito do artigo 102º TFUE, a Comissão ajustar medidas provisórias e, se necessário, impor soluções de carácter *estrutural*[988].

Deverá ainda considerar-se um último aspeto. As entidades envolvidas numa operação de concentração que tenha sido escrutinada pela Comissão, ficam geralmente mais expostas à possibilidade de que contra elas se apresentem denúncias e se movam investigações ao abrigo do artigo 102º do TFUE. Mesmo quando a operação seja autorizada e declarada, nos termos do art. 2º nº 3 do RCC, compatível com o mercado comum, a Comissão é livre de estabe-

---

[986] Acórdão do Tribunal de Justiça (Terceira Secção) de 15.3.2007, Proc. C-95/04P, *British Airways c. Comissão*, Colect. 2007, p. I 2331, para. 145.

[987] *Ibidem*.

[988] Cf. artigos 7º nº 1 e 8º do Regulamento (CE) nº 1/2003 do Conselho, de 16 de Dezembro de 2002, relativo à execução das regras de concorrência estabelecidas nos artigos 81º e 82º do Tratado. O artigo 7º nº 1 dispõe o seguinte: *"Se, na sequência de uma denúncia ou oficiosamente, a Comissão verificar uma infração ao disposto nos artigos 81º ou 82º do Tratado, pode, mediante decisão, obrigar as empresas e associações de empresas em causa a porem termo a essa infração. Para o efeito, a Comissão pode impor-lhes soluções de conduta ou de carácter estrutural proporcionadas à infração cometida e necessárias para pôr efetivamente termo à infração. As soluções de carácter estrutural só podem ser impostas quando não houver qualquer solução de conduta igualmente eficaz ou quando qualquer solução de conduta igualmente eficaz for mais onerosa para a empresa do que a solução de carácter estrutural. Quando exista um interesse legítimo, a Comissão pode também declarar verificada a existência de uma infração que já tenha cessado."*

lecer a posição dominante *ex ante* de uma das partes contratantes[989]. Ainda que não seja vinculativa, esta determinação pode revelar-se útil aos concorrentes denunciantes que aleguem o comportamento abusivo perante as autoridades da concorrência e os tribunais nacionais. A utilidade deste tipo de elementos releva também ao nível comunitário. É certo que o art. 17º nº 1 do RCC proíbe a Comissão de utilizar a informação confidencial recolhida na pendência do processo de investigação para os fins do artigo 102º do TFUE, todavia a familiaridade ganha com a empresa e com os mercados em questão deverá, por princípio, permitir e facilitar uma apreciação mais célere das práticas de alavancagem que lhe sejam denunciadas.

Julgamos poder concluir no sentido de não se vislumbrarem razões válidas para que não se privilegie a abordagem *ex post*, ao abrigo do artigo 102º do TFUE, *vis-à-vis* o regime do RCC. A tutela oferecida por este dispositivo afigura-se adequada e suficiente para prevenir, pelo menos, as práticas de alavancagem com um mais significativo efeito de exclusão. A complexidade e a incerteza do exame prospetivo que se associa à abordagem *ex ante*, e que assinala a sua maior fragilidade, manda que a Comissão use da maior cautela nas suas diligências de investigação e que proíba as operações de concentração apenas em circunstâncias muito específicas. Como nota Caffara, *"The prediction of exit is a much more hazardous prediction of short run post-merger price increases as in a horizontal merger – not least because of the extended time-scale involved, and the reliance on assumptions about general economic conditions, the success of future products, etc."*[990]. O carácter apelativo de uma abordagem *ex post* resulta evidente neste contexto: o decurso do tempo oferece à autoridade em questão a possibilidade de observar, *in concreto*, se a prática de alavancagem de facto ocorre e produz efeitos de exclusão.

5. Conclusão

O regime comunitário do controlo das operações de concentração, atualmente em vigor, oferece uma tutela preventiva aos potenciais efeitos de *leveraging* que resultem da adoção pressagiada de políticas comerciais de venda combinada. Contrariamente ao que sucedeu no direito *antitrust* norte-americano, o direito comunitário da concorrência desenvolveu um quadro analítico específico e detalhado que dá especial enfoque, *inter alia*, às estratégias de exclusão prosseguidas por via da subordinação e agrupamento. O nosso estudo sugere, sem embargo, que o artigo 102º do TFUE será, na vasta maioria dos casos, sufi-

---

[989] Ver o acórdão do Tribunal de Primeira Instância (Primeira Secção alargada) de 22.3.2000, proc. T-125/97 e T-127/97, *The Coca Cola Company c. Comissão*, Colect. 2000, p. II-1733.
[990] Cristina Cafarra, *op. cit.*, p. 117.

ciente para disciplinar e corrigir este tipo de comportamentos, pelo que só em circunstâncias muito específicas deverá a Comissão bloquear as operações de concentração que lhe são propostas. A apreciação destas operações implica, as mais das vezes, uma análise prospetiva complexa em que os encadeamentos de causa e efeito são dificilmente reconhecíveis, incertos e difíceis de articular. Acresce que os elementos probatórios que se conseguem reunir são habitualmente escassos e pouco exaustivos. Estas circunstâncias podem determinar uma apreciação e uma decisão final equivocada, muito ao custo do bem-estar económico e social dos consumidores.

Conclusão

O nosso estudo enquadrou as práticas de venda subordinada e agrupada como mecanismos de extensão ou projeção de poder de mercado, numa lógica de *exclusão* a longo prazo. Pretendeu-se reconsiderar o potencial abusivo destas práticas à luz da prática decisória, comunitária e norte-americana, e da literatura económica relevante. A inclusão, no nosso estudo, dos capítulos dedicados à lei norte-americana e à sua interpretação pelos tribunais daquele país explica-se, como vimos, pela circunstância de se tratar de um sistema legal com história e tradição ao nível do enquadramento e do tratamento jus-concorrencial destas práticas, e pela influência decisiva que exerceu no processo de maturação do direito da concorrência comunitário, atestada, aliás, pela atual convergência em diversos aspetos de política concorrencial.

Procurámos oferecer um contributo distinto em três áreas de análise específicas: i) na reformulação do teste de separabilidade de produtos, atualmente seguido pela Comissão; ii) na arquitetura de uma nova metodologia de análise *ex post* às práticas de subordinação e agrupamento, orientada por um princípio de efeitos no mercado e iii) no aprofundamento dos critérios substantivos sugeridos pela Comissão relativos à apreciação dos efeitos de *leveraging* no contexto *ex ante* do controlo das operações de concentração. Quisemos ainda tomar posição no atual debate teórico sobre a aparente preferência da Comissão por uma abordagem regulatória *ex ante*.

Quinta Essentia
1. A utilização do poder de mercado relativamente a um produto subordinante para vincular o cliente a um produto subordinado pode assumir várias formas. A subordinação diz respeito a situações em que os clientes que compram um produto (produto subordinante) são também obrigados a comprar um outro

produto distinto (produto subordinado) junto do mesmo fornecedor ou de alguém por ele designado. A subordinação pode assentar numa base contratual ou técnica. Em caso de subordinação, o consumidor é sempre livre de adquirir o produto subordinado sem o produto subordinante. O agrupamento, por seu turno, tende a levar à aquisição de ambos os produtos, e refere-se à forma como estes são oferecidos e tarifados. No caso do agrupamento puro, o fornecedor limita-se a fornecer os produtos em pacote e em proporções fixas, não disponibilizando qualquer um deles separadamente. No caso do agrupamento misto, os produtos são disponibilizados separadamente mas, quando adquiridos em conjunto, são vendidos a um preço inferior à soma dos respetivos preços individuais;

2. A subordinação e o agrupamento são práticas ubíquas e estão, frequentemente, na base da realização de importantes ganhos de eficiência económica. Para além de poderem proporcionar uma redução direta dos custos de produção, de distribuição e transação, estas práticas são por vezes implementadas com os objetivos pró-concorrenciais de exercer um controlo de qualidade sobre os produtos comercializados, de forma também a salvaguardar a reputação comercial da empresa que as adota; de evitar a dupla marginalização e de estabelecer um esquema de discriminação de preços;

3. Os modelos teóricos pós-Chicago vieram suscitar objeções substanciais à validade da asserção da Escola de Chicago de que as práticas de subordinação e venda agrupada eram exclusivamente pró-concorrenciais e que, como tal, deviam ser escrutinadas com base num critério de legalidade *per se*. Os argumentos expendidos pelos autores de Chicago, como Posner e Bork, estruturavam-se por referência ao teorema do lucro do monopólio único, segundo o qual em cada mercado existiria um lucro de monopólio único que não poderia ser ampliado através da conexão com um outro mercado, fosse ele verticalmente adjacente, complementar ou totalmente afastado. Argumentava-se, portanto, que o monopolista não conseguiria aumentar o seu lucro de monopólio mediante a subordinação ou agrupamento e, por conseguinte, que, na ausência de uma finalidade restritiva óbvia, estas práticas só podiam ser eficientes. Os modelos económicos dos anos 90 expuseram as fragilidades deste raciocínio, demonstrando que a sua validade era condicionada à convergência de um conjunto de pressupostos de difícil verificação, mormente, a existência de um mercado subordinado caracterizado por um estado de concorrência perfeita e a circunstância de os produtos subordinante e subordinado serem utilizados conjuntamente e fornecidos em proporções fixas. Atualmente tem-se como incontroverso que uma empresa em posição dominante no mercado subordinante

pode, em circunstâncias específicas, lançar mão destas estratégias comerciais como forma de servir o propósito anticoncorrencial de encerramento do mercado subordinado e, indiretamente, do mercado subordinante;

4. Pese embora terem identificado os diferentes mecanismos de exclusão que se associam ao *tying* e *bundling*, os modelos pós-Chicago não oferecem qualquer suporte a uma proibição *per se*. Existe atualmente um consenso generalizado entre economistas no sentido de se exigir uma apreciação exaustiva das condições de mercado como preliminar de qualquer juízo valorativo sobre estas práticas. A ciência económica favorece a metodologia de análise da *rule of reason*;

5. A prática decisória comunitária dos primeiros anos da aplicação das regras da concorrência do Tratado é caracterizada por uma abordagem formal e legalista, assente numa dogmática de matriz essencialmente jurídica. O critério de apreciação adotado baseava-se na lógica da proibição *per se*. As últimas duas décadas, porém, evidenciam uma gradual aproximação à teoria económica e à metodologia de análise da *rule of reason*, que, como vimos, é orientada em função dos efeitos das condutas no mercado. Esta metodologia parte de uma análise comparativa entre os custos e benefícios das práticas, dando especial enfoque à questão do encerramento de mercado;

6. Esta inflexão fez convergir a política regulatória europeia com aquela do DOJ, da FTC e dos tribunais norte-americanos. O direito *antitrust* comunitário manifesta hoje uma certa predisposição para considerar soluções económicas e jurídicas previamente articuladas na prática decisória norte-americana[991]. No caso *Microsoft*, por exemplo, a Comissão refere-se direta e explicitamente à análise jus-concorrencial norte-americana das práticas prosseguidas por aquela empresa no território dos EUA. Este aspeto é de louvar, particularmente quando é inequívoco que, de uma perspetiva histórica, a abordagem de ambas as jurisdições às práticas de *leveraging* sofreu um processo evolutivo muito similar. Com efeito, em ambas as jurisdições é assinalada uma gradual erosão da proibição inicial *per se* em favor de uma abordagem mais económica, ao estilo da *rule of reason*. A convergência que se vem consumando entre as duas jurisdições permite ao direito comunitário da concorrência rentabilizar a experiência já mais extensa e consolidada dos EUA, onde há mais tempo se decide de acordo com os parâmetros de análise desta metodologia.

---

[991] Cf. MIKE WALKER, "Bundling: Are US and European views converging?", Abril 2008, disponível em http://www.biicl.org/files/3413_bundling_(mike_walker).pdf, p. 5.

7. Na enunciação clássica dos critérios de análise da proibição das vendas combinadas, são quatro os requisitos que devem estar preenchidos para que as práticas de subordinação e agrupamento infrinjam o disposto no artigo 102º do TFUE: em primeiro lugar, o produto subordinante e o produto subordinado devem ser produtos distintos; em segundo lugar, a empresa em causa deve dispor de poder de mercado, pelo menos, no que respeita ao produto subordinante; em terceiro lugar, deverá existir um elemento de coação, no sentido de não ser deixada liberdade de escolha ao consumidor quanto à aquisição isolada do produto subordinante; por último, a conduta de vinculação deve levar à restrição da concorrência no mercado do produto subordinado[992];

8. As Orientações da Comissão sobre a aplicação do artigo 102º do TFUE a comportamentos de exclusão abusivos por parte de empresas dominantes não faz referência expressa ao elemento de coerção, muito embora ele resulte implícito do diferente tratamento que se oferece aos diferentes subtipos da subordinação e do agrupamento, em função do seu carácter mais ou menos duradouro[993]. O regime mais oneroso que se impõe à subordinação técnica revela que a Comissão considera ser mais pronunciada, nesse caso, a limitação da liberdade de escolha do consumidor;

9. Os conceitos de subordinação e agrupamento pressupõem, como se referiu, a oferta combinada de dois ou mais produtos que se considerem distintos entre si. O teste da procura do consumidor a que atualmente a Comissão e os tribunais comunitários recorrem afigura-se insuficiente, vago e impreciso. A sua maior fragilidade radica no facto de se tratar de um teste mono-factor que, como tal, descura a pertinência das informações de mercado e de produto obtidas de outras fontes;

10. A solução passa, de *lege ferenda*, pela consideração de um novo teste multi-factor. O raciocínio aduzido em *Jerrold* e *Data General* fornece a base de uma nova metodologia de análise que assenta nos três seguintes pilares: a) a procura dos consumidores; b) o comportamento dos produtores; c) a funcionalidade do produto integrado;

---

[992] Cf. considerando 794 da Decisão da Comissão de 24.3.2004, COMP/C-3/37.792 *Microsoft*, C (2004) 900 final, J.O. L 32, de 6.2.2007; Processo T-201/04, *Microsoft c. Comissão*, p. 842, 859 a 862, 867 e 869; Orientações sobre as prioridades da Comissão na aplicação do artigo 82º, p. 50.
[993] Cf. para. 53 das Orientações.

CONCLUSÃO

11. A procura dos consumidores é, sem dúvida, um critério fundamental para aferir da separabilidade dos produtos, todavia é importante que se analise separadamente a procura à altura da integração e a procura pós-integração. Ao analisar da procura à altura da integração não bastará à Comissão ou aos tribunais afirmarem que em determinado momento existiu uma procura separada pelos componentes individuais do *bundle*. Impõe-se a identificação dos consumidores em questão, no sentido de determinar as opiniões que sejam relevantes, tomando em consideração o seu grau de sofisticação: presume-se que quanto mais informados os consumidores estejam sobre um determinado produto, em melhor posição estarão de identificar as eficiências que promanam do *bundle*. A análise da procura pós-integração permite descortinar informação adicional relativa ao mérito do pacote. A Comissão deverá, pois, determinar se, *ex post*, continua a existir uma procura separada para cada produto individual do *bundle*;

12. No que concerne aos produtores em geral, existem dois elementos que importa considerar: o comportamento de mercado dos restantes produtores e o propósito subjetivo da empresa em questão. Os produtos serão distintos, em princípio, se os produtores os comercializarem apenas separadamente ou como alternativa ao *bundle*. Os produtores têm um conhecimento detalhado dos mercados em que operam, pelo que a sua decisão de manter, em paralelo, a oferta do produto integrado e dos seus diferentes componentes constituirá um forte indício de que os benefícios que resultam da preservação da liberdade de escolha dos consumidores são mais significativos do que aqueles que derivam da integração. Importa também avaliar do propósito da empresa em questão. A prova de que o objetivo último prosseguido pela estratégia de *bundle* é o de proporcionar à empresa o domínio sobre o mercado subordinado e não o de gerar um produto final mais eficiente, constituirá indício suficiente da existência de dois mercados e da artificialidade da integração. A *ratio* que sustenta este entendimento é relativamente elementar: se com a oferta combinada o produtor não espera alcançar quaisquer eficiências, o *bundle* será provavelmente anticoncorrencial;

13. A apreciação dos atributos e das funcionalidades do *bundle* é importante, especialmente quando haja um equívoco de apreciação por parte dos consumidores e produtores ou se verifique uma discrepância de posição entre estas duas fontes. A Comissão ou o Tribunal terá, nestes casos, de determinar se o produto integrado em questão tem uma dimensão de inovação e se representa um verdadeiro avanço tecnológico capaz de traduzir uma mais-valia relevante para os consumidores. Se a perceção dos consumidores e produtores for coin-

cidente, no sentido de se tratar de produtos distintos, a Comissão ou o Tribunal só deverão concluir em sentido contrário quando lhes seja apresentada prova inquestionável e categórica da natureza genuinamente inovadora do novo produto integrado;

14. Como se observou, a teoria económica avalia, atualmente, a adoção de uma metodologia de análise baseada na *rule of reason*. A *rule of reason* pode ser aplicada por uma de duas formas: por intermédio de um teste não estruturado ou de um teste estruturado. O teste não estruturado implica que se contrabalance analiticamente o potencial anticoncorrencial e os benefícios que associam às práticas de alavancagem. Esta foi a abordagem proposta no Relatório apresentado pelo *Economic Advisory Group for Competition Policy* que versou questões de política concorrencial concernentes à aplicação do artigo 102º do TFUE[994], e a adotada, mais tarde, nas Orientações da Comissão. Aduzimos *supra* várias razões que nos levam a desconsiderar um teste não estruturado, mas essencialmente a sua incapacidade em prover as autoridades da concorrência e as empresas com um conjunto de regras que sejam claras, objetivas e de fácil administração, de modo a que a aplicação do direito *antitrust* se torne ainda mais transparente e previsível[995];

15. O estudo propõe, em alternativa, uma metodologia de apreciação que se estrutura em três fases distintas: a primeira cria um "porto de abrigo" que permita rápida e facilmente filtrar as práticas de subordinação e agrupamento que se considerem, atentas a circunstâncias de mercado, manifestamente inócuas; a segunda fase visa apurar da probabilidade da produção de efeitos anticoncorrenciais por recurso a um conjunto de critérios de índole económica; a terceira e última fase considera a existência e a magnitude das eficiências geradas e determina se estas permitem compensar os potenciais efeitos anticoncorrenciais;

16. Na primeira fase, importa considerar três fatores: o poder de mercado da empresa, a relação que se estabelece entre os produtos que integram o *bundle* e, no caso específico de agrupamento, a eventual assimetria entre o *portfolio* de produtos da empresa e os dos seus concorrentes. As práticas de subordinação e agrupamento não devem ser contestadas quando a empresa não detenha poder

---

[994] Cf. Economic Advisory Group for Competition Policy, "An Economic Approach to Article 82", Julho 2005, Disponível em http://ec.europa.eu/dgs/competition/economist/eagcp_july_21_05.pdf.
[995] A ex-Comissária da Concorrência, Neelie Kroes, referia-se a *"workable and operational tool for making enforcement decisions"*. Cf. NEELIE KROES, "Tackling Exclusionary Practices to Avoid Exploitation of Market Power: Some Preliminary Thoughts on the Policy Review of Article 82" *in Fordham International Law Journal*, vol. 29, issue 4, article 2, The Berkeley Electronic Press, p. 594.

de mercado significativo a respeito do produto subordinante ou de algum dos produtos subordinados. Na ausência de poder de mercado a empresa não terá nem a capacidade nem o incentivo para prosseguir estratégias de *leveraging* a curto ou a longo prazo. Nestas circunstâncias, e como se observou na parte I deste estudo, os concorrentes não terão dificuldades em neutralizar qualquer tentativa da empresa em fazê-los excluir dos mercados adjacentes. Ainda que exista poder de mercado, a venda combinada será em princípio inócua quando os produtos oferecidos não forem complementares. No caso de agrupamento, só se justificará a intervenção regulatória quando existir uma assimetria acentuada entre a linha de produtos da empresa dominante e as dos seus concorrentes, e estes não estejam em condições de replicar o *bundle* daquela empresa ou de oferecer um que lhe seja equivalente;

17. Se as práticas em escrutínio não forem imunizadas pelo primeiro filtro de análise, é necessário estabelecer determinados critérios de apreciação e esboçar uma *theory of harm* específica que permita aferir da probabilidade da produção de efeitos anticoncorrenciais. Importa aqui, no essencial, identificar as situações de extração de lucros de monopólio do mercado adjacente a curto prazo (*leveraging* a curto prazo) e/ou os efeitos de obstáculo à entrada nos mercados subordinado e subordinante a longo prazo (*leveraging* a longo prazo). Estes critérios deverão tomar por referência um conjunto fatores que caracterizam a indústria em que se insere a prática e os agentes que nela operam, designadamente, a existência de poder de mercado significativo; o compromisso efetivo da empresa em prosseguir a estratégia de venda combinada; a existência de elementos de prova direta de intenção anticoncorrencial; a ausência objetiva de razões de eficiência; a avaliação da probabilidade da saída dos concorrentes do mercado; a existência de obstáculos à entrada ou expansão, *maxime* de economias de escala e de efeitos de rede; a ausência de poder negocial dos compradores e a eventual prova do encerramento efetivo do mercado;

18. A terceira fase consiste em determinar da existência de eficiências que sejam suscetíveis de compensar os efeitos anticoncorrenciais produzidos. Relevarão apenas as eficiências projetadas pela empresa *ex ante*, devendo, por princípio, ignorar-se os argumentos que se suscitam amiúde de que a inversão do *bundle ex post* é demasiadamente onerosa ou pouco prática. A apreciação das eficiências deverá ser cuidada e conduzida por um critério de indispensabilidade e proporcionalidade. Recai sobre a empresa em questão o respetivo ónus de prova;

19. As Orientações de 2008 sobre as prioridades da Comissão na aplicação do artigo 102º do TFUE representam o culminar de um processo de reforma que se iniciou em 2005, com a publicação do "Relatório para a Discussão dos Serviços da Direcção-Geral da Concorrência" (*DG Competition Discussion Paper*). Trata-se de um documento que contém propostas concretas sobre o tratamento de determinados abusos de exclusão, numa lógica de modernização e aproximação à ciência económica, cristalizando a tendência verificada, desde os finais dos anos 90, na prática decisória da Comissão, para a adoção de uma "*effects-based approach*". O objetivo declarado é o da tutela do bem-estar dos consumidores;

20. O documento assenta essencialmente nos mesmos pressupostos do *Discussion Paper* de 2005, ainda que adote uma lógica de exposição substancialmente mais abreviada. Esta característica de brevidade não se entende uma vez que se trata de um instrumento que foi gizado de forma a garantir aos agentes económicos uma maior segurança e previsibilidade na aplicação do direito comunitário da concorrência. No que concerne, em específico, às práticas de subordinação e agrupamento, as Orientações oferecem, no máximo, uma explicação básica das suas especificidades e dos respetivos mecanismos de exclusão;

21. A Comissão adota um critério de separabilidade alicerçado, declaradamente, na procura dos consumidores e, aparentemente, no comportamento dos produtores/distribuidores. Já se observou que este critério reputa-se insuficiente na medida em que se deverá atentar outrossim nos atributos do *bundle*. Talvez mais grave seja o facto de a Comissão não articular a respetiva metodologia de análise. O nosso estudo propõe, quanto à procura do consumidor, que se analise separadamente a procura à altura da integração e a procura pós-integração. No que respeita ao comportamento dos produtores/distribuidores, importa, por um lado, determinar se o mercado oferece os produtos exclusivamente em pacote e, por outro, apurar das intenções da empresa em questão. A Comissão deverá, por fim, considerar os atributos e as vantagens do *bundle*;

22. A exposição da Comissão ostenta também deficiências na exploração que faz do requisito do encerramento do mercado. Na abordagem aos diferentes fatores que potencialmente determinam os efeitos de exclusão, a Comissão começa por identificar, na parte introdutória do documento, aqueles que são comuns aos diferentes tipos de conduta abusiva referenciados, só depois particularizando os aspetos específicos das vendas combinadas. Uma das críticas que se dirige a esta metodologia radica na circunstância de a Comissão não

esclarecer explicitamente sobre a relação que se estabelece entre os primeiros e os segundos, nem sobre a importância ou influência específica que cada um assume no cômputo geral da análise. Parece-nos que esta articulação seria essencial para que melhor se compreendesse o funcionamento dos mecanismos específicos de exclusão destas práticas. Na comparação que faz com o *Discussion Paper* de 2005, Rousseva observa que *"Although the Guidance Paper* [Orientações de 2008] *does not go into detailed explanations, there is no doubt that the same considerations will inform the Commission's approach"*[996]. Não pretendendo questionar do mérito desta afirmação, cremos que é manifestamente insuficiente querer encontrar soluções com base na especulação sobre qual será a abordagem seguida pela Comissão. Este não é certamente o sinal de segurança, de objetividade e previsibilidade pelo qual se esperava;

23. Um outro aspeto que também ressalta da análise comparativa entre o *Discussion Paper* e as Orientações é o facto de estas últimas, ao contrário do documento de 2005, não quantificarem os efeitos de exclusão da subordinação e agrupamento. Sugeria-se, na redação do primeiro, que a verificação de efeitos de exclusão seria improvável quando apenas um terço dos clientes no mercado subordinado adquirissem ambos os produtos[997]. Esta especificação era útil na medida em que oferecia certeza e previsibilidade legal. As atuais Orientações limitam-se a referir que *"quanto mais elevada for a percentagem das vendas totais no mercado relevante, afetadas pelo comportamento abusivo,(...) maior será a probabilidade de efeito de encerramento do mercado"*[998];

24. Para além da insuficiência de conteúdos, as Orientações caracterizam-se por se apartarem, em diversos aspetos, dos critérios de apreciação seguidos pelos tribunais comunitários. Em sede de subordinação e agrupamento importa identificar dois importantes desvios: o primeiro, por se ter suprimido a menção expressa ao requisito da coerção[999]; o segundo, por se discriminar e oferecer um tratamento diferenciado consoante o subtipo da prática em questão, em especial à subordinação técnica[1000];

---

[996] EKATERINA ROUSSEVA, *Rethinking Exclusionary Abuses in EU Competition Law*, Hart Publishing, s/l, 2010, p. 399.
[997] Cf. para. 198 do *Discussion Paper*.
[998] *Ibidem*.
[999] Cf. para. 50 das Orientações. Retenha-se que o TPI estabeleceu expressamente este requisito no caso *Microsoft*.
[1000] Cf. para. 53 das Orientações.

25. No capítulo dos ganhos de eficiência, as Orientações omitem dois aspetos de relevo. O primeiro refere-se ao facto de não se esclarecer sobre o tipo de eficiências cuja alegação se admite: eficiências *ex ante* ou *ex post*. Como vimos, a Comissão deverá atender apenas às eficiências que se projetem *ex ante*. O segundo aspeto concerne à não identificação da discriminação de preços como potencial mecanismo pró-concorrencial. As Orientações revelam também alguma incongruência na consideração que fazem das circunstâncias justificantes relacionadas com razões de saúde e segurança. A Comissão aceita, em princípio, que a empresa dominante possa justificar a sua conduta na base de razões de saúde e de segurança relacionadas com a natureza do produto, mas, na realidade, acaba por excluir essa possibilidade quando afirma que *"não é tarefa da empresa em posição dominante tomar medidas por sua própria iniciativa"* para dar resposta a esse tipo de preocupações[1001]. Julgamos que a Comissão deveria ter adotado uma postura mais leniente com relação a tipo de justificação, até porque é ela que determina frequentemente a opção da empresa pela oferta combinada[1002];

26. A convergência que se constata entre as jurisdições norte-americana e comunitária no plano da regulação *ex post* é temperada pela disparidade do tratamento oferecido *ex ante* às práticas de subordinação e agrupamento, do qual o caso *GE/Honeywell* é absolutamente paradigmático. Esta divergência vai buscar as suas raízes à diferente forma como em ambas as jurisdições se interpreta o escopo do direito *antitrust*. Em 2001, o então Comissário Monti afirmava que a *raison d'être* do direito da concorrência europeu era a de assegurar *"effective competition between enterprises, by conducting a competition policy which is based on sound economics and which has the protection of consumer interest as its primary concern"*[1003]. O entendimento comunitário do direito da concorrência não se baseia, todavia, numa *"attitude of unconditional faith with respect to the operation of market mechanisms"*, exigindo-se, antes, um *"serious commitment by public powers, aimed at preserving those mechanisms"*[1004]. O conceito comunitário de bem-estar dos consumidores difere daquele que foi adotado nos EUA, por influência da Escola de Chicago, de *"total wealth welfare of the nation"*[1005]. No contexto do

---

[1001] Cf. para. 29 das Orientações.
[1002] *Vide*, por exemplo, a nossa análise do caso *Hilti*.
[1003] Cf. Mario Monti, "Antitrust in the US and Europe: a History of Convergence", disponível em http://europa.eu/rapid/pressReleasesAction.do?reference=SPEECH/01/540&format=HTML&aged=0&language=EN&guiLanguage=en.
[1004] Cf. Mario Monti, "European Competition Policy for the 21st" *in Fordham International Law Journal*, vol. 24, issue 5, article 4, The Berkeley Electronic Press, 2000, p. 1603.
[1005] Cf. Robert H. Bork, *op. cit.*, p. 90 e 91.

CONCLUSÃO

direito comunitário procura-se assegurar uma redistribuição equitativa da riqueza entre consumidores e produtores, uma vez que se pretende que o saldo da transação seja em benefício último do consumidor. Não se pode olvidar, doutro passo, o especial objetivo de integração do mercado europeu prosseguido pelas instâncias comunitárias e que não encontra paralelo nos EUA[1006];

27. No domínio do regime comunitário do controlo das operações concentração, os receios de *leveraging* surgem tipicamente nos casos das concentrações com efeitos de conglomerado, quando uma empresa com poder substancial de mercado adquire outra com atividade num ou mais mercados relacionados;

28. À semelhança do que ocorreu no plano da regulação *ex post*, a abordagem *ex ante* da Comissão começou por ser formalista e apartada da realidade económica dos mercados. A Comissão sobrevalorizava reiteradamente o potencial efeito anticoncorrencial e raramente atendia às razões de eficiência alegadas pelas partes. O ponto de viragem da orientação da Comissão coincide com a prolação do acórdão do TPI no caso *Tetra Laval*. A segunda década de aplicação do RCC, subsidiada pela intervenção dos tribunais comunitários, é caracterizada pela adoção de uma "*effects based approach*" e, portanto, por uma abordagem mais económica e estruturada em torno de teorias específicas de dano concorrencial;

29. O nosso estudo propôs-se, nesta última parte, a oferecer uma contribuição substantiva no aprofundamento do quadro analítico dos efeitos de *leveraging* sugerido pela Comissão nas suas Orientações para a apreciação das concentrações não horizontais;

30. A jurisprudência estabelecida em *Tetra Laval* e *GE/Honeywell*, em combinação com a decisão da Comissão em *GE/Amersham*, lança as bases de uma metodologia de análise dos efeitos de *leveraging* que assenta em três pilares: em primeiro lugar, na capacidade da nova entidade para prosseguir, *ex post*, estratégias de subordinação ou agrupamento nos mercados onde passa a ter presença; em segundo lugar, no incentivo comercial da entidade combinada para adotar esse comportamento e, em terceiro lugar, na probabilidade da estratégia de *leveraging* implementada resultar na efetiva exclusão dos concorrentes dos mercados relevantes;

[1006] SCOTT M. KAREFF, "Tetra Pak International Sa v. Commission (Tetra Pak II): The European Approach to Monopoly Leveraging" *in Law and Policy in International Business*, vol. 28, p. 553.

31. A capacidade da nova entidade combinada para alavancar depende da existência de poder de mercado significativo, pelo menos, a respeito do produto subordinante; e da inexistência de constrangimentos de índole comercial e legal;

32. Identificamos três constrangimentos de natureza comercial: a inexistência de uma base de clientes comum para cada produto que integra o *bundle*; a circunstância de os clientes habitualmente não adquirirem os produtos em simultâneo e a existência de preferências dos consumidores que obstem à oferta combinada;

33. No que respeita aos constrangimentos de índole legal, importa determinar, essencialmente, da probabilidade da adoção das estratégias de alavancagem abusivas tendo em consideração o seu carácter ilegal e, por conseguinte, a probabilidade da sua deteção, e o risco de serem movidas ações pelas autoridades competentes, tanto a nível nacional como a nível comunitário, com a eventual aplicação de sanções pecuniárias;

34. O incentivo da entidade combinada para alavancar, através da subordinação ou do agrupamento, depende do grau de rentabilidade da estratégia adotada. Deverá, pois, contrabalançar-se os eventuais ganhos resultantes da monopolização dos mercados adjacentes e os custos associados à implementação e prossecução deste tipo de comportamentos. Importa atentar a fatores como, por exemplo, a elasticidade da procura no mercado subordinado, a existência de diferentes escalas de economia e a existência de vantagens no mercado subordinante não replicáveis nos mercados adjacentes;

35. A probabilidade da verificação dos efeitos de encerramento depende essencialmente da convergência de dois fatores. Em primeiro lugar, as práticas de alavancagem devem causar uma "saída suficiente" dos concorrentes dos mercados alvo. Esta saída dependerá da eficácia da estratégia no desvio, para a entidade combinada, das vendas tradicionalmente captadas pelas empresas concorrentes; da não existência de contra-estratégias ao dispor dos concorrentes e clientes; e do grau de resistência dos concorrentes à estratégia adotada. Em segundo lugar, a reentrada no mercado deverá ser improvável. Não basta que se preveja que a entidade combinada seja capaz de forçar a exclusão de um número suficiente de concorrentes. O critério substantivo do nº 3 do artigo 2º do RCC exige a estabilidade da posição dominante criada ou reforçada durante um período temporal significativo. A hipótese da reentrada dos concorrentes no mercado deverá, por conseguinte, ser arredada;

36. Resulta destas considerações que é, na realidade, extremamente complexo substanciar *ex ante* uma alegação de efeitos de *leveraging*. Não obstante, a Comissão tem revelado uma certa preferência pela tutela preventiva *vis-à-vis* a aplicação *ex post* do regime do artigo 102º do TFUE. No seu entender "(...) *Nor is the possibility of an ex-post control based on Article 82 capable of eliminating the creation or the strengthening of a dominant position resulting from conglomerate mergers. As is the case with all mergers, efficient application of Article 82 is an inadequate substitute for proper use of ex-ante merger control policy.*"[1007]. A abordagem *ex post* tem sido tradicionalmente criticada em virtude da possibilidade de os efeitos anticoncorrenciais não serem, por vezes, detetáveis e não existir um corpo de medidas corretivas adequadas a neutralizar os efeitos de alavancagem. Alega-se que as medidas corretivas *ex post* surgem habitualmente já numa fase tardia e são, por esse facto, insuscetíveis de oferecer uma tutela adequada;

37. O nosso estudo procurou demonstrar que estes argumentos não colhem. Em primeiro lugar, e quanto à deteção *ex post* dos efeitos anticoncorrenciais, é crível que os concorrentes afetados denunciem às autoridades competentes as práticas ilícitas que lhes constranjam a capacidade competitiva. Quanto ao alegado carácter tardio das medidas corretivas *ex post*, observou-se que a Comissão está legitimada a intervir e a corrigir os comportamentos desviantes mesmo quando ainda não se tenham produzido quaisquer efeitos anticoncorrenciais. Os tribunais comunitários exigem apenas, para tal, que a Comissão faça prova de que "*o comportamento da empresa em posição dominante tenda, tomando em conta todas as circunstâncias do caso concreto, a causar uma distorção da concorrência*"[1008]. É importante reter, por outro lado, que o processo de exclusão é normalmente moroso e exige a adoção sistemática e persistente deste tipo de comportamentos. Esta circunstância permite à Comissão usufruir de um arco temporal que se reputa de razoável e suficiente para o exercício atempado da sua ação regulatória. O Regulamento nº1/2003 veio também reforçar os poderes de ação da Comissão, reconhecendo-se atualmente, no âmbito do artigo 102º do TFUE, a possibilidade de a Comissão ajustar medidas provisórias e impor medidas de carácter estrutural;

38. São vários os argumentos que subsidiam a nossa preferência por uma abordagem *ex post*, mas talvez o mais gritante seja aquele que se relaciona com

---

[1007] Cf. OECD, Policy Roundtables, Portfolio Effects in Conglomerate Mergers, 2001, p. 243, disponível em http://www.oecd.org/dataoecd/39/3/1818237.pdf.
[1008] Acórdão do Tribunal de Justiça (Terceira Secção) de 15.3.2007, Proc. C-95/04P, *British Airways c. Comissão*, Colect. 2007, p. I 2331, para. 145.

o facto de a abordagem *ex ante* impor ao intérprete um exercício prospetivo extremamente complexo, incerto e especulativo, capaz de induzir a conclusões equivocadas, potencialmente em detrimento do bem-estar económico e social dos consumidores. Repare-se que a alavancagem só ocorre transcorrido algum tempo sobre a operação, pelo que qualquer alteração nas condições de mercado ou nas características dos produtos envolvidos, por mínima que seja, pode deturpar o efeito prognosticado. Repare-se também que não é a estrutura que resulta da concentração que cria a alavancagem ilícita, mas sim a conduta futura da entidade combinada que é, a mais das vezes, incerta;

39. Neste contexto, a abordagem *ex post* afigura-se assaz mais apelativa: ela autoriza a Comissão a verificar, *in concreto*, se as práticas adotadas resultam na realização de efeitos anticoncorrenciais no mercado;

40. Concluímos, portanto, que embora o RCC possa seduzir pela tutela preventiva que se propõe oferecer, o artigo 102º do TFUE será, na vasta maioria dos casos, suficiente para disciplinar e corrigir os quadros de alavancagem que se associam à subordinação e agrupamento. Alvitramos, atentas as razões expostas, que a Comissão só deverá vetar as operações de concentração que lhe são propostas em circunstâncias muito específicas, quando se entenda, atento os factos e a análise do caso, que a margem de erro é tolerável.

BIBLIOGRAFIA

ADAMS, WILLIAM JAMES e YELLEN, JANET, "Commodity bundling and the burden of monopoly", *Quarterly Journal of Economics*, vol. 90, s/l, 1976, pp. 475 a 498;

AHLBORN, CHRISTIAN; EVANS, DAVID S. e PADILLA, A. JORGE, "The antitrust economics of tying: a farewell to per se illegality", *The Antitrust Bulletin*, vol. XLIX, Federal Legal Publications, s/l, 2004, pp. 287 a 341;

ALLAN, BILL, "Article 82: A Commentary on DG Competition's Discussion Paper", *Competition Policy International*, vol. 2, n.º 1, s/l, 2006, pp. 43 a 82;

AMATO, GIULIANO, *Anti-trust and the bounds of power, The dilemma of liberal democracy in the history of the market*, Hart Publishing, Oxford, 1997;

APON, JOCHEM, "Cases Against Microsoft: Similar Cases, Different Remedies", disponível em http://www.kvdl.nl/NR/rdonlyres/CA370E10-B824-41B7-927B-AB0F67C570CA/0/JochemAponCasesagainstMicrosoft.pdf;

AREEDA, PHILLIP E., *Antitrust Law, An Analysis of Antitrust Principles and Their Application*, vol. IX, Little, Brown and Company, s/l, 1991;

AREEDA, PHILLIP E.; KAPLOW, LOUIS e EDLIN, AARON S., *Antitrust Analysis, Problems, Text, and Cases*, 6ª edição, Aspen Publishers, s/l, 2004;

AREEDA, PHILLIP E. E TURNER, DONALD F., *Antitrust Law*, Boston, Little Brown, 2ª edição, 1980;

AREEDA, PHILLIP E.; HOVENKAMP, HERBERT E ELHAUGE, EINER, *Antitrust Law, An Analysis of Antitrust Principles and Their Application*, vol. X, Lettle, Brown and Company, s/l, 1996;

AYRES, IAN e NALEBUFF, BARRY, "Going Soft on Microsoft? The EU's Antitrust Case and Remedy", *The Economist's Voice*, vol. 2, Issue 2, Article 4, Berkeley Electronic Press, 2005, p. 2, disponível em http://www.bepress.com/ev;

BACON, KELYN, "Tying after Microsoft: One Step Forward and Two Steps Back?", *Competition Policy International*, vol. 4, nº 1, 2008, pp. 65 a 79;

BAKER, TYLER A. e RIDYARD, DEREK, "Portfolio Power: a Rum Deal?", *European Competition Law Review*, vol. 20, Sweet & Maxwell, s/l, 1999, pp. 181 a 184;

BAKER, TYLER A., "The Supreme Court and the Per se Tying Rule: Cutting the Gordian Knot", *Virginia Law Review*, vol. 66, nº 7, Virginia Law Review Press, Novembro de 1980, pp. 1235 a 1319;

BAUER, JOSEPH P., "A Simplified Approach to Tying Arrangements: a Legal and Economic Analysis", *Vanderbilt Law Review*, vol. 33, s/l, 1980, pp. 283 a 326;

BAUER, JOSEPH P., "Government Enforcement Policy of Section 7 of the Clayton Act: Carte Blanche for Conglomerate Mergers?", *California Law Review*, vol. 71, nº 2, Março 1983, pp. 348 a 375;

BAUER, JOSEPH P. e PAGE, WILLIAM H., *Kintner Federal Antitrust Law*, vol. II, Practices Prohibited by the Sherman Act, Anderson Publishing Co., Cincinnati, 2002;

BAXTER, SIMON; DETHMERS, FRANCIS e DODOO, NINETTE, "The GE//Honeywell Judgment and the Assessment of Conglomerate Effects: What's New in EC Practice?", *European Competition Journal*, vol. 2, nº 1, Hart Publishing, s/l, 2006, p. 141 a 167;

BELLAMY, CHRISTOPHER W. e CHILD, GRAHAM D., *European Community Law of Competition*, 6ª edição, editado por Peter Roth QC e Vivien Rose, Oxford University Press, 2008;

BELLIS, JEAN-FRANÇOIS, "The Commission's Microsoft Tying Case: Implications for Innovation Throughout the High-Technology Sector", 2007, disponível em http://lawprofessors.typepad.com/antitrustprof_blog/files/Bellis.pdf, pp. 1 a 18;

BISHOP, SIMON e WALKER, MIKE, *The Economics of Competition Law*, Sweet & Maxwell, Londres, 1999;

BISHOP, SIMON e WALKER, MIKE, *The Economics of Competition Law*, 3ª edição, Sweet & Maxwell, Londres, 2010;

BLAIR, ROGER D. e ESQUIBEL, AMANDA K., "Some remarks on monopoly leveraging", *The Antitrust Bulletin*, vol. 40, s/l, 1995, pp. 371a 396;

BLAIR, ROGER D. e KASERMAN, DAVID L., "Vertical Integration, Tying, and Antitrust Policy", *American Economic Review*, vol. 68, s/l, Junho 1978, pp. 397 a 402;

BORK, ROBERT H., *The Antitrust Paradox – A Policy at War with Itself*, Free Press, New York, 1978;

BOWMAN, WARD, "Tying Arrangements and the Leverage Problem", *Yale Law Journal*, vol. 67, nº 1, 1957, p. 19 a 36;

BRIGS, GREENFIELD e ROSENBLATT, HOWARD T., "GE/Honeywell – Live and Let Die: A Response to Kolasky & (and) Greenfield", *George Mason Law Review*, vol. 10, s/l, 2002, pp. 459 a 469;

BUNDESKARTELLAMT, "Conglomerate Mergers in Merger Control – Review and Prospects", *Bundeskartellamt, Discussion Paper*, 21.09.2009, disponível em http://www.bundeskartellamt.de;

BURNLEY, RICHARD, "Who's Afraid of Conglomerate Mergers? A Comparison of the US and EC Approaches?", *World Competition Law and Economics Review*, vol. 28, nº 1, s/l, 2008, pp. 43 a 70;

BURSTEIN, MEYER L., "The Economics of Tie-in Sales", *Review of Economics and Statistics*, vol. 42, s/l, Fevereiro de 1960, pp. 68 a 73;

CAFARRA, CRISTINA e PLANZ, MATTHIAS, "The Economics of GE/Honeywell", *European Competition Law Review*, vol. 23, Sweet and Maxwell, s/l, 2002, p. 115 a 121;

CARBAJO, JOSÉ; MEZA, DAVID DE e SEIDMAN, DANIEL, "A strategic Motivation for Commodity Bundling", *Journal of Industrial Economics*, vol. 38, nº 3, s/l, 1990, pp. 283 a 298;

CARLTON, DENNIS W. e WALDMAN, MICHAEL, "How Economics Can Improve Antitrust Doctrine towards Tie-In Sales: Comment on Jean Tirole's 'The Analysis of Tying Cases: A Primer'", *Competition Policy International*, vol. 1, nº 1, s/l, 2005, pp. 27 a 40;

CARLTON, DENNIS W. e WALDMAN, MICHAEL, "The Strategic Use of Tying to Preserve and Create Market Power in Evolving Industries", *RAND Journal of Economics*, Blackwell Publishing, vol. 33 nº 2, s/l, 2002, p. 194 a 220;

CARLTON, DENNIS W. e WALDMAN, MICHAEL, "Theories of Tying and Implications for Antitrust", *Johnson School Research Paper Series #24-06*, 2005, disponível em http://papers.ssrn.com/sol3/papers.cfm?abstract_id=809304, p. 1 a 30;

CARLTON, DENNIS W. e WALDMAN, MICHAEL, "Tying, Upgrades, and Switching Costs in Durable-Goods Markets", *NBER Working Paper Series*, Outubro 2006, disponível em http://qed.econ.queensu.ca/paper/carlton4.pdf;

CHANG, EUN K., "Expanding Definition of Monopoly Leveraging", *University of Miami Business Law Review*, vol. 17, Miami, 2009, pp. 325 a 341;

CHEN, YONGMIN, "Equilibrium Product Bundling", *Journal of Business*, vol. 70 nº 1, University of Chicago, Chicago, 1997, p. 85 a 103;

CHOI, JAY PIL, "Antitrust Analysis of Tying Arrangements", *CESIFO Working Paper n.1336*, 2004, http://www.econstor.eu/bitstream/10419/18700/1/cesifo1_wp1336.pdf;

CHOI, JAY PIL, "Tying and Innovation: a Dynamic Analysis of Tying Arrangements", *The Economic Journal nº 114*, Blackwell Publishing, Oxford, 2004, pp. 83 a 101;

CHOI, JAY PIL e STEFANIS, CHRISTODOULOS, "Tying, Investment and the Dynamic Leverage Theory", *RAND Journal of Economics*, vol. 32, nº 1, s/l, 2001 pp. 52 a 71;

CLARKE-SMITH, JENNIFER M., "The Development of the Monopolistic Leveraging Theory and its Appropriate Role in Antitrust Law", *Catholic University Law Review*, vol. 52, s/l, 2002, pp. 179 a 216;

COHEN, AMANDA, "Surveying the Microsoft Antitrust Universe", *Berkeley Technology Law Journal*, vol. 19, s/l, 2004, pp. 333 a 354;

COMISSÃO EUROPEIA, *Le problème de la concentration dans le Marché Commun*, Bruxelas, 1966;

COURNOT, AUGUSTIN, *Recherches sur les principes mathématiques de la théorie des richesses*, Hachette, Paris, 1838;

CRASWELL, RICHARD, «Tying Requirements in Competitive Markets: The Consumer Protection Issues», *Boston University Law Review*, vol. 62, Boston, 1982, pp. 661 a 700;

DETHMERS, FRANCES; DODOO, NINETTE e MORFEY, "Conglomerate Mergers Under EC Merger Control: An Overview", *European Competition Journal*, vol. 1, nº 2, Hart Publishing, s/l, pp. 265 a 292;

DEZOBRY, GUILLAME, "Arret Microsoft: la modernisation de l'article 82 TCE en marche», *Revue Marché Commun et De L'Union Europeene*, nº 514, 2008, pp. 63 a 68;

DIRECTOR, AARON e LEVI, EDWARD H., «Law and the Future: Trade Regulation», *Northwestern University Law Review*, vol. 51, s/l, 1956, pp. 281 a 296;

DOLMANS, MAURITS e GRAF, THOMAS, "Analysis of Tying Under Article 82 EC: The European Commission's Microsoft Decision in Perspective", *World Competition*, vol. 27, nº 2, Kluwer Law International, s/l, 2004, p. 225 a 244;

DRAUZ, GOTZ, "Conglomerate and Vertical Mergers in the Light of the Tetra

Judgment", *Competition Policy Newsletter*, n.º 2, 2005, p. 35 a 39;

DRAUZ, GOTZ, "Unbuilding GE/HONEYWELL: The Assessment of Conglomerate Mergers Under EC Competition Law", *Fordham International Law Journal*, vol. 25, n.º 4, s/l, 2001, p. 885 a 908;

EASTERBROOK, FRANK H., "The Limits of Antitrust", *Texas Law Review*, vol. 63, Texas, n.º 1, 1984, p. 1 a 40;

ECONOMIC ADVISORY GROUP FOR COMPETITITON POLICY, "An Economic Approach to Article 82", Julho 2005, disponível em http://ec.europa.eu/dgs/competition/economist/eagcp_july_21_05.pdf;

ECONOMIDES, NICHOLAS e LIANOS, IOANNIS, "The Elusive Antitrust Standard on Bundling in Europe and in the United States in the Aftermath of the Microsoft Cases", *Antitrust Law Journal*, vol. 76, n.º 2, American Bar Association, s/l, 2009, p. 483 a 567;

EHLERMANN, CLAUS-DIETER e RATLIFF, "Mario Monti's Legacy for Competition Policy in Article 82", *Competition Policy International*, vol. 1, n.º 1, s/l, 2005, pp. 79 a 98;

ELHAUGE, EINER e GERADIN, DAMIEN, *Global Competition Law and Economics*, Hart Publishing, Oxford and Portland, Oregon, 2007;

EPSTEIN, RICHARD A., *Simple Rules for a Complex World*, Harvard University Press, Cambridge, 1995;

EVANS, DAVID S., "How Economists Can Help Courts Design Competition Rules: An EU and US Perspective", *World Competition*, vol. 28, s/l, 2005, pp. 93 a 99;

EVANS, DAVID S., "Tying – The Poster Child for Antitrust Modernization", 2005, disponível em http://papers.ssrn.com/sol3/papers.cfm?abstract_id=863031, p. 1 a 26;

EVANS, DAVID S. e PADILLA, A. JORGE, "Tying Under Article 82 EC and the Microsoft Decision: A Comment on Dolmans and Graf", *World Competition: Law and Economic Review*, 2005, disponível em SSRN: http://ssrn.com/abstract=596663, pp. 1 a 10;

EVANS, DAVID S. e PADILLA, A. JORGE e SALINGER, MICHAEL, "A Pragmatic Approach to Identifying and Analysing Legitimate Tying Cases", *Global Competition Policy – Economic Issues and Impact*, capítulo 9, s/l, 2004, pp. 298 a 314;

EVANS, DAVID S. e PADILLA, A. JORGE e POLO, MICHELE, "Tying in Platform Software: Reasons for a Rule of Reason Standard in European Competition Law", *World Competition*, vol. 25, n.º 4, Kluwer Law International, Netherlands, 2002, pp. 509 a 514;

EVANS, DAVID S. e SALINGER, MICHAEL, "The Role of Cost in Determining When Firms Offer Bundles", Julho 2006, disponível em http://papers.ssrn.com/sol3/papers.cfm?abstract_id=555818;

EVANS, DAVID S. e SALINGER, MICHAEL, "Why do Firms Bundle and Tie? Evidence from Competitive Markets and Implications for Tying Law", *Yale Journal on Regulation*, vol. 22, n.º 1, s/l, 2005, p. 37 a 89;

FACEY, BRIAN A. e ASSAF, DANY H., *Competition and Antitrust Law: Canada and The United States*, 3.ª edição, LexisNexis Butterworths, s/l, 2006;

FAULL, JONATHAN e NIKPAY, ALI, *The EC Law of Competition*, 2.ª edição, Oxford University Press, s/l, 2007;

FELDMAN, ROBIN COOPER, "Defensive Leveraging in Antitrust", *Antitrust. Georgetown Law Journal*, vol. 87, s/l, 1999, pp. 2079 a 2098;

FIRTH, ALISON e RAYBOULD, DAVID M., *Law of Monopolies*, Kluwer Law International, s/l, 1991;

FISHER, FRANKLIN. M. e RUBINFELD, DANIEL L., "United States v. Microsoft: An Economic Analysis", *Antitrust Bulletin*, 2001, disponível em SSRN: http://ssrn.com/abstract=247520 or doi:10.2139/ssrn.247520;

FULLER, C.W. BADEN, "Article 86 EEC: Economic Analysis of the Existence of a Dominant Position", *European Law Review*, vol. 4, s/l, 1979, p.423 a 441;

FURSE, MARK, *Competition Law of the EC and UK*, 6ª edição, Oxford University Press, Oxford, 2008;

GELLHORN, ERNEST, *Antitrust Law and Economics*, 3ª edição, St. Paul Minnesota: West Publishing, s/l, 1986;

GELLHORN, ERNEST; KOVACIC, WILLIAM E. e CALKINS, STEPHEN, *Antitrust Law and Economics in a Nutshell*, 5ª edição, Thomson West, s/l, 2004;

GERBER, DAVID J., *Law and Competition in Twentieth Century Europe, Protecting Prometheus*, Clarendon Press, Oxford, 1998;

GILO, DAVID, "Retail Competition Percolating Through to Suppliers and the Use of Vertical Integration, Tying, and Vertical Restraints to Stop It", *Yale Journal on Regulation*, vol. 20, nº 1, s/l, 2003, pp. 25 a 75;

GIOTAKOS, DIMITRI, "GE/Honeywell: a theoretic bundle assessing conglomerate mergers across the Atlantic", *U. Pa. J. Int'l Econ. L.*, vol. 23, s/l, 2002, pp. 469 a 511;

GOYDER, DANIEL G., *EC Competition Law*, 4ª edição, Oxford University Press, Oxford, 2003;

GRAVENGAARD, MARTIN ANDREAS e KJAERSGAARD, "The EU Commission guidance on exclusionary abuse of dominance – and its consequences in practice", *European Competition Law Review*, vol. 31, Issue 7, Sweet & Maxwell, 2010, pp. 285 a 305;

GUAL, JORDI; HELLWIG, MARTIN F.; PERROT, ANNE; POLO, MICHELE; REY, PATRICK; SCHMIDT, KLAUS M. e STENBACKA, RUNE, "An Economic Approach to Article 82", *Munich Discussion Paper Nº 2005-26*, Department of Economics, University of Munich, 2006, disponível em http://epub.ub.uni--muenchen.de/745/1/EAGCP_Munichecon.pdf, pp. 1 a 54;

HAWKER, NORMAN W., "Consistently Wrong: The Single Product Issue and the Tying Claims Against Microsoft", *California Western Law Review*, vol. 35, s/l, 1998, pp. 1 a 39;

HEINEMANN, ANDREAS, "Compulsory Licences and Product Integration in European Competition Law-Assessment of the European Commission's Microsoft Decision", *International Review of Intellectual Property and Competition Law*, vol. 36, s/l, 2005, p. 63;

Heiner, David A., "Assessing Tying Claims in the Context of Software Integration: A Suggested Framework for Applying the Rule of Reason Analysis", *The University of Chicago Law Review*, vol. 72, nº 1, Chicago, 2005, pp. 123 a 146;

HELLMAN, LAWRENCE K., "Entrenchment Under Section 7 of the Clayton Act: An Approach for Analysing Conglomerate Mergers", *Loyola University of Chicago Law Journal*, vol. 13, s/l, 1982, pp. 225 a 276;

HILTON, KEITH N. e SALINGER, MICHAEL, "Tying Law and Policy: A Decision-Theoretic Approach", *Antitrust Law Journal* vol. 69, s/l, 2001, pp. 469 a 526;

HOVENKAMP, HERBERT, *Federal Antitrust Policy*, 3ª edição, St. Paul, Minn.: West Group, 2005;

HOVENKAMP, HERBERT, "Post-Chicago Antitrust: Review and Critique", *Columbus Business Law Review, vol. 257, s/l, 2001, p. 285 a 337;

HOWARTH, DAVID, "Tetra Laval/Sidel: Microeconomics or Microlaw", European Competition Law Review, vol. 26, nº 7, Sweet & Maxwell, s/l, 2005, p. 369 a 374;

HOWARTH, DAVID, "The Court of First Instance in GE/Honeywell", European Competition Law Review, vol. 27, nº 9, Sweet & Maxwell, s/l, 2006, pp. 485 a 493;

HOWARTH, DAVID e MCMAHON, KATHRYN, "Windows has performed an illegal operation: The Court of First Instance's Judgment in Microsoft v. Commission", European Competition Law Review, vol. 29, Sweet & Maxwell, s/l, 2008, pp. 117 a 134;

HYLTON, KEITH N., Antitrust Law, Economic Theory & Common Law Evolution, Cambridge University Press, Cambridge, 2003;

IACOBUCCI, EDWARD M., "Tying as Quality Control: A legal and Economic Analysis", The Journal of Legal Studies, vol. 32, nº 2, University of Chicago, June 2003, pp. 435 a 464;

JACOBSON, JONATHAN M. e outros (edição), ABA Section of Antitrust Law, Antitrust Law Developments, 6ª edição, ABA Publishing, s/l, 2007;

JAECKEL, JEFFREY A., "Le Pages's, Cascade Health Solutions, and a Bundle of Confusion: What is a Discounter To Do?", Antitrust, vol. 24, nº 3, American Bar Association, s/l, 2010, p. 46 a 51;

JOLIET, RENÉ, Monopolization and Abuse of Dominant Position, Collection Scientifique de la Faculté de Droit de l'Université de Liège, vol. 31, Haia, Martinus Nijhoff, 1970;

JONES, ALISON e SUFRIN, BRENDA, EC Competition Law, 3ª edição, Oxford University Press, Oxford, 2008;

KAMERLING, ALEXANDRA e OSMAN, CHRISTOPHER, Restrictive Covenants under Common and Competition Law, 4ª edição, Sweet Maxwell, London, 2004;

KAPLOW, LOUIS, "Extension of Monopoly Power Through Leverage", Columbia Law Review, vol. 85, nº 3, s/l, 1985, pp. 515 a 556;

KAREFF, SCOTT M, "Tetra Pak International Sa v. Commission (Tetra Pak II): The European Approach to Monopoly Leveraging", Law and Policy in International Business, vol. 28, s/l, 1997, pp. 549 a 574;

KATTAN, JOSEPH, "The decline of Monopoly Leveraging Doctrine", Antitrust Law Journal, vol. 9, s/l, 1994, p.41 a 53;

KATZ, MICHAEL e SHAPIRO, CARL, "Antitrust in Software Markets", Competition Innovation, and the Microsoft Monopoly: Antitrust in the Digital Marketplace, Kluwer Academic Publishers, Boston, 1999, pp. 29 a 81;

KELLEZI, PRANVERA, "Rhetoric or Reform: Does the Law of Tying and Bundling Reflect the Economic Theory?", Article 82 EC: Reflections on its Recent Evolution, editado por Ariel Ezrachi, Studies of the Oxford Institute of European and Comparative Law, Hart Publishing, Oxford and Portland, Oregon, 2009, pp. 147 a 167;

KELLERBAUER, MANUEL, "The Commission's new enforcement priorities in applying article 82 EC to dominant companies' exclusionary conduct: A shift towards a more economic approach?", European Competition Law Review, vol. 32, nº 5, Sweet & Maxwell, s/l, 2010, pp. 175 a 186;

KLEIN, BENJAMIN e LESTER, SAFT, "The Law and Economics of Franchise Tying Contracts", Journal of Law and Economics, vol. 28, s/l, 1985, pp. 345 a 361;

KLEIN, BENJAMIN e SHEPARD WILEY JR., JOHN, "Competitive Price Discrimination as an Antitrust Justification for Intellectual Property Refusals to Deal", *Antitrust Law Journal*, vol. 70, n° 3, s/l, 2003, p. 599 a 642;

KORAH, VALENTINE, An Introductory Guide to EC Competition Law and Practice, 9ª edição, Hart Publishing, Oxford, 2007;

KORAH, VALENTINE, Cases and Materials on EC Competition Law, 3ª edição, Hart Publishing, Oxford, 2006;

KORAH, VALENTINE, "The Paucity of Economic Analysis in the EEC Decisions on Competition Tetra Pak II", *Current legal Problems*, vol. 46, Oxford University Press, s/l, 1993, p. 148 a 151;

KRAMER, VICTOR, "The Supreme Court and Tying Arrangements: Antitrust as History", *Minnesota Law Review*, vol. 69 n° 5, s/l, 1985, p. 1013 a 1056;

KRAMLER, THOMAS; BUHR, CARL--CHRISTIAN e WYNS, DEVI, "The Judgment of the Court of First Instance in the Microsoft case", *Competition Policy Newsletter*, n° 3, 2007, Antitrust, pp. 39 44, disponível em http://ec.europa.eu/competition/publications/cpn/2007_3_39.pdf;

KROES, NEELIE, "Preliminary Thoughts on Policy Review of Article 82", discurso n° 05/537, de 23 de Setembro de 2005, Nova Iorque, disponível em http://europa.eu/rapid/pressReleasesAction.do?reference=SPEECH/05/537&format=HTML&aged=0&language=EN&guiLanguage=en;

KROES, NEELIE, "Tackling Exclusionary Practices to Avoid Exploitation of Market Power: Some Preliminary Thoughts on the Policy Review of Article 82", *Fordham International Law Journal*, vol. 29, n° 4, article 2, The Berkeley Electronic Press, s/l, 2005, pp. 593 a 600;

KUHN, KAI-UWE, STILLMAN, ROBERT & CAFFARRA, CRISTINA, "Economic Theories of Bundling and Their Policy Implications in Abuse Cases: An Assessment in Light of the Microsoft Case", *Discussion Paper n° 4756*, Centre for Economic Policy Research, London, November 2004, disponível em www.cepr.org, pp. 1 a 38;

LAM, DAVID K., "Revisiting the Separate Products Issue", *Yale Law Journal*, vol. 108, n° 6, s/l, 1999, pp. 1441 a 1448;

LANGER, JURIAN, *Tying and Bundling as a Leveraging Concern under EC Competition Law*, Kluwer Law International, The Netherlands, 2007;

LESLIE, CHRISTOPHER R., "Cutting Through Tying Theory with Occam's Razor: A simple Explanation of Tying Arrangements", *Tulane Law Review*, vol. 78, n° 3, s/l, 2004, pp. 727 a 826;

LESLIE, CHRISTOPHER R., "Tying Conspiracies", *William and Mary Law Review*, vol. 48, n° 6, Western Publishing Company, Indianapolis, Indiana, 2007, pp. 2247 a 2312;

LEVY, NICHOLAS, "EU Merger Control: From Birth to Adolescence", *World Competition Law and Economics Review*, vol. 26, n° 2, s/l, 2003, pp. 195 a 218;

LEVY, NICHOLAS, "Tetra Pak II: Stretching the Limits of Article 86?", *European Competition Law Review*, vol. 16, n° 2, s/l, 1995, pp. 104 a 109;

LOPATKA, JOHN E. & PAGE, WILLIAM H., "Antitrust on Internet Time: Microsoft and the Law and Economics of Exclusion", *Supreme Court Economic Review*, vol. 7, University of Chicago Press, s/l, 1999, pp. 157 a 231;

LOWE, PHILIP, "DG Competition's Review of the Policy on Abuse of Dominance", Hawk B. (eds.), *International Antitrust Law & Policy*, Fordham Corporate Law Institute, Juris Publishing, New York, 2004, p. 163 a 173;

BIBLIOGRAFIA

McAfee, R. Preston; McMillan, John e Whinston, M. D.,"Multiproduct Monopoly, Commodity Bundling, and Correlation of Values", *Quarterly Journal of Economics*, MIT Press, vol. 104, nº 2, s/l, 1989, pp. 371 a 383;

Manzini, Pietro, "The European Rule of Reason – Crossing the Sea of Doubts", *European Competition Law Review*, vol. 23, nº 8, s/l, 2002, pp. 392 a 399;

Mariotti, Renato, "Rethinking Software Tying", *Yale Journal on Regulation*, vol. 17, s/l, 2000, pp. 367 a 406;

Marsden, Phillip, "Microsoft v. Commission – With great power comes great responsibility", *Competition Law Insight*, 23 de Outubro de 2007, pp. 3 a 5, disponível em http://www.biicl.org/files/3142_microsoft_v_commission.pdf;

Matutes, Carmen e Regibeau, Pierre, "Compatibility and Bundling of Complementary Goods in a Duopoly", *Journal of Industrial Economics*, vol. 40, nº 1, s/l, 1992, pp. 37 a 54;

Monti, Mario, "Antitrust in the US and Europe: a History of Convergence", http://europa.eu/rapid/pressReleasesAction.do?reference=SPEECH/01/540&format=HTML&aged=0&language=EN&guiLanguage=en;

Monti, Mario, "European Competition Policy for the 21st", *Fordham International Law Journal*, vol. 24, issue 5, article 4, The Berkeley Electronic Press, 2000, pp. 1602 a 1614;

Monti, Giorgio, *EC Competition Law*, Cambridge University Press, Cambridge, 2007;

Morais, Luis D. S., *Os Conceitos de Objecto e Efeito Retritivos Da Concorrência e a Prescrição de Infracções de Concorrência*, Almedina, Coimbra, 2009;

Mota, Massimo, *Competition policy: theory and practice*, Cambridge University Press, Cambridge, 2004;

Mota, Sue Ann, "Hide It or Unbundle It: A Comparison of the Antitrust Investigations Against Microsoft in the U.S. and the E.U.", *Pierce Law Review*, vol. 3, nº 2, s/l, 2005, pp. 183 a 194;

Moura e Silva, Miguel, *O Abuso de Posição Dominante na Nova Economia*, Almedina, Coimbra, 2010;

Moura e Silva, Miguel, *Direito da Concorrência, Uma Introdução Jurisprudencial*, Almedina, Coimbra, 2008;

Muris, Timothy J. e Smith, Vernon L., "Antitrust and Bundled Discounts: An Experimental Analysis", *Antitrust Law Journal*, vol. 75, ABA, s/l, 2008, pp. 399 a 432;

Nalebuff, Barry, "Bundling", *Yale ICF Working Paper nº 99-14*, 1999, disponível em http://papers.ssrn.com/sol3/papers.cfm?abstract_id=185193, p. 1 a 38;

Nalebuff, Barry, "Bundling: GE-Honeywell (2001)", *The Antitrust Revolution, Economics, Competition, and Policy*, 4ª edição, editado por John E. Kwoka, Jr. e Lawrence J. White, Oxford University Press, Oxford, 2004, pp. 388 a 412;

Nalebuff, Barry, "Bundling, Tying and Portfolio Effects", *DTI Economics Paper nº1*, Part I, Yale University, s/l, 2003, pp. 1 a 96;

Nalebuff, Barry, "Competing Against Bundles", *Hammond P. e Myles G., Incentives, Organization and Public Economics: Papers in Honour of James Mirrlees*, OUP, Oxford, 2001, p. 321;

Nalebuff, Barry, "Bundling as an Entry Barrier", *Quarterly Journal of Economic*, vol. 119, nº 1, s/l, Fevereiro 2004, p. 159 a 187;

Neven, Damien J., "The analysis of conglomerate effects in EU merger control",

Dezembro de 2005, *Graduate Institute of International Studies*, Geneva, disponível em http://ec.europa.eu/dgs/competition/economist/conglomerate.pdf;

OCDE, "Portfolio Effects in Conglomerate Mergers", DAFFE/COMP (2002)5, 24.01.2002, disponível em http://www.oecd.org/dataoecd/39/3/1818237.pdf;

O'DONOGHUE, ROBERT, "Microsoft v. EU Commission", *Working Paper*, 2007, disponível em https://www.competitionpolicyinternational.com/file/view/4748;

O'DONOGHUE, ROBERT e PADILLA, A. JORGE, *The Law and Economics of Article 82 EC*, Hart Publishing, Oxford and Portland, Oregon, 2006;

OPPENHEIM, S. CHESTERFIELD; WESTON, GLEN E. e McCARTHY, J. THOMAS, *Federal Antitrust Laws, Cases, Text, and Commentary*, 4ª edição, West Publishing, St. Paul, 1981;

ORDOVER, JANUSZ A. & WILLIG, ROBERT D., "Access and Bundling in High-Technology Markets", *Competition, Innovation, and the Microsoft Monopoly: Antitrust in the Digital Marketplace*, Kluwer Academic Publishers, s/l, 1999, pp. 103 a 129;

PADILLA, A. JORGE e RENDA, ANDREA, "Conglomerate Mergers, Consumer Goods and 'The Efficiency Offense' Doctrine", disponível em http://www.law-economics.net/public/221003%20PadillaRenda%20efficiency%20offense%20in %20conglomerate%20mergers.pdf, pp. 1 a 28;

PAPANDROPOULOS, PENELOPE, "Article 82: Tying and Bundling, A half step forward?", *Competition Law Insight*, Informa Professional, London, 6 de Junho de 2006, p. 3 a 5;

PICKER, RANDAL C., "Unbundling Scope--of-Permission Goods: When Should We Invest in Reducing Entry Barriers?", *University of Chicago Law Review*, vol. 72, nº 1, s/l, 2005, p. 189 a 208;

POSNER, RICHARD A., *Antitrust Law*, 2ª edição, Chicago University Press, Chicago, 2001;

POSNER, RICHARD A., *Antitrust Law – An Economic Perspective*, 1ª edição, Chicago University Press, Chicago, 1976;

POSNER, RICHARD A., "Vertical Restraints and Antitrust Policy", *The University of Chicago Law Review*, vol. 72, nº1, Chicago, 2005, p. 229 a 241;

POWER, VINCENT J.G., *Competition Law and Practice*, Butterworths, s/l, 2001;

PRICE, DIANE R., "Abuse of a Dominant Position – The Tale of Nails, Milk Cartoons and TV Guides", *European Competition Law Review*, vol. 11, Sweet & Maxwell, s/l, 1990, p. 87;

RIDYARD, DEREK, "Tying and Bundling – Cause for Complaint?", *European Competition Law Review*, nº 6, Sweet & Maxwell and Contributors, 2005, pp. 316 a 319;

ROUSSEVA, EKATERINA, *Rethinking Exclusionary Abuses in EU Competition Law*, Hart Publishing, s/l, 2010;

RUBIN, JONATHAN, "Bundling as Exclusionary Pricing to Maintain Monopoly", *Antitrust Chronicle, Competition Policy International*, vol. 6, nº 1, s/l, 2008, disponível em https://www.competitionpolicyinternational.com/file/view/5387;

SALINGER, MICHAEL A., "A Graphical Analysis of Bundling", *The Journal of Business*, vol. 68, nº 1, Janeiro 1995, pp. 85 a 98;

SCHMALENSEE, RICHARD, "Commodity Bundling by Single-Product Monopolies", *Journal of Law and Economics*, vol. 25, nº 1, Abril 1982, pp. 67 a 71;

SCHMALENSEE, RICHARD, "Pricing of Product Bundles", *Journal of Business* nº 57, s/l, 1982, pp. 211 a 230;

SCHMIDT, JESSICA, "The New ECMR: Significant Impediment or Significant

Improvement", *Common Market Law Review*, vol. 41, s/l, Dezembro de 2004, pp. 1555 a 1582;

SEIDMANN, DANIEL J., "Bundling as a Facilitating Device: A Reinterpretation of Leverage Theory", *Economica, New Series*, vol. 58, nº 232, s/l, Novembro de 1991, pp. 491 a 499;

SHAKED, AVNER e SUTTON, JOHN, "Relaxing Price Competition Through Product Differentiation", *Review of Economic Studies*, vol. 49, s/l, Janeiro de 1982, pp. 3 a 13;

SHER, BRIAN, "The Last of the Steam Powered Trains – Modernizing Article 82", *European Competition Law Review*, vol. 25, nº 5, Sweet & Maxwell, s/l, 2004, pp. 243 a 246;

SIDAK, GREGORY J., "An Antitrust Rule for Software Integration", *Yale paper*, 2001, disponível em www.ssrn.com, p. 1 a 81;

SLADE, MARGARET E., "The Leverage Theory of Tying Revisited: Evidence from Newspaper Advertising", *Southern Economic Journal*, vol. 65, nº 2, s/l, Outubro de 1998, pp. 204 a 222;

SLAWSON, W. DAVID, "A Stronger, Simpler Tie-In Doctrine", *Antitrust Bulletin*, vol. 25, nº 4, s/l, 1980, pp. 671 a 699;

STIGLER, GEORGE, "United States v. Loew's, Inc.: A Note on Block Booking", *Sup. Ct. Rev.*, 1963, p. 152 a 157;

STRASSER, KURT A., "An Antitrust Policy for Tying Arrangements", *Emory Law Journal*, nº 34, Emory University School of Law, 1985, p. 253 a 294;

SULLIVAN, LAWRENCE ANTHONY, *Handbook of the Law of Antitrust*, West Publishing Co., St. Paul, 1977;

SULLIVAN, LAWRENCE ANTHONY, "The New Merger Guidelines: An Afterword", *California Law Review*, vol. 71, s/l, 1983, pp. 632 a 648;

SULLIVAN, LAWRENCE ANTHONY e GRIMES, WARREN S., *The Law of Antitrust, An Integrated Handbook*, 2ª edição, Thomson West, s/l, 2006;

SULLIVAN, LAWRENCE ANTHONY e JONES, ANN I., "Monopoly Conduct, Especially Leveraging Power from One Product or Market to Another", *Antitrust, Innovation, and Competitiveness*, Oxford University Press, s/l, 1992, p. 165 a 184;

SULLIVAN, THOMAS E. e HOVENKAMP, HERBERT, *Antitrust Law, Policy and Procedure: Cases, Materials, Problems*, 5ª edição, LexisNexis, s/l, 2004;

SUMMERS, LAWRENCE H., "Competition Policy in the New Economy", *Antitrust L. J.*, vol. 69, nº 1, s/l, 2001, p. 353;

TIROLE, JEAN, "The Analysis of Tying Cases: A Primer", *Competition Policy International*, vol. 1, nº 1, s/l, 2005, p. 1 a 22;

THE COMPETITION LAW FORUM'S ARTICLE 82 REVIEW GROUP, "The Reform of Article 82: Recommendations on Key Policy Objectives", *European Competition Journal*, vol. 1, n.º 1, Hart Publishing, s/l, Março 2005, pp. 179 a 183;

TURNER, DONALD F., "Conglomerate Mergers and Section 7 of the Clayton Act", *Harvard Law Review*, vol. 78, s/l, 1965, pp. 1212 a 1395;

TURNER, DONALD F., "The Validity of Tying Arrangements Under the Antitrust Laws", *Harvard Law Review*, vol. 72, nº 1, s/l, Novembro de 1958, pp. 50 a 75;

VAN BAEL & BELLIS, *Competition Law of the European Community*, Kluwer Law International, s/l, 2010;

VENIT, JAMES S., "In the Wake of Windsurfing: Patent Licensing in the Common Market", *Annual Proceedings of the Fordham Corporate Law Institute – International Antitrust Law Policy*, Juris Publishing, New York, 1986, pp. 517 a 529;

Vesterdorf, BO, "Standard of Proof in Merger Cases: Reflections in the Light of Recent Case Law of the Community Courts", *European Competition Journal*, vol. 1, nº 1, Hart Publishing, s/l, 2005, p. 3;

Vesterdorf, BO, "Article 82 EC: Where do we stand after the Microsoft Judgment?", em http://www.icc.qmul.ac.uk/GAR/GAR2008/Vesterdorf.pdf, p. 1 a 14;

Vickers, John, "Abuse of Market Power", *Economic Journal*, vol. 115, nº 504, University of Oxford, Oxford, Junho 2005, pp. F244 a F261;

Vives, Xavier e Seabright, Paul, "Tying and Bundling: From Economics to Competition Policy", *Edited Transcript of a CNE Market Insight Event*, 2002, disponível em http://www.cne.org/pub_pdf/2002_09_19_tying_bundling.htm;

Volcker, Sven B., "Leveraging as a Theory of Competitive Harm in EU Merger Control", *Common Market Law Review*, vol. 40, Kluwer Law International, s/l, 2003, pp. 582 a 614;

Volcker, Sven B. e Charro, Pablo, "Tetra Laval – a Landmark Judgment on EC merger Control", *Competition Law Insight*, Informa Professional, London, Março 2004, p. 3 a 5;

Waelbroeck, Denis, "The Compatibility of Tying Agreements with Antitrust Rules: A Comparative Study of American and European Rules", *Yearbook European Law*, vol. 7, s/l, 1987, pp. 39 a 58;

Walker, Mike, "Bundling: Are US and European views converging?", Abril 2008, disponível em http://www.biicl.org/files/3413_bundling_(mike_walker).pdf;

Ward, Peter C., *Federal Trade Commission: Law, Practice and Procedure*, Law Journal Seminars-Press, Nova Iorque, 1986;

Weinstein, Samuel Noah, "Bundles of Trouble: The possibilities for a New Separate-Product Test in Technological Tying Cases", *California Law Review*, vol. 90, nº 3, s/l, Maio de 2002, p. 903 a 955;

Whinston, Michael D., "Tying, Foreclosure and Exclusion", *The American Economic Review*, vol. 80, n. 4, s/l, Setembro de 1990, pp. 837 a 859;

Whish, Richard, *Competition Law*, 6º edição, Oxford University Press, Oxford, 2008;

White, Lawrence J., "Microsoft and Browsers: Are the Antitrust Problems Really New?", *Competition, Innovation, and the Microsoft Monopoly: Antitrust in the Digital Marketplace*, Kluwer Academic Publishers, s/l, 1999, pp. 137 a 154;

Wollenberg, Keith K., "An Economic Analysis of Tie-In Sales: Re-Examining the Leverage Theory", *Stanford Law Review*, vol. 39, nº 3, s/l, Fevereiro, 1987, pp. 737 a 760.

JURISPRUDÊNCIA

Estados Unidos

A.I. Root Co. v. Computer/Dynamics, Inc., 806 F.2d 673, 676, (6th Cir. 1986);

American Mfrs. Mut. Ins v. American Broad.-Paramount Theaters, Inc., 388 F.2d 272, (2nd Circ. 1967);

Amerinet, Inc. v. Xerox Corp., 972 F.2d 1483 (8th Cir. 1992);

Alaska Airlines, Inc. v. United Airlines, 948 F. 2d 536 (9th Cir. 1991);

Arney, Inc., v. Gulf Abstract & Title, 758 F.2d 1486, 1502-03 (11th Circ., 1985);

Associated Press v. Taft-Ingalls, 340 F2d 753 (6th Circ.);

Berkey Photo, Inc. v. Eastman Kodak Co., 603 F. 2d 263 (1979);

Brunswick v. Pueblo Bowl-O-Mat, 429 US 477 (1977);

Caldera, Inc. v. Microsoft Corp., 72 F. Supp. 2d 1295 (D. Utah 1999);

California Computer Products, Inc., v. IBM Corp., 613 F.2d 727 (9th Cir. 1979);

Capital Temps., Inc. v. Olsten Corp., 506 F.2d 658, 666 (2d Circ. 1974);

Carbice Corp. v. American Patents Dev. Corp., 283 U.S. 27, 33 (1931);

Cascade Health Solutions v. Peacehealth, 515 F.3 883, 900-01 (9th Cir. 2008);

Cia Caribe, Inc. v. Avis Rental Car Corp., 735 F.2d 636 (1st Circ. 1984);

Crossland v. Canteen Corp., 711 F.2d 714, 722 (5th Cir. 1983);

Data General Corp. v. Grumman System Support Corp., 36 F.3d 1147 (1st Cir. 1994);

D.O. McComb & Sons, Inc. v. Memory Gardens Mgmt. Corp., 736 F. Supp. (1990);

Digital Equipment Corp. v. Unique Digital Techs, 73 F.3d, 756, 762 (7th Cir. 1996);

Eastman Kodak Co. v. Image Technical Services, 504 US 451 (1992);

Emhart Corp. v. USM Corp., 527 F.2d 177 (1st Cir. 1975);

Falls Church Bratwursthaus Inc. v. Bratwursthaus Mgmt. Corp., 354 F. Supp. 1237, 1240 (E.D. Va. 1973);

Fortner Enterprises, Inc., v. United States Steel Corp., 495 U.S. (1968);

Fox Motors, Inc. v. Mazda Distrib. (Gulf), Inc., 806 F.2d 953, 958 (10th Cir. 1986);

Fruehauf Corp. v. FTC, 603 F.2d 345 (2nd Cir. 1979);

FTC v. Procter & Gamble, 386 US 568 (1967);

Grappone v. Subaru of New England, 858 F.2d 792 (1º Cir. 1988);

Henry v. A. B. Dick, 224 U.S. 1(1912);

ILC Peripherals Leasing Corp. v. International Business Machine Corporation, 448 F. Supp., 228, 232 (N.D. Cal. 1978);

Illinois Tools Works v. Independent Ink, Inc., v. Independent Ink, Inc., 126 S. Ct. 1281 (2006);

International Business Machines Corp. v. U.S., 298 U.S. 131 (1936);

JURISPRUDÊNCIA

International Salt Co. v. United States, 332 U.S. 392 (1947);
Jefferson Parish Hospital Dist. No. 2 et al. v. Hyde, 466 U.S. 2 (1984);
Kansas City Star Co. v. United States, 240 F.2d 643, 657-58 (8th Cir., 1957);
Kentucky Fried Chicken v. Diversified Packaging, 549 F.2d (5th Cir. 1977);
LePage's Inc. v. 3M, 324 F.3d 141 (3rd Cir. 20003);
Leitch Mfg. Co. v. Barber Co., 302 U.S. 458, 463 (1938);
Marts v. Xerox, Inc., 77 F.3d 1109, 1113 (8th Cir. 1996);
Miller v. Granados, 529 F.2d 393 (5th Cir. 1976);
Monfort of Colorado, Inc. v. Cargill, Inc., 479 US 104 (1986);
Motion Picture Patents Co. v. Universal Film Manufacturing Co., 243 U.S. 502 (1917);
Mozart Co. v. Mercedes-Benz of N.Am., 833 F.2d 1342, 1346 (9th Cir. 1987);
New York v. Microsoft Corp., 224 F Supp. 2d 76 (D.D.C. 2002);
Northern Pacific Railways Co. v. United States, 356 US 1 (1958);
Palladin Assocs. v. Montana Power Co., 328 F.3d 1145, 1160 (9th Cir. 2003);
Pick Manufacturing v. General Motors Corp., 80 F.2d 641 (7th Cir. 1935);
Satellite Television & Assoc. Res., Inc v. Continental Cablevision of Va., Inc., 714 F.2d 351,354 (4th Circ. 1983);
Siegel v. Chiken Delight, Inc., 448 F.2d 43 (1971);
SMS System Maintenance Services v. Digital Equipment Corp., 188 F.3d 11 (1st Cir. 1999);
Spectrum Sports v. McQuillan, 506 US 447 (1993);
Standard Oil Co. v. United States, 337 US 293 (1949);
Tic-X-Press v. Omni Promotions Co., 815 F.2d 1407 (11th Cir. 1987);

Times-Picayune Publishing Co v. United States, 345 U.S. 594, 605 (1953);
Twin Laboratories v. Weider Health and Fitness, 900 F.2d 5 (1980);
United Shoe Machinery Corp. v. United States, 258 US 451 (1922);
United States Steel Corp. v. Fortner Enterprises II, 429 U.S. 610 (1977);
United States v. American Can Co., 87 F. Supp. 18 (1949);
United States v. Data General Corp. 490 F. Supp 1089 (N.D. Cal, 1980);
United States v. Griffith, 334 U.S. 100 (1948);
United States v. Grinnell Corp., 384 U.S. 563 (1966);
United States v. Jerrolds Electronics Corp., 365 U.S. 567 (1961);
United States v. Microsoft Corp., 56 F.3d 1448 (D.C. Cir. 1995) (*Microsoft* I);
United States v. Microsoft Corp., 147 F.3d 935 (D.C. 1998) (*Microsoft* II);
United States v. Microsoft Corp., 253 F.3d 34 (D.C. Cir. 2001) (Microsoft III);
United States v. Microsoft Corp., (*"Conclusions of Law"*), 87 F. Supp. 2 d 30 (D.C.C. 2000);
United States v. Sidney Winslow, 227 US 202 (1913);
United States v. United Shoe Machines Co., 110 F. Supp. 295 (1953);
USM Corp. v. SPS Technologies, Inc., 694 F.2d 505, 511, (7th Cir. 1982);
Verizon Communications Inc. v. Law Offices of Curtis V. Trinko, 540 US 682 (2004);
Virgin Airways Ltd. v. British Airways PLC, US App. Lexis 16590 (2001);
Will v. Comprehensive Accounting Corp., 776 F.2d (7th Cir. 1985);
Wilson v. Mobil Oil, Co., 984 F. Supp. 944, 951-54 (E.D. La. 1996).

União Europeia

Acórdão do Tribunal de Justiça (Quinta Secção) de 3.7.1991, *AKZO Chemie BV*

c. *Comissão*, Proc. nº C-62/86, Colect. 1991, p. I-3359;
Acórdão Tribunal de Justiça de 8 de Julho de 1999, Proc. nº C-49/92 P, *Anic Partecipazioni SpA c. Comissão*, Col. 1999, p. I-4125;
Acórdão do Tribunal de Pequena Instância de 29.10.1980, *BPB Industries e British Gypsum c. Comissão*, Proc. nº T-65/89, Colect. 1993, p. II-389;
Acórdão do Tribunal de Pequena Instância (Primeira Secção) de 17.12.2003, *British Airways c. Comissão*, Proc. nº T-219/99, Colect. 2003, p. II-5917;
Acórdão do Tribunal de Justiça (Terceira Secção) de 15.3.2007, Proc. nº C-95/04P, *British Airways c. Comissão*, Colect. 2007, p. I 2331;
Acórdão do Tribunal de Justiça de 3.10.1985, Proc. nº 311/84, *Centre Belge d'Etudes du Marché-Télémarketing c. Compagnie Luxembourgeoise de Télédiffusion SA e Information Publicité Benelux SA*, Colect. 1985, p. 3261;
Acórdão do Tribunal de Justiça (Grande Secção) de 15.2.2005, Proc. nº C-12/03 P, *Comissão c. Tetra Laval BV*, Colect. 2005, p. I-987;
Acórdão do Tribunal de Justiça, de 13 de Julho de 1966, processos apensos 56/64 e 58/66, *Consten & Grundig*, Col. 1966, p. 313;
Acórdão do Tribunal de Justiça de 21.2.1973, Proc. nº 6/72, *Continental Can c. Comissão*, Colect. 1973, p. 109;
Acórdão do Tribunal de Primeira Instância (Quinta Secção Alargada) de 10.4.2008, Proc. nº T-271/03, *Deutsche Telekom AG c. Comissão*, Colect. 2008, p. II;
Acórdão do Tribunal de Primeira Instância, de 15 de Setembro, processos nº T-374, 375, 384 & 388/94, *European Night Services c. Comissão*, Col. 1998, p. II-3141;
Acórdão do Tribunal de Justiça de 21.2.1973, Proc. nº 6/72, *Europemballage*

Corporation e Continental Can Company Inc. c. Comissão, Colect. 1073, p. 109;
Acórdão Tribunal de Justiça de 17.7.1997, Proc. nº C-219/95 P, *Ferriere Nord c. Comissão*, Colect. p. I-4411;
Acórdão do Tribunal de Primeira Instância (Quinta Secção Alargada) de 30.1.2007, Proc. nº T-340/03, *France Télécom c. Comissão*, Colect. 2007, p. II 107;
Acórdão do Tribunal de Primeira Instância (Segunda Secção Alargada) de 14.12.2005, Proc. nº T-210/01, *General Electric c. Comissão*, Colect. 2005, p. II-5575;
Acórdão do Tribunal de Justiça de 13.11.1975, Proc. nº 26/75, *General Motors Continental NV c. Comissão*, Colect. 1975, p. 01367;
Acórdão do Tribunal de Primeira Instância (Segunda Secção) de 12.12.1991, Proc. nº T-30/89, *Hilti c. Comissão*, Colect. 1991, p. II 1439;
Acórdão do Tribunal de Justiça de 2.3.1994, Processo C-53/92 P, *Hilti c. Comissão*, Colect. 1994, p. I 667;
Acórdão do Tribunal de Justiça de 13.2.1979, Proc. 85/76, *Hoffmann-La Roche & Co. AG c. Comissão*, Colect. 1979-I, p. 217;
Acórdão do Tribunal de Justiça de 23.4.1991, Proc. C-41/90, *Höfner and Elser v. Macroton GmbH"*, Colect. 1991, p. I-1979;
Acórdão do Tribunal de Justiça de 31.5.1979, Proc. 22/78, *Hugin c. Comissão*, Recueil 1979, p. 1869;
Acórdão do Tribunal de Justiça de 6.3.1974, processos apensos 6 e 7/73, *ICI e Commercial Solvents c. Comissão*, Colect. 1974, p. 119;
Acórdão do Tribunal de Primeira Instância (Terceira Secção), de 7.10.1999, Proc. nº T-228/97, *Irish Sugar c. Comissão*, Colect. 1999, p. II 2969;

Acórdão do Tribunal de Justiça de 14.12.2000, Proc. nº C-344/98, *Masterfoods, Ltd. v. HB Icecreams, Ltd.*, Colect. 2000, p. I-11369;

Acórdão do Tribunal de Primeira Instância (Terceira Secção) de 17.9.2007, Proc. nº T-203/01, *Michelin c. Comissão*, Colect. 2003, p.II 4071;

Acórdão do Tribunal de Primeira Instância (Grande Secção) de 17.9.2007, Proc. nº T-201/04, *Microsoft c. Comissão*, Colect. 2007, p. II 3601;

Acórdão do Tribunal de Justiça de 13.7.1989, Proc. nº C-395/87, *Ministère Public v. Jean Louis Tournier*, Colect. 1989, p. 02521;

Acórdão do Tribunal de Justiça de 9.11.1983, Proc. nº 322/81, *NV Nederlandsche Banden-Industrie-Michelin c. Comissão [Michelin I]*, Colect. 1983, p. 3461;

Acórdão Tribunal de Justiça, de 11 de Janeiro de 1990, Proc. nº C-277/87, *Sandoz Prodotti Farmaceutici c. Comissão*, Colect., p. I-45;

Acórdão do Tribunal de Justiça, de 30.6.1966, Proc. nº 56/65, *Société Technique Minière c. Maschinenbau Ulm*, Col. 1966, p. 249;

Acórdão do Tribunal de Primeira Instância (Segunda Secção) de 6.10.1994, Proc. nº T-83/91, *Tetra Pak International SA c. Comissão*, Colect. 1994, p. II 755;

Acórdão do Tribunal de Primeira Instância (Primeira Secção) de 25.10.2002, Proc. nº T-5/02, *Tetra Laval c. Comissão*, Colect. 2002, p. II-4389;

Acórdão do Tribunal de Justiça (Quinta Secção) de 14.11.1996, Proc. nº C-333/94P, *Tetra Pak v. Comissão*, Colect. 1996, p. I 5954;

Acórdão do Tribunal de Primeira Instância (Primeira Secção alargada) de 22.3.2000, Proc. nº T-125/97 e T-127/97, *The Coca Cola Company c. Comissão*, Colect. 2000, p. II-1733;

Acórdão do Tribunal de Justiça de 14.2.1978, Proc. nº 27/76, *United Brands c. Comissão*, Colect. 1978, p. 77;

Acórdão do Tribunal de Justiça (Quarta Secção) de 25.2.1986, Proc. nº 193/83, *Windsurfing International c. Comissão*, Colect. 1986.

DECISÕES DA COMISSÃO EUROPEIA

Decisão da Comissão de 2.10.1991, Proc. nº IV/M.053, *Aerospatiale-Alenia/de Havilland*, J.O. L 334 de 5.12.1991;

Decisão da Comissão de 11.11.2000, Proc. nº COMP/M1845, *AOL/Time Warner*, J.O. L 268 de 9.10.2001;

Decisão da Comissão de 29.9.2000, Proc. nº COMP/M.1879, *Boeing/Hughes*, J.O. L 63 de 28.2.2004;

Decisão da Comissão de 22.1.1997, Processo IV/M.794, *Coca-Cola/Amalgamated Beverages GB*, J.O. L 218, de 9.8.1997;

Decisão da Comissão de 15.2.2010, Proc. nº COMP/M.5771, CSN/CIMPOR;

Decisão da Comissão de 9.3.1999, Proc. nº IV/M.1313, *Danish Crown/Vestjyske Slagterier*, J.O. L 20 de 25.1.2000;

Decisão da Comissão de 22.12.1987, Proc. nº IV/30.787, *Eurofix-Bauco c. Hilti*, J.O. L 65 de 11.3.1988;

Decisão da Comissão de 25.3.2004, Proc. nº COMP/C-2/37.761, *Euromax c. IMAX*;

Decisão da Comissão de 21.1.2004, Proc. nº COMP/M.3304, *GE/Amersham*;

Decisão da Comissão de 3.7.2001, Proc. nº COMP/M.2220, *General Electric/ /Honeywell*, J.O. L 48 de 18.2.2004;

Decisão da Comissão de 15.5.1974, Proc. nº IV/400, *Glass Containers (IFTRA)*, J.O. L 160/1, de 17.6.1974;

Decisão da Comissão de 15.10.1997, Proc. nº IV/M.938, *Guiness/Grand Metropolitan*, J.O. L 288/24, de 15.11.2000;

Decisão da Comissão de 12.2.2010, Proc. nº COMP/M.5732, *Hewlett-Packard/ /3Com*;

Decisão da Comissão de 24.3.2008, Proc. nº COMP/M.5125, *Marel/SFS*;

Decisão da Comissão de 7.10.1981, Proc. nº IV/29.491 *Michelin NV*, J.O. L 353, de 9.12.1983;

Decisão da Comissão de 24.3.2004, Proc. nº COMP/C-3/37.792 *Microsoft*, C (2004) 900 final, J.O. L 32, de 6.2.2007;

Decisão da Comissão, de 16.12.2009, Proc. nº COMP/C-3/39.530, *Microsoft*, J.O. nº C-036 de 13.02.2010;

Decisão da Comissão de 18.7.1988, Proc. nº IV/30.178, *Napier Brown/British Sugar*, J.O. L 284/41, de 19.10.1988;

Decisão da Comissão de 26.10.2009, Proc. nº COMP/M.5633 – PEPSICO/THE PEPSI BOTTLING GROUP;

Decisão da Comissão de 20.9.1995, Proc. nº IV/M.553 – *RTL/Veronica/Endemol*, J.O. L 134 de 5.6.1996;

Decisão da Comissão de 19.12.2008, Proc. nº COMP/M.5294, *Schaeffler/Continental*;

Decisão da Comissão de 15.3.2005, Proc. nº COMP/M.3697 – *Symantec/Veritas*;

Decisão da Comissão de 10.7.2002, Proc. nº COMP/M.2803, *Telia/Sonera*;

Decisão da Comissão, de 30.1.2002, Proc. nº COMP/M.2416, *Tetra Laval/Sidel*, J.O. L 38 de 10.2.2004;

DECISÕES DA COMISSÃO EUROPEIA

Decisão da Comissão de 24.7.1991, Proc. nº IV/31.043, *Tetra Pak II*, J.O. L 72, de 18.3.1992;

Decisão da Comissão de 12.09.1997, Proc. nº IV/M.833, *The Coca-Cola Company/Carlsberg A/S*, J.O. L 288/24, de 27.10.1998;

Decisão da Comissão de 11.5.2009, Proc. nº COMP/M.5483, *Toshiba/Fujitsu*;

Decisão da Comissão de 10.1.1979, Proc. nº IV/29.290, *Vaessen/Morris*, J.O. L 19/32, de 26.1.1979;

Decisão da Comissão de 14.7.1999, Proc. nº IV/D-2/34.780, *Virgin/British Airways*, J.O. L 30, de 4.2.2000;

Decisão da Comissão de 14.12.1972, *Zoja/ /CSC – ICI*, J.O. L299, de 31.12.1972.

ÍNDICE

Modo de citação da bibliografia ... 13
Modo de citação da jurisprudência norte-americana ... 15
Abreviaturas ... 17
Introdução ... 19

PARTE I
ASPETOS GERAIS SOBRE AS VENDAS SUBORDINADAS E AGRUPADAS

CAPÍTULO I. A TEORIA ECONÓMICA DO *TYING* E *BUNDLING* ... 35
1. Introdução ... 35
2. Noções ... 36
   2.1 Venda subordinada ... 36
   2.2 Venda agrupada pura ... 37
   2.3 Venda agrupada mista ... 38
3. Razões que justificam o recurso ao *tying* e *bundling* ... 38
   3.1 Razões de eficiência económica ... 39
      3.1.1 Redução de custos ... 39
         a) Redução de custos para o consumidor ... 40
         b) Redução de custos para o produtor/distribuidor ... 41
      3.1.2 Controlo de qualidade ... 42
      3.1.3 A questão da dupla marginalização ... 44
      3.1.4 Discriminação de preços ... 47
   3.2 Motivações anticoncorrenciais ... 52
      3.2.1 *Leveraging* a curto prazo ... 54
         3.2.1.1 Monopolização e extração de lucros supracompetitivos ... 54

        3.2.1.2 As objeções da Escola de Chicago 55
        3.2.1.3 A crítica à doutrina de Chicago 56
    3.2.2 *Leveraging* a longo prazo 58
        3.2.2.1 Exclusão e criação de barreiras à entrada no mercado subordinado 58
        3.2.2.2 Proteção da posição detida no mercado subordinante 63
    3.2.3 A doutrina pós-Chicago favorece uma abordagem baseada na *rule of reason*. Conclusão 65

CAPÍTULO II. A TEORIA DA PROJEÇÃO DE PODER DE MERCADO 67
1. Introdução 67
2. A relação entre a posição de domínio e a conduta abusiva 67
3. Os modelos norte-americano e comunitário 71
    a) O modelo norte-americano 71
    b) O modelo comunitário 76
4. Domínio, abuso e respetivos efeitos no cenário multimercado 77
5. Conclusões 85

PARTE II
REGULAÇÃO *EX POST*

CAPÍTULO III. A SUBORDINAÇÃO E O AGRUPAMENTO NO DIREITO *ANTITRUST* NORTE-AMERICANO 89
1. Introdução 89
2. O quadro legal 90
3. Jurisprudência: da proibição *per se* à *rule of reason* 92
    3.1 A génese da proibição *per se* 93
    3.2 A jurisprudência no período inicial de vigência do *Clayton Act* 95
    3.3 O desenvolvimento da abordagem *per se* 96
    3.4 O caso *Jerrold* e o argumento da salvaguarda da reputação comercial 99
    3.5 A tensão entre os argumentos da *rule of reason* e a proibição *per se* 101
    3.6 Os casos *Microsoft* e a *rule of reason* 106
        3.6.1 O caso *Microsoft* I 106
        3.6.2 O caso *Microsoft* II 107
        3.6.3 O caso *Microsoft* III 108
4. Os elementos da proibição *per se* 114
    4.1 A existência de produtos distintos 114
    4.2 O poder de mercado a respeito do produto subordinado 129

4.3 O elemento de coerção	138
4.4 Restrição do comércio no mercado do produto subordinado	142
5. Os ganhos de eficiência como potencial critério de justificação	143
5.1 Introdução	143
5.2 A salvaguarda da reputação comercial/controlo de qualidade	144
5.3 Justificações comerciais de índole técnica	146
5.4 Entrada no mercado	147
5.5 Redução de custos	148
6. Conclusão	149

CAPÍTULO IV. A SUBORDINAÇÃO E O AGRUPAMENTO NO DIREITO COMUNITÁRIO DA CONCORRÊNCIA — 151

1. O quadro legal	151
2. *Tying* e *bundling* na jurisprudência comunitária	158
2.1 A proibição *per se* das décadas de 70 e 80	158
2.2 A década de 90 e a gradual descaracterização do critério *per se*	165
2.3 A consagração da *rule of reason*	181
2.4 Conclusões	204
3. Os elementos constitutivos das práticas abusivas de *tying* e *bundling*	206
3.1 A existência de produtos distintos	206
3.1.1 O esboço de um novo teste multi-factor	216
3.1.1.1 O antecedente jurisprudencial	216
a) *Jerrold Electronics*	216
b) *Data General Corp*	218
3.1.1.2 Os elementos constitutivos de um novo teste multi-factor	220
a) A perceção e a procura dos consumidores	220
i) A perceção e a procura à altura da integração	220
ii) A procura pós-integração	221
b) O comportamento dos produtores	222
i) Os restantes produtores	223
ii) O propósito da empresa em questão	223
c) Os atributos do produto integrado	224
d) Conclusões	224
3.2 O poder de mercado	225
3.3 O elemento de coerção	228
3.4 A restrição da concorrência	232
3.5 As Justificações objetivas	234
4. A escolha de uma metodologia de análise	237
4.1 Notas introdutórias	237
4.2 A alternativa proposta: um teste estruturado	239

4.2.1	1ª fase: *safe harbour rules*	240
	a) Poder de mercado	240
	b) Complementaridade	241
	c) Assimetria das linhas de produto em caso de agrupamento	241
4.2.2	2ª fase: a probabilidade da produção de efeitos anticoncorrenciais	242
	a) Poder de mercado	242
	b) Compromisso em prosseguir a estratégia de *tying* ou *bundling*	242
	c) Prova direta da intenção anticoncorrencial	243
	d) Ausência objetiva de razões de eficiência	243
	e) Probabilidade da saída dos concorrentes dos mercados relevantes	243
	f) Existência de obstáculos à entrada ou expansão	244
	g) Ausência de poder negocial dos compradores	245
	h) Prova do encerramento efetivo do mercado	245
4.3.3	3ª fase: a apreciação dos eventuais ganhos de eficiência	246

5. As Orientações da Comissão sobre a aplicação do art. 102º do TFUE 246
   5.1 Notas introdutórias 246
   5.2 Aspetos gerais 248
   5.3 A questão da separabilidade dos produtos 248
   5.4 Os efeitos de exclusão 249
   5.5 As circunstâncias justificativas 254
6. Conclusões 254

PARTE III
REGULAÇÃO *EX ANTE*

CAPÍTULO V. A SUBORDINAÇÃO E O AGRUPAMENTO NO CONTEXTO DO RCC 259

1. Introdução 259
2. O regime norte-americano do controlo de operações de concentração 260
   2.1 O quadro legal 260
   2.2 A jurisprudência da 1ª metade do século XX 261
   2.3 As teorias "*entrenchment*" das décadas de 60 e 70 262
   2.4 A década de 80 e o processo de liberalização das concentrações conglomerais 265
3. *Tying* e *bundling* no regime comunitário do controlo de concentrações 268
   3.1 O regime legal do controlo de concentrações 268
   3.2. A contemplação dos efeitos de *leveraging* no quadro jus-concorrencial do RCC 269

3.3. Os efeitos de *leveraging* na prática decisória comunitária	271
3.3.1 A subordinação contratual ou "*de facto*" e o agrupamento puro	271
3.3.2 O *mix bundling* ou descontos multi-produtos	287
3.3.3 A subordinação técnica	308
3.3.4 Conclusão	314
3.4 Metodologia de análise	316
3.4.1 O 1º pilar: a capacidade para alavancar	317
A) O poder de mercado	317
B) Constrangimentos de índole comercial	317
i) Base de clientes comum para cada produto do *bundle*	318
ii) A aquisição de ambos os produtos em simultâneo	318
iii) Preferências dos consumidores que condicionam a oferta combinada	319
C) Constrangimentos de índole legal	320
3.4.2 O 2º pilar: o incentivo para alavancar	322
3.4.3 O 3º pilar: a probabilidade dos efeitos de exclusão	323
3.4.3.1 A "saída suficiente" dos concorrentes dos mercados alvo	323
i) A eficácia das práticas de alavancagem no desvio das vendas dos concorrentes	323
ii) A existência de contra-estratégias ao dispor dos concorrentes	324
iii) A existência de contra-estratégias ao dispor dos clientes	325
iv) A capacidade de resistência às estratégias de *leveraging*	326
v) Saída de um número suficiente de concorrentes	326
3.4.3.2 A improbabilidade da reentrada	327
3.4.3.3 Considerações sobre os elementos probatórios	328
3.4.4 Conclusões	329
4. *Ex ante* ou *ex post*?	330
5. Conclusão	333
CONCLUSÃO	335
BIBLIOGRAFIA	349
JURISPRUDÊNCIA	361
Estados Unidos	361
União Europeia	362
DECISÕES DA COMISSÃO EUROPEIA	365